KB073517

더 허니스

더 허니스

라이언 라 샬라 글 · 이진 옮김

arte

일러두기

1. 본문의 각주는 모두 옮긴이의 주다.
2. 본문의 이탤릭과 고딕은 원문에서 강조된 단어들이다.
3. 내용의 흐름을 위해 몇몇 단어들은 영어 발음을 그대로 옮겨왔다.

목차

남자애들이 날 걷어찼을 때
날 받아주었던 여자애들에게

우리는 하나로 와서 여럿으로 떠난다.
우리는 빈손으로 와서 전부를 갖고 떠난다.

–

익명의 캠프 참가자
에스펜 여름 아카데미, 1923

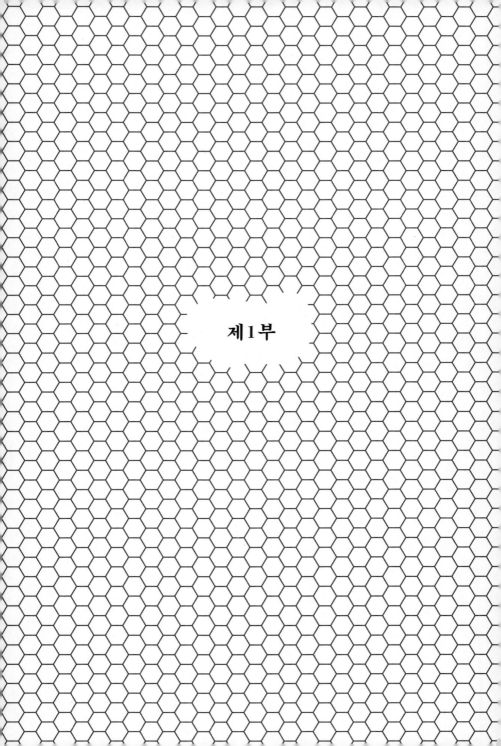

제1부

제1장

◇

나의 자매가 속삭임으로 나를 깨운다.

"사랑해, 마스." 그녀의 목소리가 목 안에서 바스러진다. 창으로 스며드는 달빛 속에서 그녀의 턱으로 흐르는 눈물이 언뜻 비친다. 너무 가까워서 냄새도 맡을 수 있다. 평상시의 샴푸 향이 아닌, 무언가 잘못된 냄새다. 마치 곰팡이가 핀 꽃처럼 진하고 달콤한, 부패의 향.

"캐럴라인? 돌아온 거야?" 혼란스럽다. 여름밤은 귀뚜라미 소리와 함께 깊어가고, 웅크린 그녀의 형체 뒤로 커튼이 부풀어 오른다. 마치 캐럴라인을 밖으로 데려가려는 듯이. 나는 우리의 침실을 연결하는 베란다의 창문을 늘 열어두었다. 오늘 같은 밤, 캐럴라인이 책과 손전등을 들고 유리창을 톡톡 두드려주기를 기다렸다. 캐럴라인과 내가 베란다에서 만난 지는 너무도 오래되었다.

그런데 캐럴라인이 앞에 있다. 오직 캐럴라인만이, 내가 만약을 대비해 창문을 잠그지 않는다는 사실을 알고 있다.

"캐럴라인?" 내가 그림자에 묻는다. 농익은 악취가 난다.

대답이 없다.

"네가 왜 집에 있어?" 내 목소리에 배어나는 희망을 감추기엔 너무

졸리다. 올 한 해 일어난 많은 일들에도 불구하고 여전히 캐럴라인이 반갑다. 캐럴라인이 나에게 돌아와주기를 너무도 오랫동안 기다렸다.

캐럴라인이 무언가를 머리 위로 치켜든다. 나는 그 형체를 알아본다. 여린 달빛이 거친 금속 표면을 비춘다. 나의 철제 해시계다. 책장 위에 있던 것을 캐럴라인이 가져온 모양이다. 워낙 무거워서 책이 쓰러지지 않도록 북엔드로 쓰는 시계다.

캐럴라인이 흐느낌을 억누르며 해시계를 높이 쳐든다. 나는 핸드폰을 집으려고 탁자로 손을 뻗는다.

"캐럴라인, 대체 무슨 일……."

"날 용서해." 캐럴라인이 흐느껴 운다.

캐럴라인이 해시계로 내 손을 내리치고, 내 손톱과 뼈가 금속과 유리에 으스러진다. 비명을 지르려는 순간, 이번에는 캐럴라인이 해시계로 내 머리를 내리친다.

*

분홍색 빛.

분홍색 벽.

나는 방에서 도망친다. 충격과 혼란에서 도망친다. 눈에 들어간 피가 깨끗하고 밝은 이층 복도를 장밋빛 악몽으로 물들인다.

내 행동은 굼뜨다. 나는 비틀거린다. 한 손으로 다른 손을 감싸며, 익숙한 피부가 낯설고 참혹하게 우그러졌음을 느낀다. 양쪽의 손마디 뼈가 어긋나 있다. 둘은 더 이상 쌍둥이가 아니다. 캐럴라인과 나처럼.

캐럴라인이 뒤에서 쫓아온다. 가까이 다가오는 캐럴라인의 악취가 나를 압도한다. 내 귀에 들리는 것은 오직 캐럴라인의 비명뿐이다.

마스. 마스. 가지 마. 가지 마.

캐럴라인의 목소리가 아니다. 내 쌍둥이 자매의 목소리가 아니다. 무언가가 캐럴라인의 탈을 뒤집어쓰고, 마치 수압이 센 호스처럼 그 가냘픈 몸을 흔들고 있다. 내가 계단에 다다르기 전에 캐럴라인이 나를 덮친다. 우리가 바닥으로 쓰러지는 순간 분홍색 세상이 빙그르르 돈다. 부모님 방의 문이 열리는 것이, 잠옷 차림의 엄마가 얼어붙는 모습이 거꾸로 보인다. 헉하는 소리. 비명. 아래층에서 부르는 아빠의 목소리.

다음번 공격을 가까스로 피하자, 철제 해시계가 내 머리 옆 마룻바닥에 부서진다. 아무렇게나 손을 뻗자 그 손이 캐럴라인의 턱을 빗맞고 미끄러진다. 해시계가 총이 발사되는 듯한 요란한 소리를 내며 계단을 구른다. 내 시야는 완전히 곤죽이 되었지만, 비로소 복도의 환한 불빛 속에서 캐럴라인의 모습이 보인다. 캐럴라인은 지저분하다. 갈색 머리카락에 온통 흙과 덤불 부스러기가 뒤엉켜 있다. 진흙이 묻어 시커 멓게 변한 옷이 몸에 들러붙었지만, 유니폼 소매 위 아카데미의 플라스틱 로고는 여전히 반짝인다. 캐럴라인이 허리에서 무언가를 꺼내 높이 쳐든다.

칼. 캐럴라인이 칼을 들고 집으로 돌아왔다.

그러나 나를 가장 두렵게 하는 건 캐럴라인의 눈이다. 훗날, 나는 그 거친 눈빛 속에 내 자매의 흔적은 없었다고 나 자신을 설득할 것이다. 그러나 나의 꿈은 잔인할 정도로 선명하게 이 순간을 재생할 것이고, 마치 호박에 박제된 벌레처럼, 날 그 속에 가둘 것이다. 나는 괴물의 손에 살해되었다고 믿고 싶겠지만, 날 공격하는 사람의 눈빛 속에서 내가 보는 것은 괴물이 아니다. 나의 캐럴라인을 본다. 분명히 캐럴라인이다. 캐럴라인인 것이 너무도 분명해서, 그 순간 나의 고통, 심지어 나의 충격까지도 안도감으로 녹아내린다. 끔찍했던 올해가 시작된 뒤, 내가 캐럴라인의 눈을 똑바로 쳐다본 순간은, 나를 바라보는 캐럴라인의 눈을 똑바로 쳐다본 순간은, 지금이 처음이다.

캐럴라인이 몸을 웅크린다. 내 얼굴에 칼을 내리꽂기 직전, 그것이 그녀가 나에게 보낸 유일한 경고다. 몸을 비틀어보지만, 이미 내 귀에 불의 길이 열린다. 그제야 나는 비명을 지른다. 하지만 나에겐 그 소리가 들리지 않는다. 하얗게 불타오르는 고통 속에서 그 어떤 소리도 들을 수가 없다. 아빠가 계단으로 올라올 때 내 등 밑에서 집 전체가 전율한다. 캐럴라인이 끌려간다. 나는 옆으로 돌아누워 성한 손으로 난간을 붙잡고 몸을 일으킨다. 현관 앞 전실의 널찍한 공간에 매달려 있는 샹들리에를 쳐다본다. 불빛은 여전히 분홍색이고 세상은 여전히 흐릿하다. 마치 수평이 맞지 않는 회전목마의 중심에 서있는 것처럼 온 집 안이 내 밑에서 빙글빙글 돈다.

캐럴라인이 아빠를 발로 차고 이로 물어뜯는 것을 지켜보는 나는 무기력하다. 이건 캐럴라인이 아니다. 아빠가 아니다. 낯선 사람들이다. 배우들이다. 이 즉흥 공포물을 연기하기 위해 내 삶에 난입한 비현실적인 캐릭터들이다. 엄마가 문 앞에 서있다. 엄마도 가짜다. 엄마는 양손으로 입을 가린 채 얼어붙었다. 엄마에게 소리를 지르고 싶다. 엄마가 도와주기를 바란다. 이 상황을 해결해주길 바란다.

캐럴라인의 치아가 아빠의 손을 파고든다. 몸집이 큰 아빠는 끔찍하게 혐오스러운 물건을 다루듯 캐럴라인을 밀치고 캐럴라인은 계단 위 거울에 부딪힌다. 거울이 산산이 조각나며 캐럴라인에게 쏟아지지만 캐럴라인은 멈추지 않는다. 단 한 순간도. 캐럴라인이 내게 달려온다. 그녀의 발밑에서 카펫이 우그러진다. 캐럴라인은 너무 가까이에 있고 통제 불능이다. 그 순간, 나는 이미 무슨 일이 일어날지 안다.

캐럴라인이 비틀거리다가 내 위로 쓰러지면서, 두 팔로 내 어깨를 꽉 끌어안는다. 난간이 부러지고 우리는 난간 뒤로 넘어간다. 그리고 추락한다. 천장이 나의 시야를 채운다. 우리는 샹들리에 위로 떨어지고, 샹들리에가 우리와 함께 추락한다. 마치 댄서들처럼, 짧은 추락의 영원 속에서, 빛과 크리스털과 피의 폭풍 속에서, 우리는 회전한다.

캐럴라인이 바닥에 먼저 닿는다.

내 몸 아래서 캐럴라인이 부서진다. 그 소리가 들릴 정도로, 그녀의 몸이 빳빳해지는 것을 느낄 정도로, 그녀가 너무도 고요해졌다는 것을 알 정도로 나는 캐럴라인과 가까이 있다. 그녀의 두 팔에, 머리카락에, 그녀가 집으로 가져온 달콤한 악취에 둘러싸인 채. 침묵과 정적이 그 무엇보다도 나를 두렵게 한다.

빠져나오려고 하자 크리스털 조각들이 나의 맨 허벅다리와 무릎을 파고든다. 나는 잔해 속에서 일어선다.

그리고 나의 자매를 본다.

캐럴라인이 나의 피로 뒤덮여 있다. 몸은 오그라든 채. 그녀의 얼굴이 가장 마지막까지 움찔거리다가 멈춘다. 마치 인형처럼, 한쪽 눈은 부릅떴고 한쪽 눈은 반쯤 감겼다.

캐럴라인은 죽어가며 날 쳐다본다. 캐럴라인이 웃는다.

제2장

◇

우리가 다섯 살 때, 캐럴라인은 내게 분홍색 계산기를 주었다.

고양이 모양이었고 사탕처럼 화사한 빛깔의 버튼들이 달려있었다. 캐럴라인은 그 계산기를 좋아했지만, 나는 그 계산기를 사랑했고, 캐럴라인은 나를 사랑했으므로 그 계산기는 내 것이 되었다. 어린 시절 캐럴라인은 늘 그런 식이었다. 너그러웠으며, 사람들이 원하는 것에 대해 과분할 정도로 민감했다. 나는 그 계산기를 끝도 없이 갖고 놀았고, 그러다가 그것을 잃어버렸을 때 캐럴라인은 새 계산기를 가져왔다. 아빠의 회계용 계산기였는데, 아빠의 책상 위에 있던 것을 캐럴라인이 훔친 것이었다. 그리고 캐럴라인은 캐럴라인이었기 때문에, 계산기의 버튼들을 끈적이는 분홍색 매니큐어로 칠했다. 오직 날 위해서.

캐럴라인은 야단을 맞았고, 나에겐 취미가 생겼다. 캐럴라인은 그 뒤로 온갖 이상한 물건들을 내게 가져다주었고, 나는 캐럴라인에게 온갖 색상의 매니큐어를 사주었다. 그것은 우리만의 장난이었다. 어느 해에 캐럴라인은 구식 주판과 네온 색상 매니큐어를 맞바꾸었다. 그다음엔 해시계와 메탈색 열 감지 매니큐어를 바꾸어 갔다. 그리고 마침내 캐럴라인이 내가 가장 좋아하는 물건을 가져왔다. 일본제 1973년형 메이페어 사운드 프로덕트 계산기. 내 손보다 큰 투박한 계산기였는데 적당히 묵직했고 버튼을 누를 때 달칵거리는 소리가 났다. 그 대가로 나는 캐럴라인에게 로열블루색 매니큐어를 주었다. 턱없이 부족한 선물이었지만 캐럴라인은 늘 그 매니큐어를 발랐다. 우리가 더 이상 말을 하지 않게 된 뒤에도.

캐럴라인의 공격 후, 내 방의 잔해 속에서 메이페어 계산기를 찾았다. 계산기는 완전히 부서졌다. 완전히 파괴되었다. 그러나 멍한 상태에서 정신이 번쩍 들게 할 정도로 나를 충격에 빠뜨린 것은 계산기의 성한 한 귀퉁이에 완벽하게 남은 핏빛 지문이다. 캐럴라인은 계산기를 집었다가 내려놓고, 해시계를 들고 날 깨운 것이 분명하다.

이유는 모른다. 알아야 할 이유도 없다. 엉망이 된 방을 샅샅이 살피며 계산기의 조각들을 찾는 동안, 나는 한 가지 사실을 깨닫는다.

죽음은 삶의 끝이 아니라, 삶의 분열이라는 것. 사람이 죽으면, 그동안 그가 사람들에게 나누어준 물건들 속으로 그의 영혼이 흩어진다는 것. 사랑, 멍 자국, 선물들 속으로. 남아있는 당신은 함께 남은 조각들을, 심지어 당신을 아프게 하는 것들조차도 맞추어보려 애쓴다. 그래봐야 달라지는 건 아무것도 없지만.

새벽이 되어서야 메이페어 계산기의 조각을 전부 찾아낸다. 새벽 무렵에는 집도 고요해진다. 엄마와 아빠는 시신과 함께 병원에 갔다. 나는 여린 아침 햇살 속에서 책상 위에 조각들을 늘어놓고 그것들과 대면한다. 긁힌 철제 프레임, 튀어나온 버튼들, 피로 얼룩진 에메랄드색 내장 회로. 더러워진 부분을 닦아내는 것이 그나마 가장 쉽다. 나는 계산기를 복원할 방법을 궁리한다. 가능하긴 할까.

이렇게 산산조각이 난 것을 어떻게 다시 맞추어야 할까.

캐럴라인이 죽었다. 나의 자매가 죽었다.

그 어떤 조각들을 맞추어도, 그 어떤 부품들을 맞추어도, 나의 자매가 남긴 공백들이 맞추어지진 않는다. 한때 그녀의 삶이 있었던 자리에는 이제 느닷없고 충격적인 공백만이 남았다.

나는 그 공백들을 세어보려 애쓴다. 그 공백들의 형체를 파악해보려 애쓴다. 사람이 죽으면 그렇게 된다. 뭐가 사라졌는지 헤아리려보려 애쓴다. 사라진 것 중 일부는 바로 명백해진다. 그들의 목소리가 없고, 그들이 해야 할 일들은 결코 완료될 수 없을 것이고, 아침 식사 시간에 그들이 앉았던 의자에는 낯선 빈자리만 남는다. 그런 것들이라면 감당할 수 있다.

그보다 훨씬 더 끔찍한 것은 작은 공백들이다. 화가 날 정도로 작은 공백들. 캐럴라인이 온 세상에 만들어놓은, 바늘구멍처럼 작은 구멍들. 나의 기억을 관통하며 산탄처럼 발사된 그 공백들은 사방에 흩어져 있어서 수량화할 수조차 없다. 셀 수가 없다. 측정할 수가 없다.

나의 자매는 공백들의 별자리가 된다.

부서진 계산기가 된 나는 그것들을 맞출 줄도 모르고 이해할 줄도 모른다. 그래서 나는 책상 앞에 앉아있다. 몇날 며칠이고 계속. 그리고 해가 뜰 때마다 숨죽인 햇살 속에서 그 조그만 조각들을 바라본다. 구부러진 금속, 플라스틱 버튼들, 에메랄드색 내장 회로, 적갈색 혈관들. 한때 온전한 전체였던 것의 일부를, 조각들을 본다.

그러나 지금 내 눈에 들어오는 것은 오직 그것들의 사이를 가르는 새로운 공백뿐이다.

*

　무언가가 두려울 때 나는 그것을 연구한다. 캐럴라인이었다면 춤을 추거나 시를 썼을 것이다. 몽상적이고 창의적인 일을 했을 것이다. 그러나 나는 우리 둘 중 논리적인 반쪽이다. 분위기에 찬물을 끼얹긴 해도 똑똑한 아이. 어렸을 때 우리는 내가 쌍둥이의 필요악이라고 농담하곤 했다. 우리의 두려움이 캐럴라인을 예술로, 나를 연구로 밀었다. 나는 데이터와 과학에 끌린다. 절박한 상황이 되면. 일차자료를 바탕으로 한, 검증되지 않은 작은 이야기라도.

　무슨 일이 일어났는지 누구도 나에게 말해주지 않는다.

　나는 절박해진다.

　그래서 나는 죽음에 대해 공부한다.

　하늘 매장과 바다 매장에 대해 알게 된다. 수많은 춤과 퍼레이드 영상을 보고, 심지어 유해가 아름다운 파란색과 초록색 구슬로 변하는 영상도 본다. 애도하는 사람들의 사유가 밖이 아닌 안으로 향하도록 거울을 가리는 유대인들의 풍습에 대해서도 알게 된다.

　나도 거울들을 가린다. 그러나 그것은 거울을 볼 때마다 캐럴라인이 보이기 때문이다. 나는 캐럴라인의 마지막 일그러진 미소를 본다. 마치 내 얼굴에 반투명 필름이 드리워진 것 같다. 아니, 우리의 얼굴에. 우리는 쌍둥이다. 일란성쌍둥이는 아니지만 그래도 무척 닮았다.

　우리는 쌍둥이다.

　아니, 우리는 쌍둥이였다.

　이것도 종종 일어나는 일이다, 내가 조사한 바에 따르면. 누군가가 죽으면, 당신은 과거시제와 적이 된다. 그러나 당신에겐 이제 과거시제만 남았고, 과거시제도 그 사실을 아는 것 같다.

빌어먹을 과거시제 같으니라고.

아, 또 있다. 빌어먹을 이층 난간. 그날 밤 이후, 나는 캐럴라인과 내가 떨어졌던 난간의 부서진 부분을 쳐다보는 것조차 피했다. 그러던 어느 날 아침에 눈을 떴을 때, 작업용 장화를 신은 남자들이 계단을 오르내리더니, 난간이 복구되었다. 그게 더 끔찍했다. 새 난간에 손을 대는 순간, 배신감을 닮은 섬뜩한 감정이 내 안에서 타올랐다. 이유는 알 수 없지만, 일주일이 지난 지금, 새 샹들리에를 싣고 진입로로 들어오는 트럭을 바라보는 이 순간에도 똑같이 섬뜩한 기분이 든다.

나는 인부들이 크리스털 샹들리에를 설치하는 모습을 지켜본다. 샹들리에가 천장으로 올라가는 광경을 바라보며 생각한다. 죽음의 *의식* 중, 캐럴라인은 이 장면이 마음에 들었겠다. 왠지 극적이니까.

샹들리에 자체를 두고 하는 말이 아니라, 딸이 죽었는데도 부모님이 샹들리에 없이 이 주를 못 버틴다는 사실이 중요하다. 난간도 마찬가지다. 사실 하루라도 버틴 게 대단하다고 생각한다. 나는 온라인에서 샹들리에를 검색해본다. 주문 제작하는 상품이고, 육 주 내로 제품을 받으려면 인맥을 동원해야 한다. 설치 기사가 불을 켜는 순간, 나는 차갑고도 환한 샹들리에의 불빛을 억지로 똑바로 쳐다본다.

나의 부모님이 새 샹들리에를 주문했을 때, 그들의 딸은 공식적으로 사망한 상태이긴 했을까?

공허한 캐럴라인의 목소리가 답한다.

아마 아니었을걸, 마스. 캐럴라인이 웃는다.

새 샹들리에가 올라간 다음 날 집에서 장례식이 열린다.

우리 집의 모든 게 그렇듯이 장례식은 세심하게 연출된 난독화° 공연이다. 그것이 마티아스 가족의 방식이다. 엄마는 뉴욕 상원의원이고, 체면을 유지하는 것이 우리 모두의 임무다. 우리의 삶은 대중의 시선에 노출될 수밖에 없고, 우리의 죽음 역시 마찬가지일 것이다.

가족과 친구들이 들어설 때는 이곳에서 무슨 일이 일어났는지 보여주는 그 어떤 흔적도 남아있지 않을 것이다. 크리스털 조각들은 말끔히 치웠고 잔해들은 진공청소기로 흡입했고 타일 사이의 피는 솔로 문질러 닦았다. 엄마 아빠가 샹들리에의 배송일자에 맞추어 장례식 일정을 잡았으리라 생각한다. 그 반대가 아니고. 샹들리에는 행복한 온기를 발산하며, 우리 집엔 아무것도 숨길 게 없음을, 설령 숨길 게 있다고 해도 그럴 장소가 없음을 과시한다. 불빛이 널찍한 식민지 시대풍 저택을 구석구석 비춘다. 집 안 곳곳이 카라릴리와 방금 스테이플°°에서 인쇄해 온 포스터 크기의 캐럴라인 사진들로 장식되어 있다. 캐럴라인이 좋아했던 밀랍초들의 달콤한 향기도 풍긴다.

살인미수? 우발적 자살? 이 아름다운 미국의 가정에서 설마 그런 일이 일어났을 리가요. 자, 카나페 좀 들어보시겠어요?

○ 프로그램의 코드를 읽기 어렵게 일부 또는 전체를 변경하는 것
○○ 미국의 사무용품 유통 업체

*

"마스, 아가?" 집 안에서 나를 부르는 엄마의 목소리가 베란다에 있는 나에게 가까스로 닿는다. 내 창문으로 들어오려고 캐럴라인이 넘어왔던 바로 그 베란다다. 나는 이곳에 숨어서 박살 난 메이페어 계산기를 여전히 고쳐보려고 애쓰는 중이다. "마스? 일어났니?"

나는 방으로 들어간다. 장례식을 준비할 때 음식 나르는 사람들을 안내하는 일을 도와야 하고, 그 후에는 현관에서 사람들을 맞아야 한다. *어서 오세요! 들어오세요! 음료는 저쪽이고, 제 자매의 시신은 저기 있어요. 현장 재연은 네 시에 있을 예정이니, 놓치지 마세요!*

대외적으로 캐럴라인은 집에서 죽지 않았다. 이틀 뒤 병원에서, 다시 깨어나지 못하리란 게 확실해졌을 때 사망했다. 의사들이 캐럴라인을 검사해본 결과 뇌에서 허연 덩어리를 발견했고, 우리는 *교아세포종*이라는 새로운 단어를 알게 되었다. 캐럴라인의 **비정상적 행동**은 종양 때문이라고, 의사들이 말했다. 종양이 자라기 시작한 이상, 캐럴라인의 죽음은 피할 수 없었다고. 어떻게 보면 빠른 죽음이 차라리 다행일 수도 있다고.

그렇게 말한 그들은 그날의 공격에 대해서는 모른다. 아무도 모른다. 내가 말하지 않으면. 엄마가 캐럴라인을 데리고 구급차로 병원에 가는 동안 아빠는 나를 데리고 웨스트체스터군 외곽의 이십사 시간 응급의료센터로 갔다. 병원에서 내 손을 검사하고 머리카락의 피를 닦아내는 동안 아빠가 나 대신 질문에 답했다.

대외적으로 나는 책장에 깔렸다. 의사가 질문했을 때 아빠는 미리 준비해놓은 거짓말로 답했다. 나중에 의사와 내가 단둘이 있게 되었을 때 의사가 내게 다시 질문을 했고, 나는 이렇게 대답했다. "제 상태가 나빠 보이는 건 아는데요. 제 책장은 더 심하게 망가졌어요."

내가 말한 것처럼, 이것은 난독화 공연이다. 더구나 캐럴라인이 없으니, 의문의 여지 없이 내가 주인공이다. 이 상황이 싫다. 듀엣이 솔로가 되었다. 내가 냉소적인 척 연기하는 인생에서, 결코 독무대를 원한 적이 없었다. 나의 남은 삶도 계속 이런 식일 것이다. 그런 삶이 그 자체만으로도 일종의 죽음처럼 느껴지지 않는 날이 과연 올지 의문이다.

적어도 오늘만큼은 분명히 죽음처럼 느껴진다.

장례식을 준비하면서 나는 백만 번째로 하던 일을 멈추고, 의자와 테이블을 집 안으로 들여오는 사람들 틈에서, 빵과 자른 과일들을 테이블 위에 가져다 놓는 사람들 틈에서, 캐럴라인을 찾는다. 그리고 백만 번째로, 나는 캐럴라인을 찾지 못한다. 그러다가 내가 들어가기를 거부하는 방에 캐럴라인이 있다는 사실을 떠올리는 순간, 몸서리를 친다. 커튼을 내리고 흐릿한 조명을 설치해서 꾸민 빈소에 캐럴라인이 있다. 벽전체가 꽃으로 뒤덮인 곳에. 학교에서도 병원에서도 심지어 에스펜 아카데미에서도 꽃을 보냈다. 그리고 빈소 한복판에 반질거리는 체리목 관이 놓여있다.

"캐럴라인이 봤으면 좋아했을 텐데." 관이 일광욕실을 지나 빈소로 들어올 때 엄마는 그렇게 말했다. 샹들리에가 차가운 태양처럼 떠오를 때 내가 했던 것과 똑같은 생각이다. 나는 냉소적으로 한 말이었다. 뒤에서 부모님 흉을 볼 때 캐럴라인과 나는 늘 그런 식으로 말했으니까. 하지만 엄마는 진심이다.

캐럴라인이 봤으면 좋아했을 텐데.

마치 캐럴라인이 오늘을 수없이 상상해보았을 거라는 듯이. **추도식** Celebration of Life이라는 글자가 큼직한 흘림체로 일정표에 적혀있다.

캐럴라인은 전부 다 싫어했을 것이다. 이 연극도 이 일정표도, 특히 '추도식'이라는 말도. 캐럴라인은 많은 것을 성취한 열일곱 살 여자애였지만, 그래봐야 열일곱 살이었다. 캐럴라인의 삶에는 추도할 만한 것이 별로 없다. 그만큼 충분히 살지 않았다. 나는 속으로 캐럴라인에게 농담을 한다. 주인공이 죽었는데 그걸 축하celebrate하는 의식보다 더 기괴한 건 없을 거라고. 그랬더니 캐럴라인이 말한다. *마스, 제발 웃기지 좀 마.*

그 순간 캐럴라인이 웃는 모습이 떠오른다.

그 뒤로는 캐럴라인에게 말을 걸지 않는다.

제3장

◇

조문객들이 도착하기 전, 준비를 하라며 엄마가 나를 이층으로 보낸다. 엄마가, 혹은 엄마의 도우미 중 한 명이 내 침대 위에 예복 가방을 놓아두었다. 그 안에 단순한 검은색 예복이 들어있다. 나는 젖은 수건을 두른 채 그 옆에 누워 캐럴라인의 칼을 가슴에 대고 천장을 바라본다. 만약 우리가 경찰을 불렀다면 증거품으로 압수되었겠지만, 내가 현장에서 주워 깨끗이 닦은 칼이다. 진짜 칼은 아니다. 평평한 금속 막대다. 한쪽은 각이 지고 날카롭고, 반대편은 구부러졌다. 벌집에서 밀랍을 떼어낼 때 쓰는 도구다. 나는 차가운 금속이 내 피부처럼 따뜻해질 때까지 양봉칼˚을 몸에 대고 있다. 내 몸이 마를 때까지 그 상태로 있다.

처음으로 엄마가 화장을 해도 좋다고 했다. 사람들 앞에 나설 때 엄마는 보통 제발 '더 옅게' 하라고 하지만, 오늘은 아니다. 내가 젠더플루이드˚˚임을 엄마가 받아들여서가 아니라, 엄마가 나를 제외한 다른 흔

˚ 하이브툴 또는 내검칼로 불리는 양봉 도구. 이해를 돕기 위해 '양봉칼'로 번역했다.

˚˚ 성정체성이 전통적인 이분법적 성별 구분에 속하지 않고 고정적이지 않아서 물, 공기처럼 유동적으로 전환되는 젠더

적들은, 난간과 샹들리에 같은 모든 다른 흔적들은 말끔히 치우고 수리하고 숨겼기 때문이다. 나는 남아있는 유일한 증거다. 엄마의 허락에는 마티아스 가족의 일원으로, 나의 임무를 다하고 나 자신을 감추라는 요구가 담겨있다.

화장대에 앉아 내 얼굴을 본다. 우리의 얼굴을 본다. 우리의 널찍한 턱과 높은 뺨을, 큐피드의 화살처럼 선명한 입술과 아래로 굽은 코를 본다. 우리의 머리카락은 갈색이다. 캐럴라인은 긴 머리로 얼굴을 가렸다. 나는 머리를 길러서 뒤로 넘겼지만 오늘은 앞으로 내려오게 한다. 머리카락을 앞으로 내리면 더 많이 감출 수 있다.

나는 화장을 엄청 잘하지만, 드랙퀸 수준의 화장으로도 내가 쓰레기 같은 일을 겪었다는 사실을 감출 수는 없다. 나는 열심히 멍 자국들을 지우고, 머리에 핀을 꽂아 붕대 감은 귀를 감춘다. 코 피어싱은 안으로 넣는다. 손을 고정한 플라스틱 부목에는 할 수 있는 일이 없다. 그것마저 멋인 척 드러내는 수밖에. 마티아스의 괴짜 쌍둥이에게도 그건 좀 튀는 게 사실이지만.

재킷을 입을 때 부목을 댄 손이 소매에 걸리자, 헉 소리가 날 만큼 통증이 느껴진다. 조금만 움직여도 해시계가 내리꽂힌 손끝에 불길이 번지는 듯이 아프다. 손마디 뼈가 아물고 부서진 손톱이 다시 자라기를 기다리는 것 말고는 할 수 있는 일이 없다.

다시 소리를 제대로 들을 수 있긴 할까. 나는 여전히 매일 아침 귀에서 피를 흘리며 일어난다. 여전히 붕대를 갈 때마다 거즈에 핏방울이 스며드는 느낌이 든다.

준비를 마친 나는 거실에 나가 내 자리에 선다. 그곳에서 검은 정장이나 검은 드레스를 입은 조문객들을 공손히 맞이한다.

상실감이 크겠어요.

삼가 조의를 표합니다.

당신을 위해 기도할게요.

나는 슬픔의 말들을 받아들인다. 백번 악수를 한다. 캐럴라인이 오른손이 아닌 왼손을 으스러뜨린 게 고맙다. 엄마의 기금 마련 행사에서 우리가 늘 그랬던 것처럼 몇 번이나 나중에 캐럴라인에게 해줄 얘기를 생각하다가 흠칫 놀란다. 나는 몸서리를 치고, 다시 슬픔에 휩싸인다. 양해를 구하고 자리를 뜨려는데, 여자애들 셋이 다가오더니, 그중 한 명이 내게 말한다. "마스 맞지? 와, 젠장, 완전 똑같다."

그 말을 한 여자애는 나와 악수를 하지 않는다. 그녀는 날 끌어안고, 나는 완벽한 타인의 놀라운 친근감에 완전히 매혹된다.

"넌 아마 우릴 기억 못 할 거야. 우린 캠프에서 캐럴라인의 친구였어. 난 브리아야."

"난 시에라."

"난 미미."

그들 모두가 나를 끌어안는다. 이렇게 예쁜 애들은 처음 본다. 허리에 주름장식이 달린 드레스를 입은 미미는 작고 동글동글하고 창백하다. 시에라는 키가 크고 피부가 구릿빛이며 검은색 점프슈트를 입었다. 브리아는 더운 날씨에도 불구하고 진홍색 니트 드레스를 입었고, 대리석 같은 갈색 피부는 모공조차 없는 것 같다. 세 사람은 너무도 다르지만, 함께 있는 모습이 조화롭게 아름답다. 그들의 사랑스러운 모습이 나를 초경계 태세로 전환시킨다. 캠프에서 만난 친구들이라는 사실도 마찬가지다. 그들이 말하는 캠프는 에스펜이다. 에스펜 보호구역 관리단이 운영하는 여름 아카데미를 말하는 것이다. 바로 그곳에서 종양이 캐럴라인의 정신을 갉아먹기 시작했다.

뭐, 그랬다고 한다.

만약 그들이 에스펜에서 만난 친구들이라면, 그들이 서있는 이 거실에서 끝난 그 사건은 에스펜에서 그들과 함께 시작되었다.

"이건 너무……." 브리아가 거대한 거실 입구를, 조문객들과 그들의 고급스럽고 화려한 애도를, 백합들과 번들번들한 사진들을, 마지막으로 새 샹들리에를 바라보며 말한다. "너무 이상하다. 좀 과하지 않아? 캐럴라인이 보면 완전 열받을 것 같아. 마스, 이런 일을 캐럴라인 없이 치러야 한다니, 너무 힘들겠다."

"난……."

갑자기 목 안에서 흐느낌이 새어 나와 나를 놀라게 한다. 오늘 처음으로 표출하는 감정이다. 브리아가 손을 뻗어 내 손을 잡는다. 손을 꽉 움켜쥐며 나에게 힘을 준다. 나는 마음을 다잡는다.

"있잖아, 마스, 무슨 말을 해도 소용없겠지만, 네가 느낄 상실감에 너무나, 너무나 마음이 아파. 에스펜의 모두가 캐럴라인을 사랑했어. 캐럴라인이 갑자기 떠났을 때 다들 무척 걱정했는데, 결국 이런 소식을……." 브리아가 나의 손을 더 힘껏 잡는다, 마치 그렇게 손을 잡는 것이, 캣스킬에서 여기까지 차를 몰고 온 유일한 이유라는 듯이. 물론 그들이 직접 차를 몰고 왔다기보다는, 우리 집 진입로에 서서 담배를 피우며 취재기자들을 막고 있는 기사들 중 한 명이 몰고 왔겠지만.

나는 뒤로 물러선다. 사람을 홀리는 그들의 아름다움이 사그라진다.

마침내 나는 당연히 느껴야 하는 감정을 느낀다. 분노. 매년 여름 캐럴라인이 나를 두고 에스펜으로 달려갈 때마다 나는 배가 아파서 속이 부글거렸다. 캐럴라인은 그들과 함께 있었다. 나 대신, 우리 대신, 이 부유하고 화려한 인형들을 선택했다. 나는 해가 갈수록 점점 더 그들을 미워하게 되었다. 그러나 그들이 이곳에 와주었고, 그들의 따듯한 마음에 나의 분노가 시든다. 그들이 캐럴라인 같다. 캐럴라인을 안아주지 못했지만 그들을 안아주고 싶다.

떨리는 호흡이 나를 관통한다. 그들에게 물어볼 게 너무 많다.

"캐럴라인은 에스펜을 사랑했어. 세상에서 가장 좋아하는 곳이라고 했어." 내가 말한다.

시에라와 미미가 브리아 뒤에서 눈짓을 주고받는다. 브리아는 여전히 침착하고 사려 깊은 표정이다. 내가 말을 잇는다. 문득 그들이 아는 사실을 너무도 알고 싶다.

"마지막 몇 주는 정상이 아니었을 수도 있어. 의사들 말로는 종양이 뇌에 엄청난 압력을 가하고 있었대. 아마도 그래서 상당히 혼란스럽지 않았을까?"

나는 질문처럼 말하지만, 브리아는 동조하듯 고개만 끄덕인다. 미미가 내가 원하는 답을 준다.

"그래서 그랬구나. 캐럴라인은 너무 달랐어. 너무 강박적으로 행동했지. 심지어 우리한테도. 평상시에는 우리한테 다 얘기했는데, 적어도 나한테는 전부 다 얘기했는데, 마지막 한 주 동안은……."

브리아가 끼어든다. "미안해, 마스. 이런 얘기 듣고 싶지 않을 텐데. 적어도 오늘은."

나는 나중에 생각해보기로 하고 이 순간을 접어둔다. 캐럴라인은 성격이 원만했고, 뭐든 열심히 했다. 캐럴라인은 매년 에스펜 캠프를 기다렸다. 그러나 올해는 어딘가 달랐다. 초조해했고 여름이 다가올수록 증상이 점점 더 심해졌다. 캐럴라인은 올여름에 뭔가 나쁜 일이 일어날 것을 알고 있었다. 우리 중 누구도 보지 못한 징조를 보았다. 어쩌면 자신의 머릿속에서 무언가가 자라고 있는 것을 감지했을지도.

"너도 전에 에스펜 캠프에 왔었지?" 브리아가 묻는다.

나의 몸이 굳는다. 나의 끔찍한 에스펜 중도하차 사건에 대해 그들은 어디까지 알고 있을까? 나는 "응, 아주 오래전에."라고만 대답한다.

"왜 그만둔 거야?"

좋은 질문이다. 일단 에스펜 캠프에 들어가면 중간에 나오는 경우는 흔치 않다. 부모님이 팔 주짜리 캠프에 수만 달러를 지불하면서 눈 하나 깜짝 안 하는 사람들이라는 가정하에 말이다. 거기에 개인지도, 단기 여행, 교통비도 추가된다. 말하는 방식으로 보아 브리아는 진실을 알고 있다. 전부는 아니더라도, 내가 중간에 그만둔 게 돈 문제가 아니라는 것 정도는 안다.

"그냥 어느 순간 나한테 맞지 않는다는 생각이 들었어." 내가 말하며 내 몸을 가리킨다. 부모님이 골라준 정장 차림의 나는 전반적으로 남자애처럼 보인다. 그러나 캐럴라인이 나에 대해 조금이라도 얘기했다면, 내 말이 어떤 의미인지 그들도 알 것이다.

그들이 동시에 고개를 끄덕인다.

"맞아, 사람들은 때때로 개자식처럼 굴어." 처음으로 입을 뗀 시에라가 말한다.

"이젠 우리가 상급생이 되어서 상황이 그렇게 나쁘진 않아. 성 대결은 빌리지 대항전으로 이름을 바꾸었어. 물론 여전히 젠더 대결이긴 하지만, 그래도." 미미가 말한다.

"언제 한번 와봐." 시에라가 제안한다. "다시 도전해보는 마음으로. 어차피 캐럴라인 물건들도 가져가야 하잖아."

미미가 눈을 커다랗게 뜨고 시에라를 쳐다본다. 민첩하고 노련한 브리아가 묻는다. "에스펜에 돌아오는 거 생각해본 적 있어?"

생각한다. 항상. 내가 원했다면 갈 수 있었을 것이다. 그러나 에스펜에 가지 않는 것은 나에게 일종의 시위가 되었고 나는 그 시위를 끝내고 싶지 않다. 그런데도 매년 유월 캐럴라인이 에스펜으로 떠날 때면 그곳이 그리웠고, 팔월이 되면 햇볕에 갈색으로 그을린 채, 뜨거운 여름 바람에 황금빛으로 무르익은 은밀한 추억들을 한 아름 안고 돌아오는 캐럴라인이 미웠다.

그들이 나의 대답을 기다린다. 그들이 눈을 깜빡일 때마다 마치 세 사람이 한 마리의 거대한 거미처럼, 눈이 왼쪽에서 오른쪽으로, 폭포처럼 연쇄적으로 깜빡인다.

"별로." 방금 무얼 보았는지 어리둥절한 상태로 내가 말한다.

"그렇구나. 우리가 가져온 게 있어. 시에라?" 브리아가 말한다.

시에라가 가방을 열더니 종이로 싼 묵직한 원통형의 물건을 꺼낸다. 나는 그게 무언지 곧바로 알아본다. 우리 집 곳곳에 밝혀놓은 것과 똑같은 초. 종이에서 달콤한 밀랍 향이 풍긴다.

"캐럴라인 숙소에서 찾았는데 네 이름이 적혀있더라."

나는 캐럴라인의 손 글씨를 본다. *마스에게*. 나는 눈물을 참으려고 뺨 안쪽을 깨문다. 그들은 차례로 나를 끌어안은 다음, 사람들 틈으로 사라진다. 다음 조문객이 그들이 머물렀던, 내 앞에 선다.

그로부터 한 시간 뒤 휴식 시간이 되어서야 나는 초의 포장을 벗겨본다. 캐럴라인이 내 이름을 쓴 종이가 찢어지지 않도록 조심하면서. 밀랍은 짙은 노란색이고 벌집 모양으로 찍어냈다. 캐럴라인은 밀랍에 금속 재질의 글자로 내 이름을 박았다. 글자들의 간격이 고르지 않다. 귀엽다. 그리고 엉망이다.

나는 조심스럽게 초를 뒤집어본다. 밀랍으로 만든 벌이 있을 것이다.

나는 숨을 헉 들이킨다. 하마터면 초를 떨어뜨릴 뻔한다.

벌 한 마리가 있다. 그러나 벌의 몸에 누군가가 X자를 그었다. 마치 벌겋게 달아오른 칼로 그은 것처럼.

제4장

⬠

추도식을 진행하기 위해, 사람들이 캐럴라인의 관을 열고, 고인과 고인의 가족에게 마지막 인사를 하기 위해 줄을 선다. 나는 캐럴라인을 볼 수가 없다. 여전히 반쯤 감긴 눈에, 여전히 그 미소에 갇혀있을까 봐 두렵다. 캐럴라인이 내게 남긴 초를 머릿속에서 떨쳐낼 수가 없다. 캐럴라인이 캠프로 떠난 지 일주일도 채 안 되었으니, 아마 만든 지 얼마 안 되었을 것이다. 캐럴라인은 무슨 생각을 하고 있었을까? 머릿속에서 종양이 자라기 시작했던 그때, 캐럴라인은 누구였을까?

예식이 끝난다. 그리고 마치 구불거리며 기어가는 노래기처럼, 조문객들은 천 개의 손이 달린 하나의 줄이 된다. 그들이 차례로 손을 뻗어 나에게 기도와 위로의 말들을 속삭인다. 정치인의 자녀로서, 나는 공손하게 회피하는 태도를 평생토록 연마했다. 마침내, *마침내* 손의 행렬이 전부 없어질 때까지, 나는 그 공손함을 잃지 않는다. 도우미들이 식당에 커피와 점심 뷔페를 준비한다. 빈소가 빈다.

주방에서 엄마가 손짓으로 나를 부른다. 엄마는 이모들과 함께 화강암으로 만든 아일랜드 식탁에 앉아있다.

"오, 마셜, 우리 아가, 가엾어서 어쩌니." 미셸 이모가 나를 달래며 끌어안는다. 그리고 문득 자신의 실수를 깨닫는다. "참, 마스라고 해야지. 이제 마스라고 부른다며? 미안하다, 아가. 습관 고치기가 참 힘드네."

나는 미셸 이모에게 우리 가족은 늘 나를 마스라고 불렀다는 사실을 굳이 일깨우지 않는다. 심지어 아기였을 적에 찍은 비디오 속에서도 그렇게 불렀다. 할머니가 나를 마스라고 불러야만, 자신의 쪼글쪼글한 남편이자 나의 할아버지인 마셜 마티아스 이세와 나를 구분할 수 있다고 했기 때문이다. 어쨌든 내가 세 번째 마셜인 것은 분명하다.

언제나 마스로 불렸는데, 미셸 이모가 바보 같은 소리를 하고 있다.

"둘 다 괜찮아요." 내가 말한다. 이모는 내가 생명의 은인이라도 되는 듯, 안도하는 표정이다. 기가 막혀서 눈을 위로 치켜뜨고 싶은 충동을 참는다. 나는 성별을 확정하지 않을 뿐이지 수류탄이 아니다.

"마스, 아가, 잘 들어." 엄마가 내 팔을 문지르며 말한다. "여기 있고 싶지 않으면 안 있어도 돼. 집에서 하는 장례식을 네가 원치 않았다는 걸 알아. 하지만……."

"가족의 전통이죠. 알아요."

"그래. 하지만 전통은 나이 든 사람들을 위한 거야. 이제 중요한 예식은 끝났으니, 잠깐 안에 들어가 있지 그래?"

나는 어깨를 으쓱한다. "그러면 아빠는요."

엄마가 어깨를 으쓱한다. "아빠는 엄마가 알아서 할게."

"엄마는요."

엄마의 눈시울이 붉다. 마치 안에서부터 슬픔이 엄마를 녹인 것처럼, 피부도 종잇장처럼 얇다. 그러나 나의 걱정에 엄마는 그저 미소만 짓는다. 엄마는 나를 끌어안고 빳빳한 흰 셔츠 위로 나의 등을 어루만진다.

나는 상원의원인 엄마가 자식을 끌어안는 광경을 바라보는 시선들을 의식한다. 이제 엄마에게 자식은 나뿐이다. 나도 사람들을 본다. 나의 시선이 브리아, 시에라 그리고 미미에게 머문다.

캐럴라인은 그들을 '허니들The Honeys'이라고 불렀다.

나는 엄마의 품에서 벗어난다.

"그냥 여기 있을게요." 내가 말한다. 엄마의 표정에서 안도의 기미를 찾아보지만 찾을 수 없다. 내가 그만 들어가주기를 바란다는 걸 너무 늦게 알아차렸다. 늘 그랬던 것처럼 사라져주기를 바란다는 걸.

"네가 그러고 싶다면." 엄마가 말한다. 엄마의 연기는 완벽하다. 캐럴라인이 보았다면 내가 엄마한테 너무 가혹하다고 말했을 것이고, 그 말이 맞을지도 모른다. 하지만 나도 어쩔 수 없다. 지난 며칠간 나의 마음속에는 온갖 의심과 냉소의 폭풍이 휘몰아쳤다. 지금 나의 편집증에 대한 방어기제는 그 어느 때보다도 약하다.

그냥 사라져버리는 게 나을지도.

나는 양해를 구하고 주방에서 나온다. 빈소를 제외하고 어디에나 사람들이 있다. 나는 빈소로 들어가서 관 쪽을 쳐다보지 않고 널찍한 유리문을 열고 일광욕실로 들어선다. 올여름 캐럴라인이 집을 비운 동안 식물을 돌보는 것은 나의 임무였다. 캐럴라인이 죽기 전에는 그 일을 진지하게 생각하지 않았다. 그러나 이제 나는 이 일에 집착한다. 일부러 시간을 내어 흙이 촉촉한지 확인하고, 물을 주고, 죽은 가지를 잘라낸다. 청경채가 꽃을 피울 참이지만 캐럴라인이 일러준 대로 줄기를 솎아낸다. 이미 내가 뽑은 잡초들로 반쯤 채워진 낡은 들통에 으스러진 구근들과 잘라낸 가지들을 모은다. 이 일이 나를 진정시킨다. 다시 빈소로 돌아가려는 순간 나는 얼어붙는다.

울퉁불퉁한 유리문을 통해 열려있는 관 쪽으로 몸을 숙인 사람들의 모습이 보인다. 브리아, 시에라, 미미. 허니들이다. 그들의 자세가 나를 긴장하게 만든다. 그들이 몸을 숙이고 있는 방식이, 마치 어느 부분을 덜어낼지 고민하면서 뷔페 음식을 구경하는 사람들 같다.

시에라와 미미가 돌아서서 브리아를 가려주고, 브리아는 자신의 검은 곱슬머리 안으로 손을 넣어 귀고리를 뺀다. 브리아가 관 쪽으로 몸을 숙이더니 캐럴라인의 귀에 귀고리를 끼운다. 캐럴라인의 굳은 턱을, 마치 여러 번 해본 듯 노련하게 돌리고서. 너무도 날렵한 동작이다. 빈소의 아늑하고 조용한 분위기에 어울리지 않게 너무도 이상하고 선을 넘는 행동이라, 내가 제대로 본 건지 의심이 들 정도다.

그들은 서로 새끼손가락을 건 손을 흔들며 빈소를 나선다. 나의 평온함은 온실의 뜨거운 공기 속으로 증발한다.

윗입술에 땀방울이 맺힌다. 나는 빈소로 들어가 관 쪽으로 다가간다. 앞서는 관을 둘러싼 꽃만 보았지만, 이제 나의 시선은 관 속의 창백한 물체에 고정된다. 캐럴라인. 캐럴라인은 분홍색과 흰색의 고치 속에 누워있다. 캐럴라인의 모습은 전부 어딘가 잘못된 것 같다. 턱에 잔뜩 힘을 주고 있고, 피부는 너무 장밋빛이고, 입술은 앞으로 조금 내밀어져 있다. 나의 마음이 보드라운 천 속에 누워있는 이 흉하고도 아름다운 물체와, 크리스털 조각들과 흔들리는 불빛 속에서 그녀가 내게 지었던 섬뜩한 미소 사이를 오간다.

몸을 숙이자, 섬뜩하고도 달콤한 부패의 향이 난다. 그날 밤의 냄새, 나의 이불에 영원히 각인된 냄새. 나는 숨을 참고 조금 더 가까이 다가

간다. 캐럴라인의 얼어붙은 얼굴에서 불과 몇 센티미터 거리가 될 때까지. 캐럴라인의 화장은 꽃가루처럼 떠있다. 캐럴라인의 턱에 브리아의 지문이 보인다. 나는 관으로 손을 뻗어 캐럴라인의 머리카락을 뒤로 넘긴다. 손이 캐럴라인의 차갑게 죽은 뺨을 스칠 때 나는 움찔한다. 곱슬거리는 쥐색 머리카락 사이에서 조그만 귀고리가 반짝인다. 황금색 벌 모양이다. 얼마나 섬세한지 금방이라도 살아서 움직일 것 같다. 캐럴라인이 했던 적이 있는 귀고리인가? 아니면 브리아가 처음 끼운 걸까? 멈추어야 한다는 걸 알면서도 손가락이 황금색 벌을 쓸어내린다. 귀고리가 여전히 따뜻하다. 다른 사람의 몸에서 나온 온기다.

그때 캐럴라인의 귀에서 무언가가 기어나온다.

내가 얼른 손을 빼는 바람에 캐럴라인의 머리가 흔들린다. 관에서 검은 점 세 개가 윙윙거리며 나온다. 검은 점들이 내 쪽으로 다가온다. 미친 듯이 손을 내젓고, 빈소를 빼곡하게 둘러싼 화환들 틈에서 점들을 놓친다. 그들이 내 주위를 맴도는 소리가 들린다. 그러더니 조그맣고 빠른 무언가가 내 귓불을 따라 기어간다. 붕대 밑을 파고들 것처럼.

나는 비명을 지르고, 벌을 눌러 죽이려 양손으로 내 귀를 꽉 움켜쥔다. 눈 안쪽으로 엄청난 통증이 밀려드는 순간 상처가 다시 벌어졌음을 깨닫는다. 사람들의 팔이 나를 붙잡는다. 사람들이 기다린다. 나는 윙윙거리는 소리가 사라질 때까지 미친 듯이 허둥거린다. 나는 벌들의 어두운 형체들이 흐릿한 조명을 가로질러 캐럴라인의 목, 입술, 눈꺼풀에 앉는 것을 본다. 그리고 나를 밖으로 끌어내는 사람들 사이로, 벌들이 캐럴라인의 광대뼈를 타고 내려와 다시 캐럴라인의 머릿속으로 꿈틀거리며 들어가는 모습을 본다.

제5장

◇

허니들.

에스펜에서는 모두가 숙소H의 여자애들을 그렇게 불렀다. 캐럴라인의 말에 따르면 수십 년 동안 그래왔다. 캐럴라인은 그 호칭을 증오했다. 비인간적이라고 했다. 신이 나서 그 전통을 이어가는 여자애들도 증오했다. 캐럴라인은 그들의 기이하고 과장된 여성성을 조롱했다. 그들이 서로 새끼손가락을 거는 방식이 구역질 난다고 했다. 그러나 막상 그 유명한 숙소에 캐럴라인이 배정되었을 때, 캐럴라인은 아무 저항 없이 받아들였다.

숙소H에 배정되는 것이 영광이라는 건 모두가 알았기 때문이다.

부자들의 놀이터가 항상 그렇듯이, 에스펜의 모든 숙소에는 그 나름의 역사가 있다. 과거에 숙소H는 일종의 자선단체로 여겨졌다. 숙소H는 습지 근처에 자리 잡고 있었고, 에스펜은 그곳에서 양봉장을 운영했다. 장학금을 받고 오는 여자애들이 어쩔 수 없이 그곳에 머물며 식사나 활동을 할 때만 캠프로 왔다.

그들은 허니라고 불렸다. 일벌을 뜻하는 말이었고, 노동자계급을 뜻하는 말이었다. 모욕적인 단어였다. 그러다가 그 여자애들이 성장했고,

그들은 그들의 결속을 이용하여 부자가 되었다. 그리고 그들의 자녀들이 에스펜 캠프에 참가했다. 그 자녀들의 자녀들도. 과거의 황금빛 후광을 드리운 숙소H는 더 이상 자선의 악취를 풍기지 않는, 근면과 소박한 아름다움의 상징이 되었다. 새로운 세대는 지난 세대의 엘리트주의를 발판 삼아, 그들이 이름을 따온 꿀처럼 진하고 끈끈한 권력을 소리 없이 키워나갔다. 그들은 벌을 돌보았고, 벌이 좋아하는 꽃을 심었으며, 끈적이는 보상을 수확했다.

권력에는 배타성이 따른다. 의식도 있다. 입회 절차가 있고 충성도 테스트가 있다. 사람들이 말한다. 모든 것이 비밀이어야 하지만, 모두가 수군거리는 비밀이다. 정작 허니들은 아름다운 외모 뒤에 숨어 아무것도 모르는 척한다. 애칭과 새끼손가락을 거는 것은 하나의 연기다. 약탈자의 연기. 침을 쏘는 곤충이 보드라운 꽃망울 속에 숨는 것처럼.

누구도 그들을 건드리지 않는다. 적어도 나는 그런 광경을 한 번도 보지 못했다. 그들을 건드리지 않는 건 너무도 당연한 일이다. 그들의 연기가 매혹적이라고 생각한다면, 굳이 그 연기의 이면을 꿰뚫어볼 필요가 없으니까. 그들의 행동에 문제가 있다고 생각하는 사람들은 재빨리 그들을 외면하기로 한다. 에스펜의 어른들은 그들을 우상화한다. 허니들이야말로 이 캠프가 부유한 부모들에게 팔고 있는 아름다운 강인함의 상징이다. 부유한 부모들은 응석받이 아이들을 강하게 키워줄 올바른 사람들을 찾는다. 허니들이야말로 올바른 사람들이다.

캐럴라인은 허니들을 증오하다가 자신이 허니가 되었다. 그리고 나는 한동안 캐럴라인을 증오했다. 캐럴라인은 내가 가장 원하는 것을 갖고도, 별로 좋아하지도 않는 것 같았기 때문이었다.

캐럴라인은 그 여자애들을 너무도 쉽게 외면했다. 그러나 그게 캐럴라인의 방식이었다. 캐럴라인은 무심함의 옷을 근사하게 걸칠 수 있었다. 마치 매끄러운 물개의 가죽처럼, 온갖 현실의 시름이 달라붙으려 해도 이내 미끄러져서, 이 뜨겁고 정신없는 세상에서도 언제나 서늘하고 초연할 수 있었다. 나는 캐럴라인과 다르다. 나의 몸에는 모든 게 다 걸린다. 모든 작은 갈망조차도 내 몸에서는 가시처럼 자라기 때문에 나는 아무것도 품을 수가 없다. 나는 겉으론 강해 보이지만 속으로 끙끙거린다. 캐럴라인은 다르다. 캐럴라인은 고립 속에서도 천하무적이고, 아무것도, 그 누구도 필요해하지 않는다.

언젠가 캐럴라인이 내게 말했다. 무언가 필요하다는 건, 그것으로 통제될 수 있다는 뜻이잖아. 난 그게 싫어. 통제되고 싶지 않아. 그 무언가도, 그 누구도 필요해하고 싶지 않아, 나 자신 외에는.

그게 그녀의 방식이었다. 캐럴라인은 항상 혼자서도 강했지만, 결코 혼자였던 적도 없다. 나는 그래서 캐럴라인을 증오했다.

나는 허니들이 가진 것을 원했다. 늘 그랬다. 그것은 예쁜 여자애들을 볼 때마다 즉각적이고 무의식적으로 일어나는 바람이었다. 단지 그들의 아름다움만이 아니라, 아름다움을 구현할 자유를 갈망했다. 그들의 자매 같은 친밀감을 갈망했고, 아름다움이 그들에게 부여하는 권력을 갈망했다. 나는 그 연기에 동참하고 싶었고, 아마도 캐럴라인은 그 이유를 절대 이해하지 못했을 것이다. 이 비논리적인 갈망을, 혹은 내 피부 아래서 꿈틀거리는 이 거친 정전기를. 내가 여자애들과 나 자신의 차이를 볼 때마다 캐럴라인은 그저 어깨를 으쓱할 뿐이었다. 마치 이런 갈망은 오직 나만의 것이라는 듯이. 기이하다는 듯이. 외계의 것이라는 듯이. 그리고 그때부터 나는 정말 외계인이 된 듯한 기분이 들었다.

우리의 길이 갈라지기 시작한 것은 그때부터일 것이다. 우리의 몸이 달라지기 시작했다. 나의 몸은 나의 자매로부터, 허니들 같은 여자애들로부터 멀어지는 방향으로 서서히 변화했다. 결국 이분법으로 나뉜 에스펜은 나를 감당할 수 없었다. 내가 대답할 수 없는 질문이 끊임없이 이어졌다.

나는 누구일까?

나는 무엇일까?

그러던 어느 날…… 나는 에스펜을 떠날 수밖에 없었다. 모두의 안전을 위해서라고 그들이 말했다.

캐럴라인은 남았다.

아니, 그보다 더 나빴다. 캐럴라인은 남게 해달라고 빌었다. 그리고 처음부터 에스펜에 대해 회의적이었던 부모님도 캐럴라인이 남는 것을 허락했다. 아마도 그때 캐럴라인을 잃은 것 같다. 나는 캐럴라인을 에스펜에 혼자 남겨두고 집으로 돌아왔고, 캐럴라인은 그로부터 몇 달 뒤 새로운 허니가 되어서 돌아왔다.

나의 몸이 나를 배신했고, 그다음엔 캐럴라인이 나를 배신했다.

나는 집에서 여름을 보냈다. 슬프고 화가 났지만, 아무렇지 않은 척했다. 나도 캐럴라인 특유의 무심함을 장착해보려 애썼다. 근사한 야외 활동들을 멀리하고 컴퓨터의 작동 원리에 몰입했다. 논리에. 수학에. 나는 캐럴라인의 하찮은 캠프 활동을 조롱했다. 우정 팔찌와 밀랍초 따위는 관심 없다는 듯이. 캐럴라인은 내가 그러도록 내버려두었다. 캐럴라인은 에스펜이 성차별을 일삼는 자본주의자들의 사이비종교 집단이라는 나의 주장에는 동조했지만, 나는 캐럴라인이 에스펜의 여자애들을 누구보다도 사랑한다는 걸 알았다. 저녁 식사 시간에 캐럴라인의 핸드폰은 단체 메시지 방의 대화로, 문자 그대로 윙윙거렸다. 밤이면 쉴 새 없이 대화가 오갔다. 겨울이 되면 사악할 정도로 귀여운 **에스펜 준비물 세트**를 서로에게 보내곤 했다.

사랑하는 사람이 추억 앨범과 손으로 직접 색칠한 액자를 만드는 일에 서서히 심취해가는 모습을 지켜보는 것보다 더 두려운 일은 없다.

나는 캐럴라인이 자신에게 일어나는 일을 증오하기 바랐지만, 그 여자애들 사이에 증오가 들어설 자리는 없었다. 단지 내가 증오했고 부러워했으며, 사랑했고 동시에 경멸했던 자매의 우정만이 존재했다.

그러다가 일이 틀어졌다. 숲속에서. 숙소에서. 뭔가 단단히 틀어진 게 분명했다.

지난 팔월 집으로 돌아왔을 때 캐럴라인은 어딘가 달랐다. 캐럴라인의 편안한 행복이 마치 찌그러진 레코드처럼 튀고 버벅거렸다. 캐럴라인은 캠프에 대해 나와 얘기하려 하지 않았다. 나는 캐럴라인이 다시 캠프로 돌아갈 생각이 없다는 걸 감지했다. 그로부터 몇 달 후 에스펜의 보수성에 관한 얘기가 나올 때마다 캐럴라인이 말을 얼버무렸기 때문에 그 점이 더욱 확실해졌다. 무언가가 캐럴라인을 캠프에서 밀어냈다. 어쩌면 그 여자애들이었을지도. 에스펜 준비물은 책상 위에 풀지 않은 상태 그대로 놓여있었다. 추억 앨범도 만들지 않았고 단체 메시지 방의 대화도, 늦은 밤의 전화도 없었다. 캐럴라인은 왜 그러는지, 혹은 왜 그러지 않는지 말하지 않았다.

대체 무슨 일이냐고 캐럴라인에게 묻지 않은 것에 대한 죄책감을 나는 죽을 때까지 떨쳐버릴 수 없을 것이다.

이유가 무엇이건, 캐럴라인은 두려워했다. 봄이 올 무렵, 그 두려움은 캐럴라인을 완전히 잠식했다. 그 두려움이 캐럴라인의 피부 속을 돌아다녔고, 캐럴라인은 내 자매의 옷을 입은 죽음이 되었다. 오래전에 뿌려놓은 두려움의 씨앗이 이제 그녀의 몸속에서 자라고 있었다.

다시 유월이 되었고 캐럴라인은 에스펜으로 떠났다.

그로부터 며칠 뒤 캐럴라인이 돌아왔고, 내 방으로 들이닥쳤다.

그리고 캐럴라인이 죽었다.

그리고 허니들이 우리 집에 왔다.

그리고…….

장례식에서 내가 무엇을 보았는지 아직 모른다. 그 생각을 하는 것조차 두렵다. 생각하려고 할 때마다, 찬찬히 되짚어볼수록, 기억이 흐릿해진다. 오히려 그 생각을 너무 열심히 하지 않을 때, 그래서 그 광경이 나의 의식 가장자리에서 마치 본능처럼 나를 이끌 때, 가장 선명하다.

장례식을 치르고 이틀이 지난 뒤, 짐을 싸놓고 토요일 브런치 시간에 나의 결심을 발표한 것도 바로 그 본능을 따른 것이다.

"저 에스펜으로 돌아갈래요."

엄마가 핸드폰을 접시 옆에 내려놓는다. 아빠는 노트북에서 고개를 든다.

"뭐? 왜?" 아빠가 묻는다.

나는 심호흡을 한다. 계획의 첫 번째 단계를 성공시키려면 침착해야 한다.

"캐럴라인과 같은 숙소에 있던 친구들이 오라고 했어요. 거긴 캐럴라인이 가장 좋아하는 곳이었어요. 저도 가고 싶어요. 가서 다시 한번 둘러보고⋯⋯." 내 목소리가 갈라진다. 내 말이 거짓말이라고 생각했지만, 문득 진실임을 깨닫는다. 그렇다. 의심스러운 점들이 있다. 물론 나에게 마스 마티아스만의 편집증이 있는 것도 사실이다. 그래도⋯⋯.

그래도 그건 사실이다. 캐럴라인이 가장 행복했던 곳에서의 마지막 날들을 살펴보고 싶고, 그곳에서 캐럴라인의 모습을 복원할 수 있을지 알고 싶다. 우리의 끔찍했던 마지막 순간을 대체할 캐럴라인의 모습을 되찾을 수 있을지. 캐럴라인의 죽음을 이겨내고 계속 살아가려면, 내가 지니고 살아갈 마지막 캐럴라인의 모습이 필요하다.

아빠가 한숨을 쉬며 내 손에 자기 손을 얹는다. 엄마의 표정은 읽을 수가 없다. 이 논쟁에서 나를 꺾을 방법을 고심하고 있다는 뜻이다.

"차를 타고 캠프를 한 바퀴 둘러보는 것도 괜찮을 것 같아. 같이 가자." 마침내 엄마가 말한다.

"거기 머물고 싶어요. 혼자서요."

"얼마나?"

그 여자애들이 무슨 짓을 했는지 알아낼 때까지라고 생각한다. 그러나 나는 이렇게 대답한다. "올여름 캐럴라인의 강습비와 숙박비를 벌써 다 내셨잖아요. 아마 캠프도 환급해주는 것보다는 제가 거기 머무는 편을 더 선호할걸요."

말도 안 되는 소리를 한다는 듯 부모님이 나를 쳐다본다. 망설이는 그들의 모습을 보면서 나는 속이 쓰리다. 부모님은 에스펜 캠프에 참가한 적은 없지만 매년 여름 이런 종류의 캠프에 참가하며 자랐다. 그들은 늘 가기 싫다고 항의하는 나보다는, 가고 싶어 하는 캐럴라인을 더 쉽게 이해했다. 내가 그런 일을 겪은 뒤에도 그들은 다시 캠프로 돌아가라고 나를 설득했다. 가서 마티아스 가족답게 강인한 모습을 보여주라고 했다. 그러나 강인함의 시간은 끝났다. 캐럴라인이 죽은 뒤에야 우리 가족은 비로소 에스펜에 의심을 품기 시작했다. 그리고 그 의심을 확인받는 순간 나의 결심이 더욱더 불타올랐다.

"그 사람들은 저한테 빚을 졌어요. 그들이 얼마나 저한테 애원했는지 기억하시죠?"

부모님이 누가 누구에게 빚을 졌는지 얘기하고 싶어 하지 않는다는 걸 안다. 그래서 나는 그 얘기를 더 꺼낸다. 이 얘기를 꺼내는 순간, 부모님은 어쩔 수 없이 내가 캠프에 *어떤* 방식으로 돌아갈 것인지에서 *왜* 돌아가는지로 이야기를 옮길 수밖에 없기 때문이다.

엄마가 화해의 미소를 지어 보인다. "마스, 대체 왜 이러는데?"

나는 응접실을 쳐다본다. 빈소는 다시 응접실로 정리가 되었지만, 근처에 갈 때마다 마치 유령 벌이 기어다니는 것처럼 귀가 간지럽다.

"여기 못 있겠어요." 내가 마침표를 찍는다. "이 집에서 여름을 보내고 싶지 않아요."

엄마가 한숨을 쉰다. 우리 모두 내가 장례식 때 피웠던 소동을 떠올리고 있다. 나는 지금 그 일을 하나의 협박 도구로 사용하는 중이다. 엄마가 무슨 수를 써서라도 피하고 싶은 게 한 가지 있다면, 그것은 바로 소동이다.

"헤더." 아빠가 끼어들며 엄마를 한참 쳐다본다. 두 사람이 부모 사이 침묵의 언어로 대화한다. 엄마의 표정은 매끄럽고 읽을 수 없다. 두 사람이 동시에 나를 쳐다본다.

"생각해볼게."

훌륭하다. 첫 번째 단계 완료. 펜싱으로 치면, 이것은 펭뜨feinte°에 해당된다. 상대방의 공격을 유도하기 위한 동작으로, 나는 그 공격에 대비할 것이다. 그래서 나는 그날 종일 이층에 숨어서 에스펜에 관한 기사를 읽으며 반격을 준비한다. 펜싱으로 치면 리뽀스트riposte°°지만, 이건 펜싱이 아니다. 우린 슬픔으로 나약해진 가족이고 여론에 극도로 민감하다. 그래서 두 번째 단계로 나는 화장실 거울 앞에서 주방 가위를 들고 머리카락 사이로 거울을 쳐다보며 서있다.

"마스, 얘기 좀 할까?"

부모님이 내 방문 앞에 서있다. 내가 머리카락에 한 짓을 보고 그들이 충격에 휩싸이는 모습을 지켜본다. 엄마는 날카롭게 숨을 들이켠다. 아빠는 금방이라도 욕을 내뱉을 것 같은 표정을 지으며 복도로 나간다.

엄마가 침대에 앉아 내 손을 잡으며 날 쳐다본다.

"왜 그랬니, 아가?"

"에스펜에는 두발 정책이 있잖아요." 덤덤한 목소리로 내가 말한다. 아무 감정도 들어있지 않다. "아마 절 남학생 숙소에 배정할 거예요. 남자애들은 머리를 짧게 잘라야 해요."

엄마가 내게 에스펜에 가지 말라고 설득할 말을 찾으며 침을 삼키는 소리가 들린다. 그러나 엄마는 적절한 말을 찾지 못한다. 내가 엄마를 당황하게 만들었다. 나의 리뽀스트가 먹히고 있다.

○ 페인트. 속임수 동작
○○ 상대방의 공격을 저지한 이후의 공격 동작

"에스펜에 전화하셨어요?" 내가 묻는다.

"응, 했어." 엄마가 조금 정신을 차린다. 마치 방금 생각난 얘기를 할 때처럼. "네가 방문한다니까 기뻐하더라."

"방문이에요, 참가예요?"

엄마가 천천히 말한다. "구체적으로 말하진 않았어. 마스, 잘 들어, 아가. 네 말이 맞아. 캠프의 방침상, 네 침대는……."

남자애들 숙소에 배정될 거라는 말을 엄마는 하지 않는다. 엄마가 말했어도 나는 상처받지 않았을 것이다. 나의 짧은 머리카락은 내가 여자인 만큼 남자이기도 하다는 것을, 머리카락 따위는 아무래도 상관없다는 것을 증명한다. 나는 필요에 따라 변할 수 있다. 엄마의 망설임은 내가 젠더플루이드인 것이 장점이지 걸림돌이 아니라는 사실을, 엄마의 뛰어난 두뇌가 아직은 이해하지 못하고 있음을 증명할 뿐이다.

"괜찮아요." 내가 엄마를 안심시킨다. "그럴 거라고 생각했어요. 아무래도 상관없어요. 남자 유니폼도 입을 거예요."

엄마의 눈썹이 위로 올라간다. "카고 반바지도?"

"무릎 아래로 내려오는 것만 아니면, 그것도요."

내 말에 엄마가 서글픈 미소를 짓는다. "마스, 아가, 에스펜은 두 시간 거리야. 게다가 넌 그곳에 혼자 있어야 해. 더구나 지난번 일을 생각하면……."

"그런 일은 다시 안 일어나요."

엄마는 내 말을 믿지 않는다. 나도 그렇다. 그래서 덧붙인다. "만약 저한테 또 무슨 일이 생기면, 그건 에스펜에게 최악의 홍보 효과를 가져올걸요. 지금 같은 때엔 특히 더요. 안전하게 있을게요. 약속해요."

아빠는 보초병처럼 방문 앞에 서있다. 턱에 힘을 주었다가 빼기를 반복하며 우리를 지켜본다. 아빠와 엄마가 또 눈빛만으로 길고 소리 없는 대화를 주고받는다.

내가 그들 대신 그들의 망설임을 넘어선다.

"언제 가요?"

엄마가 다시 한숨을 쉰다. 엄마의 체념이 사랑에서 비롯된 것이길 바라지만, 그렇지 않다. 여론을 의식한 것이다.

"내일." 엄마가 말한다. 아빠는 화가 나서 씩씩거린다. 엄마가 일어서며 나의 손이 엄마의 손에서 빠져나가고, 엄마가 나간다. 아빠는 나를 조금 더 오래 지켜본다. 마치 내가 박물관에 전시된 이상한 꽃병이라도 되는 듯이.

"엄마는 네가 걱정돼서 그러는 거야, 마스."

"알아요."

"이게 정말 캐럴라인이 원하는 일이라고 생각하니?"

캐럴라인은 자신이 살아있기를 원했겠죠. 그 말이 목구멍에 걸려있지만 나는 말을 삼킨다. 단지, "제가 원해요."라고만 말한다.

아빠가 마침내 내 방으로 들어서며 커다란 손으로 내 잘린 머리카락을 쓰다듬는다. 아빠가 주위를 둘러보다가 시선이 책장으로, 손이 닿지 않는 맨 위 칸에 올려놓은 해시계로 향한다.

"네가 이러는 것도 무리는 아니지. 하지만 내일 아침에 머리를 좀 단정하게 손질할 수 있을까? 숲속에서도 넌 여전히 마티아스 가족이야."

내가 미소를 짓고 고개를 끄덕인다. 아빠가 방을 나선다.

나는 숨을 들이마시고 내쉬며, 숨을 고른다. 이불 속으로 들어가 베개 밑에 손을 넣어서 초를 꺼내 칼로 그은 부분을 살펴본다. 초를 코에 가까이 대어본다. 달콤한 향기 속에서 은은한 썩은 내가 난다. 어딘가 잘못된 냄새다.

공식적으로 캐럴라인은 뇌종양으로 사망했다. 비공식적으로는 뇌종양이 유발한 폭력행위 중 사망했다. 그건 사고였다. 광기와 중력, 그리고 그녀를 무겁게 짓누른 나의 합작이었다.

그러나 나는 캐럴라인을 안다.

캐럴라인은 미치지 않았다. 그러나 두려웠던 것만은 확실하다. 캐럴라인은 여름 캠프가 시작되기까지 올해 내내 두려웠다. 그런데도 그곳에 갔다. 복도에서 날 붙잡았을 때, 캐럴라인의 의식은 또렷했다.

그날 밤의 혼돈이 여전히 내 머릿속에서 윙윙거린다. 내가 비틀거리며 복도로 뛰어나올 때 울려 퍼지던 캐럴라인의 비명이 들린다. 충격적으로 환했던 우리 집이, 내 눈에서 흐르는 피에 분홍빛으로 물들었던 우리 집이 다시 보인다. 우리가 추락한다. 캐럴라인이 부서진다.

마스, 마스. 가지 마. 가지 마.

그것은 명령이었다. 협박이었다. 그때는 그렇게 생각했다. 그러나 지금은 그 이상이었다는 생각이 든다. 그것은 하나의 경고였다. 그 경고는 캐럴라인에게 너무도 중요했고, 캐럴라인을 완전히 미치게 했다. 그리고 그 너머에 무엇이 기다리고 있건, 캐럴라인은 그것에 자신을 내던질 수밖에 없었다.

가지 마. 가지 마.

"미안해, 캐럴라인." 빈방에 대고 내가 속삭인다. "난 가야 해."

제6장

◇

아빠의 요청으로 미용실이 일찍 문을 열고, 내가 아무렇게나 자른 머리를 그들이 남자애스러운 커트로 다듬어준다. 귀 주위를 자를 땐 특히 조심한다. 내 머리 주변에서 가위가 노래를 부를 때, 무릎 위로 우수수 떨어지는 머리카락을 바라보면서, 이런 건 하나도 중요하지 않다고 나 자신을 설득하려 애쓴다. 나는 여전히 나일 뿐이다.

두들겨 맞은 버전의 나라고 해야 하나. 커트가 끝난 뒤 내 모습을 보지 않으려 시선을 피하지만, 나를 격려하려는 아빠의 미소를 통해 결과가 얼마나 참혹한지 짐작할 수 있다. 엄마는 한숨을 쉰다. 짐을 챙기고 캣스킬로 향하는 길에 더 많은 한숨이 이어진다.

부모님이 둘 다 함께 가는 것은 지극히 드문 일이다. 그러나 부모님 역시 에스펜에 가고 싶어 한다는 걸 느낄 수 있다. 아마 그들에게도 나처럼 직접 대답을 찾고 싶은 질문들이 있을 것이다. 아빠가 운전하는 동안 엄마는 화상회의를 하고, 나는 뒷좌석에 누워서 친구들에게 나의 일정에 대해 문자를 보낸다. 소셜미디어에 급히 몇 자를 올려서, 당분간 나와 연락이 안 될 거라고 알린다. 곧바로 하트와 푹 *쉬고 오길~*이라는 메시지들을 받는다. 나는 핸드폰을 가슴 위에 엎어놓고 고속도로의 진동을 자장가 삼아 잠이 든다.

나는 한참 뒤에 목이 뻣뻣해진 상태로 깨어난다. 선루프로 햇살이 비스듬하게 스며든다. 내가 꾸던 꿈은 여린 햇살에 용해되고, 기지개를 켤 때 척추에서 우두둑 소리가 난다. 핸드폰에서 동정의 엄호사격이 끝도 없이 이어지고, 나는 읽지도 않은 메시지들을 획획 넘겨 닫는다.

차의 속도가 느려진다. 그게 내가 눈을 뜬 이유다. 햇빛에 달구어져 반짝이는 차들이 주차된 주차장에 차가 멈춘다.

"어때? 여기 괜찮니, 마스?"

아빠는 점심 식사를 하려고 차를 세운 곳에 대한 내 반응을 기대하는 것 같다. 식당은 애플비°다. 애플비에 대해 어떤 의견을 갖는다는 건 상상조차 할 수 없다.

"좋아요."

머리카락을 잡아당기려고 손을 올려보지만, 당연히 머리카락은 없다. 나는 삐죽삐죽한 머리카락에 놀라고 만다. 주차장을 가로지를 때 주차된 차들의 금속 표면에 나의 모습이 일렁인다. 그러다가 내 모습이 출입문의 어두운 유리에 비치고, 그 모습이 마치 나와 분리된 그림자처럼 나를 지켜본다. 그다음엔 나의 모습이 화장실 거울에 갇히고, 나는 한참 만에, 내 모습을 바라볼 수밖에 없는 상황에 처한다.

이마의 상처가 반들거린다. 귀의 붕대는 어느 각도에서나 보인다. 나는 손끝으로 반창고를 더듬어보면서, 아주 작은 틈이라도 있는지 살펴본다. 벌레 한 마리가 들어갈 수 있는 틈새라도 있는지. 그다음엔 손을

○ 미국의 캐주얼 다이닝 레스토랑 체인점

살펴본다. 잠결에 무슨 짓을 했는지, 손톱 밑에 적갈색 피가 말라붙어 있다. 물티슈로 닦아내려다가, 부서진 손톱을 건드리고 만다. 통증으로 눈에 눈물이 차오른다. 누군가가 문을 열려고 한다.

"잠깐만요!" 내가 외친다.

거울 속 나의 몰골은 엉망이다. 노란 조명 밑에 웅크리고 있는, 머리카락이 삐죽삐죽한 괴물. 오래된 멍들과 부연 눈동자에 어안이 벙벙한데, 설상가상으로 이제 세면대에 피까지 흘린다. 사람들은 퀴어로 사는 것이, 근사한 일들과 재치 넘치는 입담으로 가득할 거라고 생각하지만, 때로 그것은 뉴욕 마가렛빌 근처 애플비 화장실에서, 일찌감치 이곳을 찾은 손님들을 위해 리아나의 〈S&M〉이 울려 퍼질 때, 울고 있는 것을 뜻하기도 한다.

엉망진창이다. 하나도 멋지지 않다. 그냥 엉망진창일 뿐이다.

이건 나답지 않다. 나는 지금껏 한 번도 이렇게 엉망이었던 적이 없다. 사람이 스스로에 대한 통제권을 잃으면, 다른 사람의 통제권 안에 들어가게 된다고, 엄마는 늘 말했다. 우리가 통제권을 잃는 순간, 그것은 곧 다른 사람이 우리를 이용할 기회가 된다고. 다른 방식으로도 들었다. 다른 사람들에게 너를 너 자신으로 보아줄 것을 요구해야 한다고, 그러지 않으면 거의 매번, 다른 사람들이 너를 네가 아닌 다른 사람으로 결정해버린다고. 나약한 사람, 쉽게 상처받는 사람, 무시해도 되는 사람으로.

그런 사람이 될 수는 없다. 나는 말썽을 피우지 않을 것이다. 에스펜에 처음 갔을 때, 나의 이야기가 다른 사람들에 의해 통제될 때 상황이 얼마나 안 좋아질 수 있는지 확실히 깨닫게 된 이후로는 더더욱.

그런데 나는 지금 이런 몰골로 여기 있다. 엉망인 상태로. 그럴 만한 이유가 있는 건 사실이지만, 그래도 이건 내가 감당할 수 있는 수준이 아니다. 그보다 더 끔찍한 것은, 내가 두렵다는 것이다.

에스펜은 여기서 불과 몇 킬로미터 거리에 있다. 겨우 몇 분 거리다. 얼마나 변했을지 오랜 세월 막연히 궁금해했는데, 이제 몇 순간 건너에 에스펜이 있다. 배가 고프다는 생각은 전혀 들지 않는다. 마스 마티아스는 '이십 달러에 두 개' 콤보 메뉴를 주문하지 않을 것이다.

나는 세면대에 피를 흘려보내며 진지하게 나 자신을 쳐다본다. 엉망 진창인 인간이 아닌, 오직 마스가 나를 쳐다볼 때까지.

차에 탄 뒤에 나는 캐럴라인과 마지막으로 주고받은 문자를 읽는다. 우리의 대화는 가족들과 친구들이 보낸, 대부분 읽지 않고 답장도 하지 않은 수많은 애도의 문자들 속에 파묻혀 있다. 캐럴라인의 문자에 부모님이 에스펜의 간판 앞에서 포즈를 취한 사진이 있다. 나는 그 사진을 어렴풋이 기억한다.

나 대신 두 분을 보살펴줘! 반대편에서 만나!

이제 거의 다 왔다. 도착하면 그들이 핸드폰을 가져갈 것이다. 나는 캐럴라인의 문자와 사진을 기억하면서, 점점 사라져가는 관목숲과 점점 넓어져가는 평원을 바라본다.

우리는 옥수수와 장작을 광고하는 농장의 판매대를 지난다. 집들은 들판으로 물러나 있고, 때로는 큼직하고 건장한 축사들도 함께 있다. 차가 더 빨리 달리고, 정갈한 들판이 갑자기 야생화의 파도가 되었다가, 빼곡한 가시덤불이 되었다가, 어느 순간 쓰나미처럼 솟아오른 숲이 된다. 닫혀가는 나무들 꼭대기 사이로 언뜻 하늘이 보인다. 달리면 달릴수록 더 깊이 땅속으로 가라앉는 느낌이다. 어느덧 우리는 빼곡한 숲 속으로 들어선다. 꼬불꼬불한 산길을 타고 올라갈 때 푸른 혼돈이 우리의 차를 짓누른다. 때때로 꼬불꼬불한 산길이 반듯하게 펴지면서 숲의 경계선이 되살아나고 초록색 심연이 눈앞에 펼쳐지면, 나는 캐럴라인의 문자를 다시 한번 생각한다.

반대편에서 만나.

캐럴라인은 그런 의미로 한 말이 아니겠지만, 위태롭게 숲을 질주할 때, 나는 그 반대편이 서둘러 마중 나오는 듯한 기분이 든다. 좁아지는 길 위로 숲이 조여온다.

엄마의 핸드폰 신호가 사라지고 전화가 끊긴다. 아빠가 라디오를 켜보지만 직직거리는 소리만 난다. 우리의 차가 포장도로에서 벗어나 흙길로 접어들고, 마침내 우리는 자갈길을 달리며 우아한 간판을 지난다.

에스펜 보호구역 여름 아카데미에 오신 것을 환영합니다.
1923년 설립

이런 젠장. 나는 하마터면 소리 내어 말할 뻔한다. 엄마는 한숨을 쉰다.

지독하게 친근한 이 간판을 볼 준비가 되었다고 생각했다. 그러나 나는 준비가 되지 않았다. 잔혹할 정도로 향수에 젖는 기분. 그것이 내가 느끼는 기분이다. 그 뒤로 보이는 모든 것에서 그와 똑같은 신비로움이 배어난다. 모퉁이에 서있는 세 개의 바위도 그렇고, 방문객들에게 에스펜의 가치를 알리는 나무 기둥들도 그렇다.

전통 인성 정신

눈에 들어오는 모든 광경이 밀랍으로 아문 상처들을 메스로 후벼 파는 것만 같다. 내 안의 균열들이 더 벌어진다. 그리고 하루 종일 억눌러 왔던 온갖 감정들이 물밀듯 밀려든다. 불안, 설렘, 희망 그리고 두려움. 크게 심호흡을 하는 나를 엄마가 룸미러를 통해 서늘한 눈빛으로 바라본다. 엄마는 차를 돌려 집으로 돌아갈 구실을 찾는다. 아니, 계속 구실을 찾고 있었다.

나는 엄마에게 미소를 지으며 씩씩하게 엄지를 들어 보인다. *완전 신나요!* 또 한 번의 한숨이 이어진다.

나는 다시 창밖을 내다본다.

이 묘한 친밀감 속에서, 뜻밖에도 캐럴라인이 가까이에 있는 듯한 기분이 든다. 얼마나 가까이 있는 것처럼 느껴지는지, 나무들 사이로, 형광 초록빛 양치식물의 웅덩이 속에 빛을 발하며 서있는 캐럴라인의 모습이 보일 것만 같다. 며칠 전 자신이 도망쳤던 그 세계로 들어서는 나를 캐럴라인이 지켜보고 있을 것만 같다.

궁금하다. 캐럴라인은 대체 여기서 어떻게 빠져나왔을까? 어떻게 집까지 왔을까? 버스를 탔을까? 아니면 히치하이크? 우리는 모른다. 부모님은 알려고 하지 않지만, 나는 이 질문들에 대한, 그리고 내가 물려받은 온갖 의문에 대한 답이 필요하다. 캐럴라인에게 일어난 사건의 증인이 되는 일은 이제 하나의 사명처럼 느껴진다. 이것은 나의 자매와 같은 편에 머물기 위한 나의 절박한 마지막 시도이다.

U 모양으로 반복해서 굽어지는 산길을 달려 계곡으로 접어들기 시

작하면서, 이 보호구역의 이름이 된 사시나무aspen숲을 흘금거린다. 윤기 흐르는 잔잔한 호수가 마치 먼 희망처럼 반짝인다. 그러다가 게이트가 나오고, 게이트가 열리고, 환영 센터가 나온다. 캠프의 다른 건물들처럼 환영 센터 건물 역시 솔잎에서 솟아난 듯한 소박한 시골집이다. 허름하면서도 아름답지만 너무 노련한 아름다움이고, 소박하다고 말하기엔 너무 거대하다. 에스펜의 모든 것이 대체로 그런 식이다. 전부 다 똑같이 외진 숲의 오두막이라는 환상을 바탕으로 설계되었다.

에스펜 캠프의 공동 감독관인 웬디가 입구로 우리를 마중 나온다. 어둠침침한 실내에 있어 거의 보이지 않는 그녀의 모습을 본 순간 하마터면 소리를 지를 뻔한다. 웬디는 미동도 없이 꼿꼿하게 서있다. 마치 마지막으로 보았을 때 내게 손을 흔들고 나서 한 번도 그 자리를 뜬 적이 없는 듯이. 서로 다른 두 개의 순간이, 내가 이곳을 떠난 순간과 돌아온 순간이, 웬디가 내 손을 잡고 "우리 다시 만날 거라고 내가 말했지, 마스."라고 말할 때 하나로 포개어진다.

웬디가 다정하게 윙크하며 어깨를 으쓱한다. *인생이란 참 묘하지 않니?*라고 말하는 것처럼.

웬디는 훨씬, 훨씬 더 나이 들어 보인다. 쾌활한 모습 속에 가까스로 감추었던 팽팽한 권위의식이 한층 더 선명하게 드러난다. 관자놀이의 엷은 털 사이에 난 조그만 점은 여전히 그 자리를 지키고 있다. 캐럴라인은 그 점이 움직인다고 말하곤 했다.

웬디는 부모님과 이곳에 오는 여정에 관한 소소한 대화를 나누며 우리를 안쪽으로 안내한다. 우리는 희뿌연 타일이 깔린 주방을 지나 응접실로 들어선다. 레이스 장식이 달린 유리문 밖으로 꽃가루로 뒤덮인 테라스가 있다. 실내에는 불이 하나만 켜져있지만, 환한 햇살이 마치 무례한 손님처럼 집 안 구석구석 들이닥친다. 그러나 나에게 가장 친근한 것은 바로 냄새다. 태양의 열기에 달구어진 나무의 퀴퀴함에 시트로넬라 향이 살짝 더해지고 자외선 차단제 냄새가 군데군데 섞여있다. 그모든 냄새 밑으로, 달콤한 향이 파고든다. 농익은 듯 톡 쏘는 향이다.

웬디가 세 개의 머그잔에 따르는 커피 향이 다른 냄새들을 전부 태워버린다. 수증기가 햇살 속에 너무 오래 머문다. 마치 공기의 움직임이 느리기라도 한 듯이. 문득 숲속에서는 모든 게 달라진다는 사실을 떠올린다. 심지어 물리법칙조차도.

어른들이 사무실로 사라진다. 캐럴라인의 죽음 이후 에스펜과 부모님 사이에 엄청난 대화가 오갔을 것이다. 그러나 지금이야말로 웬디가직접 진심 어린 유감을 표명할 기회다. 나는 그런 광경을 더는 보고 싶지 않다.

나는 이 기회를 이용해 방 안을 탐험한다. 원목 가구들 위에 마치 달콤한 곰팡이처럼 레이스가 덮여있다. *진짜* 백합들을 비스듬히 꽂아놓은 꽃병이 진열장 위에 놓여있다. 진열장 위에 예전 캠프 참가자들과 예전 캠프 감독관들의 액자가 있다. 나는 사진들 속에서 햇볕에 그을린 채미소를 짓는 캐럴라인을 찾아본다. 거의 백 년 전에 찍었다고 설명이 붙어있는 고풍스러운 적갈색 사진 속에서도. 나는 벽 전체를 뒤덮은 커다란 액자를 본다. 손으로 그린 에스펜의 지도다.

왼쪽 하단의 빈 사각형이 환영 센터. 거기서 꼬불꼬불한 길을 따라가다 보면 그물 같은 오솔길이 중앙 캠퍼스로 연결된다. 중앙 캠퍼스에는 에스펜의 원래 소유주들이 살던 빅로지Big Lodge를 중심으로 건물 여러 개가 모여있다. 식당과 레크리에이션센터 같은 중요한 시설은 전부 다 이곳에 있다. 언덕 위에 운동장과 수영장, 테니스코트가 있고, 언덕 아래로는 호숫가를 따라 보트 창고, 부두 그리고 물놀이장이 있다.

빅로지에서 왼쪽으로 가다가 숲을 지나면, 헌터빌리지Hunter Village가 있다. 상급생 남자애들이 머무는 곳이다. 그것은 언덕 위에 지은 에스펜의 축소판으로, 관리사무소인 오두막 한 동, 베어헛Bear Hut과 이글하우스Eagle House라는 큼직한 숙소 건물 두 동으로 이루어져 있다. 베어헛과 이글하우스의 남자애들은 짓궂기로 악명이 높아서 어린 캠프 참가자들은 끊임없이 그들에 대해 수군거린다. 숙소 건물은 통나무 지지대 위에 세워서 지면의 경사를 평평하고 안정적으로 보완했다. 예전에 나는 그 숙소로 끌려가기 전에 캠프를 떠났지만, 아마도 이번엔 그곳에 머물러야 할지도……. 나도 잘 모르겠다. 얼마나 버틸 수 있을지.

나의 눈은 다시 숲으로 되돌아가서, 빅로지를 지나 캠프의 반대편으로 향한다. 보트 창고 근처에 아마존빌리지Amazon Village가 있는데, 상급생 여자애들이 그곳에 머문다. 아마존빌리지는 남자애들의 숙소를 모방해서 저지대에 지은 것이다.

에스펜은 헌터와 아마존이라는 두 개의 빌리지를 통해 이분법적 성별 구분을 고수하고 있다. 그러나 그것은 상급생 참가자들을 위한 정책이고, 하급생 참가자들은 빅로지에서 가까운 평지에 삼십여 년 전에 지은 보다 새롭고 친근한 숙소에 나란히 묵는다. 그들의 숙소는 별다른 뜻 없는 이름들이 붙어있을 뿐 신화적인 명칭은 없다. 가장 어린 참가자들은 밴딧Bandit, 그다음 연령층은 스카우트Scout라고 부른다. 밴딧과 스카우트는 캠프 활동을 함께하고 수영과 취침만 따로 한다. 그러다가

십사 세 이상이 되면, 성 구분에 따라 물리적 거리가 생긴다. 남자애들은 헌터가 되고 여자애들은 아마존이 된다. 그리고 그 사이에는 무엇이 있냐고?

그 사이에는, 지도상으로는, 돌아다닐 수 없는 으스스한 숲이 수 킬로미터에 걸쳐 펼쳐져 있다.

"적절한 배치네." 내가 중얼거린다.

나는 뒤로 물러서 지도 전체를 본다. 이곳에 돌아오기로 결심하기 전에 에스펜에 관한 글을 모두 읽었다. 또 다른 캠프인 그레이트 캠프처럼, 에스펜 역시 어느 한 가족이 수많은 직원들을 두고 설립했고, 운영되고 있다. 캠프는 자급자족이 가능하고, 여느 가정집이 갖추고 있는 모든 방들을 각각 하나의 건물로 지었다. 놀이를 할 수 있는 레크리에이션센터가 있고, 잠을 자는 숙소 건물들이 있고, 식사 공간으로만 쓰는 식당 건물이 있다. 그보다 숲의 정취를 풍기는 시설도 있어 그 자체로 하나의 마을을 이룬다. 그곳에는 빵을 만드는 제분소가 있고, 토지 관리인들이 머무는 숙소도 있다. 가죽 공예실도 있고, 도자기공예실(실제로는 도자기 공예를 위해 개조된 헛간)도 있다. 말들이 머무는 축사와 말들이 달리는 승마장이 있고, 그 옆에 대장간도 있다. 대장간은 지도상에 없지만 대장간이 있다는 걸 안다. 지도의 나무들을 긁어내면 그 속에 숨어있을 것이다. 대장간의 지붕을 뜯어내면 그곳에 숨은 열한 살 마스를 볼 수 있을 것이다. 캐럴라인이 축사 청소를 피하고 싶을 때, 내가 남자애들을, 혹은 상담사들을, 혹은 수영 강습을, 혹은 그 외에 수많은 에스펜의 고문을 피하고 싶을 때, 캐럴라인과 나는 그곳에서 만나곤 했다.

나의 시선은 호수 건너편으로 향한다. 그곳은 수상할 정도로 아무런 세부 묘사가 없다. 그러나 숙소H는 분명히 그곳에 있다. 호수 건너편, 야생화가 핀 햇살이 내리쬐는 언덕 위에. 나는 둑에 서서 그 초원을 바라보면서, 빼곡하게 허공을 날아다니는 꿀벌들이 보이는 척, 뒤쪽 테라스에서 벌레를 쫓으려 발길질을 하는 구릿빛 다리를 볼 수 있는 척하곤 했다. 때로는 그들의 소리를 실제로 듣기도 했다. 그들이 웃을 때였다. 이유는 모르겠지만 그들의 웃음소리는 언제나 연꽃들이 질식할 지경으로 피어있는 호수를 건너 나에게까지 닿았다.

지도에는 꽃 핀 들판만 있을 뿐, 숙소는 없다. 아무도 감시하지 않는 그곳에서 무슨 일이 일어나는 걸까? 숙소H의 여자애들은 대체 뭘 보고 그렇게 큰 소리로 웃는 걸까?

지도의 맨 위쪽 안으로 말린 부분에는 에스펜의 슬로건이 적혀있다. 나는 슬로건을 큰 소리로 읽는다.

"우리는 하나로 와서 여럿으로 떠난다. 우리는 빈손으로 와서 전부를 갖고 떠난다."

누가 한 말인지는 나와있지 않다. 마치 캠프 자체의 목소리가, 과거와 현재의 모든 참가자의 목소리가, 합창하는 것 같다. 하나면서 여럿인 목소리가.

무언가가 쾅 하고 부딪치는 소리가 들린다. 나는 까치발을 하고 지도를 보고 있었는데, 그 사실을 의식하지 못하고 있었다. 앞으로 몸이 쏠리는 바람에 액자들이 도미노처럼 쓰러진다. 묵직하고 당당한 발소리가 들리더니 내 또래 남자애가 응접실로 들어선다.

"마스! 친구야! 너 결국 왔구나!"

나는 먼저 그의 치아를 본다. 완벽하게 흰, 너무 많은 치아. 남자애가 나를 내려다보며 미소를 짓는다. 짙은 초록색 셔츠에 열쇠들이 달린 줄을 목에 걸고 있다. 캠프 교관. 그가 힘차게 악수하며 자기 자신을 소개한다. "와이엇이야. 만나서 반갑다, 맨! 안 그래도 나와 다른 남자애들이 네가 베어헛에 들어오길 기다리던 참이었어. 지금 막 도착한 거야?"

맨*man*°. 다른 남자애들.

이제 시작이다.

사무실 문이 열리고 웬디와 부모님이 나온다. 와이엇은 차렷 자세로 서있다. 내가 누구인지 아는 게 분명하다. 그렇다면 엄마가 누구인지도 알 것이다. 와이엇이 자신을 소개하고, 환영 센터에서 나와 차로 걸어가면서 능숙하게 대화를 나눌 때, 와이엇의 치아가 반짝인다. 우리 가족이 작별 인사를 주고받도록 웬디가 와이엇을 뒤로 이끈다.

우리는 서로를 끌어안는다. 엄마가 날 놓아줄 때 조금 훌쩍이고, 그 소리가 나를 감싸며 내 안의 오랜 죄책감의 흠집들을 찾아낸다. 아주 잠깐이지만, 내가 하고자 하는 모든 일에 의심이 든다.

엄마가 내 팔을 문지른다. "집에 오고 싶으면, 언제든지 웬디한테 말해. 아무 설명도 필요 없어. 우리가 바로 올게."

"알겠어요."

엄마가 눈물을 삼키고 평정을 되찾는다. 엄마의 서늘한 태도가 후덥지근한 공기를 밀어낸다.

○ 남자들이 성을 확정하지 않은 주인공을 친근하게 대하는 방식을 보여주는 말이라 부득이 원어를 그대로 사용했다.

아빠가 내 어깨에 손을 얹는다. "좋은 시간 보내렴. 친구도 사귀고. 그리고……."

"*나보다 우리.*" 내가 아빠 대신 말한다. 그것은 마티아스 가족의 주문이다. **네가 하는 모든 행동이 우리 가족을 대표하는 거야**라는 뜻이다. 나는 수긍의 의미로 고개를 끄덕인다. "당연하죠."

"아주 좋아." 아빠가 양손을 맞잡고 그렇게 말한다. 이제 그만 움직여야 할 때임을 선언하는 아빠의 방식이다. "다 됐지?"

다 됐다. 와이엇과 웬디가 골프카트를 타고 나타난다. 와이엇이 내 가방들을 웬디 옆에 싣는다. 부모님은 차에 탄다. 우리가 어색하게 작별 인사를 할 때 모여든 벌레들의 윙윙거리는 소리를 자동차 엔진 소리가 삼키고, 그들이 떠난다.

와이엇과 웬디가 나를 쳐다본다. 어쩌면 눈물 한두 방울을 기대하는 걸지도. 나는 괜찮다는 걸 보여주기 위해 미소를 짓는다. 그러나 그들은 안 속는 것 같다. 나도 안 속는다.

"짐은 내가 숙소에 옮겨놓을게. 두 사람은 캠프까지 걸어가도 되겠지?" 웬디가 말한다.

우리가 고개를 끄덕인다. 웬디가 부르릉거리며 떠나고, 우리도 그 뒤를 따라, 먼지와 꽃가루, 햇살의 황금빛 구름 속으로 들어선다. 에스펜의 햇살은 강렬하고도 집요하다. 마치 부담스러운 포옹처럼.

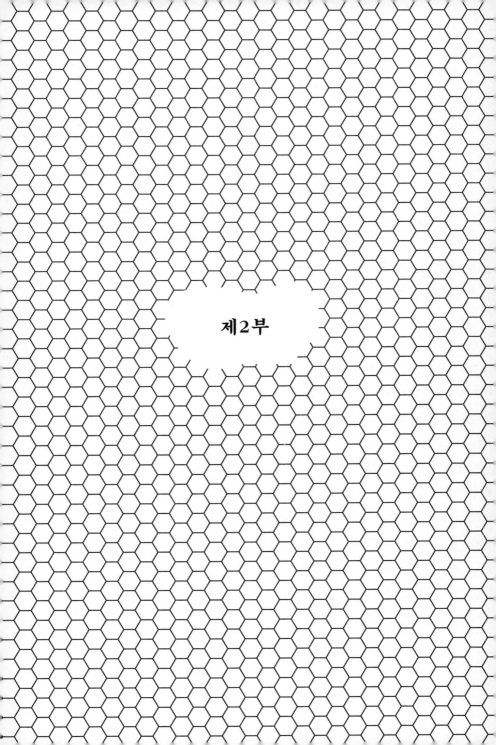

제2부

제7장

◯

우리는 천천히 걷는다. 그러나 아주 천천히는 아니다.

울창한 숲에서 사시나무들이 우리의 뒤를 밟는다. 소리 없이. 육식
동물처럼. 나무들 사이로 형광색 들판과 담쟁이덩굴이 뒤덮은 돌담, 오
후의 햇살에 붉게 물든 건물들이 보인다. 보이지 않는 벌레들이 그들만
의 구호를 외치며 우리를 에워싼다. 오래전에도 에스펜은 꼭 이런 느낌
이었다. 마치 여름의 망령처럼, 돌이켜 회상할 수는 있지만 직접 느낄
수는 없는 온기 같았다.

이제 그 온기가 나에게 손을 뻗는다. 나는 준비가 안 되었지만, 상관
없다. 숲이 미끄러지듯 물러나고 얼핏얼핏 보이던 것들, 건물과 벽과
들판들이, 한데 어우러지며 덤불을 가르는 순간 하늘이 한꺼번에 들이
닥친다. 너무도 광활하고 거대해서 숨이 막힐 듯한 하늘이.

우리 주위로 캠프가 제자리를 찾으며 펼쳐질 때, 나는 이를 악문다.
숲의 열기도 숨이 막히지만, 탁 트인 공간에 들이치는 태양의 열기가
살갗을 파고든다. 여름이 나를 완전히 집어삼키는 순간, 자동차와 애플
비에서 흡수했던 서늘한 공기의 마지막 입자마저 폐 속에서 연소된다.
나는 포로가 된다. 묘한 친근감이 이제 내 안에 제대로 자리 잡는다. 이

젠 돌이킬 수 없다.

와이엇이 얘기를 한다. 그는 오는 길 내내 얘기를 했다. 와이엇은 나보다 한 살 위고 견습 교관이라 짙은 초록색 셔츠를 입고 있다. 그는 우리가 밴딧이던 시절의 나를 기억하고 있다.

그가 나의 안내자고, 나와 함께 하루 일정을 소화할 예정이다. 누구든 날 괴롭히면 자기가 나설 거란다. 그는 지금 내가 어떤 상황인지 너무도 잘 이해한단다. 그리고 그는…….

"웬디 조카지." 내가 기억해낸다.

눈부신 햇살 속에서, 내가 기억하는 활달하고 동글동글한 얼굴의 소년은 거의 찾아볼 수 없다. 그러나 그의 눈이 그의 정체를 드러낸다. 한쪽은 갈색이고, 한쪽은 푸른빛이 감도는 갈색이다. 눈을 가늘게 뜨고 그를 쳐다보니, 현재의 모습이 과거를 지운다.

와이엇의 편안한 미소가 멋쩍은 표정으로 바뀐다. 내 짐작이 맞다.

"너도 기억하는구나! 다행이다! 솔직히 기억 못 할 줄 알았거든. 너도 많이 달라졌네. 운동했어? 팔근육 보니까 그런 거 같아서."

신경에 거슬리는 그의 열의가 되살아난다. 비로소 나는 이 상황의 허구성을 간파한다. 에스펜 최고의 영업사원과 한 팀이 되었다는 사실을 이제야 깨달아서 화가 난다. 그는 궁극의 캠프광이자 태어날 때부터 에스펜의 모든 규칙과 신조를 익혔다. 와이엇 앞에서는 조심해야 한다.

"네가 도착하기 직전에 농산물 장터가 철수했어. 다음 주 일요일에 다시 올 거야. 그리고…… 어쩌면 다 기억할지도 모르겠다. 혹시 내 얘기가 너무 지루하면, 그만하라고 해." 와이엇이 말하고, 우리는 빅로지에 다다른다. 빅로지는 이끼 낀 통나무들과 흐릿한 창문들을 마구잡이로 붙여놓은 것처럼 어수선한 외관에, 낮고 어둑어둑한 테라스가 띠처럼 건물을 빙 두르고 있다. 괴물 같다. 나무들 위로 우뚝 솟아있는데도 모양새가 몸을 웅크리고 있는 것 같아, 언제든 잠에서 깨어나 호수로 저벅저벅 걸어 들어갈 것만 같다. 빅로지 주위에는 그보다 조금 작고 외관이 비슷한 건물들이 마치 어질러진 쓰레기처럼 군데군데 서있다. 건물들은 서로 지붕이 있는 통로로 연결되어 있다. 와이엇이 레크리에이션센터, 식당 건물, 요리 강습실, 생태 실험실을 가리킨다.

"베어헛에 없을 때 난 주로 저기 있어. 생태 실험실은 예전에 도서관이었는데, 뉴욕주립대에서 받은 기부금으로 생태 실험실로 개조했어."

나는 빅로지를 바라본다. 항상 흔들리는 나무들과 대조적인 건물의 고요함이 어딘가 사람을 불안하게 만든다. 빅로지의 차양도 마찬가지다. 차양이 이런 모습일 수도 있다는 사실을 잊고 있었다. 광활한 하늘 아래, 차양만 선명한 검은색이다. 뚫고 들어갈 수 없는 색이다. 처마 밑에, 현관에, 테라스의 낮은 지붕에 선명한 어둠의 빛깔들이 박혀있다.

차양 밑으로 들어가고 싶다. 이렇게 더운 날씨에는 바람도 소용이 없다. 그렇다고 그늘도 안전하지는 않을 것이다. 나는 서늘한 빛깔들 속에 아이들이 있는지 찾아본다. 열린 창문으로 두 개의 얼굴이 보이고, 난간 밖으로 발을 흔드는, 오일을 발라서 반짝이는 다리가 보인다. 흔들의자가 삐걱대는 소리가 들린다. 보이지 않는 누군가가 와이엇을 부르고, 와이엇이 손을 흔든다.

그제야 나도 그들을 본다. 마치 녹지 않는 눈처럼, 흰 유니폼을 입고 그늘에 모여 서있는 남자애들을. 그들의 얼굴은 미소 짓는 흐릿한 형체들일 뿐이다. 그들이 지나가는 우리를 쳐다본다. 머쓱해진 나는 검은 탱크톱으로 스며드는 땀방울을 모두 느끼고, 나의 어깨, 나의 턱, 나의 손, 나의 키를 훑는 그들의 시선을 모두 느낀다. 그들은 멀찌감치 떨어져서 내 몸의 비밀을 캐내려 한다.

내가 어떻게 보일지 안다. 사람들이 나를 어떻게 보는지 안다. 여성성을 상쇄하기 위해 운동을 했지만, 결과적으로 근육질의 몸이 나의 여성스러운 동작을 더 이상하게 만들었다. 더구나 머리까지 짧게 잘랐으니, 사람들은 더 혼란스러울 것이 분명하다.

아닌가? 브리아는 에스펜이 좋아졌다고 말했다. 어쩌면 그들의 공허한 시선에 의미를 부여하는 존재는 내 안의 악마인지도.

우리는 커다란 현수막에 그림을 그리다가 그 위에 널브러져 있는 어린아이들 곁을 지난다. 호기심 때문에 잠시 침묵했던 아이들이 내가 지나가자마자 모여서 나의 비밀스러움에 대해 수군거린다. 우리가 그들에게서 몇 걸음 멀어지자, 아이들이 웃음을 터뜨린다.

온몸에서 땀이 흐른다. 그늘로 달려가 숨고 싶다.

와이엇도 눈치챈 게 분명하다. 그의 목소리가 커지고 걸음이 빨라진다.

"숙소가 준비되면 웬디가 알려준다고 했거든. 시간이 좀 남네. 다른 헌터들이 뭐 하는지 볼까? 평생 친구 만들 준비 됐어?"

하마터면 아니, 난 필요 없거든이라고 말할 뻔한다. 그러나 전에도 나의 그런 경솔함을 보았다. 그런 두려움을 보았다. 예전의 마스로는 이곳에서 버티지 못할 것이다. 그 마스는 무너질 것이다. 나는 경험으로 그 사실을 안다. 그래서 나는 말한다. "좋아."

우리는 빅로지를 뒤로 하고 숲으로 우회한다. 참가자들이 개별적으로 참여하는 활동은 아침에 이루어진다고 와이엇이 알려준다. 오후에는 단체활동이 진행된다. 야생 체험, 피구, 선박 제조에 이르는 빌리지 단위 프로그램. 도보 여행, 청소. 특별한 일정이 없을 땐 저녁 식사 시간까지 자유 수영을 해도 된다.

"튜브는 챙겨왔지?" 와이엇이 내 팔을 보며 농담을 한다.

"실은, 나 물 알레르기가 있어."

"그래?"

"몰랐어? 퀴어들은 물에 녹아. 그래서 올림픽에 출전한 다이버들이 물방울을 아주 조금만 튀기는 거야."

"그건 좀…… 아, 농담이구나." 이제 막 걸음마를 뗀 아이가 형편없는 솜씨로 그린 개를 보고 잘 그렸다고 칭찬하는 듯한 말투다.

나는 다시는 농담을 하지 않겠다고 결심한다.

다행히도 언덕들을 오르느라 숨 가쁜 정적이 이어지고, 나는 앞으로 오 주 남짓한 기간 동안 땀범벅이에 엉망진창이 되지 않겠다는 생각을 접는다. 올라갈수록 길의 폭이 좁아지고 어느 순간 우리는 창백한 줄기들의 미로에 갇힌다. 가느다란 나무들이 떨고 있다. 해골처럼 흰 나무 껍질에 반쯤 감긴 검은 눈동자들이 소용돌이친다.

"마스, 사시나무하고 인사해. 지상에서 가장 오래된 유기체야." 와이엇이 한 팔을 펼치며 말한다.

"정말?"

"응, 사시나무 군락은 수천 년을 산 것으로 추정되거든."

나는 나무들을 바라본다. 나를 쳐다보는 사시나무들의 시선이 나를 불안하게 한다. 자꾸만 눈 하나가 깜빡이기를 기다리게 된다.

"어떤 나무가 가장 오래됐어?" 내가 묻는다.

와이엇이 싱긋 웃는다. "모든 나무가."

내가 팔짱을 낀다. 와이엇은 자연에 관한 신선하고 따끈따끈한 정보를 전해주고 싶은 것이 분명하다.

그의 미소가 더 환해진다. "내가 사시나무라고 말했지? 사시나무들이 아니라. 이 나무가 전부 다 복제 생물이기 때문이야. 뿌리가 연결된 하나의 거대한 유기체인 셈이지. 멋지지 않아?"

멋지다. 인정할 수밖에 없다. 하지만 이 눈동자들에 대해서는 아직 잘 모르겠다. 우리는 다시 숲속을 가로지르며 걷기 시작하고 얼마 후 와이엇이 말한다. "어디 가서 얘기하진 마."

"나한테 잘 보이려고 거짓말한 거야?"

"아니. 사시나무가 그런 식으로 자라는 건 맞아. 하지만 사시나무가 지상에서 가장 오래된 유기체라고 공식적으로 말할 수는 없어. 그 자리는 경쟁이 치열하거든."

"어디서 경쟁이 치열하다는 거야? 늙은꼰대나무협회?"

"얼추 비슷해. 다른 보호구역. 생태학자들. 그 분야 사람들. 사실일 수도 있지만, 엄밀히 말하면 하나의 추측일 뿐이거든. 왜냐하면 복제 생물은 그렇게 오래 살지 않으니까. 하지만 뿌리 체계는 오래 살아. 그러니까 아주 정확한 사실이라고 말할 수는 없는 거야."

"그렇구나. 우리 사시나무 여사님께 생일을 묻다니, 예의가 없었네." 내가 말한다.

와이엇이 소리 내어 웃는다. 이번에는 농담을 알아듣는다.

"네 비밀은, 나만 알고 있을게." 내가 윙크하며 나무에게 말한다.

우리는 좀 더 빽빽한 숲으로 접어든다. 오후의 환한 햇살은 아득히 먼 곳에서 내리꽂히는 황금빛을 머금은 흰 기둥들 같다. 기온이 떨어진다. 마침내 우리는 바위와 쓰러진 나무 위에 흩어져 앉아있는 아이들을 만난다. 그들 모두가, 헬멧을 쓰고 벨트를 착용한 상태로 십오 미터 높이의 흔들다리 위에 서있는 남자애를 바라보고 있다. *해봐, 할 수 있어, 미치!* 아이들이 갈색 팔을 빙빙 돌리는 미치를 건성으로 응원하고 있다.

"헌터 여러분, 집중해주세요! 마스 마티아스를 소개합니다. 마스, 베어헛 친구들이야. 지금 로프 수업을 진행하는 사람이 우리 숙소의 리더 브레이든이야."

듬성듬성 턱수염을 기른, 대학생 나이의 잘생긴 남자가 나를 쳐다보고 고개를 끄덕인다. 그는 미치에게서 아주 잠시만 시선을 뗄 뿐이다. 아이들이 나에게 나지막이 환영 인사를 할 때 허공에 떠있는 남자애가 발을 헛디디는 바람에 아이들의 주의가 금방 그에게로 돌아간다.

"운동화 가져왔지? 그 샌들이 멋지긴 한데, 운동화 없으면 저기 못 올라가거든. 원하면 내가 웬디한테 가방에서 운동화 꺼내달라고 할게." 와이엇이 말한다.

"안 돼!" 나는 거의 소리를 지르다시피 한다. 웬디가 내 가방을 뒤져서는 안 된다. "괜찮아. 난 일단 구경만 할게."

"잠깐, 나한테 좋은 생각이 있어."

와이엇은 곧바로 자기 운동화 끈을 풀지만 내가 그를 막는다.

나는 부목을 댄 손을 들어 보인다. "고맙지만, 난 어차피 못 해."

"아." 와이엇이 몸을 일으킨다. 그의 가식적인 열의가 적나라한 인정 욕구로 바뀐다. 혹시 초조한가? 내가 그를 초조하게 만들고 있다는 사실이 나를 초조하게 한다. 남자애들이 초조해하는 건, 대체로 나에게 좋은 상황은 아니다.

"미안, 깜빡했네. 그래도 다 나으면, 흔들다리 탈 거지? 물론 밧줄 알레르기가 없어야겠지만."

내가 미소를 짓는다. "없어. 예방접종 받았거든."

내 말에 와이엇이 웃는다. 운동화 문제가 정리되자, 와이엇이 다시 허공에 있는 미치를 본다. 와이엇이 커다란 손으로 힘차게 박수를 치며 아이들에게서 환호성을 이끌어낸다. 나는 구경하면서, 속으로는 와이엇이 운동화를 벗어주려 했던 순간을 되뇌어본다. 와이엇이 흔들다리에 오를 차례가 되자, 내 쪽을 바라보며 열정적인 미소를 지어 보이고, 나는 고개를 돌린다.

이곳의 소음은 익숙하면서도 새롭다. 우리 집과는 너무 다르다. 끊이지 않는 벌레 울음소리가, 마치 풍성하면서도 광기에 휩싸인 베이스의 저음처럼 새소리와 바람 소리의 고음을 받쳐준다. 그 모든 소리 위에, 호수 위로 울려 퍼지는 고함, 비명, 웃음소리의 떨리는 메아리가 있다. 나는 일어서서 기지개를 켜고 숲으로 조금 더 들어가본다. 아무도 알아차리지 못한다. 나는 고함을 따라, 아마도 호수가 있을 방향으로 움직인다. 우리가 있는 곳이 지대가 높아서, 어쩌면 호수 건너편을 볼 수도 있을 것이다. 다른 소리도 들려온다. 둔탁하고 무지근하게 우르릉거리는 소리, 마치 굶주린 하늘의 소리처럼. 천둥소리인 것 같다.

숲길을 걷다 보니 그 소리가 점점 더 커진다. 나는 열기와 땀을 잊고 오직 우르릉거리는 소리에만 집중한다. 멀리서, 거대한 정전기처럼, 회색과 푸른색 구름이 피어오르며 수평선으로 번지는 광경을 상상한다.

아니, 정전기가 아니다. 윙윙거리는 소리다. 그 소리는 허공에서 울려 퍼진다. 낮고, 강하고, 풍성하다.

어-스EARTH

나는 귓가를 맴도는 벌레 한 마리를 손으로 쫓는다.

언덕 꼭대기, 아주 높은 위치에서 에스펜을 내려다본다. 구름이 없다. 천둥이 아니다. 천둥은 부글부글 끓지만, 이 소리는 지글지글 끓는다. 나는 한 바퀴를 돌고, 또 돈다. 소리의 진원지를 파악하기 위해서. 눈을 감고 귀를 기울여보지만, 어두운 마음의 눈으로는 숲속에서 혼자 빙글빙글 돌고 있는 나 자신의 모습만 보인다. 마치 사시나무의 하얀 몸통에 박혀있는 깜빡이는 눈동자로 나를 바라보는 것 같다.

나는 내가 비틀거리다가, 중심을 잡고, 높은 언덕으로 올라가는 모습을 본다. 낭떠러지 쪽으로 돌출된 바위에 올라서는 나를 보고, 바위에서 멀리 호수를 향해, 칼처럼 매끄러운 호수 위로 울려 퍼지는 윙윙거리는 소리를 향해, 몸을 뻗는 나를 본다.

"누구 있어요?" 내가 소리친다.

마-스-어-스-투MARSEARTHTO

허공에 말이 있고, 그 말속에 경고가 담겨있지만, 윙윙거리는 소리가 그 말을 지운다. 윙윙거리는 소리 속에서 마침내 원하던 것을 찾는다. 그들이 웃는 소리가 들린다. 그들이…….

마-스-어-스-투-마-스MARSEARTHTOMARS

그 말은 윙윙거리는 소리와 별개다. 그 소리와 경쟁하는 듯하다. 소음과 분리된 무딘 목소리가 나의 최면 상태를 파고들며 시선을 아래로 향하게 한다. 낭떠러지 끝에 서있는 나의 두 발이 보인다. 발밑으로, 사람의 몸 하나가 겨우 빠져나갈 정도로 벌어진 나무들의 틈새가 보인다.

그리고 그 순간, 그녀를 본다. 온몸을 뒤덮은 샹들리에 크리스털의 은은한 반짝임이 아니었다면, 보이지 않았을 그녀를. 크리스털 조각들이 별처럼 반짝인다. 캐럴라인이다. 그녀의 망가진 몸이다. 두 개의 검은 구멍 같은 그녀의 눈이 나를 끌어당기고, 어느 순간 나는 바로 그곳에, 바로 그녀 앞에 서 있다. 그때 캐럴라인이 외친다.

어스 투 마스EARTH TO MARS!°

정신이 번쩍 들면서 순간 몸이 앞으로 기운다. 하늘이 날 삼키고, 내 발이 허공을 찬다. 그 순간 푸른 망각 속으로 손이 하나 들어오더니 나를 뒤로, 돌출 바위 쪽으로 잡아당긴다. 낭떠러지 위로. 안전하게.

"하마터면 큰일 날 뻔했잖아." 붉은 얼굴이 나의 시야를 가린다. 와이엇! 그가 내 팔을 붙잡고 있다가, 불에 덴 듯 얼른 손을 놓는다.

"방금 그 말 네가 한 거야?" 내가 묻는다.

"무슨 말?"

나도 모른다. 내가 무얼 묻고 있는지 나도 모르겠다. 내 이름을, 누군가 내 이름을 불렀다. 나는 걷고 있었고, 귀를 기울이고 있었고, 낭떠러지에서 떨어지려는 찰나였고, 누군가가 내 이름을 불렀다. 나는 눈을 꼭 감아본다. 나의 눈꺼풀에 남아있는 그 잔상은, 햇빛 속에서 역광으로 인화된 그 모습은, 한 여자애의 모습이다.

캐럴라인. 나는 캐럴라인을 보았다. 캐럴라인의 시신이 추락했을 때와 똑같은 자세로, 십오 미터 아래의 숲 바닥에 누워있었다.

○ 직역하면 '지구에서 화성까지'를 의미하지만, 주인공의 이름이 Mars이므로, Earth to를 관용구로 해석하면, '듣고 있니, 마스', '정신 차려, 마스'로 해석할 수 있다.

있을 수 없는 일이다.

그러나 정말 있을 수 없는 일이라고 생각한다면, 왜 다시 내려다보기가 두려운 걸까?

"마스?" 와이엇의 손이 어깨에 닿자, 나는 놀라서 펄쩍 뛴다. 그도 놀란다. 두려움을 느껴야 옳겠지만 윙윙거리는 소리가 있던 자리에 허탈감이 밀려든다. 나는 나 자신에게 화가 난다. 뜨겁고 맹렬한 수치심을 느낀다. 캐럴라인이 떠난 것만으로도 충분히 끔찍한데, 악몽 속에서 그 순간을 다시 견뎌야 한다고? 심지어 대낮의 몽상 속에서도? 정말 말도 안 되는 일처럼 느껴지는 게 있다면, 그건 남은 삶을 계속 이런 식으로 살아야 한다는 것이다.

"미안해." 내가 말한다. 그리고 내가 곧 울음을 터뜨릴 참이란 걸 깨닫는다. "누가 내 이름을 부른 것 같았어."

"맞아, 내가 네 이름을 불렀어. 삼십 미터 정도 거리에서. 너 진짜 빠르더라, 마티아스. 그 샌들에 터보 엔진이라도 달린 거야?"

샌들이 흙투성이다. 손도 더럽다. 마치 기어다니기라도 한 것처럼. 나는 돌아서서 다시 나무들 사이를 바라본다. 흔들다리가 보이길 기대하면서. 그러나 열기에 끓어오르는 사시나무숲의 흰 벽만 보일 뿐이다. 끝내 눈물을 떨구진 않는다. 눈물이 흐르는 순간 두려움이 싹트니까.

"미안해." 내가 중얼거린다.

"미안할 건 없어. 그냥 안전하게만 있어." 나를 낭떠러지에서 멀리 잡아끌며 와이엇이 말한다.

제8장

◇

로프 코스로 돌아가는 길은 당혹스럽다. 생각보다 멀고, 내가 지나온 게 분명한, 나무들이 얼키설키 쓰러져 있는 내리막길이다. 바큇살처럼 삐죽삐죽한 마른 나뭇가지들을 헤치며 걷는 동안 와이엇과 나는 말이 없다. 그의 침묵이 고맙다. 조금 전에 일어난 일을 생각해볼 시간을 벌었기 때문이다. 느닷없이 끔찍한 망상에 빠진 이유를 설명할 몇 가지 이론이 있다. 나는 슬픔이 우리를 산산조각 내서 온갖 이상하고 섬뜩한 모양으로 빚어낸다는 걸 안다. 그러나 그보다는 열사병이라는 결론을 내린다. 이곳에서는 도저히 태양을 피할 길이 없다. 공기는 입에서 씹힐 정도로 무겁다. 애플비에 갔던 것도 이 상황에 별로 도움이 되진 않은 것 같다.

그러나 흰 숲에서 벗어날 무렵, 마음 한편에서 궁금증이 피어오른다. 혹시 캐럴라인을 광기로 몰아갔던 그 파편 한 조각이 나에게 박힌 것이 아닐까. 그러나 키가 큰 소나무숲으로 돌아와 그늘에 앉으니, 이성이 다시 우위를 점한다. 에스펜은 하나의 장소다. 그 이상 의미를 부여하지 않는다면, 그저 하나의 장소일 뿐이다. 정신을 바짝 차려야 한다.

베어헛의 남자애들을 만나기 전에, 와이엇이 다시 근엄해진다.

"실은, 널 안전하게 지키는 게 내 임무야." 마침내 그가 시인한다. 죄지은 사람처럼. "너한테 바짝 붙어서 감시하고 싶지 않아. 네가 오리엔테이션에 참가하지 않았기 때문에 너의 안전을 위해 이러는 것뿐이야. 네가 얼마나 기억하는지 모르겠지만, 숲에서는 길을 벗어나면 안 되는 이유가 있어. 골짜기와 도랑이 많거든. 아까 같은 낭떠러지도 추락하기 쉽고. 밤에는 더더욱. 지난주에도 조경사가……."

그는 말을 끝내지 않는다. 그럴 필요가 없다. 이 숲을 과소평가한 사냥꾼이나 등산객들에 관한 일화들을 나도 기억하고 있다. 그들을 찢어발긴 에스펜의 잔인한 지형을 안다. 사람들이 이 산에서 너무도 자주 실종된다.

"앞으론 더 조심할게. 걱정시켜서 미안해."

"시계 있어?" 와이엇이 묻는다.

"뭐? 왜?"

와이엇이 손목을 들어서 요란하고 큼직한 시계를 보여준다. 온갖 버튼과 장치가 달린 투박한 시계다.

"작년 크리스마스 선물. 완전 방수에, 군사 표준 내구성에, 나침반도 있어. 숲속에 있다 보면, 방향감각을 잃기 쉬워. 하지만 난 절대 길을 잃지 않지. 한번 차볼래?" 와이엇이 말한다.

그가 노련하게 시계를 풀더니 나에게 내민다. 나는 어쩔 수 없이 웃고 만다. 와이엇은 날 남자애처럼 꾸며주기로 작정한 모양이다. 와이엇도 미소를 짓는다. 우리 둘 사이의 긴장감이 잦아든다.

"미안, 와이엇. 하지만 나 이런 거에는 *진짜* 알레르기 있어."

"왜? 너무 이성애자 취향이라?"

나는 엄지와 검지로 시계를 집는다. "이거 군사용 위장무늬야?"

와이엇은 기분이 상한 척하며 시계를 도로 가져간다. "네 눈에 이게 보인다니, 신기하네. 위장무늬가 영 제구실을 못하는군."

내가 또 웃자 와이엇은 오늘 처음으로 득점했다는 듯 미소를 짓는다.

일행에 합류하자 누군가가 내 어깨를 툭 친다. 남자애들이 얼마나 서로를 만지기 좋아하는지 그동안 잊고 있었다.

"마스, 맨, 만나서 반갑다."

캠프 지도자 브레이든이다. 에스펜 용어로 말하자면, 우리 팀의 리더. 그는 초크가 묻은 뜨거운 손으로 나와 악수를 하며 헬멧을 뒤로 젖힌다. "별 탈 없이 돌아온 거야? 와이엇이 너 때문에 바쁜 것 같던데."

"그런 것 같더라고요." 내가 상냥하게 웃는다.

"좋아, 좋아. 에스펜에 온 걸 환영한다, 맨. 넌 이제 베어헛 소속이야. 가장 훌륭한 팀이지. 친구들은 만나봤어? 머지않아 다 알게 될 거야. 걱정하지 마. 친해질 시간은 충분하니까. 나하고 좀 걸을까?" 브레이든이 와이엇에게 눈짓을 하고 나를 다시 오솔길로 이끈다. 그는 나와 단둘이 있기를 원한다. 나는 마음을 단단히 먹는다.

그는 소소한 얘기로 대화를 시작한다. 다시 돌아오니 어때? 예전에 했던 활동 중에 어떤 게 기억에 남아? 기대되는 거 있어? 그러고 나서 그가 조용해지고, 나는 그가 캐럴라인 얘기를 꺼내려는 모양이라고 생각하지만, 그는 그러지 않는다. 우리는 잠시 불편한 침묵 속에 머물고, 그러다가 브레이든이 입을 연다. "혹시 필요한 거 있으면, 나 아니면 와이엇한테 알려줘. 알았지? 우린 네가 여기서 멋진 시간을 보내길 바라."

멋진 시간. 나는 멋진 것에 알레르기가 있는 척할까, 생각한다.

브레이든은 나를 헌터빌리지 쪽으로 이끈다.

"다시 돌아오니 좀 기분이 좀 이상하겠지. 아, 그러고 보니 헌터빌리지에 머문 적은 없었지?"

"여길 떠날 땐 스카우트였으니까요." 내가 몇 분 만에 처음으로 입을 연다.

"그랬구나. 그 뒤로 참 많은 게 변했지. 새 체육관을 지어서 드디어 실내수영장을 완공했어. 극장도 새로 생겼고. 최첨단 극장." 브레이든은 빅로지 방향을 대충 손짓하지만, 깊은 숲속에서 빅로지는 보이지 않는다. 대신 그보다 훨씬 더 가까이, 오솔길에 점점이 박혀있는 오두막들이 보인다. 브레이든은 그것들을 가리키진 않지만, 나는 그 오두막이 무언지 안다. 에스펜이 임시 요양소로 쓰이던 시절의 잔재인 치유의 오두막이다. 산 공기에 마법의 힘이 있다고 믿는 결핵 환자들이 이곳에 머물렀다. 지금은 직원들의 숙소로 사용된다.

"네가 마침 날씨가 좋을 때 도착했어. 그동안은 좀 오락가락했거든." 브레이든 역시 더위를 생각하고 있었나 보다.

나는 기억한다. 이런 식으로 열기가 아침의 서늘함을 완전히 빨아들였다가, 오후가 되면 폭풍이 숲에 장대비를 내리쳤다가, 물이 뚝뚝 떨어지는 끈적끈적한 황혼으로 이어지곤 했다. 나는 다시 천둥소리에 귀를 기울여보지만, 천둥소리는 들리지 않는다. 아무 소리도 들리지 않는다. 새소리도 벌레 소리도 바람 소리도. 헌터로지의 그늘 속으로 들어설 때 모든 생명이 숨을 죽인다. 우리는 쿵쿵거리며 테라스를 가로질러 차갑고 어두운 실내로 들어선 다음 널찍한 회의실로 향한다. 삼나무 향과 사향내가 풍긴다. 벽과 선반마다 진열된 박제 동물의 머리 때문일 것이다. 브레이든이 간략하게 안내를 하는 동안 검은 유리알 같은 눈동자들이 우리를 좇는다.

"빌리지에서 식사를 하거나 날씨가 궂을 때 이곳을 활동 장소로 이용해. 여기가 식당이고, 저기가 활동 센터. 우리 빌리지 리더인 도너번과 지나가는 사냥객들이 위층을 사용해. 휴게실은 저녁 식사 후 매일 열려 있어서 여기서 애들하고 놀아. 너 포커poker 쳐?"

"전 찌르기poke-him가 더 좋아요."○

"뭐라고?"

"아무것도 아니에요. 포커 칠 줄 알아요."

"잘됐네. 다른 스포츠는? 보아하니, 레슬링선수 같은데?"

"아뇨, 스포츠는 못해요." 나는 거짓말을 한다. 마구잡이식으로 남성성을 겨루는 시합에 끌려다니는 것이야말로 내가 가장 원하지 않는 일이다. 어쩌다 이기기라도 하면, 나는 죽은 목숨이다.

"안타깝다. 올해 아이들이 승부욕이 대단하던데."

역시나. 나의 직감은 언제나처럼 날카롭다. 우리는 건물 정면으로 나가서, 호숫가로 이어진 비탈진 잔디밭을 내려간다. 잔디밭 가장자리에 두 개의 숙소 건물이 있다. 브레이든은 더 먼 건물로 나를 안내한 다음 건물 입구에서 선포한다. "베어헛에 온 것을 환영한다!" 방충 문 옆에는 나무로 깎은 곰이 두 다리로 서있다. 곰의 머리에 누군가가 양동이 모자를 씌워놓았다. 브레이든이 곰의 엉덩이를 다정하게 툭툭 친다.

"이 친구가 우리 마스코트 버나드야. 말수는 적은 편이지만 우릴 안

○ poker의 발음이 poke-her(여자를 콕 찌르다)과 유사한 데서 따온 언어유희

전하게 지켜주지." 브레이든이 준비된 대사를 암송한다.

베어헛의 모든 것이 나무로 만들어졌다. 바닥, 벽, 천장, 가구. 전부 다 나무다. 뒤쪽 벽에 높이 솟아있는, 거대하고 그을린 벽난로를 제외하고 전부 다. 벽난로는 벽돌로 만들어졌지만 안에는, 역시 나무가 있다. 사실 베어헛bear hut의 그 어떤 것도 오두막hut이라고 불릴 만한 게 없다. 이 오두막은 대부분의 사람들이 사는 집보다도 크다. 집 안의 벽들을 허물어 공동 공간을 만들었다. 사슴뿔로 만든 둥근 샹들리에가 우리를 굽어본다. 천장에 매달린 환풍기가 탁한 공기를 휘젓는다.

이 냄새. 밀착해오는 눅눅하고 퀴퀴한 냄새. 여름 냄새, 삼나무 향, 그리고 남자애들의 땀 냄새가 숙소의 어두운 구석마다 배어있다가 태양의 열기에 퀴퀴한 곰팡내로 익었다. 이 냄새가 불러일으키는 기억들에, 내 피부 속에서 깨어나는 상처의 유령들에, 나는 이를 악문다.

벽난로 주위의 소파와 안락의자들을 가리키며 브레이든이 말한다. "우린 여길 굴이라고 불러. 주방은 저쪽인데, 아무도 사용을 안 해. 화장실과 샤워실은 저쪽이야. 와이엇과 나는 저기서 자고, 넌 이층에서 다른……."

브레이든의 얼굴이 일그러진다.

*다른 남자애들*이라고 말할 참이었다.

"네가 숙소를 이렇게 배정해도 괜찮다고 했다면서." 그가 걱정스러운 표정으로 나를 쳐다본다.

"그건……." 나는 일부러 말을 끌며 그의 겁먹은 표정을 음미한다. "실제로 괜찮기 때문이에요."

브레이든은 초조하게 웃고는, 서둘러 이층으로 올라가서 거대한 고미다락방으로 들어선다. 이층 침대들이 벽을 따라 줄지어 들어서 있고 그 사이사이에 책상과 조그만 의자들이 놓여있다. 전부 다 나무다. 구석마다 신발과 옷들이 쌓여있고, 곰팡이 핀 수건 냄새가 난다. 입구에 걸려있는 커다란 간판에는 **자연을 집 안으로!**라고 적혀있다.

브레이든은 나를 맨 끝 침대로 안내한다. 비닐 매트리스 위에 내 가방들이 놓여있다. 그의 다정함이 사라진다.

"자, 기본 규칙 몇 가지 간단하게 알려줄게. 매일 아침 기상 시간은 일곱 시, 소등 시간은 열한 시. 헌터빌리지의 남자애들은 해가 질 때까지 이곳에 머물러도 되지만 다른 사람은 절대 안 돼. 다시 말해서 여자애들은 안 된다는 뜻이야."

브레이든은 마지막 대목을 웅얼거린다. 나는 웃음이 나오려는 것을 참는다. 그는 나의 포커 농담을 지금 막 이해한 것 같다.

"너도 알겠지만, 우린 외부 물건 유입에 관해 다소 엄격한 편이야. 외부 음식이나 전자기기는 안 돼. 술이나 마약은 절대 금지. 약 처방은 의무실에서. 여름 내내 수시로 소지품을 검사해. 에스펜은 세상과 격리된 안식처고, 우리는 모두가 편안하게, 그리고 안전하게 이곳을 즐길 수 있길 바라. 자, 마스, 정직하게 대답해줘. 네 가방 안에 안전하지 않은 물건, 혹은 다른 사람들의 안전을 위협할 만한 물건이 있니?"

"아뇨." 나는 거짓말을 한다.

"봐도 될까?"

"그럼요."

소지품 검사를 할 때 선수를 치는 것은 에스펜 캠프 참가자들 사이에서 전해져 내려오는 오래된 수법이다. 내가 여전히 그 수법에 뛰어난지는 곧 알게 될 것이다.

브레이든이 내 가방 지퍼를 열고, 짐 안의 무언가에 찔릴 수도 있다는 듯이 조심스럽게 옷가지를 꺼낸다. 그가 꾸러미 하나를 발견하고 초조하게 나를 쳐다보더니, 꾸러미를 푼다. 그는 결국 스포츠 브라를 손에 쥐게 된다.

브레이든은 그것을 다시 가방 안에 넣고, 심지어 나와 눈도 못 맞추고 가방의 지퍼를 잠근다.

"이상 없네." 그가 선언한다.

작전 성공이다.

브레이든은 교관으로서 다른 공적인 임무들을 수행한다. 나의 핸드폰을 비닐백에 넣고 내 이름을 쓴 다음, 내가 긴급한 상황에서만, 혹은 베어벅스라고 불리는 가상화폐를 지불하는 경우에만 핸드폰을 사용할 수 있다고 알려준다. 허드렛일을 하면 가상화폐를 벌 수 있다. 허드렛일의 목록이 있다. 통행금지 시간을 지켜야 하고, 에스펜 매뉴얼이라는 게 있고, 기타 등등.

브레이든이 내 이름을 새로 써서 붙인 서랍을 연다. 내 이름 전체를 썼다. 마셜. 그리고 멍청한 작은 스마일 그림.

"서랍 안에 유니폼이 있어. 빨래는 사흘에 한 번씩 수거해. 평일 낮에는 깨끗한 유니폼을 착용해야 하지만, 저녁 식사 이후에는 에스펜의 복장 규칙에 맞는 사복을 입어도 돼." 그 말을 하면서 브레이든이 나의 낡은 탱크톱을 향해 날카로운 시선을 보낸다. 탱크톱은 에스펜의 복장 규칙에 맞지 않고, 그것이 바로 내가 이 옷을 입은 이유다. "일단 옷을 갈아입고, 혹시 다른 사이즈 유니폼이 필요하면 알려줘. 시트와 베갯잇은

맨 아래 서랍에 있어. 침대보를 정돈할 필요는 없어. 불씨가 끝나고 나서 여기로 돌아올 거야."

불씨. 에스펜의 일과는 불씨로 불리는 모닥불 앞에서의 명상으로 끝난다. 넓은 원형극장에 모든 참가자들이 모일 때도 있고, 숙소별로 모일 때도 있다. 연기 자욱한 불씨, 어쿠스틱기타, 성가대가 못지않게 수도 없이 부르던 노래.

나는 몸서리를 친다.

"질문 있어?" 브레이든이 묻는다.

"아뇨."

"좋아. 옷 갈아입어. 남자애들이 곧 돌아올 거야. 그리고 베어헛에 온 걸 환영한다."

다락방을 나서기 전에, 그가 돌아선다. 형제 같은 온기는 완전히 사라졌다.

"참, 한 가지 더. 이제 넌 헌터야, 마스. 더 이상 어린애가 아니야. 우린 상급생 참가자들에게 바로 그런 걸 기대한다. 성숙하고 책임감 있고 독립적인 태도. 그건 곧 자신의 행동과 다른 사람의 행동을 잘 단속하는 것을 뜻해. 내가 네 모든 행동을 감시할 순 없어. 다른 애들도 마찬가지고. 우리는 에스펜의 불문율에 따라 캠프를 운영하고 있어. 참가자들 사이에서 갈등이 발생하면, 캠프의 지도부나 감독관에게 알려 일을 확대시키기 이전에 먼저 최선을 다해 스스로 갈등을 해결하길 바라."

나는 가장 가까운 이층 침대의 기둥을 잡고 고개를 끄덕인다. 분란이 발생했을 때, 에스펜이 관망하는 자세를 취하는 건 너무도 또렷하게 기억한다. 에스펜은 아이들을 방치해야 훌륭한 인성이 길러진다고 믿는다. 그런데, 브레이든이 왜 굳이 그 점을 강조하는 걸까?

브레이든이 덧붙인다. "마지막으로 네가 여기 왔을 때 있었던 일에 대해서는 웬디한테 들었어. 그러니까, 네 입장의 이야기를 들었다는 뜻이야. 난 걔들을 알아. 착한 애들이지. 웬디가 그 애들이 퇴소당하기 전에 개입해서 문제를 해결하지 못한 건 안타까운 일이야."

숙소의 후텁지근한 공기가 갑자기 숨이 막힐 정도로 답답하게 느껴져 숨쉬기가 힘들다. 브레이든은 질문을 하지 않았지만, 마치 대답을 기다리는 것 같다. 나는 저 눈빛을 안다. 당당하고 기대에 찬, 위험한 눈빛. 브레이든은 사과를 원한다.

나는 아무 말도 하지 않는다.

"올해는 우리 팀에서 아무도 쫓겨나지 않았으면 좋겠다." 브레이든이 마침내 말한다. 그가 나를 위아래로 훑는다. 그가 나를 그의 팀에 포함시키고 있는지 궁금하다. 그 다음의 말로 짐작하건대, 아닌 것 같긴 하지만.

"웬디한테 듣기로는, 그때 넌…… 지금 넌……."

"젠더플루이드."

"멋지네." 브레이든이 남자애들 특유의 쿨한 척하는 태도를 곧바로 회복한다. 그러나 그의 다른 모습을 본 이상 그런 태도는 그에게 어울리지 않는다. 나는 그 이면에서 꿈틀거리는 어두운 무언가를 본다. "하지만 특별대우를 기대하진 마. 아무도 널 괴롭히지 않을 거야. 혹시 애들이 널 괴롭히거든, 내게 알려줘. 웬디한테는 얘기하지 말고."

내가 고개를 끄덕인다.

"와이엇한테도. 와이엇은 웬디의 조카야. 너도 그건 알고 있지?"

"알아요."

"좋아. 와이엇이 알면 웬디도 아는 거야. 무슨 뜻인지 알지?"

브레이든이 나를 한참 쳐다본다. 나는 가까스로 "네, 똑똑히요."라고 대답한다. 그제야 그가 돌아선다.

나는 시트를 깔지 않은 침대에 앉아 그의 짧은 교육에 감추어진 온갖 협박에 대해 생각해본다. 나대지 마라. 네 일은 네가 알아서 해라. 웬디에게 이르지 마라. 와이엇을 피해라.

올해는 우리 팀에서 아무도 쫓겨나지 않았으면 좋겠다. 마치 그들만의 클럽에 내가 위협이라도 된다는 듯이.

어쩌면 나는 정말 수류탄인지도 모른다.

땀에 젖은 옷을 벗는 동안, 아무도 날 지켜보고 있지 않은데도 나는 나의 모든 동작에 억지로 평온함을 불어넣는다. 나는 유니폼을 꺼내 앞에 펼쳐놓고, 이제 어떻게 해야 할지 생각한다. 여기서 살아남기 위해 내가 어떤 사람이 되어야 할지를.

에스펜에 마지막으로 왔을 때, 나는 어리고 확신이 없었다. 나는 고분고분하게 캠프의 의식을 따랐다. 나는 급류에 휩쓸려 떠내려가는 나뭇가지 같았다. 캐럴라인과 내가 밴딧의 뮤지컬에서 '일 호'와 '이 호'°에 캐스팅되어서 그들이 나에게는 나비넥타이를, 캐럴라인에게는 머리핀을 꽂게 했을 때도. 내가 춤 강습 프로그램에 등록하겠다고 했다가 사실 농담이었다고 번복할 때까지 그들이 날 비웃었을 때도. 성 대결 게임이 무산되었을 때도. 나는 그렇게 양보하는 것 말고는 잘 대처할

° 닥터 수스의 동화 『모자 속 고양이|The Cat in the Hat』에 등장하는 쌍둥이

줄 몰랐다.

캠프의 방침을 철회하게 만든 나의 성정체성이 무겁게 느껴진다. 이제 나는 더 이상 나뭇가지 같은 어린애가 아니다. 그건 좋은 일이기도 하고 나쁜 일이기도 하다. 이제 나는 더 강해졌고, 그래서 그들이 날 받아들이는 건 더 힘든 일이 되었다.

나는 비닐 포장을 뜯고 망설임 없이 유니폼을 입는다.

여기서 버티려면 달라져야 한다는 걸 안다. 이 보호구역 관리단의 수면 아래 도사리고 있는 것들을 밝혀내려면, 그들에게 흡수되어야 한다. 매번 논쟁을 벌일 순 없다.

캐럴라인이 있었다면, 아마 이 점을 지적할 것이다. *어차피 넌 늘 변하잖아.*

캐럴라인의 말이 옳다. 나는 이미 오래전에 나의 육체는 나 자신이 아니라는 걸 알았다. 나의 감정이 나의 정체성이다. 다림질한 폴로셔츠를 입는다고 해서 달라질 건 아무것도 없다. 그런데도 나는 유니폼을 입은 내 모습이 마음에 들지 않는다. 유니폼의 희고 깨끗한 선이 나의 각진 어깨와 밋밋한 가슴, 좁은 골반을 드러낼 때, 내가 붙잡고 있던 양성성이 사라진다. 그나마 아주 짧은 반바지를 가져왔다. 그러나 바지 길이가 십이 센티미터인 것으로 이분법적 성별 구분을 흐릴 수는 없다.

어쨌든, 나는 이것을 일종의 변장으로 생각할 것이다. 마스 마티아스가 연기하는 남자애. 브레이든이 이끄는 팀의 황금 곰 소년.

나는 혼자 눈을 감고, 발레리나 자세로 양팔을 벌린다. 나는 끝내 춤을 배우지 못했지만, 캐럴라인이 자신이 배운 것들을 가르쳐주었다. 어쩌면 캐럴라인보다 내가 더 열심히 연습했는지도 모른다. 나는 캐럴라인이 알려준 대로, 발끝을 뾰족하게 세우려 애쓰며 양말을 신은 발로 깡충깡충 뛰고 빙글빙글 돈다. 그다음엔 침대에 픽 쓰러져본다. 어떤 신발을 신을까. 숙소 밖에서는 발가락 부분이 막힌 신발을 신어야 한다.

나는 글래디에이터 샌들을 꺼내 신는다. 발길질을 하면서 흰 양말에 닿는 검은 가죽의 감촉을 느껴본다. 달릴 수는 없을 것이다. 그러나 내 생각대로 잘 행동하기만 한다면, 달릴 일이 없을 것이다.

제9장

◇

남자애들이 로프 코스에서 돌아와 저녁 식사 전에 샤워를 하느라 숙소는 온통 소음과 어수선함으로 채워진다. 땀 냄새가 수증기 속으로, 그리고 싱그러운 비누와 세정제 향기 속으로 흩어지고, 깨끗한 유니폼이 축축한 몸들을 덮는다. 나는 벗어놓은 옷들을 서랍 안에 정리하면서, 캐럴라인의 양봉칼을 메이페어 계산기 옆에 숨긴다. 계산기를 왜 가져왔는지는 나도 모른다. 해시계를 가지러 가기 전에 캐럴라인이 계산기에 자신의 유일한 지문을 남겼다는 것 말고는 딱히 이유가 없다. 거기 어떤 의미가 있을 거라는, 이 모든 게 중요할 거라는 희망을 떨쳐버릴 수가 없다. 아마 이것 또한 내가 캐럴라인을 추적하는 하나의 방식일 것이다.

초도 가져왔지만, 초는 숨기지 않는다. 나는 초를 베개 옆 나의 공간에 두고, 엄지손가락으로 밀랍 속 벌의 베인 상처를 가린다.

"초에 불을 붙이는 건 안 돼." 내가 성냥을 긋기라도 했다는 듯, 와이엇이 말한다. 그래도 초를 압수하지는 않는다.

우리는 밖에서 집합하고 인원을 확인한다. 내 번호는 십이 번이고 빅로지 쪽으로 난 오솔길을 걸으면서 나머지 열한 명을 만난다. 흔들다리 위에 올라가 있던 남자애는 미치이고, 안드레아는 이탈리아에서 왔다. 레이는 시끄럽고 매력적이다. 브라이언은 얼음처럼 차가운 파란 눈동자에 목소리가 나긋나긋하다. 트렌트는 자기 이름만 말하고 나와의 악수를 거부한다. 제이비어는 매니큐어를 칠한 내 손톱을 보고 눈을 깜빡인다. 나는 다음 세 명의 이름은 놓친다. 찰리라는 이름의 남자애들 두 명이 그다음이다. 두 번째 남자애가 찰리라고 자신을 소개하자 숙소 인원 모두가 소리를 지르며 얘는 찰리가 아니라 척스터°라고 정정한다. 그는 아이들의 말을 온순하게 부정하지만, 나는 그에게서 분노를 감지한다. 그 문제로 꽤 오랫동안 심기가 불편했던 것 같다.

"일요일 저녁은 야외 식사야." 와이엇이 말한다. 벌써 지글거리는 기름 냄새가 나고 호수에서 피어오르는 노을을 응고시키는 연기가 보인다. 우리는 식당 건물을 지나 사람들이 북적이는 야외 공간으로 들어선다. 우리 숙소의 아이들이 형체 없는 줄을 서고, 잠시 후 땀을 흘리는 주방 직원들이 환하지만 피곤한 미소를 머금고 뜨거운 김이 나는 뷔페 음식을 나누어준다. 나는 햄버거 한 개와 그을린 껍질에 싸인 옥수수를 받는다. 아이들의 행렬이 조그맣게 자른 과일 조각들이 떠다니는 레모네이드 수족관을 지난다. 그다음엔 조미료 테이블이 있는데, 조그만 병과 그릇에 담긴 내용물이 훤히 보인다. 그냥 케첩이 아니라 헤이븐바운티농장의 유기농 케첩이다. 마요네즈는 **소량생산**이란다. 맛에 관한 설명은 읽어볼 엄두조차 나지 않는다.

마치 바람 빠진 서커스 천막처럼 알록달록한 돗자리들이 풀밭을 뒤

○ 척스터는 찰리의 별명으로 자주 쓰이는 이름이다.

덮고 있다. 아이들은 돗자리 위에 책상다리를 하고 앉아있다. 나는 브리아와 다른 허니들이 있는지 찾아본다. 허니들은 식사를 반드시 빅로지에서 하지는 않는다는 걸 안다. 그러나 바로 그때 깃대 근처에 널브러져 있는 여자애들의 모습이 보인다. 그들의 돗자리 위로 올라서는 순간 나의 자신감이 오그라든다.

"어, 안녕." 그들 중 한 명이 핫도그를 위협적으로 베어먹으며 말한다. 모든 얼굴들이 그 애와 똑같은 혐오의 표정으로 나를 쳐다본다.

"안녕." 내가 말한다. 그들 중에 내가 아는 얼굴은 없다. 늘 그랬던 것처럼 나는 나의 존재에 대해 사과하고 싶은 충동을 느낀다. 그들도 그걸 원하는 것 같다.

"미안. 앉을 자리를 찾고 있었어." 내가 말한다.

"그럼 계속 찾아. 여기 남자는 안 돼." 그들 중 한 명이 말한다.

"알았어. 미안." 내가 말하고 일어선다.

"잠깐, 너 새로 온 애 맞지?"

몇 가지 조건들이 맞추어지고, 사실을 깨닫는 순간 그녀의 눈이 휘둥그레진다. 마치 내가 그들 앞에 없는 듯이, 여자애가 자기 친구들에게 속삭인다. "걔 쌍둥이잖아."

그들이 음식을 씹다가 멈춘다. 그들의 혐오감이 다른 무언가로 바뀐다. 연민. 그리고 호기심. 그들은 어쩔 줄을 모른다. 무슨 말을 해야 할지 모른다. 나는 그 선택을 그들에게 남겨두고 서둘러 자리를 뜬다. 그들의 수군거림이 내 주위에서 커져가는 소음과 합쳐진다. 사람들이 씹고 쳐다보고 웃는다. 나의 시야가 터널처럼 좁아지고, 나는 탈출구만 찾는다. 그때 누군가가 손을 흔든다. 와이엇. 그가 헌터빌리지의 아이들이 앉아있는 곳으로 나를 부른다.

나는 고개를 꼿꼿이 들고 걷지만, 속으로는 몸부림을 친다. 궁금하다. 캐럴라인에 관한 어떤 소문을 내가 사실로 확인해준 것일까? 피멍이 든 상태로 이곳에 도착한 것? 캐럴라인이 나에게 남긴 흉터를 본 이 아이들에게 캐럴라인은 대체 어떤 인간이 되었을까?

수치심이 밀려든다. 내가 캐럴라인을 실망시키고 있는 것만 같다.

내가 남자애들에게 다가서자, 그들은 하던 얘기를 멈춘다. 그러다가 내가 햄버거를 한 입 베어 물자, 질문 공세가 시작된다. 소프트볼식의 친목 대화라고 아빠는 말할 것이다. *워밍업이지*라고 엄마가 덧붙일 것이다. 그들에게 내가 웨스트체스터 출신이라고 말한다. 나의 본명은 마셜 마티아스 삼세이지만, 그냥 마스라고 불러도 좋다고. 운동은 안 하지만, 전에 테니스를 쳤고, 펜싱을 했고, 암벽타기 과정 하나를 끝냈다고. 북동부 대학들을 보고 있긴 하지만, 아마 우리 부모님처럼 결국엔 코넬대학교에 진학하게 될 것 같다고. 수학이나 물리학을 공부하고 싶다고. 아빠는 의사고, 엄마는 정부기관에서 일한다고.

그들은 캐럴라인 이야기가 나오지 않도록 극도로 조심한다. 마치 내 삶의 구멍들이, 캐럴라인의 죽음이 뚫어놓은 구멍들이 보이면서도, 그걸 피해서 질문하는 것 같다.

어쩌면 이것도 나의 편집증인지도 모른다. 의도적으로 모호하게 소소한 대화를 나누는 것이야말로 부자들의 기술이고, 누가 가장 적게 말하고도 가장 부자임을 드러낼 수 있는지 겨루는 시합이다. 그들은 무심하게 내숭 떠는 대화를 하면서, 은근슬쩍 사회적 신분에 대한 암시를 끼워 넣는 것이다.

예를 들면, 미치는 말의 고삐를 잡느라 쓸린 손을 보여주면서, *자기* 말 중에는 여기처럼 마구를 많이 장착한 말은 없다고 간접적으로 말한다. 척스터는 이와 비슷한 야외 식사를 준비했었다는 숙모의 흉내를 내는데, 그 숙모는 음식을 서빙하는 사람들에게 충격적인 수준으로 무례하단다. 그 얘기를 듣고 찰리는 자신의 바르미츠바° 뒤풀이 파티를 떠올린다. 예쁜 웨이트리스가 자기한테 수음을 해주지 않았다고 불평하는 것이 그 얘기의 핵심이지만, 그 대목에 도달하기 전에 우리는 그 파티가 그의 가족 소유 요트에서 열린 선상 파티라는 것을 알게 된다.

정교하게 안배된 암시들과 뒤늦게 생각난 척 덧붙이는 계산된 말들은 언젠가 자라서 그들의 신분을 드러내주기를 바라며 무심한 척 뿌려 놓는 씨앗들이다. 그러나 그럴 필요가 없다. 어차피 에스펜은 이 나라에서 가장 오래되고 가장 배타적인 캠프 중 하나다. 캠프 자체가 국가 유산으로 여겨지고, 그 역사적 의미가 너무 커서 보호구역으로 지정되어 관리되고 있다. 정확히 무얼 보호하는지는 모르겠지만 말이다. 그래서 우리는 이 야생의 위엄 속에서, 이 위대한 유산 속에서, 마카로니 샐러드를 먹으며 겸손한 척하고 있는 것이다.

때마침 나팔 소리가 들려오고, 저녁 식사가 끝났음을 알린다. 우리는 야간 활동을 위해 호숫가로 향한다. 야간 활동은 거세지는 바람에 파닥이는 티키 횃불°°의 숲에서 아이스크림을 먹으며 담소를 나누는 것이다. 와이엇은 콩 주머니 게임을 진행하고, 내가 혼자 있게 된 순간 누군

○ 유대교에서 십삼 세가 된 소년의 성인식
○○ 이십 세기 중엽 미국의 티키 문화에서 유래한 대나무로 만든 장대형 횃불

가가 내 이름을 부른다.

남자애들이 모래밭에 설치된 화덕을 빙 둘러앉아 있다. 숙소에서 보았던 몇 명은 알아보지만, 날 부른 호리호리하고 매력적인 남자애는 낯설다. 그는 미소를 짓고 있다가 내가 다가가자, 웃음기를 빼고 점잖은 체한다. 나는 마음을 단단히 먹는다.

"야, 나하고 다른 애들이 궁금해서 그러는데, 넌 어떻게 된 거야?"

"어떻게…… 되다니?"

"그러니까, 넌 정체가 뭐냐고."

남자애들 모두가 똑같이 무표정의 가면을 쓰고 있지만 웃음이 비져나온다.

내 손가락은 머리카락을 쓸어 넘기고 싶어 움찔거리지만, 이제 머리카락이 없다. 그래서 나는 대신 주먹을 쥔다.

"게이인지 묻는 거야?"

남자애들이 어깨를 으쓱한다. "이성애자인지 동성애자인지, 남자인지 여자인지."

여자라는 말에 남자애 중 한 명이 웃음을 터뜨린다. 다른 한 명이 그의 어깨를 툭 치지만 결국 모두가 함께 웃는다. 나는 심호흡을 하고 고개를 든 다음, 그들을 무시하고 리더를 쳐다본다. 하지만 리더 역시 그들의 유치한 호기심에 동조하고 있다.

"미안한데, 너 이름이 뭐야?" 내가 묻는다.

"캘럼."

"아, 캘럼, 관심은 고맙지만……." 나는 목소리를 최대한 낮추어 그 다음 말을 잇는다. "나 너하고는 섹스 안 할 거야. 너 되게 못하게 생겼거든."

불안정했던 침묵이 무너진다. 캘럼을 제외한 모두가 웃는다. 그는 고개를 저으며, 과장스럽게 역겹다는 표정을 짓지만, 어쨌든 내가 그를 이 상황의 표적으로 만들었다. 그의 친구들이 내가 아닌 그를 비웃는다. 그가 그 사실을 깨닫는 순간, 나는 그들에게서 돌아선다.

캐럴라인이 이런 곳을 어떻게 견뎠는지 의문이 드는 게 벌써 몇 번째인지. 백 번째도 더 된 것 같다. 이 사람들을 어떻게 견뎠을까. 물론 우리 집 분위기가 냉랭하고 어린 시절부터 부모님이 끊임없이 엄청난 가시적 성취를 강요했던 건 사실이다. 캐럴라인은 늘 집에서 벗어나고 싶어 했고 깊은 숲속으로 잠적하고 싶다고 했다. 하지만 여기가 과연 그런 곳이었을까? 여기가 과연 집보다 나았을까?

나는 물가에 비죽이 튀어나온 바위를 찾고 그 위에 앉아 어두운 호수를 바라본다. 화가 나서 어쩔 줄 모르고 있는데 와이엇이 다가온다.

"마스, 소개할 친구가 있어." 그가 옆으로 비켜서자 너무도 매혹적으로 생긴 남자애가 서있다. 나는 곧바로 경계 태세에 돌입한다.

"마스, 이 친구는 타일러야. 이글하우스 소속이지. 타일러는 멋진 친구야. 두 사람이 *아주 잘* 지낼 수 있을 것 같아서."

타일러와 내가 짧게 악수한다. 간결한 인사. 그러나 그 짧은 순간이 우리에게는, 비록 다른 사람의 눈에는 보이지 않겠지만, 우리 두 사람이 서로에게 소개되는 이유를 깨닫는 암울한 순간이다. 우리 둘 다 게이이다. 이성애자들이 보기에 이 사실은 확실하고도 결정적인 우정의 요건이다. 마치 퀴어들은 서로에게 자석처럼 끌린다는 듯이. 만약 캘럼과 그의 무리들이 우릴 지켜보고 있다면(분명히 보고 있겠지만), 와이엇은 그들에게 비웃을 거리를 보태준 셈이다.

　타일러의 눈이 매니큐어를 칠한 나의 손톱과 드러낸 허벅다리와 샌들을 오가더니 내 얼굴로 돌아오지 않는다. 나 역시 다르지 않다. 그는 실을 꼬아 만든 팔찌를 하나도 아닌 여러 개 착용하고 있다. 그리고 엄청나게 좋은 시계도. 와이엇은 자신이 한 짓을 결코 알 리가 없지만, 타일러와 나 사이에 있는 어마어마한 거리가 방금 억지로 압축되었다. 상황이 곧바로 불편해진다.

　"자, 그럼, 지금부터는 두 사람이 알아서 해." 우리가 멋진 시간을 보낼 수 있도록 와이엇이 돌아선다. 타일러는 나를 친절히 다른 아이들 몇 명에게 소개하고, 자기에게 남자친구가 있다고 몇 번이나 강조하며 둘이 언젠가 시라큐스대학교에 함께 진학할 거라고 말한다. 우리는 콩주머니 게임에 합류한다. 타일러와 나의 팀이 이기지만 그가 팀을 바꾸고 싶다고 제안한다.

　나는 호수에 빠져버릴까도 생각하지만, 인명구조요원이 대기하고 있어서 과잉행동은 자제하기로 한다. 타일러가 디저트바에 가보는 게 어떻겠냐고 묻고, 내가 그러겠다고 하자 그가 한숨을 쉰다. 그는 내가 눈치 채기를 바랐던 것 같다. 나는 결국 거기 있는 디저트 중에 케토 식단°이 하나도 없다는 그의 불평을 듣는다. 그가 스프링클을 뿌린 진득한 나의 아이스크림을 한 손으로 가린다.

　"케토시스는 대사의 상태를 말하는 건데, 달성하기 정말 힘들어." 타일러가 내게 설명해준다.

○ 저탄수화물 고지방 식이요법

"어쩌면 케토시스가 그 과정에서 우리가 얻는 친구일지도 모르겠네."

타일러는 내 말을 듣지 않는다. 그와 다른 모든 이가 소음 속에서 어렴풋이 들려오는 소리에 귀를 기울이고 있다. 웃음소리. 밝고 활기찬 웃음소리.

그들의 웃음소리.

호숫가에 모여있는 사람들 사이에서 깨달음의 파장이 인다. 그들의 관심은 갑자기 황혼의 잔디밭에 나타나 크로케 경기를 하는 여자들에게로 쏠린다. 얼굴을 알아보기에는 거리가 너무 멀지만, 그들이란 걸 안다. 에스펜 전체가, 사람이든 그림자든 티키 횃불의 파닥이는 불꽃이든, 어떤 식으로든 그들에게 끌린다.

누구도 대놓고 쳐다보지 않지만, 모두가 허니들을 관찰한다.

"쟤들 알아?" 내가 묻는다.

"숙소*H*. 완전 나쁜 년들이잖아." 타일러가 단호하게 말한다.

"캐럴라인도 그랬어?"

타일러는 그제야 내가 누군지 기억이 난다는 듯 입을 벌린다. 그러나 대답은 하지 못한다. 왜냐하면 내가 이미 그를 지나쳤기 때문이다.

"즐거운 케토시스 보내길!" 내가 말하고 여자애들 쪽으로 돌아선다.

나는 여자애들 근처에서 몇 분을 어슬렁거리다가 그들이 크로케 게임을 그만두자, 그들을 따라 햇살이 환한 언덕 위로, 덩굴식물이 늘어진 높은 아치형 구조물 아래로 간다. 상급생 여자애들 대부분은 이곳에서 논다. 그들은 이곳의 야외 테이블 위나 아디론댁 의자°, 불꽃이 튀는

○ 나무로 만든 야외용 의자

화덕 주위에 둘러앉는다. 허니들은 다리를 드러내고 머리를 헝클어뜨린 채, 르네상스 그림 속 여자들처럼 나른한 자세로 맨 안쪽에 뒤엉켜 있다. 그들에게 곧장 다가가려다가, 순간, 아무도 그들에게 말을 걸지 않는 이유를 깨닫는다. 그들의 무언가가 사람들의 시선을 끌면서도 몸은 밀어낸다. 거의 물리적인 힘이다.

그냥 가서 인사를 해, 마스. 쟤들은 불과 며칠 전에 *너의 집*에 왔잖아. 브리아가 저기 있잖아. 시에라가 오른쪽에, 미미가 왼쪽에 있네. 쟤들이 널 초대했어. 나는 나 자신에게 일깨운다.

그런데 어쩐지 지금은 전부 다 내가 지어낸 이야기 같다.

나는 아치형 구조물 밑으로 들어가 화덕을 빙 돌아 그들에게 다가간다. 아이스크림 그릇을 든 상태로 브리아 앞에 서서, 어떻게 인사를 건넬지 생각하고 있는데, 브리아가 먼저 내게 인사를 한다.

"오, 안녕. 어서 와."

브리아가 먼저 말을 걸었다는 게 너무도 충격적이라, 나는 미처 대답하지 못한다. 그러나 바로 그때, 그들이 말을 건 대상이 내가 아니라는 사실을 깨닫는다. 브리아는 반대편에서 다가오는 여자애에게 인사를 한 것이다.

"안녕." 그 여자애가 말한다. 초조해 보인다. 함께 온 친구들이 그 애를 떠민다.

"물어볼 게 있는데 혹시…… 매주 월요일에 우리 숙소 애들이 무용 연습실을 써도 될까?"

브리아는 여전히 라켓을 들고 있다. 라켓을 무릎 위에 올려놓고 머리 부분을 빙글빙글 돌린다. "왜?"

"연습하려고. 축제 때 공연하고 싶어서."

"축제 땐 우리도 공연하는데." 브리아가 말한다.

"맞아, 하지만……." 여자애가 친구들을 쳐다본다. 그러나 친구들은 격려하듯 고개만 끄덕인다. "일정표에 숙소H에서 쓰는 걸로 되어있는데 오지 않아서, 혹시 우리가 써도 되지 않을까 생각했어."

브리아가 시에라를 쳐다보고, 시에라는 다른 아이들을 쳐다보며 묻는다. "어떻게 할까?"

갑자기 모두가 다 같이 떠들기 시작한다.

"그럼 우리는 어디서 연습하지?"

"리아, 넌 연습할 필요 없잖아. 넌 천재니까."

"재즈댄스라면 그렇지! 하지만 축제 땐 현대무용 하잖아."

"이미 손가락을 튕긴 건 알지만 힙합을 하면 어떨까 생각해봤어."

"손가락 튕기면 끝이야."

"하지만 월요일 연습은 어떻게 해?"

"격주로 하는 건 어때?"

"그거 좋다. 매주 월요일에 격주로."

"좋아. 그럼, 매주 월요일에 격주로 하는 걸로?"

*좋아! 그거 괜찮네! 그냥 손가락 튕기자!*라는 말들이 이어진다. 브리아가 탁! 소리를 내며 손가락을 튕기자, 나머지 여자애들도 곧바로 손가락을 튕긴다. 그들은 기대에 찬 눈빛으로 토론을 지켜보고 있던 세 여자애를 쳐다본다.

그들 셋은 잠시 망설이더니, 이내 동의의 의미로 손가락을 튕긴다.

"좋아! 손가락 튕기면 끝이야. 내일은 연습실 너희가 써. 격주로, 월요일마다." 브리아가 말한다.

어린 여자애들 셋이 부둥켜안고 내 곁을 지나가면서, 우리도 손가락을 튕기게 해주다니 믿을 수 없어. 너무 잘됐다라고 흥분해서 속삭인다.

"넌 무슨 일로 왔어?"

'너'가 나를 지목하는 말이라는 것을 깨닫기까지 잠시 시간이 걸린다. 그 순간 나는 말하는 법을 잊고, 심지어 욕하는 법마저도 잊는다. 마치 내가 줄을 서서 기다리고 있었다는 듯, 브리아가 나에게로 주의를 돌린다. 테이블 위 브리아의 뒤쪽에 앉아있던 여자애들 둘이 보지도 않고 크로케공을 앞뒤로 굴리고 있다. 그들은 나를 보고 있다. 허니들 모두가 똑같이 지적이고 무심한 눈빛으로 나를 쳐다본다. 다른 여자애들을 대할 때와 비교하면 분위기가 차갑게 식었다.

또다시 이런 상황이 반복되고 있다. 나는 사과를 하려다가, 생각한다. 아니, 그들이 널 이곳으로 초대했어. 그냥 인사를 해.

"안녕."

"안녕." 브리아가 말한다. 아치형 구조물 아래 있던 모든 아이들이 나를 쳐다본다. 나는 반사적으로 머리카락을 만지려 하지만 그 순간 머리카락이 없다는 사실을 깨닫는다.

"나 머리 잘랐어." 내가 불쑥 말한다.

"축하해. 난 여전히 레즈비언이야." 브리아가 말하며 내게 등을 돌린다.

"그게 아니라, 네가 날 못 알아보는 것 같아서. 나야."

브리아가 비명을 지른다. 나는 놀라서 펄쩍 뛴다. "세상에! 마스? 마스 마티아스?" 갑자기 허니들이 다 함께 미소를 짓는다.

브리아가 머리를 뒤로 젖히더니 밤을 웃음으로 채운다. 그 순간 나는 창피해서 증발해버릴 것 같았지만 브리아가 테이블에서 내려와 나를 끌어안는다.

"와, 너 전혀 달라 보인다! 난 네가 헌터 남자애 중 한 명인 줄 알았어. 걔들이 계속 내 인내심을 건드렸거든. 내가 너무 무례했네. 정말 미안해." 브리아가 쳐다보고 있던 사람들 쪽을 돌아보자, 마치 소독약이라도 뿌린 듯, 사람들의 호기심 어린 시선이 잦아든다.

브리아가 흠잡을 데 없이 완벽한 미소를 짓고 있지만, 그녀 뒤에서 숙소H의 여자애들이 미심쩍은 눈빛을 주고받는다. 나는 그들이 미소를 지으며 수군거리는 모습을 본다.

"에스펜에 온 걸 환영해. 에스펜에 돌아온 걸 환영해." 브리아가 말한다.

왠지 모르게 숙소H의 테이블에 열두 명이 아닌 훨씬 더 많은 여자애들이 나를 지켜보는 것처럼 느껴진다. 마치 수백 명의 눈동자가 나에게 쏠린 것처럼. 나는 초조하면서도 들뜬 기분이다. 태어나서 처음으로 수줍음을 느낀다.

"근데 여긴 어쩐 일이야?" 브리아가 묻는다.

머리가 느리게 돌아간다. 브리아의 질문 뒤로 이어진 긴 침묵 속에서 생각들이 한 번에 하나씩 떠오른다. "그게…… 네가 날 초대했잖아."

"내가?"

"시에라가. 그…… 추도식 때. 캐럴라인의 추도식."

"아, 맞다. 그랬었지."

브리아가 시에라에게 허니들만의 살기 어린 눈빛을 보낸다. 시에라는 아주 미세하게, 어깨를 으쓱한다. 나는 돌로 변한다. 혹은 변하고 싶다. 돌이 된 나의 몸을 호수에 던져버린 다음, 이 대화를 지켜본 모든 사람이 죽고 나서 수백 년이 지난 뒤에 깨어나고 싶다.

나팔 소리. 모두 자리에서 일어나고 브리아가 서둘러 테이블로 돌아간다. 불씨 시간이다.

"돌아온 걸 환영해." 브리아가 초췌한 미소를 지으며 말한다. 그리고 그들 모두가 미끄러지듯 자리를 뜬다.

나는 극도의 수치심을 느낀다. 처음엔 캘럼, 그다음엔 타일러 그리고 이번엔 이 여자애들. 짧은 순간, 울어버릴까도 생각한다. 다른 아이들이 내 주위로 흘러가는 지금, 바로 이 야외 테이블 앞에서. 내가 뭘 기대했던가. 내가 에스펜을 떠난 데는 여러 가지 이유가 있었다. 그들이 여전히 이곳에서 날 기다리고 있는데, 그게 놀랄 일인가?

나는 일단 울지 않기로 하고 다른 아이들을 따라 호숫가의 반대편 끝으로, 징검다리가 있는 곳으로 향한다. 이 다리는 호수 위 웅장한 소나무섬으로 가는 지름길이다. 섬이 크진 않아 나무 벤치와 야트막한 무대를 갖춘 원형극장만 있다. 섬의 맞은편은 나무를 전부 다 베어서, 마지막까지 남아있는 자줏빛 황혼 아래 펼쳐진 검은 액체 같은 호수를 완벽하게 드러낸다.

나는 존재하지 않는 척하며 베어헛의 다른 아이들과 함께 벤치 가장자리에 앉는다.

내가 기억하는 불씨의 의식은 일과를 보고하고, 선서를 외우고, 기도하는 것이다. 기도는 항상 있다. 그러나 그것을 기도라고 부르진 않는다. 불씨라고 부른다. 하루가 소멸되기 직전 마지막 남은 한 점의 불씨.

누군가가 무대에 오르자 모두가 조용해진다. 나는 불빛이 밝히는 좌석들을 둘러본다. 몇 분을 두리번거린 끝에 브리아의 땋은 검은 머리를 찾는다. 브리아는 고개를 비스듬히 틀어 어느 여자애의 귀에 무언가를 속삭인다. 숙소H의 여자애들은 함께 앉았다. 그들은 이상할 정도로 붙어 앉아있고 이상할 정도로 팔다리를 서로에게 휘감고 있다. 한 명이 어디서 끝나고 어디서 시작하는지 분간하기 어려울 정도다.

그때 브리아가 고개를 든다. 브리아가 나를 쳐다본다. 우리는 서로에게 시선을 고정한다. 브리아가 미소를 짓는 순간, 한기가 나의 맨 팔을 감싼다. 그 미소는 금방이라도 웃음을 터뜨리며 비명을 지를 것 같은, 날것의 웃음이다. 그 순간 숙소H의 모든 여자애들이 다 같이 나를 쳐다본다. 마치 부엉이들처럼 일사불란하다. 그 파장이 번져나가고 곧바로 캠프 전체가 나를 쳐다본다. 그들은 조용하다. 기다린다. 미소 짓는다. 귀뚜라미 소리가 허공을 채운다.

"마스, 일어나서 인사하지 않을래?"

공동 감독관 웬디가 무대에 올라가 있다. 그녀가 마치 남의 말을 옮기는 것처럼 나의 이름을 말한다. 그녀가 내게 손을 뻗는다. 그제야 아마도 웬디가 나를 소개하는 중이었고, 그래서 모두가 나를 쳐다보고 있었다는 생각이 든다. 그러나 내가 허니들을 쳐다보았을 때, 그들은 마치 재미있다는 듯 입술을 일그러뜨리고 있다.

나쁜 년들. 타일러는 그렇게 말했다.

나는 일어선다. 숨을 쉰다. 나를 쳐다보는 이백 명의 얼굴들을 향해 손을 흔든다. 나는 흩어진 생각들을 자신감 비슷한 것으로 취합해보려고 최선을 다한다.

"안녕, 내 이름은 마스야. 나를 지칭하는 대명사는 그, 그녀, 그들, 다 괜찮아. 뭐든 다."

나는 잠시 멈추고 수군거리는 소리, 혹은 그보다 더 최악인, 야스 퀸!° 같은 소리가 들려오기를 바라지만 에스펜은 나에게 어느 것도 주지 않는다.

"난…… 베어헛 소속이야."

더, 더 말해야 한다.

"여기 오게 되어서 정말 기쁘고, 너희들 모두와 친해지고 싶어."

캠프는 뒤엉킨 환영해안녕마스의 웅성거림으로 답한다. 내가 도로 앉으려는데, 웬디가 자신이 서있는 원형극장의 한복판으로 나오라고 손짓한다. 나는 턱에 힘을 주고, 코걸이가 잘 숨겨져 있는지 확인해보고 싶은 욕구를 억누르면서 그녀에게로 흘러간다. 십오 킬로미터 반경에 있는 모든 눈동자의 열기가 살갗을 파고든다. 캠프를 둘러보지만 얼굴들은 보이지 않는다. 오직 어둠 속에서 반짝이는 황금빛 눈동자의 바다만 보이고 그 눈동자 속에서 모닥불이 일렁인다.

축 늘어진 나의 손을 웬디가 잡는 순간, 나는 소스라치게 놀란다. "에스펜에서 우리 모두는 한 가족입니다. 한 사람의 상실은 모두의 상실이에요. 캐럴라인의 사망 소식을 듣고 우리 모두가 비통한 마음이었습니다. 다 같이 잠시 묵념의 시간을 갖는 게 어떨까요. 여러분, 동참할 수 있죠?"

○ 드랙 문화에서 흥분이나 지지, 인정 등을 표현할 때 쓰는 말이었지만, 최근에는 여러 상황에서 통용되고 있다.

이제 웬디는 한 손을 내 어깨 위에 올려놓고 있다. 다른 한 손을 얼굴들의 바다로 뻗는다. 손들이 다가와 그녀를 잡는다. 그리고 나를 잡는다. 내 양쪽 어깨로 기어 올라오고, 서로 포개어지고, 손가락이 손바닥 위로, 손바닥이 손목 위로 올라가고, 나는 괴물 같은, 무거운 덩어리의 한복판에 엉켜있다. 너무도 순식간에 일어난 일이라 도망갈 생각조차 하지 못한다. 그리고 모두 고요해진다. 모든 눈이 감긴다. 모든 소리가 멈추고 불길이 타닥거리는 소리와 호수 위로 울려 퍼지는 아비새의 울음소리만 들린다. 침묵 속에서 나는 소리를 지르고 싶은 욕구에 휩싸인다. 나는 캐럴라인을 둘러싼 더 이상의 침묵은 원하지 않는다. 나는 이 침묵에, 이 손들에, 이 손의 고동치는 손아귀에 으스러지고 말 것이다. 소리를 지르고 싶지만, 소리를 지르려면 일단 숨을 쉬어야 한다. 그러나 나는 숨을 쉬지 않을 것이다. 공기에서 뜨거운 살의 맛이 날 테니까.

상황은 더 악화된다.

웬디가 내 손을 꽉 잡는다. "마스, 우리가 깜짝 선물을 준비했단다." 침묵이 깨지고, 백 개의 손이 물러난다. 갑자기 다시 가벼워진 내 몸은 그대로 떠오를 수도 있을 것 같지만, 웬디가 나를 묶어둔다. 웬디가 신호를 하자 학생의 사분의 일이 일어선다. 그들이 무대 안쪽에서 긴 현수막을 펼친다.

사랑해 캐럴라인. 큼직하고 비스듬하게 쓴 글자 위로 손도장들이 찍혀 있다. 핏빛 손도장이다. 마치 반대편에서 뚫고 나온 유령의 손들처럼. 나는 눈을 꽉 감는다. 다시 눈을 떴을 땐, 그냥 페인트일 뿐이다. 싸구려 페인트로 찍은 손도장이 모닥불의 불빛 때문에 핏빛이 되었다. 오늘 오후 어린아이들이 그 현수막을 만드는 것을 보았다. 무서울 게 하나도 없다. 손도장마다 서명이 있고 길게 쓴 글도 있다.

미안해. 그리울 거야. 넌 아름다웠어. 편히 쉬기를. 안녕. 미안해. 안녕.
미안해. 안녕. 미안해.

나는 침묵이 다시 돌아오길 원한다. 이것만 아니면 뭐든 상관없다. 바람에 내 쪽으로 불룩하게 부풀어 오른 현수막과 쥐 죽은 듯 고요한, 공허한 죄책감. 비스듬한 글자들. 핏빛 손도장들. 싫다. 전부 다 싫다. 나는 그들이 침묵 속에 빠지길 원한다. 나의 자매가 돌아오길 원한다. 캐럴라인에 대한 기억이 이 흙 묻은 핏빛 손들로부터 분리되기를 원한다.

"캐럴라인은 많은 이들의 기억 속에 남아있습니다. 우린 언제나 캐럴라인을 기억할 거예요. 캐럴라인은 영원히 살아있을 거예요. 마치 우리 삶에 캐럴라인이 손도장을 남긴 것처럼. 캐럴라인을 잃은 우리의 가슴엔 커다란 구멍이 생겼지만, 캐럴라인의 형제인 마스가 이곳으로 돌아와서 참 기쁩니다. 캐럴라인도 그걸 원했으리라고 진심으로 믿습니다. 결국 우리 모두는, 하나의 가족이니까요." 웬디가 말한다.

울기에는, 어떤 식으로든 반응을 하기에는, 내가 사람들의 시선을 너무 의식하고 있다. 웬디의 말에 담긴 억지스러운 다정함으로 보아, 내가 동조해주기를, 슬픔을 연기해주기를 바라고 있다는 걸 안다. 나는 다시 나의 몸에서 이탈한 것 같은 기분이 든다. 다른 사람의 눈으로 나를 바라보는 것 같은, 그래서 내가 움직이거나 반응하거나 심지어 숨을 들이마시기를 기다리는 것 같은 기분이 든다.

나는 애써 미소를 짓는다. "고맙습니다." 그 말이 속삭임처럼 새어 나온다. 슬픔이 내 목소리를 위축시켜서가 아니라, 분노가 끓어올라서다. 이 사람들은 캐럴라인의 가족이 아니다. 내가 캐럴라인의 가족이다. 캐럴라인을 이용하여 더 단단하게 결속할 권리가 그들에겐 없다. 마치 나의 슬픔이 아무나 만질 수 있는 것이라는 듯, 나를 만질 권리가 그들에겐 없다.

하지만 어쩌면 내가 불공평한 건지도. 어쩌면 그들도 나만큼은 캐럴라인을 알고 있을지도. 아니면 우리 중 누구도 캐럴라인을 알지 못했을지도. 그래서 캐럴라인을 만들어내고 있는 건지도. 우리의 죄책감을 형상화한 여자애로.

또 한차례 바람이 불어와 현수막이 펄럭인다. 웬디가 내 손을 꽉 잡고, 다시 관객을 쳐다본다. "이번 주에는 마스가 에스펜에서 편안하게 지낼 수 있도록 여러분 모두가 나서주길 바랍니다. 자, 그럼 에스펜식의 환영 인사와 함께 시작해볼까요? 자, 여러분, 마스가 돌아온 것을 환영합시다."

웬디가 내 손을 잡은 상태로 손을 위로 들자, 마치 신도들처럼 캠프 전체가 자리에서 일어선다. 나는 도망치지 않으려 애쓴다. 그랬다간 백 명의 흰옷 입은 아이들이, 마치 달처럼 희고 마디가 나뉜 거머리들처럼, 호수까지 나를 쫓아와 첨벙거리고 꿈틀거릴 것이다.

그들이 발을 구르며 박수를 치기 시작한다. 그들의 거친 박자가 합창 비슷하게 다듬어진다. 웬디가 나를 꽉 붙잡고 있다. 나는 캠프 참가자들과 핏빛 기억으로 가득한 현수막의 벽 사이에 갇혀있다. 에스펜의 환호성이 나를 감싼다. 노래이기도 하고 함성이기도 한 그 소리가 호수 위로 울려 퍼진다.

우리는 하나로 왔다!

우리는 여럿으로 떠난다!

우리는 빈손으로 왔다!
우리는 전부를 갖고 떠난다!
에스펜이여, 과거의 영광을 앞으로도 영원히!
에스펜이여, 과거의 영광을 앞으로도 영원히!

제10장

⬠

  짤랑거리는 소리에 깨어난다. 마치 석조 바닥에 크리스털이 튕기는 듯한 소리. 눈을 뜨는 순간 소리가 멈춘다. 나는 낯선 방에 있다. 이상한 천장의 대들보에 이상한 불빛이 드리워져 있다. 일어나 앉아서, 깜빡이지 않는 눈동자들처럼 잠든 나를 지켜보는 나무 벽의 소용돌이와 옹이들을 본다. 나의 꿈이 잠시 내 주위에 묵직하게 내려앉는다. 벽의 눈들이 튀어나오고 녹아내린다. 그리고 나는 잠에서 깨어난다.

  여기가 어딘지 모르는 상태로 깨어날 거라고 생각했다. 익숙하지 않은 천장, 낯선 벽들. 그러나 에스펜은 아침 햇살 속에서 가장 친근하게 느껴진다. 마치 한 폭의 그림처럼. 여전히 내 피의 망령을 숨기고 있는 우리 집, 내 침대가 아닌 다른 침대에서 일어난 것에 안도감을 느낀다.

  이게 나아. 잠을 떨쳐내려고 눈을 비비며 내가 생각한다. *그래도 이건 새롭잖아. 그러니까 이게 나아.*

  내 주위로 숙소가 잠들어 있다. 퀼트 이불들이 정체불명의 덩어리들을 덮고, 잠의 형상으로 조각된 베개마다 헝클어진 머리카락이 박혀있다. 그들의 모습은 보드라운 산 같다. 나는 신발들을 헤치고 계단을 내려가서 주방으로 들어선다. 문이 없는 찬장에서 도자기 머그잔을 꺼내

먼지를 헹구어낸 다음, 희고 움푹한 싱크대에서 컵에 물을 채운다. 이 물을 퍼 온 우물의 벽 맛 같은 금속 혹은 미네랄 맛이 나야 옳겠지만, 물은 달다. 정수된 물이다. 모든 자연의 힘이 그렇듯, 이 물도 에스펜의 재력으로 정화되었다.

수도꼭지 앞에 서있는데 현기증이 밀려든다. 신체적인 증상이 아니다. 물의 맛으로 촉발된, 시간을 거스르는 것 같은 아찔한 느낌이다. 나의 몸이 무언가를 기억해낸다. 이 달콤한 물에 깃든 어느 순간을. 나는 다시 물을 마신다. 더 느끼기 위해서.

기억은 불완전하다. 먼지와 가죽 냄새가 나고, 눈꺼풀에서 온기가 느껴진다. 나는 풀밭에 누워있다. 눈을 꼭 감고, 하늘을 향해 웃고 있다. 내가 웃고 있다면, 아마 혼자가 아닐 것이다. 혼자가 아니라면, 아마 캐럴라인과 함께일 것이다.

그게 전부다. 내 피부에서 느껴지는 온기와 슬픔의 뒷맛. 슬픔은 캐럴라인에 관한 모든 기억의 가장자리를 두른 새로운 파란 술 장식이다.

나는 머그잔을 싱크대에 놓고 샤워를 하기 위해 욕실로 향한다. 이를 닦으며, 수증기로 뿌옇게 된 거울 속의 흐릿한 내 모습을 바라보면서 어젯밤의 기억을 재생해본다. 구호, 모닥불의 불빛, 현수막, 특히 웬디가 나를 일으켜 세우기 전, 브리아를 포함한 허니들이 사람들 틈에서 날 바라보던 그 눈빛. 그 애들이 날 보던 눈빛을 생각하니 소름이 돋는다. 하나의 시선이 여러 개의 눈에 나뉘어 담긴 것 같다.

나는 숙소의 정적 속으로 들어선다. 모두가 잠들어 있다. 지금이 대체 얼마나 이른 시각인지 궁금해할 때, 현기증이 돌아온다. 이번에 현기증을 유발한 것은 맨살을 감싸는 냉기다. 그 조합이 다시 과거로 나를 쏘아 보낸다.

나는 언덕 위 풀밭에 있다. 나는 햇빛이 캐럴라인의 눈을 찌르지 않도록 한 손을 들어 햇빛을 가리고 있다. 캐럴라인도 날 위해 똑같이 한다. 그건 우리가 즐겨 하던 놀이이고 일종의 충성도 테스트다. 우리는 함께 있고, 캐럴라인이 너무도 견고하게 느껴져서, 기억 속으로 손을 뻗으면 한 팔로 그녀를 끌어안아 꺼내올 수 있을 것만 같다.

캐럴라인의 두 눈이 내가 손으로 만든 그늘 속에서 나를 쳐다본다. 캐럴라인이 바로 내 곁에 있는 것만 같다.

가슴속에서 느닷없이 차오르는 흐느낌을 막기 위해 뺨 안쪽을 깨물어보지만, 소용이 없다. 목이 메어온다. 계단을 내려가 숙소의 뒷문으로, 숲을 바라보는 테라스로 나간다. 과거와 현재가 동시에 존재하는 데서 오는 멀미가 나를 가르고, 붉고 뜨거운 눈물이 쏟아져나온다. 소리도 없이 북받쳐 오른다. 흉측하다. 눈물이 나를 얼마나 세차게 흔드는지, 테라스가 무너질 것만 같다. 나는 테라스의 난간을 붙잡고 이 파도가 높이 솟아오르기를, 내 위로 부서지기를, 그리고 잦아들기를 기다린다.

파도는 결국 지나간다. 다만 쉽게 지나가지 않을 뿐. 마침내 슬픔이 잦아들 때, 나의 일부가 슬픔과 함께 떠나가는 것을 느낀다.

이 테라스에서 나는 내가 줄곧 보았던 것을 본다. 숲이 유골처럼 희다. 전부 다 사시나무들이다. 그들이 내가 잠에서 깨어날 때 보았던 것과 똑같은 눈동자로 나를 지켜보고 있다. 나무껍질 속으로 휘몰아치는, 보지 못하는 검은 눈들. 비스듬히 내리쬐는 새벽의 햇살이 나무에 눈꺼풀 같은 그림자를 드리우고, 그 경계마다 이슬이 반짝인다, 마치 눈물처럼. 마치 그들도 나와 함께 울고 있는 것처럼. 이유는 알 수 없지만, 그들의 조용한 연대가 따스하게 느껴진다. 그리고 그 순간 조금 창피해진다. 이 나무들은 내가 슬픔 속으로 사라져버리려는 순간을 벌써 두 번이나 목격했다. 첫 번째는 내가 낭떠러지에서 떨어질 뻔했을 때였고, 그다음은 지금이다. 나는 아직도 몸에 수건만 두른 채다.

나는 뺨을 닦는다. 여전히 입안에서 지나치게 달콤한 물맛이 느껴진다. 나는 침을 뱉고 또 뱉고 나서 안으로 들어간다. 숙소 이층을 반쯤 가로질렀을 때, 나는 얼어붙는다. 여전히 모두가 잠들어 있지만, 내 침대의 무언가가 달라졌음을 느낀다.

나는 그것을 본다.

물 빠진 파스텔 빛깔 아침 속에서, 작은 불꽃이 너무 요란하게 느껴질 정도로 생생하다.

누군가가 캐럴라인의 초에 불을 붙였다. 마치 나의 맨살을 스치는 한기를 똑같이 느끼는 것처럼, 촛불이 떨린다.

다시 확인해보지만 아무도 움직이지 않는다.

나는 그 불꽃이 진짜인지 보려고 불을 꺼본다. 불은 진짜다. 그러나 밀랍이 거의 녹지 않았다. 불을 붙인 지 오래되지 않았다. 내가 붙인 건 절대 아니다. 나는 이불 속으로 들어간다. 나무의 소용돌이를 바라보면서, 누군가 내게 장난을 친 거라는 결론을 내린다. 소용돌이들도 나를 쳐다본다.

그리고 그중 하나가 깜빡인다.

나는 일어나 앉는다.

숨을 참는다.

헛것을 본 모양이라고 생각하려는 순간, 나무의 옹이가 다시 깜빡인다. 이번에는 나무가 몸을 비틀며 삐걱거리는 소리를 낸다. 나는 비명을 지르지만, 흐느낌이 늘 그렇듯, 소리가 나오지 않는다. 그저 내 안의 저 깊은 곳에서 쉭쉭거리는 잡음만 들릴 뿐이다. 그러다가 나의 폐 속에서 경쾌한 트럼펫 소리가 울려 퍼진다. 숙소의 오래된 스피커에서 울리는 기상나팔 소리다.

나는 깜짝 놀라 일어나 앉다가 하마터면 내 위의 침대에 부딪힐 뻔한다. 남자애들이 뒤척인다. 입안에서 달콤한 맛과 구리 맛이 느껴진다. 나의 뇌는 증발하는 꿈의 안개 속을 헤엄친다.

두 손을 눈으로 가져간다. 자면서도 울었는지 눈이 젖어있다. 꿈의 잔재가 여전히 남아있다. 캐럴라인의 기억, 눈동자들 그리고……

나는 초를 본다. 심지가 검고, 만져보니 밀랍이 여전히 따뜻하다. 몸이 떨리기 시작한다. 이번에는 벽을 쳐다본다. 옹이들이 나를 보고 있지만, 이제 그 옹이들에게는 생명이 없다. 그들은 나무 기지 속에서 보초를 서며 목도했던 그 어떤 것도 드러내지 않는다.

*

아침 식사는 헌터로지에서 한다. 프렌치토스트. 심지어 주방 직원들은 줄무늬 셔츠에 검은 베레모를 썼다. 주방장은 연필로 꼬부라진 콧수염도 그렸다. 이 모든 것 때문에 나의 아침이 더 비현실적으로 느껴지지만, 물론 다른 사람들은 이게 당연한 일인 척한다. 아마도 당연한 일인가보다. 에스펜에서는 유명한 연극 프로그램을 운영하고 있고 따라서 다양한 의상이 구비되어 있다. 캠프 전체가 참여하는 골드러시 게임을 위해 숙소의 리더들이 카우보이 복장을 하거나, 어린아이들이 『반지의 제왕』 망토를 펄럭이며 다니고, 그들의 리더가 간달프로 분장하고 다니는 게 드문 일은 아니다. 아마 그것이 이 캠프의 캠프 스타일°인가 보다.

나는 기다란 정찬 테이블의 맨 끝에 앉는다. 오늘 아침 깨어날 때의 불안한 기분을 떨쳐내려고 애쓰며 음식을 깨작거린다. 몇 번인가 고개를 들었을 때, 캘럼이 날 쳐다보고 있는 것도 딱히 도움이 되지 않는다.

"마스! 어스 투 마스!"

내가 홱 돌아서다가 와이엇과 부딪친다. 그가 항복하듯 양손을 든다.

"나 때문에 놀랐어? 너 아직 잠이 덜 깬 거 같다."

"어스 투 마스. 캐럴라인이 늘 하는 말이야. 아, 늘 하던 말이었어."

내가 상황을 더 불편하게 만들고 있다. 마침내 고개를 들어보니, 와이엇이 측은한 눈빛이 아닌, 찬찬히 살피는 듯한 눈빛으로 나를 보고 있다.

"너 립스틱 발랐어?"

오늘은 펨femme°°처럼 꾸미고 싶은 기분이다. 내가 정정한다. "립글로스. 왜?"

그가 고개를 비스듬히 한다.

° 일반적인 미학 기준과는 달리 과장되고 기이하며, 패러디스러운 요소가 있는 예술적 표현 방식으로, 게이 커뮤니티에서 자신을 표현하는 수단으로 자리 잡았다.
°° 성소수자 커뮤니티에서 전통적인 여성스러움을 강조하는 표현

"그냥 궁금해서. 어쨌든, 중요한 질문이 있어. 너, *나무들*에 대해 어떻게 생각해?"

"나무들 사랑하지. 걔들 이 집 앨범 엄청 좋잖아."

"잘됐다. 왜냐하면 너 오늘 나하고 생태 실험실에 갈 거거든. 어쩌면 내일도. 네가 어떤 전공을 선택하느냐에 따라 다르지만. 혹시 원하는 전공 있어?"

에스펜을 대표하는 남자애와 나무를 들여다보는 것 대신 내가 하고 싶은 일들은 아마도 수백 가지, 문자 그대로 수백 가지에 달하겠지만, 나는 무심한 척 어깨를 으쓱하며 말한다. "나무들도 괜찮아."

"나도 그렇게 생각해."

와이엇이 돌아서더니 우리 테이블 끝에 있는 브레이든 곁에 앉는다. 웬디의 남편이자 공동 감독관인 도너번의 아침 공지 사항을 듣는 시간이라 헌터로지가 조용해진다. 그는 헌터빌리지를 감독한다. 문자 그대로 감독한다. 그는 거구이고, 턱수염을 길렀으며, 투엑스라지 사이즈 초록색 셔츠가 간신히 맞는다.

도너번이 소리친다. "자, 헌트맨 여러분, 잘 들으세요. 오늘은 새로운 한 주의 시작입니다. 따라서 오후 시간이 비는 사람들은 새 전공과목을 신청해야 합니다. 전공수업 시작 전에 리더에게 여러분이 결정한 전공을 알려주시면, 최종 결정을 데릭에게 전달하겠습니다. 여러분이 이번 주 오후 어디로 가야 할지 점심시간에 통보합니다. 그리고 여러분이 알다시피, 헌터빌리지 챌린지는 오늘도 계속되겠고……."

남자애들이 경쟁적으로 함성을 지른다. 도너번이 손짓으로 통제권을 회복하고 말을 잇는다. "승리하는 숙소는 다가오는 **아웃바운드** 저녁 식사 담당에서 제외됩니다. 말이 나온 김에, 아웃바운드 도보 여행은 이번 주 목요일에 시작됩니다. 목요일에 출발해서 토요일 아침에 캠프장으로 돌아옵니다. 여러분을 지도하는 교관들에게도 이 사실을 반드시 알려주시기를 바랍니다. 그리고 제발, 제발 오늘 빨래 좀 내놓으세요. 오늘 당장이요. 이제 곧 야생으로 들어가는데, 아직 유니폼을 한 번도 교체하지 않은 사람이 있어요. 이글하우스의 냄새가 호수까지 진동할 정도예요."

더 큰 함성.

도너번이 외친다. "마지막이지만 아주 중요한 공지 사항이 있습니다. 아직 인사를 나누지 못한 사람들이 있으면 새로 들어온 헌트맨 마스와 인사를 나누기 바랍니다. 마스는 아직 허드렛일 명단에 올라가지 않았는데, 누가 마스에게 로프 정리하는 일 좀 가르쳐줄 수 있을까요?"

아무도 움직이지 않는다. 침묵이 과하게 길어지자 도너번이 묻는다. "다들 나서기가 쑥스러운 모양이네. 마스, 특별히 하고 싶은 일 있니?"

나는 조금이라도 하고 싶은 생각이 드는 일이 있는지 생각해본다. 유일하게 하고 싶은 일이 있다면, 어젯밤의 그 현수막을 찾아서 불태우는 것이지만, 방화를 제안할 수는 없다. 그래도…….

와이엇이 손을 든다.

"마스는 저하고 같이 있을 거예요. 오늘 같이 생태 실험실에 갈 예정이거든요. 허드렛일도 물론 돕고 싶지만, 자연의 부름을 외면할 수가 없어서요!"

그 뒤로 이어진 짧은 침묵의 순간, 나는 브레이든의 표정이 어두워지는 것을 알아차린다. 그러나 도너번은 안심하는 것 같다. 침묵했던 남자애들도. 나는 불편해서 몸이 달아오른다. 도너번은 대체 어떤 상황을 예상한 걸까? 화장실 바닥 청소에 나를 스카우트하기 위한 격한 토론이라도 벌어질 거라고 예상했나? 나의 입술 색이 그런 일에 내가 별로 쓸모가 없으리란 사실을 드러내주지 않을까?

그래서 나는 다시 와이엇과 엮이고 만다. 특별대우. 브레이든은 갈수록 내가 못마땅하다.

우렁찬 박수 소리로 도너번이 아침 공지를 마친다.

"좋습니다. 자 여러분, 이제 시작해볼까요?"

딱히 정해진 일이 없는 나는, 남자애들이 접시를 치우고 식탁을 닦는 동안 뒤로 물러나 있다. 어느 순간 타일러와 눈이 마주치지만, 그가 얼른 시선을 피한다. 타일러가 얼마나 자연스럽게 다른 남자애들과 어울리는지 지켜보지 않을 수 없다. 나는 그것이 그가 나와 함께 있고 싶지 않은 이유임을 깨닫는다. 나는 섞이기 어려운 색이고, 어쩌면 그는, 나의 색이 그에게 묻을까 봐 걱정하는지도 모르겠다.

나는 입술을 안으로 만다. 립글로스를 바를 때는 대수롭지 않게 생각했다. 샌들도 마찬가지다. 그러나 지금은 잘 모르겠다.

나는 다시 베어헛으로 향한다. 제일 먼저 초를 확인해보니, 이번에는 불이 마법처럼 켜져있지 않다. 다행이다. 나는 이층 화장실의 거울 앞에 서서 입술을 앞으로 내밀고, 젖은 수건을 입술 가까이에 대며 망설인다.

벽에 박힌 눈들이 여전히 나를 지켜보는 것 같다. 보이지 않는 맹수가 날 가지고 놀았고, 그 일이 일어난 지 아직 이십사 시간도 되지 않았다. 나에겐 자기 연민에 빠질 권리가 없다. 나는 내 발로 이곳에 왔다.

이게 어떤 상황이냐고? 이것은 예전에 내가 실패했던 적 있는 미로고, 내가 자발적으로 들어선 미로다. 나는 이번만큼은 미로의 중심에 도달하기로 마음먹었다. 그러나 어느 길로 가야 할까? 섞여야 할까? 아니면 반항해야 할까?

어느 길을 택하건, 이렇게 시작부터 주눅 들어선 안 된다.

나는 립글로스를 그대로 둔다. 야생에서 밝은색은 종종 독을 품고 있다. 그렇다면 이것을 나의 방어무기로 쓰자. 에스펜은 지켜보기를. 맹수들은 포효하기를. 나를 잡아먹으려고 기다리는 아가리들은 더 크게 하품하기를.

나는 독이 되어 먹힐 것이다.

제11장

⬠

캠프로 걸어가며 와이엇은 나무에 관한 온갖 얘기들을 들려준다.

"진짜 신기하지." 그가 말하며 자작나무에서 기다란 은색 띠를 벗겨 낸다. "젖은 상태에서도 불에 타거든. 빗속에서 불을 붙이고 싶으면, 이 걸 불쏘시개로 쓰면 돼."

"실제로 그걸 태워야 했던 상황이 있었어?"

"그런 상황이야 늘 있지. 난 이 근방에서 캠핑하면서 자랐거든." 와 이엇이 벗겨낸 나무껍질을 내게 주고는 앞서 걷는다.

"비 올 때도 캠핑했어?" 내가 숨을 헐떡인다. 즉석 투어가 우리를 경 로에서 이탈하게 만들고, 와이엇을 따라잡기가 버겁다.

"캠핑은 야외에서 하는 거잖아, 마스. 야외에는 비가 와. 눈도 오고."

"궂은 날씨는 사람들이 우유하고 빵을 쟁여놓게 하려는 음모인 줄 알았거든."

와이엇이 나를 쳐다본다. "진짜?"

"뭐? 당연히 아니지. 나 그 정도로 곱게 자라진 않았어."

날 보는 와이엇의 표정, 특히 나의 글래디에이터 샌들을 바라보는 그 의 표정을 보니, 아마도 나는 그가 본 사람 중 가장 곱게 자란 사람인 게 분명하다. 나는 자작나무껍질을 두 손가락 사이에 넣고 빙글빙글 돌린다. 매끄럽고 유연하며 은색과 갈색을 넘나든다. 마치 미라의 피부처럼.

"넌 진짜 겨울에도 캠핑을 해?"

"가족 휴가 때는 꼭."

"너희 가족 미쳤다."

와이엇이 껄껄 웃는다. "그렇지 않아. 우리 가족은 거의 다 도시에 살아. 다들 *내가* 미쳤다고 생각하지. 가끔은 형제들하고 같이 오기도 하는데, 주로 숙소에 있어서 대체로 나 혼자야. 밀림의 와이엇!"

나는 걸음을 멈춘다. 마치 스스로 미쳤음을 인정한 사람과는 더 이상 한 걸음도 가지 않겠다는 듯이.

와이엇은 그저 싱긋 웃고는 진흙탕을 펄쩍 뛰어서 건넌다. 목걸이에 걸려있는 열쇠들이 딸랑거린다. 나는 진흙탕을 빙 돌아서 간다.

우리가 도착했을 때 메인 캠프는 조용하다. 모두가 여전히 허드렛일을 마무리하는 중이다. 우리는 생태 실험실로 향한다. 와이엇은 비록 자기가 나이는 나와 비슷하지만, 여기서 생태학 전공수업을 돕는 직원이라고 설명한다. 그가 목걸이에 달린 전자열쇠로 실험실 문을 열자, 나는 휘파람을 불며 말한다. "이게 바로 와일드플라워가 누리는 특권이구나."° 그러나 그는 내 말을 알아듣지 못한 것 같다.

안으로 들어가니 낡은 타일로 이루어진 서늘한 방이 나온다. 낮은 테이블에 온갖 장비가 빼곡하게 들어서 있다. 야생동물 포스터들이 벽을 장식하고, 방 안쪽에 날개를 활짝 편 독수리 그림이 있는데, 바닥에 X

° 스티븐 크보스키의 소설 『월플라워The Perks of being a Wallflower』를 이용한 언어유희

자가 표시된 곳에 서서 양팔을 벌리면 독수리 날개와 길이를 비교할 수 있다.

"그러니까 넌 교관이나 마찬가지인 거야?" 그의 목에 걸린 열쇠들을 바라보며 내가 묻는다.

"견습 리더. 견습 리더도 전공을 선택해야 하지만, 우린 리더를 돕고 모범이 되어야 해. 내년에 학위를 따면 정식으로 리더가 될 수 있고, 교관으로 돌아올 수도 있어. 에스펜에서 나의 전공은 환경과학인데, 그건…… 내가 좀 더 나이가 들었을 때 실제 삶에서 하고 싶은 일이야."

"이렇게 말해서 미안하지만, 에스펜을 실제 삶이라고 부르는 건 좀 아니지 않나."

"여름 아카데미만 보면 그렇게 생각할 수 있지만, 사실 에스펜에서는 일 년 내내 프로그램을 진행해. 이 숲은 수천 종이나 되는 동식물들의 안식처이고 생태계가 훌륭하게 보존되어 있거든. 보호구역으로 지정되지 않았다면 지금쯤 개발되었겠지. 이렇게 말해서 미안하지만, 난 네가 실제 삶이라고 부르는 것보다 이게 더 좋아."

"그건 인정." 내가 말한다.

"넌? 여기 계속 있을 거면 어떤 전공을 선택할 거야?"

나는 곧바로 대답하지 않는다. 조금 전만 해도, 나는 에스펜에 대한 와이엇의 무지막지한 열정이 부담스러웠지만, 그가 전자열쇠를 사용하는 모습을 보니 그를 재평가해야 할 것 같은 생각이 든다. 어쩌면 와이엇이 아무도 모르는 에스펜의 비밀을 알고 있을지도. 나는 그를 타락시키기만 하면 된다. 그게 가능할지는 모르겠지만.

"환경과학을 해볼까 봐." 내가 말한다. 이렇게 쉽게 거짓말을 하다니,

나 자신이 뱀처럼 교활하게 느껴지지만, 어떻게 보면 진심이다. 어차피 나는 나에게 필요한 정보에 접근할 수 있는 전공을 선택할 계획이었다.

와이엇의 얼굴이 환해진다. "설마! 그럼, 우리 좀 도와줘. 오늘 표본을 채취할 계획이거든." 와이엇이 발로 전원 스위치를 누르자 일렬로 서있는 낡은 컴퓨터들이 켜진다. 그가 벽장에서 플라스틱 통들을 꺼내기 시작한다. 아직은 할 일이 없는 나는 벽에 붙어있는 포스터들을 본다. 백여 가지의 다양한 버섯이나 딱정벌레, 나비들을 그린 일러스트 포스터다. 진열대마다 생물이 들어있는 유리병들이 있다. 거미와 벌레와 개구리들이 요가를 하는 듯한 자세로 고정되어 있다.

나팔 소리가 울려 퍼지고, 얼마 후 아이들이 도착한다. 그들이 의자에 앉을 때 나의 신경이 곤두서지만 어젯밤에 보았던 여자애들은 보이지 않는다. 교관이 도착한다. 와이엇이 뉴욕주립대학 출신의 과학자라고 교관을 소개하고, 얼마 후 우리는 수집할 표본들의 목록을 들고 숲으로 향한다.

와이엇은 자연, 주로 식물에 관한 얘기를 길게 한다. 그러다가 그가 멈추어 서서 *짱 완벽한* 거미줄을 좀 보라고 한다.

"말이 *짱* 심하다." 내가 야단을 친다.

그가 거미줄 가장자리에 있는 거미를 가리킨다. "무당거미. 거미줄의 구조를 보면 알 수 있어. 보기엔 멋지지만, 녀석이 먹이를 잡으면 거미줄로 꽁꽁 감싼 다음 내장을 빨아 먹어."

와이엇이 기괴한 후루룩 소리를 내더니 나를 거미줄 쪽으로 미는 시늉을 한다.

"자연은 참 악랄해." 보이지 않는 거미줄을 밀치며 내가 말한다.

"먹는 건 악랄하지 않아. 자연의 모든 생물은 생존을 원할 뿐이야. 그건 전혀 악랄한 게 아니야." 와이엇이 말한다.

"넌 뭐, 자연의 변호사라도 돼?" 내가 농담을 한다.

우리는 계속 걷고, 와이엇이 거미에 관한 온갖 사실들을 늘어놓기 시작한다. 우리가 조심해야 할 가장 독성이 강한 거미는 흑색과부거미와 갈색은둔자거미이다.

"장님거미도 독성이 있다던데." 내가 말한다.

"장님거미는 사실 거미로 안 쳐."

"너무 변태라서?"○

와이엇의 얼굴이 벌겋게 달아오르고 심지어 어깨까지 벌겋게 변한다. 나는 그의 뒤에서 걷는다.

"좋아, 나 자연 전문가한테 질문 있어. 만약 거미가 윙크를 할 수 있다면, 눈 여덟 개를 전부 다 사용할까, 아니면 그중 네 개만 사용할까?"

와이엇이 간명하게 답한다. "거미는 윙크 못 해. 눈꺼풀이 없거든."

"그러니까, 만약 할 수 있다면."

와이엇이 긴 한숨을 내쉬지만 그러면서도 미소를 짓는다. 그에게서 붙임성 있는 교관의 모습이 아닌 진짜 반응을 끌어낼 수 있어서 좋다.

"좋아. 대답은, 여덟 개 중에 한 개만 사용해."

"왜?"

"왜냐하면, 만약 거미가 누군가에게 윙크를 한다면, 그러니까 누군

○ 거미와 흔히 혼동되는 장님거미는 거미와 같은 거미강에 속하지만, 거미의 몸은 머리가슴과 배의 두 부분으로 나뉜 반면, 장님거미는 머리가슴과 배가 하나로 합쳐져 있다.

가에게 비밀을 알리려 한다면, 눈 하나가 네 개보다 더 은밀할 테니까. 하지만 그게 어떤 눈이냐에 따라 다르겠지. 거미들은 대체로 눈 크기가 제각각이거든. 그러니까 비밀의 수준에 따라 어떤 눈을 사용할지가 달라질 수도 있어."

"그냥 선의로 하는 거짓말과 국가안보 기밀이 다른 것처럼?" 내가 말한다.

와이엇이 그 문제를 생각해보며 엄지로 코를 쓱 문지른다. "글쎄, 그건 잘 모르겠는데? 거미가 국가 기밀을 볼 수 있을 것 같진 않아. 거미는 특정 환경에서만 뛰어난 동물이라."

"스파이더맨은 볼 수 있잖아."

"스파이더맨은 눈꺼풀이 있잖아."

내가 웃는다. 진짜로 웃는다. 와이엇도 나만큼이나 놀란 것 같다. 그는 다행스러워하는 눈치다. 마치 지금까지는 내가 웃을 줄 안다는 것을 몰랐다는 듯이. 우리는 다시 걷기 시작한다. 그가 나무 꼭대기를 쳐다보며 말한다. "네 차례야."

"내 차례?"

"응. 내가 순수한 자연의 사실들에 대해 열변을 토했잖아. 너도 네가 빠져있는 것에 대해 얘기해줘."

"내가 *빠져있는* 것에 대해 얘기하라고? 네가 순수한 자연의 사실들에 대해 얘기했다고?"

그가 미소를 짓는다. "나 진지해. 넌 뭐에 관심이 있어?"

"모르겠어. 수학, 아마도. 물리학, 심리학."

마치 내가 인육을 먹는다고 말하기라도 한 것처럼 와이엇이 얼굴을 찌푸린다. 내가 너무 이상한 대답을 해서, 대화에 찬물을 끼얹은 게 분명하다. 그래서 나는 얼른 그와 공유할 수 있는 멋진 얘기들을 생각해 본다. 와이엇이 근사하다고 생각할 만한 것들을.

"아!" 내가 양손을 맞잡는다. "좋아, 내 얘기 들어봐. 프랜시스 골턴. 진짜 유명한 통계학자잖아?"

"통계학자도 유명해질 수 있는지는 잘 모르겠지만, 어쨌든, 계속해."

"좋아. 천팔백 년대에 그 사람이 마을 축제에 갔어. 너도 마을 축제에 가본 적은 있지?"

와이엇은 어느 틈에 나뭇가지 하나를 주워 들고 있다. 그는 나뭇가지를 허공에 휘두르며 각다귀 떼를 쫓는다. "교회보다 더 자주 갔지." 그가 말한다.

"잘됐네. 어쨌든, 축제에서 황소의 무게를 누가 더 정확하게 예측할 수 있는지 가려내는 시합이 열린 거야. 골턴이 거기 나온 대답들을 분석했는데, 아무도 정답을 맞히진 못했지만 모든 대답들의 평균을 내었더니 정답이었어. 정확히 그 숫자."

내가 한 박자를 쉰다. 와이엇이 반은 건성이고 반은 냉소적인 휘파람 소리를 낸다. 나는 냉소적인 반을 무시한다.

"우리의 보통 생각과는 다르잖아. 집단은 대체로 신뢰할 수 없다고 생각하니까. 하지만 이 경우엔 집단지성의 총합이 개인의 전문성을 능가했어. 이와 비슷한 방식이 다양한 상황을 예측하는 데 채택되었어. 그 방법으로 사라진 잠수함을 찾기도 했고, 때로는 증권가에서도……."

"잠깐만요, 수학 박사님." 와이엇이 한 손을 들어 내 말을 자른다. "잠수함을 찾았다고? 그러니까 침몰한 잠수함을?"

"응. 침몰 지점을 알아냈어."

"그러니까 네 말은, 사람들이 그렇게 쉽게…… 예측을 할 수 있다는 거야?"

"어떤 사람들. 어떤 것들. 적절한 조건이 충족되면, 인간들은 마치 슈퍼컴퓨터처럼 작동할 수 있고, 온갖 것을 예측할 수 있어."

와이엇이 눈을 가늘게 뜨고 나를 쳐다본다. "그 반대 아니야? 인간이 컴퓨터보다 훨씬 더 오래 존재했어. 누가 누굴 따라 한다는 거야?"

내가 팔다리를 로봇처럼 움직인다. "에러 발생! 에러 발생!"

우리는 그렇게 한참을 걷는다. 그러다가 개울가에 다다르자 와이엇이 정글 투어를 마친다. 그의 말에 따르면, 개울은 표본을 채취하기에 완벽한 장소다. 나는 나무에 기대어 와이엇이 미끄러운 바위에 무릎을 꿇고 앉는 모습을 지켜본다.

"너희 가족, 에스펜을 소유한 지 아주 오래됐지?" 내가 묻는다.

"응, 우리 고조할아버지가 최초의 관리인이었어. 그때 에스펜이 처음 지어졌어. 그러다가 이 땅 주인이 망하자 할아버지가 헐값에 사들였지. 우리 가족이 땅과 건물들을 보호구역 관리단에 매각했는데, 그 이후에도 운영은 계속하고 있어. 난 여기서 자란 셈이야."

"넌 겨울에도 여기에 오고?"

와이엇이 쭈그려 앉아서 흙탕물을 담은 시험관을 들어 보인다. "방학에. 겨울 아카데미 운영을 돕기 위해서. 자, 다음 표본은 네가 수집해 보면 어때?"

나도 그의 곁에 쪼그려 앉아 시험관을 흙에 파묻는다. 그는 내가 불평하거나 구역질하기를 기대하는 표정으로 날 지켜본다. 나는 물에 집중하며 그에게 묻는다. "겨울 아카데미도 있어?"

"응. 캐럴라인이 겨울 아카데미 얘기 안 했어?"

"캐럴라인은 여름에만 여기 왔어. 겨울엔 스키 캠프에 갔거든."

"윈덤 캠프? 여기서 가까워. 에스펜 캠프에 오는 아이들 중 상당수가 겨울 아카데미에 그곳으로 돌아와. 에스펜의 비공식적인 전통이지. 에스펜 가족들끼리만 모여서 그곳에서 긴 주말을 보내. 스케이트도 탈 수 있고, 등산도 할 수 있는데, 대부분은 그냥 스키를 타."

그와 얘기를 나눌수록 그의 말이 옳다는 확신이 든다. 캐럴라인은 스키 캠프에 같이 가자고 한 적이 없었다. 나는 그것이 우리가 서로에게서 멀어진 또 하나의 방식이었다고 생각하고, 그 균열의 시작 역시 에스펜이었다는 사실이 그리 놀랍진 않다. 브리아나 미미의 소셜미디어 페이지를 계속 내리다 보면, 그들이 똑같은 잠옷을 입고 방울이 달린 모자를 쓰고, 베어헛에 있는 것과 똑같은 벽난로 주위에 모여있는 사진이 있을 것이다.

"마스?" 와이엇이 내게 시험관을 하나 더 건넨다. 우리는 조금 더 상류 쪽으로 올라간다. 나는 생각에 너무 깊이 빠져들다가 그만 바위에서 미끄러져 한쪽 다리가 진흙탕에 빠지고 만다. 시험관들이 물에 떠내려가려는 찰나, 와이엇이 얼른 건져낸다.

"샌들 신으면 안 되는 거 알지? 내가 운동화 가져다주면 안 될까? 분명히……."

"괜찮아. 앞으론 조심할게."

캐럴라인이 스키 캠프로 위장하고 일 년 내내 에스펜으로 돌아온 것이 어떤 의미일지 생각하느라 나는 말이 없어진다. 그것 말고도 다른 핑계들도 있었을까? 지난 한 해 동안 우리는 거의 대화하지 않았고, 캐럴라인이 집에 있던 주말이나 없던 주말이나 별 차이가 없었다는 게 싫다.

와이엇은 내가 말없이 걷게 해준다. 더 이상 자연에 관한 얘기들이나 윙크하는 거미 이야기는 하지 않는다. 그러다가 그의 끔찍한 시계가 삑삑거리는 바람에 우리는 왔던 길을 되돌아간다.

"생태 실험 어땠어?" 그가 묻는다.

"늘 표본을 수집해?"

"아니, 그것 말고도 여러 가지를 해. 실험실에서 표본을 분석하고, 데이터를 기록하고, 현장실습도 하고. 에스펜의 모든 전공과목은 대지의 수많은 천연자원과 인간이 만든 장비를 최대한 활용해." 그가 암송하듯 말한다.

"양봉은?"

와이엇의 걸음이 느려진다. "양봉?"

나는 숙소H 근처의 벌집에 대해 물을 땐 조심해야 한다는 사실을 감지한다. 그러나 그 이유를 알지 못하면 질문을 이어가기가 어렵다. 그렇다면, 멍청한 척하는 수밖에.

"에스펜 웹사이트에서 전공들을 살펴봤는데, 양봉은 어디에도 없더라고. 그래서 난 그게 생태학에 포함된 건 줄 알았지."

와이엇은 갑자기 숲 사이로 보이는 넓고 반짝이는 초원에 시선을 집중한다. 그가 걸음을 더 늦춘다. 마치 이런 대화를 탁 트인 공간에서 나누고 싶지 않다는 듯이.

"안전하지 않아. 특별한 훈련을 받은 사람이 아니면 벌을 다루는 일은 위험해." 와이엇이 말한다.

"어, 진짜 이상하다. 캐럴라인은 늘 벌들을 다룬다고 했거든. 마치 여기 양봉 전공이 따로 있는 것처럼 말하던데. 내가 잘못 들었나?"

내가 걸음을 멈춘다. 와이엇도 멈춘다. 그는 초조하다. 왜? 계속 멍청한 척할 수도 있고, 노골적으로 물어볼 수도 있다. 하지만 세 번째 방법이 있다. 마치 이 모든 게 너무 어이가 없다는 듯, 자극하는 것이다.

"혹시 무슨 비밀이라도 있는 거야? 솔직히 말해줘. 거미라면 이 일에 대해 윙크를 할까? 만약 한다면 어떤 눈으로?"

"아니, 비밀은 아니야." 와이엇이 코웃음을 치지만 나의 농담에는 웃지 않는다. 저 멀리서 다른 아이들이 우리 쪽으로 걸어온다. 와이엇이 그들을 쳐다본다. "양봉이 웹사이트에 올라와 있지 않은 건, 그 과목 정원이 꽉 차서 그래. 매년 그랬어. 벌집은 숙소H 바로 옆에 있고 누구든 그 숙소에, 아니면 그 전공에 인원을 추가하려고 하면 걔들이 난리 치거든. 그뿐이야. 그런데 넌 왜 그렇게 양봉에 관심이 많아? 갑자기 벌에 관심이 생겼어?"

나는 살짝 의기소침해져서 어깨를 으쓱한다. "허니들이 캐럴라인의 친구들이거든"

와이엇이 고개를 젓는다. "*허니들?* 그래서 여기 온 거라면, 그만 신경 꺼. 그건 네가 시간을 쏟아부을 가치가 없는 일이야, 마스."

나는 한 발짝 뒤로 물러선다. 그를 만난 이후 처음으로 와이엇이 분노를 표출한다.

"걔들이 너한테 무슨 짓을 했는데?" 내가 묻는다.

와이엇은 어린애처럼 땅바닥을 걸어찬다. "아무 짓도 안 해. 그냥 날 무시하지. 남자애들은 다 무시해. 난 솔직히 걔들이, 자기들이 지금 여름 아카데미에 왔다는 걸 알고나 있는지 모르겠어. 여긴 친구들을 사귀고 자연을 체험하고 새로운 일을 해보는 곳인데, 걔들은 마치 여름휴가를 온 것처럼 굴잖아."

와이엇이 얘길 계속하게 하면 정보를 더 얻을 수 있을 것 같아서, 나는 그를 부추길 고리타분한 방법을 찾는다.

"맞아. 어젯밤에 걔들 엄청 쌀쌀맞더라. 자기들이 나한테 오라고 했으면서."

"그렇다니까? 걔들은 사람을 가지고 놀아." 와이엇이 양동이에 담긴 시험관들을 정돈하고, 우리는 다시 걷기 시작한다. "걔들은 벌에 관심도 없어. 일은 리나가 전부 다 하고, 걔들은 뒹굴거리기만 해. 그러다가 웬디가 캠프 활동에 참여하라고 하면 '벌들은 어쩌고요!'라고 하고. 그러면 결국 웬디도 포기해. 외진 숙소H에서 생활하는 게 엄청 고역인 척하면서 정작 매년 그 숙소에 있게 해달라고 한다니까. 걔들을 갈라놓으려고 하면, 부모님들이 나서기 시작하지. 그러면 웬디는 미치기 일보 직전까지 가."

와이엇은 얘기를 하면서 흥분한다. 나는 조심스럽게 미끼를 던진다.

"걔들 뭔가, 비밀 클럽 같아 보여."

와이엇이 씁쓸하게 웃는다. "그 얘기 들으면 걔들은 좋아하겠다. 하지만 사실 걔들은 아주 전형적인, 예쁘고 한심한 여자애들일 뿐이야. 캐럴라인이 거기 있었다는 걸 알지만, 날 믿어, 마스. 캐럴라인은 달랐어. 캐럴라인이 왜 걔들하고 어울렸는지 난 이해가 안 가. 캐럴라인은 뇌가 있는 애였잖아."

캐럴라인과 캐럴라인의 뇌에 관한 언급에, 나는 숨을 크게 들이킨다.

와이엇도 그 이유를 알았는지 목소리가 누그러진다. 우리는 생태 실험실에 들어가기 전에 멈추어 선다.

"미안. 내가 하고 싶은 말은, 여름 아카데미는 단지 여학생 사교클럽이 아니라, 그보다 훨씬 더 많은 걸 제공하는 곳이라는 거야."

"이를테면, 흙탕물 시험관 같은 거?"

와이엇이 반박한다. "이를테면, 진정한 친구들 같은 거. 마스, 웬디는 좀 걱정하는 것 같지만, 난 네가 여기서 지내는 게 무척 도움이 될 거라고 생각해. 올해 우리 숙소 애들은 아주 훌륭해. 네가 마음의 문을 연다면 너도 걔들을 정말 좋아하게 될 거야. 거기 집중해보는 게 어때?"

나는 나에게 모욕당한 이후 분노에 찼던 캘럼의 시선을 떠올린다. 불붙인 초, 누구도 나와 함께 허드렛일을 하려고 하지 않았던 것, 그리고 어젯밤 날 무시했던 타일러.

"응. 그래야지." 내가 말한다.

와이엇이 안으로 들어가고 나는 그가 한 말을 생각한다. 나는 차양 위 높이 솟아오른 기둥들 사이로 날아가는 검은 새들의 그림자를 본다.

"너도 나한테 할 말 있니?" 내가 새에게 묻는다.

새가 나를 쳐다보더니, 숨겨진 둥지로 파고든다. 지푸라기로 만든, 안전한 집으로.

*

점심 식사는 빅로지 옆 식당 건물에서 제공되는데, 한마디로 혼돈 그 자체다. 어쩌면 그림 같은 혼돈이라고 말해야 할지도. 열어젖힌 식당 창문들로 파노라마처럼 펼쳐진 호수가 보인다. 햇볕에 그을린 아이들이 구름처럼 식당 안으로 밀려 들어와 오크로 만든 연회용 식탁 사이로 흘러다닌다. 그들은 맥앤치즈, 바비큐, 어린 채소 샐러드 접시들을 건네는 부산스러운 손들 위로 서로에게 고함을 지른다. 어린 남자애들이 물 원샷하기 대회를 시작하고, 그들의 환호성은 이내 다른 식탁에서 벌어지는, 나로서는 알 길이 없는 주제의 격한 토론의 소음에 묻힌다.

점심 식사 후에 와이엇과 나는 이번 주 그의 선택과목인 항해 수업을 듣는다. 심폐소생술 자격증이 없는 나는 보트를 타는 게 허용되지 않는다. 와이엇은 나와 함께 부두에 있어주겠다고 하지만, 특별대우를 기대하지 말라는 브레이든의 말을 떠올리며 내가 거절한다. 그가 무사히 물로 나가자 나는 호수 건너편이 더 잘 보이는 보트 창고의 데크로 향한다.

"어서 와!" 카약을 보관하는 짙은 파란색 창고 안에서 한 여자가 말한다. 여자는 클립 파일을 들고 있다. 보트를 관리하는 리더인 것 같다.

"안녕하세요."

"마스, 맞지?"

"네."

"난 실브."

실브는 잠시 아무 말도 하지 않는다. 그는 어젯밤 웬디가 모두에게 독려했던 것처럼 에스펙식의 큰 환영 인사를 해주어야 할지 고민하는 것 같다. 나는 마음의 준비를 하지만, 실브는 그저 "카약이 다 나갔어."라고만 말한다.

"괜찮아요. 그냥 경치나 보려고 왔어요."

실브가 호수를 바라본다. 그녀의 자리에서 호수는 무척 따분해 보일 것이다. 그러나 그녀의 시선이 멀리 초원으로 향할 때 어떠한 갈망이 느껴지는 건 나의 상상일까?

나는 호수 건너편을 조금 더 바라보다가, 다시 우리가 만나기로 한 장소인 빅로지로 향한다. 나는 빅로지의 방들을 차례로 둘러본다. 묵직한 천 가구들이 있는 빅로지의 방들은 열기에 뜨겁게 달구어졌다. 서재의 두꺼운 커튼 사이로 새어 들어오는 미약한 햇빛은 먼지가 삼켰다. 나는 가장 긴 시간 서재를 탐색하며 보낸다.

너무 오래되어서 책의 표지가 헝겊처럼 보드랍고, 제목들은 책등에 흩뿌려놓은 은색 가루일 뿐이다. 나는 단서들을 찾는다. 책갈피에 끼워놓은 쪽지들. 동그라미를 쳐놓은 수상한 문장들. 결국 나는 휴게실에 박제된 엘크의 시선을 피하며, 무너져내리는 「내셔널지오그래픽」 더미를 뒤적이기에 이른다. 마침내 나팔 소리가 울려 퍼지고, 몇 분 후 베어헛의 남자애들이 테라스로 나온다. 헌티빌리지 챌린지 시간이다. 그게 뭔지는 모르겠지만.

우리는 육상경기장을 지나 낡은 마구간으로 인솔된다. 이 마구간에 말들이 있었던 적은 한 번도 없었던 것 같다. 마구간 벽에는 암벽등반용 홀드들이 설치되어 있고, 바닥에는 체조 연습용 마루가 깔려있기 때문이다. 우리는 가운데에 높게 설치된 런웨이 곁에 빙 둘러선다.

"여러분! 잘 들으세요!" 우리 팀 리더 브레이든과 이글스팀 리더 퀸이 우리를 조용히 시킨다. "오늘은 빌리지 챌린지의 결승전을 치르는 날입니다. 여러분 중 가장 용맹한 헌트맨을 뽑는 토너먼트 경기죠. 바로 펜싱 토너먼트입니다!"

이 경기를 기다려온 남자애들이 있는 모양이다. 그들이 흡족해하며 함성을 지르는 것을 보니. 몇 명은 나처럼 초조하게 출구 쪽을 바라본다.

리더들이 키가 작고 호리호리한 남자를 소개한다. 그는 에스펜에서 지정한 펜싱 교관으로, 이름은 루디다. 그가 펜싱 경기의 규칙과 안전 수칙을 설명하고, 그동안 브레이든은 장비 일체를 착용하고 각 장비의 사용법을 보여준다. 그는 빳빳한 흰 재질로 만든 도복을 입고 검은 그 물망으로 얼굴을 가리는 헬멧을 썼다. 얼핏 양봉사의 작업복과 비슷하 지만 그것보다 몸에 더 달라붙는다. 도복을 입은 브레이든의 모습은 바 보 같지만, 누가 봐도 그가 그 복장을 좋아한다는 걸 알 수 있다. 두 사 람이 시범을 보이고, 루디가 몇 초 만에 브레이든을 제압한다. 루디의 칼이 한 번 번득였을 뿐인데 머리 위에서 버저가 울린다.

"자, 그럼." 헬멧을 벗으며 브레이든이 말한다. "단판 결승 방식으로 경기를 진행하겠습니다. 모든 선수는 패할 때까지 경기를 진행하고, 마 지막까지 남은 사람이 최종 승자가 됩니다. 누가 먼저 할까요?"

아이들의 손이 올라간다. 내 손은 아니다. 경험에 의하면, 펜싱 도복 은 덥고, 이 체육관에는 에어컨이 없다. 모두가 경기를 치른다고 해도, 그럴 리도 없겠지만, 나는 손을 핑계로 빠질 수 있을 것이다. 나는 아무 도 모르게 무리에서 빠져나와 최대한 마구간 문 쪽으로 다가간다. 언덕 아래 무용 연습실이 보인다. 여자애들 몇 명이 거기서 몸을 풀고 있다. 어쩌면 벌써 연습을 하고 있는지도 모르겠다. 허니들이 손가락을 튕겨 서 결정했고, 손가락을 튕기면 바꿀 수 없다니까.

넓찍한 문틀에서 마음이 흔들린다. 마치 예언처럼, 혹은 유혹처럼, 민들레홀씨가 산들바람을 타고 빙글빙글 돈다. 와이엇은 내가 남자애 들한테 기회를 주어야 한다고 말했다. 적어도 허니들을 염탐하려고 여기 온 게 아닌 척이라도 해야 한다고. 그의 말이 옳을지도 모른다.

남자애 둘이 도복을 입었다. 나머지 애들은 높고 길게 설치된 단상의 가장자리에서 환호한다. 와이엇의 목소리가 단연 가장 크다. 나는 어느 순간 내가 그를 관찰하고 있음을, 그의 손을 관찰하고 있음을 깨닫고 멈춘다. 나는 허공을 가르는 칼에, 빠르게 움직이는 발에, 버저 소리에 집중한다.

남아있길 잘했다는 생각이 든다. 펜싱 경기가 이들에 관한 많은 것을 알려준다. 예전에 내가 참가했던 펜싱 토너먼트들과는 다르다. 우아하지도, 아름답지도 않다. 나는 이 모든 것의 거친 본질에 매료된다. 이 격렬함, 패기. 검은 망 뒤에서 그들의 웃음은 너무도 빠르게 냉소로 바뀐다. 스포츠 정신과 폭력적 충동이 미세하게 맞닿아 있는 것처럼. 남자애들은 서로에게 돌진하고 겨누고 충돌하고 물러선다. 마치 그들은 결코 다칠 수 없다는 듯이. 문득 자신이 결코 파괴되지 않을 거라 가정하고 삶을 살아가는 건 어떤 기분일지 궁금하다.

토너먼트는 신속하게 진행된다. 처음에는 베어스가 앞서고, 그다음에는 이글스에서 그들의 최종병기인 캘럼을 출전시킨다. 캘럼은 펜싱을 할 줄 아는 게 분명하다. 캘럼이 팀을 동점으로 끌어올리자, 장난기 어린 환호성이 사그라들고 이내 날카로워진다. 이들에게 이 경기는 더 이상 장난이 아니다. 이제 상황은 절박해진다. 경기가 너무도 중요해지고 살벌해져서, 나는 두려움마저 느낀다. 캘럼이 우리 팀의 마지막 선수 척스터를 물리치자, 이글스가 조롱 섞인 승리의 함성을 외친다. 누군가가, 누군지는 모르겠지만, 마스가 패배하기 전까지는 아직 경기가 끝난 게 아니라는 말로 함성을 잠재운다.

이런, 아주 잘됐군.

남자애들이 야유를 멈추고 못마땅한 표정으로 나를 쳐다본다. 내가 부목을 댄 손가락을 들어 보이자, 그들이 눈을 위로 치뜬다. *어련하시겠어.*

어느새 내가 말한다. "나도 할게. 어차피 나 오른손잡이야."

"샌들 신었잖아." 이글스팀 남자애가 말한다.

"*글래디에이터* 샌들이야." 내가 말하자 베어스팀에서 웃음이 터져 나온다.

내 안에서 어두운 희열이 번득이며 살아난다. 앙심. 그것이 나를 일으켜 세우고 무거운 헝겊 갑옷을 착용하게 한다. 나는 도복을 입고 금속 재질의 조끼를 입는다. 남자애들의 땀에 젖어 축축하다. 장갑도 끈적인다. 마스크의 철망도 아이들의 숨결이 배어서 뜨끈하다. 역겹지만 나는 개의치 않는다.

보여줘. 나 자신에게 속삭인다.

캘럼이 자신의 팀원들을 바라보며 싱긋 웃는다. 이 일로 그는 나를 더 미워하게 될 것이다. 그러나 어쩔 수 없다. 남자애들의 자존심이라는 생태계에서는 항상 누군가가 희생되고 바닥으로 내몰린다. 여기 있는 모든 남자애들이 나를 과소평가하고 있지만, 그로 인한 고통을 겪어야 하는 사람이 캘럼인 것은 그의 불운일 뿐이다. 와이엇은 내가 남자들의 게임에 참여하기 원하고, 나는 그렇게 할 것이다.

캘럼이 헬멧을 쓰고 긴 무대에 올라선 나를 주시한다.

"살살 안 할 거야." 나에게만 들리도록 그가 말한다.

"웃기시네. 하긴 네 아빠도 거친 걸 좋아했지." 내가 조롱을 담아 말한다.

루디가 경기를 시작한다.

"알레allez°"

캘럼이 찌르고, 나는 피한다. 그가 다시 한 번 찌르고, 내가 다시 한 번 피한다. 루디가 웃지만, 나는 단 한 순간도 캘럼에게서 눈을 떼지 않는다. 그는 미쳐있고, 점점 더 미쳐가고 있다. 다행히 나는 그의 약점을 안다. 그가 경기하는 모습을 이미 몇 번 보았다. 그는 뻔하고 오만하며, 가장 끔찍하게도, 어설프다.

캘럼이 체중을 반대편으로 옮긴다. 그가 공격하려는 순간, 나는 전진하는 척한다. 캘럼이 무게중심을 뒤로 한다. 그건 실수다. 후퇴하기에 좋지 않은 자세다. 그는 나의 공격을 막기 위해 칼을 들지만 너무 느리다. 내가 손목을 홱 움직여 아래쪽을 찌른다.

캘럼의 칼이 나의 수비를 뚫고 들어와 멈추고, 칼의 끝부분이 내 귀 근처에서 흔들린다. 나의 칼이 그의 어깨를 찌른다. 내가 목표한 것보다 높은 위치지만 버저가 나의 득점을 알린다.

캘럼이 내가 찌른 곳을 문지른다. 태연한 척하지만 그가 충격을 받았다는 걸 알 수 있다.

그가 웃는다. "이건 단지 게임일 뿐이야. 진정 좀 하지, 브로°°."

그 말이 나의 화에 불을 붙인다.

"알레!" 루디가 외치고 두 번째 경기가 시작된다.

° '시작, 전진'을 뜻하는 펜싱 용어

°° 남자에게 친근감을 나타내는 호칭인 'bro'. 앞의 '맨'과 마찬가지로 남성성을 부각하는 단어로 원어를 그대로 살렸다.

나는 찌르기를 시도하지 않고, 캘럼도 마찬가지다. 우리는 서로를 건드리고 때리며 틈을 엿본다. 나의 맥박이 스타카토로 뛴다. 화가 난 듯 날카롭다. 나의 시선이 이번에는 캘럼에게 고정되지 못하고 그의 뒤에서 일어나는 조그만 움직임들로 향한다. 그의 친구들의 얼굴이 보인다. 이 게임이 어떻게 끝날지 확신하는 거만한 얼굴들이다.

캘럼이 나의 시야를 점령하며 찌르기를 시도한다. 그는 너무 가까이 왔다. 그의 공격을 막을 방법이 없고, 그래서 막지 않는다. 나에게 필요한 건, 왼쪽 다리를 밀어 몸을 오른쪽으로 피하는 것이다. 캘럼의 칼이 내 갈비뼈와 들어 올린 팔 사이의 공간을 파고든다. 칼은 빗나가고, 그 바람에 캘럼은 앞으로 쓰러지면서 하마터면 나와 부딪힐 뻔한다. 다시 균형을 되찾은 그가 뒤로 물러난다.

나는 베고 찌르고, 베고 찔러서, 그의 팀 아이들이 서있는 뒤쪽으로 그를 밀어붙인다. 캘럼이 뒤로 밀려나자 이글하우스의 아이들도 뒤로 물러선다. 나는 그가 맨 끝까지 밀려났을 때 최후의 찌르기를 시도하고, 그는 결국 뒤로 떨어지고 만다.

무대에서 뛰어내려 그를 찌르는 것은, 부드럽게 그의 가슴을 찌르는 것은, 세상에서 가장 쉬운 일이다. 버저가 울린다.

"난 너의 브로가 아니야." 내가 그에게 말한다.

캘럼이 내가 찌른 곳을 내려다보고, 다시 나를 쳐다본다. 그가 칼을 내던지고, 헬멧을 벗은 다음, 나를 조롱한다.

"그래봐야 넌 시시한 나쁜 년이야." 그가 말한다.

"아니, 난 대단한 나쁜 년이지."

베어헛의 승리다. 내가 돌아섰을 때, 세상에서 가장 기이한 광경이 펼쳐진다. 남자애들이 웃고 발을 구르다가, 팔을 뻗어 날 끌어안고 함께 뛴다. 그들과 함께 뛰면서, 나는 생각한다. 결국 이렇게 간단한 거였다고. 물론 억지로 나 아닌 다른 사람이 되려 할 땐 반드시 대가가 따른다. 나의 왼손이 펜싱 장갑 안에서 피범벅이 되어간다. 나는 충분히 조심하지 않았다. 아무도 보지 않을 때 장갑을 벗기로 한다.

와이엇이 경기장 끝에서 나를 지켜보고 있다. 도저히 믿기지 않는다는 표정으로.

좋았어. 나는 생각한다. 그리고 그에게 가장 멋진 거미의 윙크를 보낸다.

제12장

◇

　살짝 본때를 보여주었을 뿐인데 그로 인한 변화는 놀랍다. 내가 캘럼을 물리치니 이제야 숙소 남자애들은 내가 눈에 보이나 보다. *왜* 이런 변화가 일어났는지 궁금해할 필요는 없다. 그들이 얘기하고 또 얘기하기 때문이다. *네가 처음 왔을 땐 좀 이상한 애라고 생각했는데, 마티아스, 너 진짜 대단하더라.* 반면, 캘럼에게는 당연히 조롱을 퍼붓는다.

　그들은 이러면 내가 으쓱해할 줄 안다. 전혀 그렇지 않지만, 나는 그런 척한다. 그리고 다시 숙소로 돌아갔을 때, 나는 모두가 지켜보는 앞에서 립글로스를 한 번도 아니고 두 번도 아니고, 자그마치 세 번이나 바른다. 나의 행동을 보고 몇 명이 눈을 깜빡인다. 내가 나 *어때?* 라고 물었을 때 그 뒤로 이어지는 침묵은, 아주 조금 커진 조그만 세상의 소리일 뿐이다.

　이건 신성한 일이야. 넌 지금 아주 신성한 일을 하고 있는 거야, 마스.

　저녁 식사는 빅로지 옆 식당 건물에서 제공된다. 숙소H의 자리는 비어있지만, 순간 나는 테이블을 스치는 익숙하고도 촘촘한 파장을 느끼고, 나도 모르게 식당 건물의 테라스로 향하는 시선들을 따라간다. 테라스에 허니들이 앉아있다. 캠프의 다른 아이들과는 따로 그들끼리만 모여있다. 그들은 공지 사항을 듣기 위해 안으로 들어오지도 않고, 해가 질 무렵에는 이미 사라졌다.

나는 침대에 누워, 나를 지켜보는 나무들의 눈을 본다. 소등 시간을 알리는 소리가 들려오기 훨씬 전에 나는 이미 잠들었다.

"마스."

캐럴라인의 목소리. 내가 꾸는 꿈을 가르며 그 목소리가 들려온다.

"마스, 눈을 떠."

나는 눈을 뜨고 싶지 않다. 캐럴라인의 목소리가 탁하고, 모든 음절이 출렁거린다. 마치 목 안쪽에 무언가가 고여있는 것처럼. 아마도 피일 것이다. 숙소의 사향내를 뚫고 피 냄새가 나기 때문이다. 달착지근한 부패의 냄새도 난다.

"마스, 눈을 떠." 그녀가 애원한다.

내가 눈을 뜬다.

처음엔 캐럴라인이 보이지 않는다. 넓고 검은 하늘과 그 위에 흩뿌려진 별들만 보인다. 그러나 그녀의 숨소리는 들린다. 축축하고 끈적이고 불규칙한 숨소리. 나의 눈이 어둠에 적응한다. 내가 보고 있는 건 하늘이 아니라 어둡고 평평한 숙소의 천장이다. 그리고 그 천장에 온통 반짝이는 유리 조각들이 박혀있다. 깨진 크리스털 조각들. 그 조각들이 반짝이고 어른거린다. 나는 일어나 앉아서, 보고 싶지 않은 것을 보려고 애쓴다. 가짜 밤하늘 한복판의 여자애 형상. 달은 그 여자애를 건드리지 않을 것이다. 베인 얼굴을 비추지 않을 것이다. 그러나 그 숨결이 내 위에 있다. 숨을 쉬거나 혹은 쉬려고 애쓰고 있다. 숨을 들이마실 때마다 꿀렁거리는 소리가 들린다. 기침을 하면, 기침 소리가 끈적하다.

나는 침을 삼킨다.

"캐럴라인?"

기침 소리가 멈춘다.

무언가가 내 허벅다리를 스친다. 크리스털 조각. 내 담요 위로 더 많은 조각들이 떨어진다. 내 위에서 무언가가 분리되는 소리가 나더니 내 어깨와 뺨에 무언가가 방울방울 떨어진다. 마치 거미줄처럼, 천장에서, 꿀이 길게 늘어진다.

캐럴라인이 떨어진다.

손을 번쩍 들지만, 너무 늦었다. 내 손이 그녀의 팔에 엉킨다.

"젠장, 진정해. 나야, 타일러." 타일러가 말한다. 캐럴라인이 아니다. 나는 일어나 앉으며 그를 침대 끝으로 민다. 숙소가 달빛으로 환하다. 잠시 대들보에서 서성이는 캐럴라인의 유령을 보지만, 그것도 이내 사라진다. 꿈도 캐럴라인과 함께 사라진다. 그러나 꿀이 한 방울씩 떨어지던 자리가 가려워서 긁는 것을 멈출 수가 없다.

"인간 사냥, 할 거야?" 타일러가 덤덤하게 묻는다.

나는 침을 삼키며 꿈을 놓아버린다. 그리고 타일러와 그가 하는 말에 집중한다. 인간 사냥. 에스펜의 또 다른 전통. 모든 캠프 참가자가 참여하는 비공식 스포츠로, 보통은 숨기 좋을 정도로 숲이 어두워지는 황혼에 시작한다. 그러나 지금은 분명히 한밤중이다.

"무슨 일인데?" 내가 묻는다. 나는 침대에 앉아있고, 우는 아이를 확인하러 온 부모처럼, 그는 무릎을 꿇고 침대맡에 앉아있는 상황이 어딘가 한심하게 느껴진다.

타일러가 한숨을 쉰다. "애들은 네가 안 올 거라고 했지만, 그래도 물어봐야 할 것 같아서. 어쩔 거야?"

타일러의 말에 비로소 정신이 든다. 이제야 알겠다. 지금 헌트맨들은 한밤중에 몰래 빠져나가려는 것이다. 이 순간 내가 놀란 건, 나를 깨우러 온 사람이 타일러라는 사실이다. 캘럼과의 경기 덕분에 내가 그에게 점수를 딴 모양이다.

"나도 갈게. 깨워줘서 고마워. 너 착하다." 내가 말한다.

"그건 모르겠고, 게임 어떻게 하는지 기억해?"

"대충."

타일러의 기분이 정말로 좋아져서 그의 잘생긴 이목구비가 부드러워지는 처음이다. 그가 지시한다. "좋아, 그럼 빨리 준비해. 검은색 옷 입고 손전등도 챙겨. 켜지는 말고."

나는 검은색 운동복을 입는다. 그리고 고집을 꺾고, 바보 같은 흰 운동화를 신고 끈을 묶는다. 나는 다른 남자애들과 함께 뒷문으로 몰래 빠져나가서, 캠프 리더의 방 창문 밑을 지나, 숲으로 향한다. 빌리지의 시야에서 벗어났을 때, 우리는 손전등을 켠다. 한밤중의 숲속에서는 얼핏 무언가가 보인다. 나무껍질에서 가늘게 흐르는 수액, 혹은 민달팽이의 끈적끈적한 등, 혹은 나무 꼭대기에서 우릴 염탐하는 한 줌의 별들. 그 모든 게 내가 꿈에서 본 반짝이는 조각들을 떠올리게 하지만, 나는 더 이상 두렵지 않다. 나는…… 단단해진 기분이다. 나 자신이 된 기분이다. 아마도 한밤중 숲속에 있으면 이런 기분이 드나 보다. 어두운 숲은 어딘가 다르다. 무겁고 견고하며 친밀하다. 낮 시간의 무성한 혼란은 온데간데없고, 한데 뒤엉켜 밋밋하고 공허해진 세상이 사방에서 밀착해온다. 마치 품에 안기는 기분이다.

남자애들도 느낄 것이다. 우리는 고요하게 무리 지어 움직인다. 발소리가 누구 것인지 분간되지 않는다. 파도치는 귀뚜라미 노랫소리가 우리의 숨소리를 감춘다. 숲을 배회하는 커다란 한 마리의 짐승처럼, 우리는 서로에게 꼭 붙어있다. 딱 한 번, 타일러의 손이 내 손을 스친다.

내 예상보다 우리는 빨리 들판에 도착한다. 이글하우스가 아마존 아이들과 저만치에 서있다. 게임을 시작하려는 순간, 들판의 가장자리, 달빛이 닿지 않는 곳에서 무언가가 우리의 주의를 끈다.

여자애들이 더 있다. 허니들. 큼직한 스웨터를 입고, 서로 새끼손가락을 걸고 걸어온다. 밤인 데다 유니폼을 입지 않아서, 신기루 같은 그들의 권력이 해제된 느낌이다. 그런데도 그들이 다가올 때 우리는 초조해진다. 들키기라도 한 듯. 그들의 도착으로 우리의 게임은 비밀 게임이 아닌 공식 게임이 된다.

레이가 규칙을 설명한다. 숨바꼭질을 가미한 손전등 술래잡기를 두 팀으로 나누어서 하는 게임이다. 한 팀은 숨고, 한 팀은 사냥을 한다. 마지막 한 명을 찾아 손전등으로 비출 때까지. 가장 마지막까지 숨어있는 사람이 승자다.

팀을 어떻게 나눌지는 아무도 의논하지 않는다. 남녀 대결이다. 브리아와 레이가 각 팀의 대장인 것 같다. 그들은 가위바위보로 누가 쫓고 누가 쫓길지 결정한다. 브리아가 두 번 이기고, 나를 포함한 남자애들이 쫓기는 것으로 결정된다. 브리아는 곧바로 숫자를 세고 우리는 숲으로 숨는다. 나는 달리면서 뒤를 돌아본다. 내 눈에 보이는 것은, 깃대의 불빛 속에 서서 어둠 속으로 우리를 쫓아내는 브리아의 수줍은 손짓뿐이다.

나는 들판에서 최대한 멀리 달아나 어둠이 그 사이로 흐르게 한다. 멀리서 숫자를 세는 소리가 잦아들고, 사냥을 시작하는 소리가 들린다. 손전등들이 나무들 사이를 휘젓는다. 그러다가 갑자기 고요해진다.

나는 냇가의 성긴 숲속 바위들을 기어오른다. 거기서 잠시 기다리다가, 더 깊은 숲에서 벌어지는 일들이 두려워 숨어있던 자리에서 내려온다. 결국 나는 보트 창고 뒤를 배회한다.

창고의 데크 쪽에서 속삭임이 들린다. 키득거리는 여자애와 그를 조용히 시키려는 남자애. 나는 어둠 속에 멈추어 서있고, 그들은 비틀거리며, 서로를 끌어당기고 장난을 치다가, 남자애가 키스를 하며 여자애를 붙잡는다. 눈앞의 광경에 당혹스러워 나는 등을 돌린다. 보트 창고에서 멀어져 지저분한 호숫가를 빙 두른 키 큰 풀숲으로 들어선다.

에스펜의 모두가 인간 사냥 게임을 할 줄 알고, 어떻게 쫓아야 하는지, 어떻게 쫓겨야 하는지 안다. 인간 사냥은 캠프의 비공식 스포츠지만, 그게 다는 아니다. 인간 사냥은 일종의 암시장이자 무법천지로, 대낮에는 결코 일어날 수 없는 일들이 일어날 수 있다. 점수가 매겨지고, 우정이 해체되고 재구성된다. 우리가 어렸을 땐 그랬다. 지금은 누군가를 끌어당겨 실컷 키스할 수 있는 완벽한 핑계도 되는 것 같다.

황소개구리와 귀뚜라미가 호숫가에서 요란하게 울어대지만 그 와중에 나는 수풀 속에서 한 사람의 웃음소리를 가려낸다. 또 다른 커플인가 보다. 문득 이 게임을 제대로 하고 있는 사람이 있는지, 쫓는 자와 쫓기는 자가 쉽게 잡고 잡히는 척하며 하나가 되고 있는데 나 혼자 어둠 속을 배회하고 있는 건 아닌지 궁금해진다.

나는 불빛과 거리를 두면서 다시 들판으로 돌아가지만, 이제 나 자신이 한심하게 느껴진다. 나는 이 모든 것을 진지하게 받아들이고 있지만, 사실 이 게임에는 아이들이 숲속에서 뒤엉키는 것 이상의 의미가 없다. 문득 허니들에 대한 나의 의혹을 묵살했던 와이엇의 말이 떠오른다. 나는 그날 밤 내가 캐럴라인의 눈 속에서 보았던 순수한 공포가 허니들과 관련이 있다고 생각하지만, 단지 나의 편집증일 뿐, 사실 아무 상관도 없는 건 아닐까? 와이엇은 허니들이 그저 예쁘기만 하고 따분한 여자애들이라고 했다. 그러나 나는 밤이 그들의 정체를 드러내줄 거라고 생각했다.

내가 잘못 짚었다는 끔찍한 결론에 도달할까 두렵다. 전부 다 잘못 짚은 것일까 봐. 캐럴라인이 어떤 애였는지에 대해서도. 어쩌면 결국 캐럴라인이 원했던 건 이런 것들이었는지도. 아이스크림을 먹으며 수다를 떨고, 콩 주머니 게임을 하고, 깜빡하는 초승달 말고는 그 어떤 목격자도 없는, 끈끈한 손바닥과 뜨거운 입김으로 끝나는 야간 술래잡기를 하는 것.

내 왼쪽에서 나뭇가지가 부러진다.

나는 걸음을 멈추고 귀를 기울인다. 손전등이 나를 비추고 어떤 여자애가 넌 *아웃이야!*라고 외치기를 기다린다.

그러나 발소리는 다급하게 내 쪽으로 다가오고, 상대가 누구인지 내가 확인도 하기 전에, 나는 바닥으로 밀쳐진다. 나는 가시덤불에 어깨를 긁히며 세게 넘어진다. 비틀거리며 일어서지만, 그들이 다시 나를 공격하고, 이번에는 나를 나무 쪽으로 밀친다. 벗어나려는 나를 낮은 나뭇가지들이 때린다. 머리가 빙글빙글 돈다. 내 앞에 선 사람의 흐릿한 형체가 보일 때까지.

"캘럼?" 내가 묻는다.

다음 공격은 머리로 향한다. 나의 다친 귀. 나는 귀를 막고 힘겹게 뒤로 물러선다. 두 발로 내 몸을 지탱하지 못하고 다시 엉덩방아를 찧는다. 이제 그가 캘럼임을 확신한다. 들판 쪽에서 들어오는 가느다란 불빛이 경멸 어린 그의 얼굴을 비춘다.

"잡았어, 브로." 그가 말한다. 그는 손전등으로 내 얼굴을 가리키지만, 손전등을 켜진 않는다.

"우린 같은 팀이야." 내가 말하지만 소용없다는 걸 안다. 이건 팀 문제가 아니다.

"난 그렇게 생각하지 않아. 네가 조금 더 도망쳐보면 확실히 알 수 있지 않을까?"

그는 너무도 진지하다. 만약 내가 일어서면, 그는 나를 공격할 것이다. 만약 내가 도망치면 그는 매 순간을 즐기며 날 쫓아오겠지만, 나는 이 상황을 폭로할 수는 있을 것이다.

내가 도망치려는 순간, 캘럼이 한 손으로 나의 목을 잡고 커다란 떡갈나무 쪽으로 밀친다. 나는 다친 손을 깔고 넘어지고, 가까스로 회복된 관절이 다시 꺾인다. 나는 비명을 지르지만 입을 막은 손바닥이 그 소리를 삼킨다. 흙과 피 맛이 느껴진다. 내 얼굴에서 흐르는 피가 캘럼의 더러운 손아귀 사이로 스며든다.

"우린 너처럼 시시한 나쁜 년은 이렇게 처리해." 그가 말한다.

그 순간 내가 이해한 것은 캘럼이 폭력을 약속했다는 사실뿐이다. 그는 내가 듣고 냄새 맡고 느낄 수 있는 전부다. 밤의 포옹을 대체하는 그의 무게가 완강하게 버티는 나무뿌리들 위로 나를 짓누른다.

그러다가 그가 사라진다.

버스럭 소리가 들리더니 캘럼이 외친다. "누구야!"

그가 물러서며 손전등을 켜고 우리 주위의 나무들을 비춘다. 그는 제정신이 아니다.

"누구냐고!" 그가 묻는다. 그는 손으로 머리카락 사이를 만진다. 손을 뗐을 때는 손이 피로 검게 물들어 있다. 캘럼이 나를 쏘아본다. 마치 내가 그를 때렸다는 듯이. 그가 내 쪽으로 다가오자 또 한 번 퍽 소리가 난다. 이번에는 그가 무릎을 꿇는다. 붉은 피가 그의 얼굴로 흘러내린다.

"누구냐니까!" 그가 외치지만, 이번엔 목소리에 분노보다 두려움이 깃든다. 흔들리는 손전등의 불빛 때문인지 모르겠지만 나무들 사이로 낯선 그림자가 보인다. 그림자들이 흩어졌다가 합쳐지면서 점점 더 가까이 다가온다. 그림자들이 멈추어 서자, 나는 어둠 속에 서있는 여자애의 흐릿한 형상을 본다. 마치 물속에 있는 것처럼 머리카락이 위로 솟아있다.

캘럼도 그들을 본다. 그가 손전등을 비추어보지만 손전등은 허공을 비출 뿐이다. 내가 무얼 본 걸까. 그림자들은 어둠 속에서 녹아내렸다가, 다시 형체가 되살아나며 점점 더 가까이 다가온다.

또 한 번 퍽 소리가 나고, 캘럼의 코에서 피가 뚝뚝 떨어진다. 그림자들이 우릴 에워싼다. 흐릿한 불빛 속에서 그들은 어두운 공백에 불과한데도, 그들이 웃고 있는 듯한 느낌이 든다. 캘럼의 손전등 불빛이 약해지다가 꺼진다. 퍽. 퍽. 캘럼이 한 번 더 비명을 지르다가 목이 메고, 그 뒤로는 젖은 피부가 찢어지는 듯한 소음만 남는다.

나는 뒤로 기어가고, 도움을 청하는 비명을 지를 수 있을 정도로 호흡을 고른다. 그때 한 줄기 불빛이 나의 눈을 멀게 한다.

"괜찮아?"

브리아. 환한 불빛 뒤에 있는 그녀를 볼 수는 없지만 그 목소리를 기억한다. 브리아가 우리 집에 왔을 때와 똑같은, 어딘가 사무적으로 느껴지는 걱정 어린 목소리.

"응, 하지만 캘럼은⋯⋯." 내가 말한다.

"쟤 진짜 짜증 나."

내 뒤쪽에서 들려오는 목소리에 놀라서 펄쩍 뛴다. 브리아가 손전등으로 바닥을 비추자, 그곳에 캘럼이 쓰러진 채 떨고 있다. 그의 뒤쪽으로 여자애들 둘이 더 있다. 무슨 일인지 그들의 얼굴은 보이지 않는다. 제대로 보려고 애쓰는 순간, 얼굴들이 흐릿해진다. 마치 나의 시력이 따라잡기엔 진동 속도가 너무 빠른 물체들처럼.

"난 귀엽던데." 그중 한 명이 말한다. 누구의 목소리인지 알아차리기가 힘들다. 윙윙거리는 소리로 만들어진 목소리 같다. "약간 음울하고 어두운 게 귀엽잖아. 전 남자친구로는 최고지."

브리아가 헛기침을 한다.

여자애들이 나를 쳐다본다. 그들의 이목구비는 일렁거리는 흐릿한 두상에 얼룩처럼 뚫린 구멍들이다.

"죽여? 아니면 그냥 불구로만 만들어?" 그들 중 한 명이 묻는다.

"둘 다 안 돼, 미미. 세상에, 너도 규칙을 알잖아. 일단은 지워." 또 다른 흐릿한 형체가 말한다.

미미와 시에라일까? 그들을 제대로 보려고 애써보지만 이번에도 눈속의 압력이 커진다. 마치 하늘에 떠있는 벌새의 날갯짓을 보려고 하는 것 같다.

"하지만 재가 마스를 해치려 했잖아." 미미인 것 같은 목소리.

세 사람 모두가 날 쳐다본다.

"난 괜찮아. 그런데……." 내가 얼른 말한다.

"마스도 지워." 브리아가 말한다.

"하지만 지금 해가 져서……." 그중 한 명이 말한다.

"달리 방법이 없어. 최선을 다해보는 수밖에."

브리아가 손가락을 들고 손가락을 튕길 준비를 한다. 아마도 손전등의 불빛 때문이겠지만, 브리아의 이목구비가 떨리며 진동하기 시작하고, 그녀의 얼굴도 흐릿해진다. 다른 여자애들이 마지못해 손을 들고, 그들이 동시에 손가락을 튕긴다. 그들이 내는 소리는, 마치 너무 가까이에서 울려 퍼지는 번개처럼, 단 하나의 파열음이 된다. 밤이 부서지며 환하게 밝아올 때, 나는 나의 비명조차 듣지 못한다. 그 뒤로는 윙윙거리는 소리만이 남는다. 에스펜에 처음 도착했을 때 들었던 바로 그 소리. 진동하는, 뜨거운, 허공에 흠뻑 스며드는 그 소리. 다만, 이번에는 소리가 더 크다. 갑자기 그 소리가 내 안으로 들어와, 눈 안쪽에서 기어다닌다.

*

나는 손전등의 불빛을 보고 있다.

"괜찮아?"

브리아. 환한 불빛 뒤에 있는 그녀를 볼 수는 없지만 그 목소리를 기억한다. 브리아가 우리 집에 왔을 때와 똑같은, 어딘가 사무적으로 느껴지는 걱정 어린 목소리.

나는 한 바퀴를 빙 돌아본다. 숲속에 우리 둘만 있다. 브리아의 손전등 불빛이 울퉁불퉁한 나무뿌리들과 내 진흙투성이 신발에 깔린 루비같이 빨간 버섯들을 비춘다.

"인간 사냥 게임을 하고 있었어. 넌 아웃이고." 브리아가 말하더니 손전등을 끄고 어디론가 달려간다. 나는 어리둥절한 상태로 홀로 남는다. 브리아의 말이 맞다. 우리는 인간 사냥 게임을 하고 있었고, 나는 아웃이다. 나는 좁은 빈터를 서성인다. 이 빈터가 비어있는 게 너무 생뚱맞게 느껴진다. 누군가 날 쫓고 있지 않았나? 내가 넘어지지 않았나? 나는 나무 부스러기를 뒤집어쓰고 있고, 새로 생긴 상처들 때문에 피부가 가렵다. 머리카락엔 피가 묻어있다. 귀의 붕대는 언제 풀렸지?

궁금증 속에서 한 발짝도 나가지 못하고 있는데, 들판에서 들려오는 고함이 나를 숲 밖으로 이끈다. 언덕 위로 올라서는 순간, 때마침 나무들 뒤에서 차례로 들판으로 쫓겨나오는 남자애들의 모습이 보인다. 그들은 전속력으로 달리지만 여자애들의 불빛을 피하지 못한다. 여자애들은 어둠 속에서 갑자기 나타나는 것 같다. 남자애들은 욕을 하고, 몸을 구부리고, 숨을 헐떡이지만, 여자애들은 지친 기색이 전혀 없다. 여자애들이 승리의 포옹을 하며 박수를 치고, 포로들을 깃대까지 호위한다. 타일러와 레이 그리고 다른 남자애들이 보인다. 캘럼도 있다. 그는 깃대에 기대 축 늘어져 앉아있다. 그는 벗은 셔츠를 붕대 삼아 코를 누른다. 멀리서도 그의 얼굴과 목에 흐르는 피가 보인다.

나는 캘럼과 그의 선명한 피에 시선을 빼앗긴 채 걷는다. 나의 두 눈은 내가 보지 못하는 광경의 기억으로 욱신거린다. 여자애 중 한 명이 캘럼을 쳐다보는 나에게 말한다. "캘럼은 넘어졌어."

"넘어졌다고?"

내가 그녀와 눈을 맞춘다. 그 애의 이름은 모르지만 숙소H의 여자애라는 건 안다. 피부에 엷은 광채만 있을 뿐, 더위에 전혀 영향받지 않은 외모를 보면 안다. 그렇게 노력 없이 아름다운 건 어떤 기분일지 궁금하다. 이 여자애들과 노래하고 웃고 장난치면서 초원까지 걸어가는 건, 자매처럼 따뜻한 그들의 애정 속에서 아침에 눈을 뜨는 건 어떤 기분일까. 나는 하마터면 손을 뻗어 그 애의 손을 잡을 뻔한다. 날 데려가달라고 애원할 뻔한다.

"응, 넘어졌어." 그녀가 다시 한번 말한다. 그녀의 말이 은빛으로 반짝인다. 나의 두개골로 파고드는 바늘처럼.

나는 몸을 떤다. 그 말이 맞다는 걸 안다. 캘럼은 넘어졌다.

아닌가? 어스 투 마스.

왜 그 말이 이 순간 캐럴라인의 목소리로 들려오는지 모르겠지만, 내 뒤쪽 저 멀리에서 들려온다. 공간 속의 먼 곳이 아닌, 시간 속 멀리에서. 나는 내가 들은 말을 의심한다. 캘럼이 넘어졌다는 건 알지만, 그게 다가 아니란 걸 안다. 숲속에서 그는 내 앞에 서있었고, 나를 조롱했고, 그림자들에 둘러싸여 웅크리고 있었고, 그리고……

나는 여전히 허니를 본다. 그녀의 목소리가 작아지고, 나는 그녀가 거짓말을 하고 있음을 깨닫는다. 마치 찰나의 순간, 흐릿해져가는 꿈속으로 손을 뻗어 상상 속에서 일어난 일을 붙잡으려 애쓰는 기분이다. 그러나 그건 상상이 아니었다. 실제로 일어난 일이다. 나는 그 장면을 본다. 캘럼이 피를 흘리며 겁을 먹고 몸을 웅크리고 있었다. 어둠 속에서 형체가 흐릿하고 환한 그림자들이 나타났다. 내가 본 것을 지금도 정확히 이해할 수 없지만, 이제 확신한다. 숲속에서 나는 어떤 남자애가 거의 살해당하는 광경을 보았고 그 만행을 저지른 사람은 허니들이다.

숙소H의 여자애가 눈까지는 번지지 않는, 친절하지만 의심이 담긴 미소를 짓는다.

"맞아, 캘럼이 넘어졌어." 내가 말한다.

그녀는 다른 애들에게 그 얘기를 하려고 돌아선다.

게임은 끝난다. *못 찾겠다 꾀꼬리*라고 외치는 소리가 들린다. 어디에 있건, 쫓는 자와 숨는 자 모두 지금 당장 나오라는 신호다. 나는 남자애들과 함께 빌리지 쪽으로 걷는다. 나는 그들을 관찰한다. 캘럼을 관찰한다. 피투성이인데도 캘럼은 신이 나있다. 그는 내가 모르는 어떤 여자애와 숲에서 있었던 일에 대해 떠벌리고 있다.

"어스 투 마스." 마치 주문처럼, 내가 혼자 중얼거린다. 온갖 기억들로 묵직한 그 문장이, 여긴 어딘가 잘못되었다는 의심 안에 나를 가둔다. 무언가가 조작된 것이 분명하다.

모기 한 마리가 귓가에서 앵앵거린다. 모기를 쫓는다.

조작된 걸까, 아니면 은폐된 걸까?

영리하네. 나는 생각한다.

와이엇은 허니들에 대해 그 나름의 생각이 있다. 허니들은 별 볼 일

없는 애들이고. 시시한 게임이나 하러 이곳에 온 거라고. 여성스러운 여자애들의 불가해한 의식으로밖엔 보이지 않는, 따분한 가학증 외엔 특별할 게 하나도 없다고. 그들의 화장품, 그들의 향수, 그들의 연기 이면에 숨겨진 무언가가 있을 리 없다고.

그러나 나는 그 정도로 어리석지 않다. 어쩌면 내가 자매와 함께 자랐기 때문일지도. 어쩌면 내가 평생을 겉돌면서, 언젠가는 나도 낄 수 있지 않을까, 하는 절박한 심정으로, 멀리서 여자애들의 게임을 선망의 눈길로 바라보며 그들의 모든 동작과 기술을 터득했기 때문일지도. 당연히 나는 그 정도로 어리석지 않다. 당연히 나처럼 교활하고 비뚤어진 괴물은, 이곳에서 무슨 일이 벌어지고 있는지 안다.

위장.

벌집 속에 무언가가 숨겨져 있다. 나 마스 마티아스 삼세는, 그것을 캐내고 말 것이다. 그러나 나의 신념은 칼과도 같다. 칼날은 거울과도 같아서, 칼을 꺼내는 순간, 거울에 비친 내 모습을 대면해야만 한다. 내가 그들 중 한 명이 되면, 나는 과연 어떤 사람이 될까? 얼마나 아름다울까? 얼마나 악랄할까?

그리고 얼마나 안전할까? 어쩌면 나도 경박함과 따분함과 아름다움으로 이루어진 여러 겹의 베일 속에서 안전할지도 모른다.

어스 투 마스. 정신 차려. 캐럴라인도 똑같은 생각을 했을 것이다. 그러다가 결국 어떻게 되었는가. 캐럴라인은 안전하지 않았다. 나 역시 안전하지 않을 것이다.

나는 아이들을 먼저 보내고 어둠 속에 홀로 남는다. 밤이 나를 감싼다. 나를 지켜준다. 무리에서 이탈한 빛의 구슬 하나가 내 쪽으로 다가

오더니 타일러가 된다.

"괜찮아?"

"괜찮아." 내가 말하고 그의 뒤를 따라 걷는다.

괜찮다고 말을 하면서도, 정말 괜찮은지는 잘 모르겠다.

제3부

제13장

○

다음 날 아침에는 일어나기가 힘들다. 한밤중에 뛰어다닐 때의 흥분이 눈가에 끈끈한 졸림으로 응고되었다. 에스펜의 아침은 대체로 혼란스럽지만 오늘은 그렇지 않다. 마치 거대한 사색거리가 각자에게 분배된 것처럼, 모두가 조용하다. 이 상황이 사시나무를 연상시킨다. 각각의 나무들이 대지 위로 뻗어있지만, 깊은 땅속에서 하나로 연결되어 있는. 뿌리 대신, 어젯밤의 비밀이 우리를 하나로 엮는다.

교관들도 우리가 혼미한 상태임을 알아차린 게 분명하지만, 아침 식사 시간에 아무 말도 하지 않는다. 나 역시 멍한 상태에서 남자애 하나가 오렌지주스를 넘치도록 따르는 모습을 보고 브레이든이 다른 교관과 재미있다는 듯 눈짓을 주고받는 것을 본다. 그들은 알고 있다.

나는 음식에 거의 손을 대지 않는다. 대신 바닥에 쓰러져 있던 캘럼을 떠올린다. 여자애들 형상을 한 흐릿한 유령들이 캘럼의 떨리는 살을 가격한 것은 나만의 기억인 듯하다. 캘럼의 피부에 든 멍이 무엇 때문인지 나는 안다. 그런데 캘럼은 여전히 모르는 것 같다. 그는 허드렛일을 하다가 넘어졌다는 얘기만 되풀이하고, 그의 얘기 속에 나와 다른 여자애들은 등장하지 않는다. 자신의 '브로'들 앞에서 체면을 유지하기 위해 그렇게 말하는 걸까. 그런 것 같지 않다. 그는 실제로 그렇게 믿고 있다. 어젯밤 나의 의심대로, 무언가가 달라졌다.

나는 사실 확인을 위해 타일러에게 묻는다. "캘럼 진짜 넘어졌어?"

"너 못 봤어? 캘럼 넘어졌어."

캘럼 넘어졌어. 나도 모르게 튀어나오는 거짓말 같지만, 타일러는 정말로 그 말을 믿는 것 같다. 나 역시 *맞아, 넘어졌어. 그렇지?*라고 생각한다. 그러나 선명한 피를 도무지 잊을 수가 없다. 그 사건이 일어났을 때 브리아가 있었다. 대체 무슨 일이 일어난 걸까? 왜 모두가 아니라고 하는데, 나는 나 혼자만의 기억을 믿고 있을까?

나는 브리아가 그 답을 알고 있다고 중얼거린다. 그리고 바로 그 이유 때문에, 오직 그 한 가지 이유 때문에 브리아를 만나러 가는 거라고 나 자신을 설득한다. 아마 오늘 갈 것이다. 나른한 햇빛과 귀뚜라미 소리가 나를 다시 잠들게 하지 않는다면.

생태 실험실에서 우리에게 나무를 식별하라는 과제가 주어진다. 내가 하품을 하자 와이엇이 묻는다. "인간 사냥 어땠어?"

"알고 있었어?"

"그럼, 한밤중에 애들이 전부 다 빠져나가는데 우리가 모를 것 같아? 리더들 중 절반도 예전에 똑같은 짓을 했어. 전통이니까."

그렇다면 왜 굳이 몰래 나가야 하는지 물으려는 순간, 그 이유를 깨닫는다. 그것은 우리와 우리의 선배들에게 이 상황을 부정할 여지를 주기 위한 작은 배려다. 그들이 우리가 규칙을 어기는 것을 못 본 척해주는 대신, 나중에 발각되었을 우리는 그들에게 모르는 척할 기회를 주는 것이다.

"너도 같이 나갔다니 뿌듯하네. 재미있었어?" 와이엇이 묻는다.

나는 솔직하게 말한다. "별로. 숲에서 이상한 일이 일어났어."

와이엇이 온 신경을 나에게 집중한다. 어젯밤 브리아의 손전등처럼. 나는 얼른 입을 다문다. 내가 지금 무슨 생각을 하는 거지? 와이엇한테 그 얘길 한다고? 내 머릿속에서 달그락거리는 기억들을 나조차도 제대로 이해하지 못하고 있는데, 와이엇이 그걸 어떻게 이해할 수 있을까? 그는 내가 거짓말을 한다고 생각할 것이다. 아니, 그보다 더 안 좋은 경우, 내가 거짓말을 하는 게 아니라는 걸 알고 웬디에게 이를 것이다. 그런 일이 일어나서는 안 된다. 나에겐 나만의 계획이 있다.

"캘럼 코는 네가 그런 건 아니지?" 와이엇이 말을 덧붙인다.

나는 격하게 고개를 젓는다. "아무 일도 없었어. 캘럼은 그냥 넘어졌을 뿐이야."

"나도 그렇다고 듣긴 했어."

와이엇이 힘을 주어 입술을 다문다. 마치 어떤 결론에 도달하듯. 그가 조심스럽게 묻는다. "혹시 그 일에 대해 더 할 얘기가 있어?"

"아니, 그게 다야." 내가 말한다.

와이엇은 한숨을 쉬지만, 더 묻지는 않는다. 설령 내가 그에게 어느 정도 호기심을 심어주었을지라도, 그가 어려서부터 체득한 신중함과 비교하면 그 호기심은 아무것도 아니다. 그 뒤로 나는 나무에 더 집중하지만, 그는 곁눈질로 나를 관찰한다. 그 역시 하품을 한다. 나는 문득 궁금하다. 한밤중에 아이들이 빠져나가면 교관들은 무얼 할까?

점심 식사 후 와이엇은 보트를 타고 호수로 나가고, 나에게는 공예실에 가라고 지시한다. 나는 그의 지시를 무시하고 보트 창고로 향한다.

그곳에서 보트 대여를 책임지는 리더 실브를 만난다. 실브는 어두운 눈빛으로 하품을 한다. 내 이론을 뒷받침해주는 또 다른 증거다. 내가 와이것이 선택과목으로 카약을 해도 된다고 했다는 이야기를 지어내려는 순간, 실브가 들어오라고 손짓한다. 나는 구명조끼와 밝은 빨간색 카약을 받아 갈대밭까지 카약을 민다. 잠시 후 나는 매끄럽고 얇은 호수의 수면을 위태롭게 달린다. 건너편 뭍을 향해, 양봉장이 있는 초원을 향해, 그 뒤쪽 그늘진 오두막을 향해.

생각보다 멀다. 노를 젓는 동안 뭍과 뭍 사이의 거리가 더 벌어지고, 나는 오도 가도 못하는 검고 막막한 중간 지대에 갇힌다. 그곳에서 벗어나기 위해 온 힘을 쏟는다. 카약의 앞코가 흔들리더니 회전한다. 보이지 않는 물살이 나를 덮쳐오지만 나의 시선은 초원에 고정되어 있다. 초원은 높이 솟아오른 어두운 나무들의 벽 아래 박힌 황금색 기다란 띠이다. 금을 녹인 것 같은 초원이 터진 노른자처럼 금방이라도 보글거리며 호수로 흘러들 것만 같다.

얕은 물로 접어들 때 물풀과 갈대가 카약을 긁는다. 그다음엔 연잎들이 나온다. 처음엔 몇 개가, 그다음엔 수백 개가, 마치 잠수한 괴물의 반들거리는 비늘처럼 서로 뒤엉켜 있다. 그들이 카약에 끈끈하게 들러붙고, 카약이 그 틈을 비집고 나아갈 때 연꽃은 검은 물속으로 잠긴다. 나는 앞으로 나아가기 위해 노를 호수 밑 진흙탕 깊숙이 박는다.

물속을 너무 오래 들여다볼 때마다 방향이 어긋났음을 깨닫는다. 그래서 그 뒤로는 흐릿한 황금빛 들판에 시선을 고정한다. 어슴푸레한 햇살 속에서 섬광이 번득인다. 들판에 반짝이는 것들이 박혀있다. 금속 조각 아니면 거울 같은 것. 무언지는 몰라도 그것들의 희고 뜨거운 눈이 깜빡인다.

노가 물속 묵직한 무언가에 걸리는 바람에 나는 본능적으로 그것을 홱 밀친다. 알 수 없는 물체가 노를 후루룩 휘감으며 내 팔 옆으로 미끄러진다. 노를 내던지자 그 물체도 떨어진다. 연잎들 사이로 사라지기 직전에 나는 그 물체가 무엇인지 알아차린다. 에스펜의 여자 유니폼이다. 호수의 썩은 물에 옅은 갈색으로 오염되었다. 나는 유령의 손이 나를 잡을지도 모른다고 생각하며 조심스럽게 손을 뻗어 다시 노를 다시 잡는다.

마침내 카약이 뭍에 닿는다. 호수에 몸을 숙인 나무들 틈에 뭍이 숨어있다. 무얼 기대했는지 모르겠지만 숲으로 들어섰을 때 내가 마주한 것은 오직 정적뿐이다. 정적. 그리고 팽팽히 당겨진 나의 신경줄.

저 앞에서 초원의 빛이 나무들 사이로 스며 나온다. 초원의 열기가 얼마나 뜨거운지 느낄 수 있을 정도다. 군데군데 야생화가 핀 키 큰 풀들의 황금빛 초원이 서서히 나의 시야를 채운다. 나무를 쌓아 올려 만든 탑들의 미니어처 도시를 빛과 색의 바다가 휘감고 있다. 탑의 높이는 다양하지만, 전부 나무 상자를 쌓아 만들었고, 전부 꼭대기에 금박 시트를 덮어놓았다. 시트에서 반사된 햇빛이 숲으로, 호수로 향한다. 나는 그제야 내가 호수에서 보았던 섬광이 바로 그것임을 깨닫는다. 그것들 때문에 초원은 마치 태양의 메아리처럼 아래에서 쏘아 올리는 빛으로 일렁인다.

별의 무리가 옮겨온 것처럼 허공을 가득 채운 것은, 곤충들이다. 벌들. 나무 상자들은 그들의 집이고, 초원은 그들의 고향이다. 내가 줄곧 들었던 윙윙거리는 소리는, 이제 선명하게 들리는 그 소리는, 벌들의 노랫소리다. 어디에서나 들리는 소리라, 그 소리가 머릿속으로 들어올 때까지 알아차리지 못한다. 나는 어젯밤에도 바로 이 소리가 크고 매혹적으로, 사방에서 들려왔음을 깨닫는다. 그리고 그 전에, 첫날 이곳에 도착해서 낭떠러지에서 떨어질 뻔했을 때도 이 소리를 들었다.

나는 벌들이 무섭지 않다. 평소에는. 벌은 작은 곤충이고, 쉽게 눌러 죽일 수 있으니까. 그러나 벌들을 이런 식으로 보니, 불가해한 거대한 형상을 이루는 조그만 벌의 화소들을 보니, 나의 이성도 셈을 해볼 수밖에 없다. 내가 한 마리를 눌러 죽이는 순간, 백만 마리가 나를 눌러 죽일 것이다.

어쩌면 살짝 무서운지도 모르겠다. 아주 살짝.

나는 초원의 가장자리로, 햇빛이 닿지 않는 곳으로 걸어서 언덕 꼭대기로 향한다. 그곳에 집이 있다는 걸 안다. 몇 번인가 벌들이 내 귓가를 스치며 날아가고, 나는 캐럴라인의 머릿속으로 기어 들어가던 조그만 곤충을 떠올리며 손으로 귀를 가린다. 나의 마음이 온통 캐럴라인의 모습으로 채워진다. 관 속에 꼼짝하지 않고 누워있던, 캐럴라인답지 않게 너무도 고요했던 모습. 캐럴라인이 꽃들 속에, 이 들판에 누워있는 모습. 너무나 고요해서 풀숲이 캐럴라인을 가려주는 모습.

캐럴라인이 살아서 움직이는 모습을, 벌집을 돌보는 모습을 떠올리려 애쓰지만, 떠올릴 수가 없다.

그러나 그게 바로 내가 이곳에 온 이유라고, 나 자신에게 일깨운다. 캐럴라인이 어떤 애였는지 알기 위해. 그래서 캐럴라인의 마지막 모습으로부터 날 구원하기 위해. 화를 내며 날 공격했던 가짜 캐럴라인으로부터 날 구원하기 위해.

브리아는 알 거라고, 나는 중얼거린다.

숙소에 가까워질수록 벌들의 윙윙거리는 소리가 부드럽게 잦아들며 깊고 먼 울림이 되고, 더위와 함께 거세지는 새와 바람과 벌레 소리는 구분하기 어려워진다. 매미 소리가 점점 고조되며 모든 소리를 잠식했다가, 이내 사그라든다. 햇빛 속에서 전율하는 텃밭이 보인다. 민트, 바질, 로즈메리가 무성하게 자란 화분들도 보인다. 그 외에 다른 것들도 땅에서 자라나 햇빛을 들이마시려고 거대한 잎사귀를 틔웠다. 격자 구조물이 덩굴식물들을 떠받치고, 잎사귀들 사이에 눈알처럼 조그만 초록색 토마토들이 열려있다.

숙소에 가까워지자 다른 소리도 들려온다. 음악 소리. 그리고 명랑한 광고의 소음. 누군가가 라디오를 켜놓은 것 같은데, 숙소 안에서 들려오는 소리는 그 소리가 유일하다. 여자애들의 기척은 어디에도 없다. 나는 언덕에서 초원을 내려다보고, 혹시 내가 놓친 게 있는지 확인한 다음, 숙소의 테라스로 다가간다. 이유는 모르겠지만 벌통들을 바라보며 느꼈던 두려움의 불씨가 커지면서 공포심으로 부풀어 오른다. *마스, 쟤들이 널 초대한 거야. 여기로. 숙소H로. 그러니까 어서 들어가.* 단호하게 나 자신을 일깨우며 애써 두려움을 떨쳐낸다.

하지만 떨리는 손으로 문고리를 잡고 나서도 도저히 손잡이를 돌릴 수가 없다. 그 순간 문 반대편에서 인기척이 느껴지고, 나는 문이 열리기 직전에 얼른 몸을 숨긴다.

누군가 고개를 내밀고 내가 숨은 곳을 똑바로 쳐다본다. 나는 고리버들 벤치 뒤에 숨어있다.

"이쪽이야. 어서." 시에라가 말한다. 흐릿한 형체의 시에라가 아니다. 평범한, 친절한 얼굴의 시에라다.

그녀가 나를 집 안으로 안내한다. 나의 질문들은, 나의 모든 질문은, 화려하고 아름다운 실내로 들어서는 순간 전부 증발해버린다. 늪의 초록색 벨벳을 씌운 낮은 소파들, 버섯의 베이지색 술이 달린 쿠션들, 파스텔색 그물처럼 의자와 쿠션과 오토만 위에 걸쳐놓은 뜨개 이불들. 끈적이는 음료가 남아있는 크리스털 잔들이 담긴 쟁반, 과자 부스러기가 남아있는 꽃무늬 도자기 접시들, 게임을 하려고 치워놓은 듯한 낮고 널찍한 커피 테이블. 시에라가 온갖 잡동사니들 틈으로 노련하게 나를 안내한다. 마치 자기 눈에는 그것들이 보이지도 않는다는 듯이. 시에라가 숙소 오두막의 낮은 천장을 관통하는 나선형 계단으로 올라간다. 이제야 목소리들이 들리고, 음악 소리도 커진다. 그러나 여전히 둔탁하다. 아이들은 야외에, 내가 아직 보지 못한 뒤뜰에 있다. 시에라가 어둠침침한 복도를 지나 베어헛의 침대와 놀라울 정도로 비슷한 침대들이 있는 방으로 나를 안내한다. 똑같이 소박한 공산품 침대인데, 포근한 이불과 하트 모양의 베개가 있고, 꼬마전구가 천장을 수놓았다.

숙소H에 무엇이 도사리고 있으리라고 생각했는지 모르겠다. 숙소H는 훌륭하다. 너무도 매혹적이다. 나는 한편으로는 들뜨고, 한편으로는 실망한다.

시에라가 조심스럽게 문을 닫는다. 문이 닫히며 딸깍 소리가 날 때까지. 나는 사과하려 하지만 시에라가 수줍은 미소를 지으며 나를 마주본다.

"캐럴라인하고 똑같네." 그녀가 말한다.

"무슨 뜻이야?"

"항상 타이밍이 나빴거든."

시에라가 내게 조용히 하라고 하더니, 크고 낡은 옷장 문을 열며 속삭인다.

"선택과목 시간 맞지? 산책로를 따라오지 않고 초원을 가로질렀어, 맞지? 어서, 한 바퀴 돌아봐." 나는 영문도 모른 채 한 바퀴를 돈다. "됐어. 혹시 빈대가 들러붙지 않았는지 확인해본 거야. 걱정 마, 네가 와줘서 기뻐. 우리가 여기 오라고 했던 건 진심이었어. 하지만 이렇게 갑자기 나타나는 건 좀 익숙하지 않아서 말이야. 특히 브리아는 미리 계획을 세우는 걸 좋아하거든. 엄마처럼 이것저것 챙기는 스타일이라. 무슨 뜻인지 알지? 산책로로 오지 않은 건 잘했어. 그쪽으로 왔으면 아마 깜짝 놀랐을걸."

나는 시에라가 가리키는 창문 뒤에 펼쳐진 풀밭을 내다본다. 여자애들이 담요와 수건을 두르고 여기저기 나른하게 누워있다. 뒤뜰 전체가 오일을 바른 피부로 뒤덮여 있다. 얼른 고개를 돌리려는 순간, 뒤뜰 한복판에 있는 브리아를 본다. 브리아는 흰색 가운을 두르고, 숙소의 난장판과는 비교도 안 될 정도로 온갖 피크닉 용품들이 어지럽게 늘어져 있는 풀밭 한가운데서 책을 읽고 있다. 브리아와 함께 있는 미미가 휴대용 스피커를 만지작거리는 모습을 본 것도 같지만 확실하지는 않다. 시에라의 말이 맞다. 만약 내가 숲에서 나와서 그 광경을 보았다면, 수치스러워서 도망쳤거나 그 자리에서 죽었을 것이다.

시에라가 옷장 안쪽을 뒤지다가 이내 포기하고 한쪽 구석에 있는 높은 서랍장을 뒤지기 시작한다.

"나 여기 있어도 괜찮은 거야?" 내가 묻는다.

"당연하지! 우리가 널 초대했잖아, 안 그래?"

"응, 나도 그렇게 생각했지만 브리아가…… 혹시…… 잊어버린 건 아닐까?"

시에라가 위로 눈을 치뜬다. "브리아는 다른 애들을 의식해서 그런 거야. 내 말 믿어. 네가 에스펜에 온 건 당연히 환영해. 우리 숙소도 그렇고. 대체로 그렇다는 거야. 단지 우리가 깜짝 방문에 익숙하진 않아서 그래. 네가 오는 걸 알았다면, 애들이 널 제대로 맞이했을 텐데. 다음번에는 같이 오자, 알았지? 내가 널 정식으로 안내할게."

시에라가 셔츠와 반바지들로 뒤덮여 거의 형체가 보이지 않는 화장대 쪽으로 다가간다. 화장대 위에는 다양한 모양의 가발을 쓴 머리들이 있다. 시에라가 서랍을 열 때마다 가발들이 흔들리고 쓰러진다. 나는 가까스로 용기를 내 어젯밤 숲에서 있었던 일을 묻지만, 곧바로 시에라가 정색하고 침통한 표정으로 나를 마주 본다.

시에라는 캐럴라인의 화장품 가방을 들고 있다. 나의 질문들이 증발한다.

작년에 내가 사준 캐럴라인의 화장품 가방이다. 만화처럼 그린 자잘한 레몬 무늬가 있는 네모난 모양의 가방. 레몬에는 심술궂은 눈과 막대 같은 팔다리가 달려있고 서로서로 싸우고 있다. 아주 오랫동안 그 가방을 보지 못했다. 지금까지는 그 존재조차 잊고 있었지만, 본능적으로 시에라의 손에서 그 가방을 빼앗고 싶다는 생각이 든다.

시에라가 침대 하나에 앉는다. 나도 그녀를 따라 앉는다.

"교관들이 캐럴라인의 침대를 치웠는데, 이건 미처 못 봤어. 캐럴라인은 우리가 보습제나 세럼 같은 걸 쓸 수 있도록 이걸 늘 밖에 두었거든. 캐럴라인은 항상 좋은 물건을 우리한테 나누어주었어."

시에라가 가방을 내게 건네고, 나는 떨리는 손으로 가방을 연다. 완벽하게 정리된 가방 안에 있는 조그만 주머니에 화장품들이 들어있다. 그것들을 들여다볼 수도, 들여다보지 않을 수도 없다. 겨우 긁어낸 숨이 뜨겁고 거칠다. 이것은 캐럴라인의 물건이다. 그 이상이다. 이것은 캐럴라인이 자신을 캐럴라인으로 만드는 데 사용했던 물건들이다. 캐럴라인의 아름다운 빛깔들이, 전부 여기 들어있다.

나는 조그만 유리병 몇 개를 꺼내, 짤랑거리고 딸깍거리는 소리를 음미한다. 거의 모든 것의 이름을 기억한다. 세럼과 오일과 파우더, 마스카라. 그리고 가장 밑바닥 한쪽 구석에, 예상하지 못한 것이 있다.

심장박동이 느려진다. 나는 뒤로 물러앉는다.

캐럴라인의 매니큐어, 늘 바르던 사파이어블루. 뚜껑에 매니큐어 한 방울이 묻어있고, 지문 가장자리가 확연히 찍혀있다. 캐럴라인의 지문. 캐럴라인이 이 매니큐어를 만졌다. 캐럴라인은 이 안에 든 것을 전부 다 만졌지만, 지문은 얘기가 다르다. 마치 방금 찍힌 것 같다. 내가 문지르면, 남아있는 온기를 느낄 수 있을 것만 같다.

"자, 내가 해줄게." 시에라가 말한다. 내가 매니큐어병을 내밀자 시에라는 내 손을 잡고 깍지를 낀 다음 빠르고 숙련된 솜씨로 손톱을 칠한다. 나는 시에라가 잡고 있는 내 손이 얼마나 커 보일지 의식한다. 그러다 보니 내가 이 방에, 이 숙소에, 호수 건너의 다른 세상에 끌어들인 어두운 묵직함에 대해서도 민감해진다. 이곳은 내가 생각했던 것만큼이나 신비롭다. 생각했던 것보다 더 신비롭다. 내가 있을 곳이 아니라는 생각을 안 할 수가 없다.

"말도 안 돼. 너한테 잘 어울려." 시에라가 말한다.

"뭐가?"

"파란색. 캐럴라인의 파란색. 너한테 잘 어울린다고."

시에라가 다른 손을 칠하기 시작하고 나는 잠자코 있다.

"우린 늘 이랬어. 나하고 캐럴라인만 그런 게 아니라, 우리 모두가. 우리에겐 규칙이 있었어. 절대 자기 손톱을 자기가 칠해선 안 된다. 그래서 이렇게 했지. 다 같이."

시에라가 손톱을 한 번씩 다 칠하고 나서 다른 쪽 손을 잡는다.

"우린 서로에게 도와달라고 부탁하지 않아. 부탁하지 않아도 서로 돕거든. 내 말 무슨 뜻인지 알겠니, 마스? 사람들에게 필요한 게 뭔지 알면, 그걸 부탁하게 만들지 않아. 그냥 해줘."

매니큐어 얘기가 아닌 것 같다. 아니, 어쩌면 매니큐어 얘기인지도. 시에라의 말을 듣고 있자니, 캐럴라인이 죽은 뒤 나에게 다가와, *내가 도울 일 있을까?*라고 묻고 또 물었던 수많은 사람이 떠오른다. 마치 뭐가 필요한지 내가 말할 수 있다는 듯이. 마치 부탁하는 것이 나의 일이고 의무라는 듯이. 시에라가 매니큐어를 덧바르는 동안 나는 그런 생각을 한다. 손가락을 서로 깍지 끼우는 것이 얼마나 간단한 일인지 새삼 깨닫는다. 가식 없이 베푸는 도움에 내가 얼마나 빠르게 굴복하는지도.

"캐럴라인이 내 손톱을 이런 식으로 칠해주곤 했어." 내가 말한다.

"어떤 색으로?"

"검은색. 캐럴라인은 늘 파란색을 칠해주고 싶어 했지만, 그 색은 왠지 캐럴라인의 색 같았어. 엄청 자주 칠했지. 아마 누구도 그 색을 빌려달라고 말하지 못했을 거야. 그건 너무 캐럴라인의 색이었으니까."

시에라가 갑자기 숨을 크게 들이마시더니 떨리는 숨을 내쉰다. 어깨가 흔들리고 두 눈이 눈물로 투명해진다. 그녀의 격한 감정에 나는 놀라지만, 한편으로는 놀라울 것도 없다. 시에라는 오랫동안 캐럴라인을 알고 지냈다. 여기 에스펜에서 함께 자라다시피 했다. 나에게서 멀리 떨어진 캐럴라인의 반대편 세상에서. 시에라가 우는 모습을 보고 있자니 마음이 아프고, 내 심장 주변에서 흉측한 질투심이 기웃거리는 것도 마음이 아프다. 시에라가 훌쩍임을 멈추고 계속 매니큐어를 바른다. 그녀는 한 점의 얼룩도 없이 일을 끝낸다.

"됐어." 그녀가 말하며 매니큐어 뚜껑을 닫는다. 그리고 다시 내 손을 잡는다. 내 손톱이 마르는 동안 우리는 말없이 앉아있다. 나는 밖에서 들려오는 여자애들의 소리에 귀를 기울인다. 그들은 웃으면서, 항상 웃으면서, 새소리를 따라 부른다. 시에라가 눈을 감는다. 레이스 커튼이 천천히 부풀어 오르고, 커튼의 무늬들이 우리 주위를 헤엄친다. 나는 밀랍초의 황금빛 향기를 맡는다. 밀랍초가 방 안 곳곳에 있고, 촛불을 켜진 않았지만, 향기가 풍긴다.

문득 캐럴라인이 너무도 가깝게 느껴진다. 무엇 때문인지, 이 의식 때문인지, 아니면 화장품 가방 때문인지, 캐럴라인에게 너무도 익숙했던 장소 때문인지, 캐럴라인이 잠시 이 세상에 돌아온 것 같다. 저 문 뒤에 있거나, 아래층 소파에서 낮잠을 자고 있거나, 여자애들의 노랫소리에 무심히 손을 흔들며 잔디에 드러누워 있다. 캐럴라인이 저 밖에 있다. 아무것도 모른 채 행복하게. 나가서 캐럴라인을 찾고 싶다. 말을 걸었다간 영영 사라질지도 모르니까 한마디도 안 할 것이다. 그냥 보기만 할 것이다. 캐럴라인이 괜찮아졌는지만 확인할 것이다.

순식간에 눈물이 쏟아진다. 나는 처음으로 눈물을 감추려 하지 않는다. 시에라가 내 손에 깍지를 끼고 있어서 그럴 수가 없다. 그리고 시에라도 울고 있기 때문에 상관없다. 격한 감정이 우리의 손을 타고 이쪽에서 저쪽으로, 저쪽에서 이쪽으로 오간다. 우리의 감정은 공유되고 나누어지고 가벼워진다. 밖에서 들려오는 노래가 계속 바뀌고, 마침내 눈물이 멈춘다.

그리고 마침내, 나의 손톱이 마른다. 나는 용기를 내어 시에라를 본다. 시에라도 나만큼이나 엉망이다. 우리는 동시에 서로에게 서툰 사과의 말들을 하고, 그 말들이 우리의 경계심을 풀고, 우리는 함께 웃는다. 시에라가 조용히 하라는 시늉을 하지만, 우습다. 우리 둘이 이렇게 손을 잡고서, 정적 속에서 울고 있는 것이.

시에라가 화장품 가방을 나의 손에 쥐여주며 말한다. "이거 가져가. 우리 중 누구도 더는 이걸 쓸 수가 없어. 캐럴라인은 네가 써주길 원할 거야. 그러겠다고 약속할 수 있지? 아니면, 어느 날 밤 내가 너한테 갈 테니까 같이 써보자. 넌 캐럴라인하고 피부색이 같잖아, 알지?"

"응."

"당연히 알겠지. 좋아, 그럼 준비됐어?"

시에라가 다시 집 안을 가로질러 주방에 아무도 없는지 확인한 다음, 뒷문으로 나를 안내한다.

"마스, 혹시 캐럴라인이…… 에스펜 얘기를 했어? 우리 얘기도?"

"너하고 브리아, 미미에 관한 얘기?"

"허니들 얘기. 전반적인 얘기. 캐럴라인이 무슨 얘길 했어?"

"그냥…… 친구들이라고. 친한 친구들이라고. 자매들 같다고."

"그게 다가 아니야. 지금은 다 얘기할 수가 없어. 넌 하던 일을 계속
해, 알았지? 무슨 일이 있어도 계속해. 알았지?"

시에라의 눈빛이 애원하고 있어서, 나는 계속하겠다고 그녀를 안심
시킬 수밖에 없다. 하지만 그 말이 무슨 뜻인지는 모른다. 아니, 어쩌면
알고 있을지도. 나 혼자 여기까지 온 걸 보면, 어쩌면 나는 시에라의 말
이 무슨 뜻인지 정확히 알고 있을지도 모른다.

시에라가 오두막 밖으로 나를 떠민다. 나는 초원을 가로지르고, 숲을
지나고, 질척거리는 진흙탕을 지나 나의 빨간 카약을 찾는다. 연잎들을
지날 때까지 뒤를 돌아보지 않는다. 한낮의 태양 아래 반짝이는 벌통들
이 보이고, 그 위에는 벌들이, 어디에나 있지만 보이지는 않는 벌들이
있다. 허공에 떠있는 상상 속의 반짝이 가루처럼.

제14장

◇

　보트 창고로 돌아가보니 아무도 없다. 보트 창고의 데크에서 일광욕을 하던 아이들조차 보이지 않는다. 선택과목 시간이 끝난 게 분명하다. 내가 익사했다고 생각했다면 사람들이 호수로 나왔겠지만, 호수마저 텅 비어있다. 들리는 소리라고는 내가 자갈밭 위로 카약을 끌어 알록달록한 가족들 품으로 반납할 때, 바닥이 긁히는 소리뿐이다. 바로 그때 우는 소리가 들린다.

　나는 보트 창고 안쪽 카약의 행렬 틈에서 그녀를 찾는다. 카약 대여를 담당하는 캠프 리더, 실브. 우리는 서로를 보고 놀라 하마터면 부딪힐 뻔한다.

　"보트 창고 문 닫았어." 실브가 돌아선다. 양손으로 얼굴을 문질러 번진 마스카라를 닦아내며.

　"죄송해요. 시간 가는 줄 몰랐어요. 카약을 반환하려고요. 알려드려야 할 것 같아서요."

　내가 복귀하지 않은 걸 그제야 깨달은 듯 실비가 중얼거린다. "세상에, 몰랐어⋯⋯. 미안해. 어서 가. 이 교시 나팔이 벌써 울렸어."

　"갈게요. 근데 괜찮아요?" 내가 말한다.

내가 물었기 때문에 이제 실브는 눈물을 감출 필요가 없다. 그녀는 나를 쳐다보지만, 아무 말도 하지 않는다. 말할 필요가 없다. 촉촉한 눈 뒤에 깊은 피로감이 있다. 나는 그 황폐함을 안다. 그녀는 괜찮지 않다. 전혀. 그러나 낯선 사람과 할 얘기가 아니다. 다른 누군가가 그것을 보기를, 그 사람이 그녀에게 그걸 꺼내보라고 말할 정도로 어리석지 않기를 바랄 뿐이다.

나는 어리석지 않다.

"미안해요. 갈게요."

실브의 표정이 누그러든다. 고마움 혹은 안도감 같은 것이 상처의 날카로운 모서리를 어루만진다. 나는 고맙다는 말을 기다리지 않는다. 돌아서서 보트 창고를 나선다. 캐럴라인의 화장품 가방을 가슴에 꼭 끌어안고서. 그러나 나는 실브에 대해 한참 생각한다. 오후 내내. 그리고 그 다음 날, 나는 실브를 찾는다. 허니들도 찾아보지만, 그들은 캠프에 나타나지 않는다. 수요일 밤 원형극장에서 즉흥 공연을 하는데, 상급생 대부분은 공연에 참여하지 않고 빅로지에서 어울린다. 나는 이 방 저 방 돌아다니면서 허니들을 찾는다. 그러다가 결국 박제된 엘크 앞에 서게 된다. 마치 박쥐처럼 엘크의 입안을 들여다보고 있는데, 와이엇이 갑자기 내 옆으로 다가온다.

"아웃바운드 준비됐어?"

"뭐?"

"헌트맨 아웃바운드 도보 여행. 사흘 동안 하는 배낭여행 말이야. 이번 주 내내 얘기했잖아. 짐은 챙겼어?"

이제야 기억난다. 올 여름, 빌리지 단위로 떠나는 여러 여행 중 하나.

어린아이들은 주로 버스를 타고 동북부의 관광지를 둘러본다. 워싱턴이나 보스턴을 둘러보고, 호텔에서 하룻밤을 묵고, 다음 날 아침에 돌아온다. 그러나 상급생은 도보로 여행한다. 아니면 카누를 타거나. 아니면 생존 훈련을 하거나.

여행에서 돌아올 무렵이면, 내가 여기 온 지 거의 일주일이 된다. 사실 나는 이 정도로 오래 있을 생각이 없었다.

"아직." 내가 와이엇에게 말한다.

"짐 싸는 게 좋을 거야. 꼭두새벽에 떠나니까. 다른 헌트맨 보면 얘기 좀 전해줄래?"

나는 다시 숙소로 향한다. 와이엇이, 혹은 다른 누군가가, 에스펜의 로고가 박혀있는 배낭을 침대마다 하나씩 놓아두었다. 챙겨야 할 물품들의 목록도 있다. 별로 많지는 않다. 양봉칼을 가져가라는 말은 어디에도 없지만, 나는 양봉칼을 배낭 옆 주머니에 넣는다.

꼭두새벽에, 내가 간다.

*

와이엇은 틀렸다. 우리는 새벽이 되기도 전에 출발한다. 덜컹거리는 버스가 헌터빌리지까지 들어오고, 우리가 버스에 올라타고, 하품을 하고 졸면서 도보 여행의 출발지로 향한다. 외딴길 끝에 있는 비포장 주차장에서, 잿빛을 머금은 초록빛 여명이 밝아올 때, 우리는 배낭을 깔고 앉아 준비해온 달걀샌드위치로 아침을 때운다. 나누어서 들어야 할 물품들이 있고(나에겐 구급상자가 주어진다), 점검해야 할 규칙들과 절

차가 있고, 서로 붙어있으라는 공지가 이어진다. 교관들이 명랑하다. 지나치게 명랑하다. 에스펜 반다나와 에스펜 물통을 나누어줄 때 그들은 이상한 새처럼 박수 치고 노래한다. 다시 출발할 무렵, 우리는 신병 훈련소의 마스코트들 같다.

"줄 서, 맨!" 배낭을 멜 때 브레이든이 외친다. 배낭끈이 유니폼의 얇은 천을 파고든다. 우리는 한 줄로 서서 뒤뚱거리며 걷다가, 사흘간 우리의 보금자리가 될 산을 빙 두르고 있는, 물에 잠긴 누르스름한 들판을 가로지르기 시작한다.

도보 여행은 평지에서 시작된다. 수월하다. 아이들이 서로 부딪치고 밀치며 장난을 치고, 무거운 배낭으로 서로를 뒤로 고꾸라트릴 수 있는지 시험한다. 에스펜 밖으로, 캠프장 밖으로 나오면 남자애들이 달라진다. 나 역시 같은 기분을 느낀다. 잘 다듬어진 캠프장에서 벗어나 숲으로 들어서는 순간, 긴장이 풀리고 자유로워진다. 이건 진짜 숲이다. 에스펜이 오지 한복판에 있는 건 사실이지만, 어느 정도 나오면 주택가가 있다. 그러나 이 숲은 완전히 외졌다. 끝이 없을 것만 같고, 그래서 두렵기도 하고 자유롭기도 하다.

몇 시간을 걷고 나니 어깨가 뭉치기 시작하고 높이 솟아오른 태양이 나의 모든 모공에서 땀을 빼낸다. 발밑에서 언덕이 솟아오르고, 솔잎이 길을 더디고 미끄럽게 만들더니, 어느 순간 길이 가팔라지고 험해진다. 수다가 잦아들고, 모두가 다음 내딛는 발걸음에 집중한다. "뿌리 조심!" 누군가가 소리를 지르고, 발목을 접질리지 않도록 그 말이 뒤로 전달된다.

바위! 뿌리!

이후의 오전 시간은 숨 가쁜 경고의 소리만이 간간이 들리는 조용한 행군이다. 점심을 먹으려고 멈추었을 때, 나는 숨을 헐떡이고 있다. 배낭을 땅에 내려놓는 순간, 날아갈 것만 같다. 지난 한 시간 내내, 나는 이 도보 여행을 못 하겠다는, 앞으로 이틀은 죽어도 못 하겠다는 생각과 이런 의심을 절대 드러내지 말자는 생각 사이에 갇혀있었다. 다행히 다른 애들도 비슷한 상황인 것 같아 그나마 마음이 놓인다.

포일 구겨지는 소리, 음식 씹는 소리, 이따금 들려오는 트림 소리 외에 점심시간은 쥐 죽은 듯 고요하다. 물을 채우고 나서 우리는 다시 걷기 시작한다. 걷는 동안 시선을 아래로 유지하고 지면의 경사를 평평하게 느끼려고 노력하니, 실제로 그렇게 느껴진다. 어느 순간 고개를 들어보니 우리는 한층 더 원시의 것처럼 느껴지는 숲속을 걷고 있다. 이곳의 나무들은 훨씬 더 거대하고 서로 간격이 넓다. 나무들 사이에 물결치는 양치식물들의 조그만 형광색 언덕이 있다. 그것들이 나의 맨 무릎을 긁고 발목을 간질인다. 공기는 무겁고 달착지근하다.

이상하게도 나는 여행을 즐기고 있다. *자연을* 즐기고 있다. 애도에 관해 검색하다가 읽은 글이 떠오른다. 물리학자의 관점에서 보면, 인간은 결코 사라지지 않는다. 단지 형체가 바뀔 뿐. 인간을 구성하는 에너지와 입자들이 해체되었다가 다시 이 세계에 합쳐져서, 영원한 자연의 순환과 통합된다. 이 숲에서는 그 말을 믿기가 쉽다. 영원의 무게를 지닌 것처럼 느껴지는 이 숲에서는. 그러나 나는 캐럴라인의 증거를 수집하기 위해 어둠 속을 바라보는 것을 나 자신에게 허용하지 않는다. 꿈에서처럼 캐럴라인이 보일까 봐, 양치식물이 흩어져 있는 움푹한 땅에 누워있을까 봐 두렵다. 그래서 나는 이곳에서 유일하게 자연스럽지 않은 것, 숲 한가운데 나있는 길에 시선을 고정한다.

길이 넓어진다. 남자애들이 나란히 걷고, 목소리도 조금 커진다. 낯선 영역에 들어서서 기운이 나는지, 마치 과학자의 신랄함으로 에스펜을 파헤치기 시작한다. 이런 대화는 주로 그들이 예쁘다고 생각하는 여자들을 놓고 비교하며 해부하는 것을 뜻한다. 섬뜩하게도, 그들은 여자애들의 신체 부위를 각각 떼어서 새로운 여자를 만들어낸다. 브리아의 코, 카일의 다리, 어맨다의 가슴. 그들이 말하는 여자애들을 나는 대체로 모른다. 그들이 만들어낸 여자애는 엉망진창으로 이어 붙인 조각보다. 나는 신경을 꺼버린다.

산 정상에 오르자 우리는 휴식을 취하고, 에스펜의 이름이 적힌 커다란 현수막을 들고 사진을 찍는다. 목적지까지는 삼 킬로미터가 남았고, 내리막길이란다. 그 소식을 들을 땐 나도 기뻤지만, 산기슭을 내려가는 첫걸음을 떼는 순간, 나의 기쁨이 사라진다. 다리가 후들거리고, 언제든지 앞으로 넘어져 꼬불꼬불한 산길 옆에서 입을 벌리고 있는 수많은 시커먼 구덩이 속으로 떨어질 것만 같다. 나는 걷는 데만 정신을 집중하고, 다른 여자애들의 조각으로 만든 여자의 만화경에 대해 떠들며 흥분하는 남자애들을 무시한다.

아이들이 갑자기 멈추는 바람에 나는 와이엇에게 부딪힌다. 내가 넘어지지 않도록 그가 내 팔을 붙잡는다.

"우리가 해냈어." 그가 말한다. 우린 정말 해냈다. 오후의 햇살에 물든 넓고 느린 강가의 빈터에 아이들이 배낭을 던진다. 와이엇도 나처럼 온통 땀범벅인 것을 보니 기쁘다. 그의 시선이 나의 턱과 목에 흐르는 땀방울을 좇는다. 그의 손이 내 팔에 머문다. 나는 무방비 상태에서 뱃

속의 파닥거림을 느끼며 뭐든 할 말을 찾으려 애쓴다.

"남자애들이 그런 식으로 말하는 걸 듣고도 브레이든이 가만히 내버려두다니, 믿기지 않아."

"여자애들에 대해? 남자애들은 원래 그런 식으로 얘기하잖아."

"넌 안 그러잖아." 내가 지적한다.

"난 그런 얘기에 알레르기 있나 보지." 그가 말한다.

와이엇이 나의 팔을 놓아준다. 갑자기 그의 손길이 사라지자 살갗이 욱신거린다. 나는 이 이상한 감정을 한쪽으로 밀어둔다. 이 감정을 분석하기엔 너무 지쳤다. 우리는 다른 아이들과 합류하여, 캠프를 '만드는' 복잡한 의식에 착수한다. 나에게 주어진 일은 빈터 주변을 돌아다니며 불쏘시개로 쓸 썩은 나뭇가지를 모으는 것이다. 이글하우스 애들이 음식을 준비하는 동안 우리는 강물에 몸을 씻는다. 남자애들은 강한복판으로 가서, 미끄러운 바위를 휘감는 물살에 차례로 몸을 맡긴다. 나는 얕은 물에 앉아 햇볕에 그을린 피부에 비누를 문지르고, 비누 거품이 씻겨 내려가는 광경을 지켜본다. 나는 와이엇을 쳐다보며 와이엇도 나를 쳐다보기를 바란다. 그는 나를 보지 않는다. 그러나 나중에 모닥불을 피웠을 때, 그는 내 곁에 앉는다. 그 순간 나의 꼬리뼈를 타고 전류가 흐른다.

이런, 마스가 누굴 좋아하나 보네.

나는 아니라고, 그렇지 않다고, 하지만 말해줘서 고맙다고 답한다.

우리는 소고기와 보리 스튜를 먹고, 김이 나는 폴렌타°에 담근 썬 드

° 옥수수 가루를 물, 우유 또는 육수에 익힌 이탈리아 북부의 음식

라이드 토마토를 먹는다. 바질도 곁들인다. 나는 물통의 물을 길게 들이켜면서 음식의 뒷맛만 느낀다. 갑자기 극도의 피로감이 밀려든다. 모닥불의 불길이 마지막 남은 미약한 햇빛을 서서히 잠식해갈 때, 따뜻한 와이엇의 어깨가 내 어깨에 닿는다. 어느 순간 머리 위로는 온통 검푸른 하늘이고, 그 아래로는 녹아내린 오렌지 빛깔이다.

문득 이곳에 내가 만족하고 있다는 사실을 깨닫는다. 평상시의 편집증으로부터 너무 쉽게 벗어나다 보니, 오히려 자연의 치유력을 생각하지 못했다. 어쩌면 정말 숲의 힘인지도. 어쩌면 다 잘될 거라는 와이엇의 조건 없는 응원 때문인지도. 나는 잠을 떨쳐내고 똑바로 앉는다. 내 옷의 바늘땀 하나도 와이엇의 옷에 닿지 않도록 조심하면서. 물론 그는 전혀 알아차리지 못한다.

브레이든과 교관들이 스모어° 재료를 돌리자 다들 흥분한다. 남자애들이 마시멜로를 구울 가장 좋은 자리를 차지하려고 경쟁하느라 한바탕 소란을 피운다. 나는 흰색 설탕 방울이 처음엔 갈색이 되고, 그다음엔 검은색이 되어서 불길 속으로 떨어져 석탄 위에서 보글거리는 모습을 지켜본다.

그리고 당연히 유령이 등장한다.

"너희들 본화이트맨 기억해?" 척스터가 묻자 불가에 앉아있던 남자애들이 안다는 듯 앓는 소리를 낸다. 심지어 나도 본화이트맨을 기억한다. 그는 에스펜의 유령으로, 그의 이야기는 밴딧 아이들을 잠자리에 들게 하기 위한 다소 잔혹한 전통이다.

○ 구운 마시멜로와 초콜릿, 크래커를 이용한 캠핑용 간식

"깊은 산속에 오두막이 있고……." 레이가 시작한다.

아이들이 펄쩍 뛰며 그의 말을 고친다.

"깊은 숲속에 호수가 있고……."

"*깊은 산*이야."

"*초가집*이야."

세부적인 것들을 놓고 토론이 벌어지고, 와이엇이 공식 버전을 제시하자 상황이 정리된다.

"깊은 숲속에 호수가 있고, 호수 건너에 들판이 있고, 들판 위에 집이 있는데, 그 집의 창문을 두드리는 사람이 바로 본화이트맨."

둥글게 앉은 아이들이 조용해진다. 와이엇이 말을 잇는다. "본화이트맨은 에스펜만큼이나 오래됐어. 그가 어쩌다가 그런 운명에 처했는지는 아무도 몰라. 그 자신조차 기억 못 하지. 하지만 범죄가 일어났고, 숲이 그 범죄를 목도했고, 심판한 건 사실이야. 어느 날 밤, 달빛이 너무도 희고 차가워서 살갗 바로 밑 뼈에 성에가 끼기 시작할 때, 숲이 따스한 집 안에 있는 그를 밖으로 불러냈어."

"하지만 어떻게?" 캘럼이 끼어든다.

"울음소리로. 어린아이의 울음소리." 와이엇이 말한다.

"*노랫소리*였어." 타일러가 말하고, 다른 남자애들이 *기도 소리, 늑대 울음소리, 웃음소리, 콧노래 소리*였다고 덧붙인다.

누가 콧노래라고 말했는지는 보지 못했지만 나도 콧노래라고 생각했다. 여자애가 콧노래를 부르는 소리였다고 들은 기억이 있다. 지금까지 그 얘기를 잊고 있었는데, 이야기의 전개가 오싹하다. 내 살갗 밑에 성에가 낀다.

와이엇이 반복한다. "울음소리야. 그를 불러낸 건 그가 버린 딸의 울음소리라는 얘기도 있어. 어쨌든, 그는 숲으로 들어가서 다시는 돌아오지 않았어. 너무 추운데 죽을 수도 없지. 그래서 여전히 숲속에서 온기를 찾아 헤매고 있대. 너희가 한밤중에 어두운 창문을 너무 오래 바라보고 있으면, 그가 창문으로 다가올 거야. 얼음처럼 흰 남자가. 머리엔 성에가 뒤덮이고 눈은 딱딱하게 얼어있는. 그래서 불을 끄는 거야. 그가 돌아오는 길을 찾지 못하도록."

남자애들이 조용하다가, 잠시 후 논평이 재개된다.

"한심한 얘기야."

"이런 거지 같은 얘기를 듣고 무서워하던 시절이 있었지."

와이엇이 다시 입을 연다. "지어낸 얘기가 아니야. 난 그의 소리를 한 번 들었어. 얼어붙은 손가락들이 내 유리창을 두드렸거든. 내가 불을 껐는데, 몇 미터 거리에 그가 있었어. 그러고는 사라졌지. 아침에 보니까 창문에 성에가 끼어있었어."

"그만해, 와이엇. 소등 시간 지나고 나서 불을 켤 수 있는 것처럼 말하네. 그 시간에 깨어있지도 못하면서."

"이가 딱딱 부딪치는 소리도 들렸어!" 와이엇이 떨리는 숨을 들이마시며 말한다.

"난 그 얘기 때문에 악몽을 엄청나게 꿨어. 지금도 불을 끄면 무서워서 창문을 못 봐. 혹시라도 그 남자가 서있을까 봐." 내가 말한다.

레이가 똑바로 앉는다. "난 그 반대야. 나는 밖에서 숙소 안을 못 들여다보겠어. 숙소 사람들 얘기 들었어? 시작은 똑같아. 숲속에 집이 있고, 어쩌고저쩌고. 하지만 이건 에스펜에서 실제로 일어난 일이야. 아

마 오늘 같은 여행에서 시작됐겠지. 어느 한 텐트에서 여자애들이 손전
등으로 그림자놀이를 하고 있었어. 교관들이 그만 자라고 해도 말을 듣
지 않아서, 교관들이 밖에서 그림자를 드리워서 애들한테 겁을 주었어.
여자애들은 숙소로 돌아올 때까지 계속 그 얘기를 했어. 하지만 그들이
캠프의 숙소로 돌아간 뒤에도 그림자가 계속 나타나는 거야. 불을 켜
도 아무 때나 그런 일이 일어났어. 한밤중 욕실에서 손 하나, 혹은 머리
하나가 나타나는 거야. 상황이 점점 더 악화되자 어느 날 밤 여자애들
이 전부 다 불빛이 없는 밖으로 뛰쳐나왔어. 교관들은 여자애들한테 장
난이었다면서 진정시키려 했는데, 숙소를 돌아보니 여전히 그림자들
이 있는 거야. 그런데 자세히 보니 그림자가 아니었어. 교관들 자기 자
신의 모습이었어. 그들과 똑같은 얼굴을 한 사람들이 숙소 창가에 서서
손을 흔들며 웃고 있었대.”

　레이의 이야기에는 아무도 말을 보태지 않는다. 그는 조용한 박수를
받는다. 어쩌면 우리 모두가 빛과 어둠 사이를 넘나들며 벽의 모서리를
따라 뛰어다니는 유령들의 손을 상상하고 있는지도 모른다.

　마침내 브레이든이 침묵을 깨며 말한다.

　“이곳 이름이 왜 에스펜인지 알아?” 그 질문이 오늘 밤의 분위기를
바꾼다. 하찮은 대화가 중요한 대화로 옮겨가는 결정적인 순간이다.

　브레이든이 시작한다. “에스펜은 신성한 땅이야. 수천 년 동안 그래
왔어. 이 캠프가 설립되기 훨씬 전부터. 수많은 전설이 존재하지만, 최
초이자 가장 근본적인 전설은 사시나무들에 관한 전설이야. 사시나무
는 무리 지어서 자라. 전부 연결되어 있다고들 하지. 땅 밑에 고대 유기
체 하나가 살고, 나무껍질의 검은 소용돌이무늬는 나무의 눈이라고 해.

그들은 우리가 이 장소를, 그리고 서로를 존중하는지 지켜보는 거야. 그 누구도 사시나무들의 눈을 피해 몰래 움직일 순 없어."

"본화이트맨도?" 누군가 말한다.

브레이든이 고개를 끄덕인다. "맞아. 그게 바로 에스펜이 설립된 이유야. 에스펜은 우리가 우리 자신에게, 그리고 숲에게 정직해야 하는 곳이야. 신뢰의 전통 위에 설립된 곳이지."

브레이든이 우리를 한 명씩 차례로 쳐다본다. 모닥불의 불꽃이 우리의 눈동자에 황금빛 테두리를 그린다. "아웃바운드에서 가장 중요한 건 결국 신뢰야. 너희들은 리더인 나와 퀸이 이 숲에서 너희들을 안전하게 이끌어줄 거라고 신뢰하지. 우리는 너희들이 우릴 따를 거라고 신뢰해. 여기서 우리는 서로를 형제처럼 신뢰해. 왜냐하면 야생 속에서 우린 바로 그런 관계니까. 형제. 이 유대는 우리가 에스펜을 떠난 뒤에도 오랫동안 지속될 거야. 숲의 눈들이 우릴 계속 지켜보겠지."

원이 흐트러지며 한 명씩 텐트로 들어갈 때, 나는 브레이든의 말이 사실이라는 생각이 든다. 나무껍질의 눈동자들은, 결코 깜빡이지도, 회피하지도 않는다. 물러설 줄 모르는 그들의 시선이, 강변에서 이를 닦을 때도, 달빛이 어린 물에 양칫물을 뱉을 때도 나를 따라온다. 흙투성이 텐트에 들어서서 뒤척이는 익명의 몸들을 피해 걸을 때도, 꿈의 가장자리로 떠내려갈 때도 따라온다.

그리고 더 멀리까지도.

제15장

○

나는 온몸이 욱신거리는 상태로 깨어난다. 모든 근육이 아리는 피부 아래서 석회화되었다. 내가 가장 먼저 일어난 것 같다. 눈이 따갑다, 마치 잠을 자지 않은 것처럼. 어렴풋이 캐럴라인의 꿈을 꾼 기억이 나지만 그건 새롭지도 않다. 그러나 이번 꿈에서는 캐럴라인을 볼 수 없었다. 캐럴라인은 숲속에 있었고, 울고 웃고 울었고, 내가 모닥불 곁에서 벗어나 캐럴라인을 찾으러 갈 때 그림자 하나가 내 자리에 앉았다.

텐트 밖으로 나가 빈터가 시야에 들어온 순간 멈칫한다. 텐트 주위가 온통 쓰레기 천지다. 브레이든과 와이엇이 욕을 내뱉으며 쓰레기를 줍고 있다.

"곰인 것 같아. 라쿤은 아니야." 와이엇이 말한다.

"그럴지도. 쓰레기봉투 관리는 누가 하기로 했었지? 레이였던 것 같은데, 하여간 더럽게 게을러!" 브레이든이 말한다. 와이엇이 날 보더니, 그에게 조용히 하라고 눈짓한다. 남자애들 몇 명이 더 일어나고, 그들 역시 엉망이 된 공터를 보고 눈을 깜빡인다.

쓰레기봉투만 헤집어진 게 아니다. 어떤 짐승인지 몰라도, 우리의 식량과 보급품들까지 공격했다. 축 늘어진 배낭들이 찢긴 포장지 위에 널

브러져 있고 음식물 주위로 파리와 개미가 들끓는다. 나의 배낭은 온전한 상태로 남은 몇 안 되는 배낭 중 하나다. 배낭 깊숙이 넣어둔 양봉칼의 차가운 금속을 확인하는 순간 나는 안도한다.

와이엇이 브레이든을 안심시킨다. "괜찮을 거야. 오늘 밤 캠핑할 장소에서 레이븐스킬이 가까우니까, 거기 가서 도움을 청하면……."

"도움은 필요 없어." 브레이든이 굳은 표정으로 말한다.

그날 아침, 차갑고 끈적한 오트밀 뒤로 캠핑 예절, 팀워크 그리고 느슨한 유대에 관한 브레이든의 연설이 이어진다. 한 명이 실수하면 모두가 고생이라고. 그 말을 들으니 아빠의 말이 떠오른다. *나보다 우리*. 다시 도보 여행을 시작할 때, 분위기는 당연히 암울하다. 우리는 뻣뻣한 다리로 절뚝거리는데, 브레이든은 따라잡기 힘든 속도를 유지한다. 와이엇마저도 화가 나서 씩씩거린다. 아침 안개 속에서 이글거리는 태양이 따갑게 내리쬘 때, 분노가 우리 모두에게 번져간다.

배가 고프다. 피곤하다. 나는 모든 힘을 똑바로 서는 데 쏟아붓는다. 그리고 나는 하나의 리듬을 탄다. 비틀거리고 고르지 않은 리듬이고, 부어오른 나의 발이 아무렇게나 바위들과 뿌리들 틈에서 길을 찾는다.

나는 초원을 꿈꾸고, 숙소H 안에 있던 원석처럼 화사한 것들을 꿈꾼다. 테라스에 모여있는 여자애들을, 아침의 한기에 담요를 뒤집어쓴 여자애들을, 베이컨과 튀김 냄새를 빼려고 열어놓은 창문들을 상상한다. 그러다가 화장실로 몰려가 거울 앞에 서서, 머리카락과 눈썹을 다듬고, 파스텔톤 사탕 색깔 운동화에 양말 신은 발을 집어넣을 것이다. 그들은 초원으로 나갈 것이다. 아마도 노래를 부르면서. 서로 새끼손가락을 걸고서. 그리고 벌통을 열고 안에 있던 벌들을 깨울 것이다.

인간 사냥의 몽롱하고 흐릿한 기억을 재미 삼아 떠올려본다. 캘럼이 피가 뚝뚝 떨어지는 코를 양손으로 감싸고 어둠 속에 웅크리고 있던 모습을. 그 기억은 너무도 이상하게 느껴진다. 숙소H의 옅고 찬란한 빛깔들 한복판에 자리 잡은 어둡고 강렬한 색. 전혀 어울리지 않는다. 나는 작고 어두운 숲에 캘럼을 남겨두고 다시 벌들에 대해 생각한다.

나는 벌과 양봉에 대해 조금 안다. 아주 조금. 에스펜에 오려고 준비하면서 알아본 것들이다. 벌집은 햇빛, 비, 바람이 완벽하게 차단된 공간이다. 맨 밑에 벌들이 들어갈 수 있는 조그만 문을 제외하면. 때로 그 문은 벌의 사체들로 막혀있다. 벌들은 위생적이다. 그들은 장례를 치르고 죽은 벌들을 벌집에서 제거한다. 벌집 안은 시끄럽다. 어둡다. 그리고 비좁다. 벌들은 벌집을 위에서부터 짓는다. 육각형의 틀이 벌집 꼭대기에서부터 시작되어서 서로 연결되며 아래로 흐른다. 인간들과는 다르다. 인간은 태양을 향해 쌓아 올린다. 우리는 하늘에 닿으려 애쓴다. 벌들은 암묵적인 만장일치로, 세상을 날아다니며 온갖 생명의 열매를 섭취한 다음, 그 양분을 이용하여 아래로, 어둠 속 더 깊은 곳으로 벌집을 지어 내려간다.

나는 캐럴라인이 왜 벌들에게 관심을 가졌는지 이해하기 시작한다. 벌들. 그들은 너무도 기민하고 단순한 논리로 움직인다. 그들은 평온하면서도 단호하다. 캐럴라인처럼. 창의성이나 자부심, 반항이 없는 그들의 세계는 순수하다. 나의 내면에는 온갖 악이 존재한다. 아마 나는 벌집에서 살 수 없을 것이다.

벌들도 애도를 할까? 벌들도 상실을 알까? 인간에게는 죽음을 해부하는 백 가지 신화가 있다. 오그라든 자신의 시체가 달콤한 어둠 속 저 아래에서 기다리는 빛을 향해 운반될 거라 생각하는 그런 순간이, 죽어 가는 별에게도 있을까?

캐럴라인이 죽기 전에는 기도를 한 적이 없지만, 캐럴라인이 떠난 지금, 나에겐 하나의 기도가 있다. 오직 하나. *네가 어디에 있건, 환한 곳이기를. 모두 끝난 뒤에, 우릴 기다리고 있는 것이 부디 빛이기를.* 빛이 아닌 다른 것은 견딜 수 없다.

내가 비틀거리다가 다시 중심을 잡는다.

아니다. 죽음 뒤에는 아무것도 없다. 빛도 없고 어둠도 없다. 해체된 에너지도 없고, 분해된 입자들도 없다. 나는 나 자신에게 그렇게 말한다. 아무것도 없어야 수많은 질문도 없을 테니까. 아무것도 없어야 감당하기 버거운 조건과 협상도 없을 테니까. 아무것도 없어야 한다. 더 이상은 살펴볼 곳이 없어야 한다. 그렇지 않으면 난 결코 멈추지 않을 테니까.

나는 다시 비틀거리고, 다시 중심을 잡는다.

그러다가 넘어진다.

나의 손이 뒤집힌 바위에 부딪치고, 그 고통이 나를 몽롱한 상태에서 벗어나게 한다. 나는 손을 가슴에 대고, 손마디 사이로 흘러나와 팔 위로 뚝뚝 떨어지는 따듯한 피를 느낀다. 누가 날 봤을까 고개를 든다.

나는 혼자다.

자리에서 일어서서 주위를 돌아본다. 나의 옆에도 뒤에도 아무도 없다. 나는 심지어 길 위에 있지도 않다.

나는 혼자다.

"누구 없어요?" 내가 외친다.

아무 소리도 들리지 않는다.

내가 다시 한번 외친다. 목소리에 두려움이 깃든다. 나는 한 바퀴를 돌고 또 돌면서, 내가 어느 방향에서 걸어왔는지 찾으려고 하지만, 너무 늦었다. 길을 잃었다. 나는 아무 방향이나 정하고 무작정 걷는다. 언덕 위로 올라간다. 언덕 꼭대기에서도 여전히 확신이 없는 상태로 나무들을 내려다보며 한 바퀴를 돈다. 사시나무들과 달리 이 나무들에게는 얼굴이 없다. 마치 나무들이 내게 등을 돌리고 선 것 같다.

저 멀리, 수풀 속에서 무언가가 버스럭거린다.

곰. 라쿤. 거대한 무언가가 나에게 달려온다. 나는 흐르는 피를 아랑곳하지 않고 배낭을 단단히 조이며 달아날 채비를 한다. 그때 고함 소리가 들린다.

와이엇!

나는 달려 내려가 언덕 아래에서 그를 만난다.

그가 숨을 몰아쉰다. "말했잖아…… 혼자 다니지 말라고."

안도감에 울고 싶은 마음과 내 행동을 합리화하려고 쏘아붙이고 싶은 마음 사이에서 갈등한다.

"잠깐 멍해졌어. 미안해."

"너 자주 그러더라. 자주…… 멍해져."

그 말을 부정할 수 없다. 나는 여전히 충격에 휩싸여 어지럽다. 그가 날 쳐다보며 미간을 찌푸린다. "피 나잖아."

내가 피로 물든 손바닥을 들어보지만 그는 내 머리를 보고 있다. 귀의 붕대를 만져보니 손가락 끝에 끈적이는 피가 묻어난다.

"넘어졌나 봐. 나도 잘 모르겠어. 걷고 있었는데…… 벌들과 죽음에 대해 생각하기 시작했고, 그리고⋯⋯."

결국 나는 울음을 터뜨린다. 지금 무슨 일이 일어나고 있는지, 왜 이런 일이 일어났는지 이해할 수 없다. 눈물을 멈추려 애써보지만 두 눈에서 쌍둥이 같은 눈물이 흐른다. 눈물을 닦아내며 나의 피에 눈물의 소금기를 더한다.

"진정해, 괜찮아. 다른 애들은 저 고개 너머에 있어. 어차피 점심시간이라 멈추었는데, 네가 무리에서 이탈하는 걸 봤어. 그냥 계속 걷더라고." 나의 북받치는 감정을 멈출 수 있다는 듯이 그가 말을 쏟아낸다. "여기서 멀지 않아. 다들 바로 저기 있어. 맹세해. 자, 날 봐. 우린 함께 돌아갈 거야. 가서 구급약을 찾자. 다 괜찮을 거야. 어때? 괜찮겠지?"

감정을 내비친 게 창피하다. 조금 허탈하고, 조금 어지럽다. 그리고 아주 많이 한심하다. 나는 그래도 그의 말을 믿는다. 괜찮을 거라는 그의 말을.

내가 웅얼거린다. "나 구급약 있어. 배낭 안에."

"다행이네. 그럼 여기서 반창고를 붙이자." 와이엇이 미소를 짓는다.

내가 배낭을 내리자 그가 그 안을 뒤지기 시작한다. 나는 양봉칼을 한 박자 늦게 떠올리지만 이미 늦었다. 그가 배낭 안쪽에서 무언가를 발견하고 긴장한다. 그가 천천히 그 물건을 꺼내며 뒤로 쭈그려 앉는다. 그러나 그것은 양봉칼이 아니다.

"마스, 이런 거 가져오면 안 돼. 곰을 유인할 거야."

어두운 숲속에서, 그것은 녹은 금처럼 반짝인다. 꿀. 식당에 있는 것처럼 조그만 유리병에 든 꿀이다. 그게 어떻게 배낭에 들어갔지?

"배낭에 있는 줄 몰랐어." 내가 말한다. 내가 꿀을 받아 들고 그는 구급약을 꺼낸다. 손에 든 유리병이 묵직하다. 병에 금이 가 있다. 냄새는 약하지만 분명히 느껴진다. 꽃향기가 섞인, 진한 향.

"버릴게." 내가 말한다.

"안 돼. 흔적을 남겨선 안 된다는 거, 잊었어?"

"그럼 베어백°에 넣을게.

"오늘 아침 같은 순간을 또 맞이하고 싶어서 그래?"

나의 배낭은 손상되지 않은 몇 개 안 되는 배낭 중 하나였다는 점을 지적하고 싶지만 그의 표정을 보니 장난기가 느껴진다. 와이엇은 농담을 하고 있다. 나는 조금 긴장을 푼다.

"그럼 어떻게 해?" 내가 묻는다.

와이엇의 미소가 느리게 번진다. 여유롭고 숙련된 미소다. "먹어. 아무한테도 말 안 할게."

"네가 먹어." 내가 되받아친다.

"만약 한밤중에 곰이 나를 텐트 밖으로 끌고 나가면, 그건 네 잘못이야. 그걸 원해?"

우리가 실랑이하는 동안, 그가 나의 손에 요오드를 바른다.

"곰은 절대 널 해치지 않아." 내가 말한다.

"왜?"

"너 냄새 지독하거든."

"그쪽도 딱히 상큼한 데이지 꽃향기가 풍기진 않습니다, 정찰병."

○ 야영지에서 곰의 습격을 피하기 위해 음식물을 안전하게 보관하여 나뭇가지에 매달아둘 때 쓰는 커다란 방수 가방

그가 내 귀에 연고를 바를 때 나는 움찔한다.

"질문. 이 상처 어디서 난 거야?" 그가 넌지시 묻는다. 그가 안다는 뜻이다. 아니면 그저 나의 상상이거나.

"대답. 넘어졌어." 내가 단순하게 답한다.

"아주 지독하게 넘어졌나 보네."

"아주 지독하게."

"나한테서 나는 냄새보다 더?"

솔직히, 와이엇의 냄새는 훌륭하다. 자외선 차단제와 시트로넬라향이 나고, 물론 땀 냄새도 나지만 신선한 땀 냄새다. 친근하고도 낯선 냄새. 그의 냄새가 싫지 않다.

"너 그 정도로 지독하진 않아." 내가 말한다.

와이엇이 새 반창고를 붙이고 뒤로 물러서서 자신의 솜씨를 살펴보는 척하지만, 사실 그는 나를 살펴보고 있다.

그가 말한다. "사과할 게 있어. 네가 온 이후 내가 계속 널 감시했어. 알고 있었어?"

극적인 효과를 위해 내가 숨을 소리 나게 들이쉰다. "전혀. 진짜? 그것도 모르고 나는 에스펜의 핵심 가치인 친족 등용을 설파하려고 웬디가 나한테 널 붙여놓은 줄 알았잖아!"

와이엇이 웃는다. 코로 내뿜는, 그러나 대놓고 웃기는 거부하는 짧은 웃음이다.

"사실 감독들은 네가…… 적응 못 할까 봐 걱정했어. 그래서 널 감시하라고 한 거야. 처음엔 그들의 판단이 맞다고 생각했어. 하지만 넌 강하더라, 마스. 잘 버티고 있어."

"자주 멍해진다면서."

"멍해지고 또 넘어지지. 어떤 일에도 진지하지 않아. 하지만 사람들이 널 과소평가하고 있는 건 분명해."

나는 정말이지 평생토록 그 사실을 알고 있었다. 사람들은 나를 보는 순간 나의 모든 것을 안다고 생각했다가, 나중에 그들이 틀렸다는 걸 내가 증명하면, 그제야 보상을 한다.

"그러니까 내 말은, 미안하다고." 와이엇이 말한다.

"괜찮아. 난 이런 거에 익숙해."

"익숙해질 필요가 없는 일이잖아."

그런데도 나는 익숙하다. 그게 누구의 잘못일까? 그러나 그 말은 하지 않는다. 와이엇이 이미 아는 것 같아서. 나에 대한 그의 평가가 급반전한 것만으로도 내가 하고자 하는 말은 충분히 증명되었다.

나는 화제를 바꾼다.

"꿀은 어쩌지?"

와이엇이 유리병을 들고 조심스럽게 뚜껑을 연다.

"원샷?" 그가 말한다.

그가 고개를 뒤로 젖힌다. 유리병에서 가느다란 꿀 줄기가 그의 입으로 흘러들어갈 때 나는 그의 목을 바라본다. 그는 입을 다물지 않고 편안하게 두 번 꿀꺽 삼킨 다음 남은 꿀을 내게 내민다.

"남은 꿀을 처리할 수 있겠어, 마티아스?"

"또 날 과소평가하는 거야?" 내가 받아친다. 나는 유리병을 조심스럽게 입술 쪽으로 기울인다. 꿀은 진하고, 빛과 꽃과 열기로 가득하다. 여름을 먹는 것 같다.

나는 나를 관찰하는 와이엇을 관찰한다. 야외에서 보니, 서로 색이 다른 그의 두 눈이 훨씬 더 밝아 보인다. 재미있어하는 표정 뒤에, 잘난 체하는 표정 뒤에, 매혹이 있다. 아마도 그에겐 낯설겠지만, 나에게는 선명한 갈망이 있다.

내 생각일 뿐이다. 내 바람일 뿐이다.

이제 유리병에는 호박색 광택만이 남아있다. 와이엇이 물을 부어 병을 헹군 다음 금이 간 유리병을 거즈에 싸서 내 배낭에 넣는다.

"비밀이야." 그가 말한다.

"거미의 약속." 내가 윙크로 답한다.

우리는 일행이 있는 곳으로 걷는다. 와이엇이 내 배낭을 들어주겠다고 하고 나는 허락한다. 우리의 침묵에 무언가가 드리워진다. 긴장. 와이엇은 내게 하고 싶은 말이 있다. 뒤엉킨 철쭉들을 헤치며 걷는 동안 나는 와이엇이 그 말로 가는 길을 찾도록 기다린다.

"마스, 어떻게 말해야 좋을지 모르겠지만, 캐럴라인 일은 정말 유감이야. 캐럴라인은 좋은 애였어."

이번만큼은 움찔하지 않는다. 조금 전에 치른 묘한 꿀의 의식 덕분인지, 나는 홀가분하다. 정신이 맑다. 와이엇과는 이런 얘기를 해도 괜찮을 것 같다.

"캐럴라인을 알았어?"

"응, 우린 친구였어. 작년에도, 그 전년도에도."

"캐럴라인은 어땠어? 여기 에스펜에서."

"캐럴라인은⋯⋯." 그가 벌레 한 마리를 쫓고, 땅을 보며 얘기한다. "친절하고 영리했어. 모두를 살뜰하게 챙겼지. 캐럴라인은 전혀⋯⋯."

"허니들 같지 않았어?"

"어느 한 그룹에만 속해있지 않았어. 마치 모든 그룹에 속해있는 것 같았지. 우린 보트 때문에 친해졌어. 나하고 보트를 같이 탔거든."

"설마 남몰래 캐럴라인 좋아했던 건 아니겠지?" 내가 그를 놀린다.

와이엇이 웃음을 터뜨린다. "아냐, 그런 거. 캐럴라인은…… 자매 같았어. 아, 미안."

내가 손사래를 친다.

"괜찮아. 무슨 뜻인지 알아."

마침내 남자애들의 고함 소리가 들린다. 그들의 웃음소리가 새들의 노랫소리를 가르고, 와이엇이 걸음을 늦춘다.

"실은, 너한테 할 얘기가 있어. 나도 형제를 잃었어." 그가 말한다.

나는 고요해진다. 나의 모든 것이 고요해진다. 심지어 내 안에서 들려오던 조그마한 윙윙거리는 소리마저도 사라진다. 나는 걸음을 멈추지만, 와이엇은 멈추지 않는다. 그가 앞서가다가 나를 돌아본다. 그는 나뭇가지들을 올려다보고, 어른거리는 햇살에 눈을 찌푸린다.

"내 남동생. 아주 오랫동안 많이 아팠어. 의사들이 살 수 없을 거라고 했는데, 열 살까지 살았지. 걘 투사였어."

와이엇의 목소리가 끝으로 갈수록 작아진다. 목이 멘다. 그는 그 감정이 지나갈 때까지 말을 잇지 않는다.

"암은 최악이야." 그는 그렇게만 덧붙인다.

나는 문득, 에스펜 사람들도 다른 모든 사람처럼, 캐럴라인이 뇌종양으로 죽었다고 생각한다는 사실을 깨닫는다. 그리고 잠시나마, 나도 그렇게 믿는다. 나도 뇌 사진을 보았다. 캐럴라인의 뇌에 숭숭 뚫린 어두운 구멍들을 보았다. 그 공허한 별자리들이 마치 캐럴라인이 남길 빈자리를 예언한 것만 같다.

"남동생 일은 유감이야. 그렇게 어린 나이에." 내가 말한다.

내 말이 공허하게 들린다. 상투적으로 들린다. 나는 진심을 담아서 한 말이지만 내 귀에 들리는 것은 날 위로하려고 사람들이 했던 뻔한 말들이다. 문득 내가 그들의 말을 잘못 받아들인 건 아닐까 생각해본다.

"제러미. 이름은 제러미였어."

나는 눈을 감는다.

제러미, 캐럴라인. 나는 그 두 사람이 환한 미지의 세상에 함께 있는 모습을 상상해보고 싶다. 어쩌면 그들이 지켜보고 있을 수도. 어쩌면 지켜보지 않을 수도. 부디 그들이 혼자가 아니기를.

잠시 울 것 같은 기분이 들지만 울지 않는다. 여전히 치아 안쪽에서 달콤한 꿀맛이 느껴지고, 그 맛이 나를 지금 여기, 현실 속에 뿌리내리게 한다. 숲속에 계곡이 있고, 계곡 안에 두 사람이 있고, 두 사람의 마음속에는 사람 모양의 공백이 있다. 와이엇과 나는 서로를 이해한다.

"그렇게 되어서 유감이야." 내가 와이엇에게 말한다.

"나도." 와이엇이 내게 말한다.

더 이상 아무 말도 필요하지 않다. 우리는 그쯤에서 멈추고, 침묵 속에서 일행에게로 돌아간다.

제16장

◇

그날 오후 우리는 또 다른 강 근처에 캠프를 친다. 어쩌면 같은 강인지도 모르겠다. 나는 알지 못하고 알고 싶지도 않다. 남자애들이 배낭을 내리고 기지개를 켤 때 어제보다 분위기가 한결 가라앉아 있다. 여기까지 오는 길은 내리막길인 데다 위험해서 날카로운 바위와 튀어나온 나무들 사이로 우리를 구슬처럼 미끄러트렸고, 빈약한 점심 식사 때문에 배가 고프다. 저녁에 먹을 음식도 없다.

브레이든이 계획을 발표한다. 그와 퀸이 식료품을 사기 위해 지원자 몇 명과 함께 차를 얻어 타고 마을에 다녀올 것이다. 와이엇은 당연히 같이 가겠다고 자원한다. 이글하우스의 견습 리더인 케니는 남기로 한다. 그렇게 해서 작은 원정대가 결성되어 출발한다. 와이엇이 지도와 한심해 보이지만 결국 그렇게 한심하지는 않은 것으로 판명된 나침반 시계로 그들을 인솔했다.

남자애들은 기다란 나뭇가지를 들고 있는 사람에게 조그만 돌을 던져서, 돌을 얼마나 멀리까지 칠 수 있는지 보는 게임을 시작했다. 나는 그늘에 앉아 물을 홀짝인다. 와이엇이 반창고를 붙여준 손이 욱신거린다. 상처를 들여다보기가 두렵다. 염증이 시작된 게 분명하다. 게임이 따분해지자 남자애들은 초조해한다. 말다툼의 시작은 듣지 못했지만, 투덜대는 애를 누군가가 걸어차고, 마치 마른 불쏘시개에 불길이 번지듯, 그렇게 분노가 번진다.

"레이였어. 레이가 베어백을 매달기로 되어있었어." 누군가가 말한다.

"닥쳐, 니코. 난 제대로 했어. 내 잘못이 아니야." 레이가 말한다.

"곰은 함부로 공격하지 않아. 와이엇이 라쿤일 수도 있다고 했어."

"아니면 본화이트맨이거나."

그 말에 몇 명이 씁쓸하게 웃는다. 더위에도 불구하고 나는 강 건너편의 숲을 흘금거린다.

"네 생각은 어때, 마스?"

아이들이 만든 원의 맞은편에서 캘럼이 묻는다. 그는 게임을 하던 나뭇가지를 마치 칼처럼 휘두르고 있다. 얼굴의 멍은 색이 진해졌고 눈은 여전히 퉁퉁 부었다. 그래서 그의 표정을 읽기가 힘들다. 그와 그의 패거리의 관심이 나에게로 쏠리는 게 싫다. 그들은 굶주린 것 같다.

"모르겠어. 아마 라쿤이었겠지." 나는 말한다.

"근데 이상하잖아. 음식들은 거의 다 땅바닥에 그대로 있었어. 놈들은 음식을 먹지도 않았다고. 마스, 넌 늘 와이엇을 따라 생태 실험실에 가잖아. 이 상황을 어떻게 생각해?" 캘럼이 느릿하게 말한다.

"라쿤들은 아마 바질을 곁들인 캠핑 음식은 씨씨Sissy°들이나 먹는 거라고 생각하겠지." 농담이 긴장된 분위기를 누그러뜨리기 바라며 내

○ '남자답지' 않은 소년을 뜻하는 경멸적인 표현으로, 여성적인 남성 혹은 게이를 비하할 때 쓰는 말

199

가 말하지만, 통하지 않는다. 그 말을 감정적으로 받아들인 캘럼이 자리에서 일어나 어깨를 반듯하게 편다.

"방금 *네가* 날 *씨씨*라고 불렀냐?"

"아니, 의미론적으로 그렇다는 거야, 캘럼." 내가 말한다.

"그래서 내가 멍청하다고?"

또 시작이다. 캘럼이 매서운 눈빛으로 나를 쏘아보자 아이들이 조용해진다. 그의 눈에서 복수심이 번득인다. 유령 같은 인간 사냥의 기억 속에서처럼. 나에겐 데자뷔처럼 느껴지지만, 캘럼으로서는 펜싱 경기에서 내가 그를 이긴 것에 여전히 앙금이 남아있을 것이다.

"어쩌면 짐승이 아니었을 수도 있어. 사람일 수도 있어. 그러고 보니 네 가방도 멀쩡한 가방 중 하나였지?" 캘럼이 모여있는 아이들을 향해 말한다.

나는 곧바로 나의 배낭에 누군가가 넣은 꿀병을 떠올린다. 누구든 금이 간 유리병을 집어넣을 수 있었다. 온갖 짐승을 유인하도록.

"난 네 물건 건드린 적 없어." 내가 말한다.

내 배낭에 꿀병을 넣은 사람은 캘럼이었다. 지금은 허세를 부릴 시간이다.

내가 다시 말한다. "내 배낭 뒤져봐. 아무것도 없으니까."

"내가 감히 어떻게 뒤져. 그랬다간 네 남자친구 와이엇이 웬디한테 쪼르르 달려가서 아웃바운드를 아예 없애버릴 텐데. 네가 성 대결을 없애버렸던 것처럼." 캘럼이 말한다.

남자애들의 반응으로 보아 그들 중 반은 나의 과거를 알고 있는 것 같고, 나머지 반은 캘럼이 하는 말을 이해할 정도로만 아는 것 같다. 그들에게서 떨어지려고 일어서지만, 캘럼의 얘기는 아직 끝나지 않았다.

캘럼이 말을 잇는다. "알지? 마셜 때문에 성 대결이 빌리지 대항전으로 바뀐 거. 결국 똑같은 건데, 마셜이 그걸 못 참았어. 왜냐하면 마셜은 여자애들하고 경기에 참가하고 싶어 했거든. 그걸 못 하게 하니까, 마셜이 점수판에 불을 붙였어. 맞지?"

내가 돌아선다. 피가 귀로 쏠린다. 손이 욱신거린다.

"어떻게 하면 날 내버려둘 거야, 캘럼?"

"재대결 어때?" 캘럼이 말한다. 그가 대답을 너무도 빨리 내뱉어서 나는 그의 덫에 걸린 듯한 기분이 든다. 그가 들고 있던 나뭇가지를 내 쪽으로 던지지만 나는 받지 않는다. 발치에 그대로 두려는데 캘럼이 다른 나뭇가지를 집어 든다.

케니를 찾아보지만, 케니도 다른 남자애들과 함께 구경만 하고 있다. 타일러마저도 작정하고 구경하는 것 같다. 와이엇이 있었다면 중재했겠지만, 다른 사람이라면? 에스펜은 아이들이 갈등을 스스로 해결하도록 하는 방침에 자부심을 느낀다. 이런 분쟁이 어디까지 갈 수 있는지 나는 경험으로 안다. 누군가가 반드시 다치게 되어있다.

캘럼이 기어이 나뭇가지를 휘두를 때 방어하기 위해서라도, 나는 일단 나뭇가지를 집어 든다.

흡족해하며 캘럼이 말한다. "저번엔 내가 일부러 살살한 거야. 자매를 잃은 괴물한테 잘해주라고 해서."

내가 먼저 나뭇가지를 휘두른다. 캘럼이 막는다. 내가 다시 공격한다. 나뭇가지는 뻣뻣하다. 펜싱 검처럼 나긋나긋한 우아함이 없다. 캘럼의 공격을 막아낼 때 오른손이 아프다. 그는 준비가 되었고 나는 준비가 되지 않았다. 그리고 얼마 후 그가 나를 나무 쪽으로 밀어붙인다. 한 손밖에 쓸 수 없는 나와 달리 그는 양손을 쓸 수 있다. 나는 완전히 제압당한다, 그가 원하는 대로.

"별로 세지도 않네."

내가 내뱉는다. "네가 이겼어. 이제 우린 동점이야. 그러니까 이제 날 내버려둬."

그가 거칠게 몸을 밀착해온다. 냉혹한 눈빛으로.

"말해봐, 난 시시한 나쁜 년이라고. 어서 말해."

나는 왼손으로 캘럼을 친다. 나의 부러진 손가락이 그의 부러진 코를 친다. 내가 얼마나 화가 났는지, 뼈와 뼈가 부딪히며 부러지는 감각만을 느낀다. 캘럼이 뒤로 넘어지며 나뭇가지를 떨어트리고 한 손으로 얼굴을 가리며 괴성을 지른다. 그의 손가락 사이로 그의 눈 한쪽이 고통으로 이리저리 움직이다가 나에게 고정되는 것이 보이지만, 그의 친구들이 그를 붙잡는다.

"좋아, 말할게. 넌 시시한 나쁜 년이야." 내가 말하고 나뭇가지를 캘럼의 발치에 던진다. "됐냐?"

마침내 케니가 싸움을 말리려고 나선다. 캘럼이 뒤에서 날 공격하지 않을 것이 확실해지는 순간, 내가 빈터에서 벗어난다. 남자애들은 날 내버려둔다. 놀라서, 어쩌면 감명받아서. 나는 개의치 않는다. 아이들의 눈에 띄지 않는 강둑에 이르러서야 욱신거리는 손을 잡고 웅크린다. 마치 조그만 태양을 손에 쥐려 애쓰는 것 같다. 손의 열기가 너무도 맹렬해서, 눈물을 쏙 뺄 정도다. 나는 통증이 잦아들 때까지 기다렸다가 천천히 붕대를 풀기 시작한다.

피가 흐른다. 피가 너무 많이 흐른다. 나는 물가로 가서 차가운 강물에 장밋빛 소용돌이를 일으키며 피를 씻어낸다. 한결 낫다. 젖은 붕대가 부풀어 오르고 이내 풀린다. 나는 숨을 깊이 들이마시고 계속 붕대를 풀어본다. 끈끈하고 검은 핏덩어리가 부서진 손톱 조각들과 함께 붕대에서 떨어져 나온다.

그런데…….

나는 눈을 깜빡인다.

부서진 손톱 조각들 아래, 낯선 매끄러움이 있다. 새 손톱. 말끔하게 나은 손톱이다. 나는 너무 놀라서 생각 없이 손가락들을 움직여본다. 부러진 손가락의 통증이 사라졌다. 손마디도 말끔히 나았다. 손바닥의 베인 상처도 엷은 자국만 남기고 아물었다. 마치 벌어졌던 살갗이 저절로 닫힌 것처럼.

나는 조심스럽게 손에 물을 끼얹어 남은 피를 씻어낸다. 간질거리는 느낌만 있을 뿐, 손이 괜찮다. 괜찮은 것 이상이다. 힘이 느껴진다. 단단하다. 백 명의 캘럼을 두들겨 팰 수도 있을 정도로.

"그러지 말았어야지."

깜짝 놀라 손을 감추며 돌아보니, 타일러가 나를 쫓아왔다.

"뭘?"

"걜 자극했잖아."

"걔가 먼저 시작했어."

"네가 먼저 공격했잖아."

사실이다. 허를 찌르는 것이 그나마 나에게 유리한 작전 중 하나였다. 타일러가 분홍색 붕대를 길게 늘어뜨린 나의 손을 본다. "좀 어때?"

타일러가 천천히 숨을 들이마시더니 말을 잇는다. "조언을 하자면, 내 생각엔 네가 훨씬 더 편하게 지낼 수 있는데 네가 너무……."

나의 허리가 반듯하게 펴지고 나의 턱이 올라간다. "내가 너무 어떤데, 타일러?"

"예민해. 이 세상의 모든 일이 네가 게이여서 일어나는 건 아니야. 난 그걸 별로 크게 생각하지 않아. 난 그걸 핑계로 삼지 않고 남자애들하고 아무 문제 없이 잘 지내."

"난 아무것도 핑계로 이용하지 않아. 난 단지……." 나의 이성이 안에서 끓어오르는 분노를 어떻게든 설명해보려 애쓴다. "나는 존재할 뿐이야. 그리고 쟤들은 그게 싫은 거고. 너도 딱히 좋아하는 것 같진 않아 보이네."

"난 널 도우려는 거야, 마스."

"고마워." 내가 그 말을 힘겹게 내뱉는다. 할 말을 한 타일러가 돌아선다. 나는 다시 내 손을 본다.

다 나은 나의 새 손을.

대체 어떻게 된 거지?

나는 눈물을 참는다. 그러자 마치 대답처럼, 다시 그 맛을 느낀다. 와이엇과 나누어 마신 꿀의 나른하게 진한 맛. 그 온기가 여전히 나의 위에 남아서, 가느다란 실처럼 내 안에서 퍼져나가고, 마치 살갗 속의 장갑처럼 내 손안에서 고동친다.

다시 한번 침을 삼키니 그 맛이 사라진다. 그러나 그 힘은 남아있다. 나는 그 손으로 주먹을 쥐고, 눈물은 그렇게 잊힌다.

＊

"일어나."

누군가가 나를 밀친다. 세게. 나는 잠에서 깨어 축축한 나일론 텐트 안에서 일어나 앉는다. 칠흑처럼 어둡고, 아침은 아직 멀었다.

"신발 신어. 가자." 목소리가 말한다. 모르는 목소리다. 나는 허겁지겁 반바지를 입는다. 나는 캘럼이 다시 찾아왔을까 봐 베개 밑에 숨겨 두었던 캐럴라인의 양봉칼을 챙긴다. 그런데 알고 보니 전원이 텐트 밖으로 소집되었다. 누군가가 무슨 일이냐고 묻지만 조용히 하라는 대답만 듣는다.

우리는 텐트 밖에서 떨며 서있다. 다른 애들도 서둘러 텐트 밖으로 나온다. 나는 부츠의 끈을 묶고 양봉칼을 양말 속에 넣는다.

"줄 서. 어서 출발하자."

브레이든의 목소리다. 그는 모닥불의 불씨 옆, 연기의 베일 뒤에 퀸과 함께 서있다. 와이엇과 다른 리더들이 우리를 두 줄로 세운다.

"헌트맨 여러분, 지금부터 야간 도보를 시작합니다!"

나의 본능이 내게 긴장을 풀어도 된다고 말한다. 이제야 알 것 같다. 이건 에스펜의 또 다른 전통이다. 캘럼과 거리를 두기만 하면 괜찮을 것이다. 저녁 식사 시간과 모닥불 시간에 날 쳐다보지도 못했던 걸 보면 마침내 캘럼도 교훈을 얻은 모양이다. 타일러는 지옥에나 가라지.

브레이든이 수군거리는 우리를 조용히 시킨다.

"여러분은 힘겹게 오늘 이 자리까지 왔습니다. 그러나 이 자리를 지키려면 싸워야만 해요. 헌트맨이 된다는 건, 무시무시한 대자연의 한복판에서 자연과 맞서고 승리를 거두는 것을 뜻합니다. 올여름 여러분에겐 포기하고 싶은 시련과 기회들이 많이 찾아올 겁니다. 그러나 그 모든 것을 이겨낸다면 여러분은 서로와 깨뜨릴 수 없는 유대를 형성할 수 있을 뿐 아니라, 자연에 대한 확고한 지배력을 획득하게 됩니다. 자, 함성을 한번 외쳐볼까요?"

아이들이 건성으로 함성을 외친다.

"더 크게!"

이번에는 우리의 함성에 밤이 전율한다.

리더들이 고개를 끄덕이자 케니와 와이엇이 검은 자루들을 들어 보인다. 그들이 자루를 우리의 머리에 씌운다. 와이엇이 내 쪽으로 다가왔을 때, 그가 멈출 것을 기대하지만 그는 멈추지 않는다. 그는 다른 애들한테 했던 것처럼 나에게도 거칠게 자루를 씌운다. 그나마 있던 달빛 한 줌마저 가려지자 겁에 질린 호흡만이 나의 폐를 채운다. 그때 차가운 무언가가 내 손안에 들어온다. 손전등이다.

브레이든이 말한다. "여러분이 할 일은 아주 간단합니다. 여러분은 이제 숲으로 들어갑니다. 지금부터 천구백이십삼까지 숫자를 셀 거예요. 에스펜이 설립된 연도입니다. 천구백이십삼까지 숫자를 센 뒤 자루를 벗고 손전등을 사용하세요. 서로를 찾고, 캠프를 찾으세요. 지금부터 해가 뜰 때까지 대화는 일절 하지 않습니다. 알겠습니까?"

우리는 아무 말도 하지 않는다.

"좋습니다. 두려워하지 마세요. 여러분에게 필요한 건 전부 다 있습니다. 자기 자신을 믿고, 형제들을 믿으세요." 브레이든이 말한다.

그들이 몇 명을 데리고 가는 소리가 들린다. 나는 자루를 벗을 뻔한다. 그러나 내 손이 얼굴로 올라가는 순간 누군가가 권위적인 헛기침을 하고, 나는 마음을 접는다. 두려워하지 않기로 마음먹고, 가만히, 똑바로 서있다. 이것은 또 하나의 게임일 뿐이고, 또 하나의 시험일 뿐이다. 그 사실만 기억한다면, 두렵지 않을 것이다.

한참의 시간이 흐른 뒤 발자국 소리가 들리고, 누군가의 손이 내 목에 닿는다. 나는 그 손에 밀려 낯선 길로 한 발씩 떼어놓는다. 나를 안내하는 사람이 와이엇은 아닌 것 같다. 그의 냄새를 안다. 그가 누구이건, 아무 말도 하지 않는다. 내가 넘어질 뻔했을 때도 그는 나를 일으키며 앞으로 민다. 변화가 있다면 그의 걸음이 빨라지는 것이다. 우리는 제자리를 맴돌고, 왔던 길을 되돌아간다. 그러다가 비탈길을 오르고, 영원처럼 긴 시간이 흐른 뒤에, 마침내 멈춘다. 강물 소리가 들리는 것으로 보아 그리 멀리 온 것 같진 않다.

"숫자 세기 시작!" 나를 안내한 사람이 말하고, 그 순간 나는 땅바닥으로 밀쳐진다. 나는 발이 축축하고 날카로운 무언가에 부딪힐 때까지 비탈길을 미끄러지며 내려간다. 뽑힌 나무뿌리. 나는 소리를 내지 않는다. 가냘픈 흐느낌조차 내어주지 않을 것이다.

나는 머릿속으로 숫자를 세기 시작한다.

백오십육을 세었을 때, 머리 위에서 무언가가 부러진다. 몸을 숙이지만, 아무것도 날 건드리지 않는다. 목에, 그리고 귀에 보이지 않는 거미줄이 느껴진다. 이백과 삼백 사이 어딘가에서 오직 떨리는 나의 숨소리만 들린다. 나는 세던 숫자를 놓쳐서 다시 세기 시작한다. 단 하나의 숫자도 건너뛰지 않는다. 이것이 엄정한 시험이라면, 나는 샛길로 가지 않을 것이다. 나는 이 어둠에서 승리하고 걸어나가는 모습을 그들에게 보여줄 것이다. 두려움 없이. 타일러의 말은 틀렸다. 나는 아무것도 핑계로 이용하지 않는다.

천을 넘긴 어느 시점에서 울음소리가 들려오기 시작한다. 내 귀에 겨우 들릴락 말락 한 가냘픈 울음소리지만 목이 멘 듯한, 뚝뚝 끊기는 울음소리는 여리고 균일한 밤의 소리 속에서 두드러진다. 나는 숨을 참고 귀를 기울인다. 내 손이 양말 속에 숨겨둔 양봉칼을 찾는다.

잠시 후 그 소리가 다시 들리다가 이내 사라진다. 아마 짐승 소리이거나, 메아리가 왜곡되어서 들렸나 보다.

그러다가 아주 가까이에서, 여자애의 비명이 들린다.

나는 일어나 자루를 벗고, 비명이 들려온 방향으로 손전등을 켠다.

손전등이 켜지지 않는다.

나는 켜고, 켜고, 또 켜본다. 그러나 작동하지 않는다. 배터리를 확인해보니 배터리가 없다.

또 한 차례의 비명. 마치 내 앞에서 밤이 찢어지는 것 같다.

"거기 누구야! 캘럼? 장난치지 마." 내가 외친다.

이번에는 비명이 사방에서 울린다. 두려움에 젖은 무거운 비명.

나는 벗어나려 안간힘을 쓴다. 그게 대체 무언지는 몰라도, 그것과 나 사이의 거리를 벌리기 위해 안간힘을 쓴다. 떠다니는 여자애들의 환영이 나를 덮치고, 나는 달린다. 나뭇가지와 가시덤불이 팔다리를 긁고 셔츠를 찢어도 멈추지 않는다. 내가 어디로 가는지 보지 않는다. 볼 수가 없다. 비명이 증폭되고, 겹겹이 쌓이고, 흐느끼며 툭툭 끊어져, 애원이 되어가는 소리만 들릴 뿐이다.

마스.

그것이 내 이름을 부르며 다가온다. 안개처럼 미끄러지듯 숲을 가르고, 앞으로 나아가려는 내 발목을 휘감는다. 나는 너무 느리다.

나무들 사이에 벌어진 틈이 보이고, 그 뒤로 달빛이 드리워진 널찍한 빈터가 보인다. 나는 그쪽으로 달려간다. 어떻게든 열린 공간으로 가야 한다. 나의 발이 물속에서 첨벙거리며 얕은 냇물로 들어선다. 나는 두 개의 검은 둑 사이에 갇힌 상태로 돌아서서, 무엇이 날 쫓는지 본다.

마스?

나의 이름과 날카로운 비명 사이에 울려 퍼지는 한 조각의 웃음소리, 울음소리, 그리고 다시 웃음소리. 나는 마치 진짜 칼을 들 듯 양봉칼을 높이 든다. 그 칼이 날 구할 수 있다는 듯이. 땀이 나는 손안에서 양봉칼이 뜨거워진다.

마스?

웃음소리가 다시 들린다. 가만히 서있으니, 비로소 소리에 집중할 수 있다. 기괴하게 왜곡해서 알아차릴 수 없을 정도로 길게 늘이긴 했지만, 그 소리가 물 위로 메아리칠 때, 나는 내가 듣고 있는 소리의 정체를 확신한다.

캐럴라인의 소리.

아니면 캐럴라인의 것이었던 소리. 그녀의 비웃는 듯한 웃음소리와 우렁찬 웃음소리가 합쳐진 소리, 인간의 것이라기엔 너무도 낮은 두 개의 소리가, 반복해서 울린다. 목뒤의 털이 곤두선다. 비명이 다시 들리지만, 더 이상은 나를 따라오지 않는다.

나는 양봉칼을 고쳐 들고 소리가 나는 쪽으로 한 발 내디뎌본다. 다시 둑으로 돌아왔을 때, 나는 거의 평온하다. 혹은 평온하다고 상상한다. 나의 발걸음은 침착하고 조심스럽지만, 안에서는 분노가 끓어오른다. 비명이 울려 퍼질 때마다, 나는 점점 덜 놀란다. 반복되는 소리 사이의 공백마저 들린다. 그 공백은 녹음 파일을 이어 붙인 부분이다.

나는 내가 출발했던 언덕 근처에서 스피커를 찾는다. 스피커는 나무 사이에 박혀있다. 소프트볼 크기지만, 소리가 크다. 아주 크다. 손을 뻗어 스위치를 끄자 소리가 멈춘다. 차가운 기계음이 들린다.

블루투스 연결이 해제되었습니다.

근처에서 덤불이 벌어지는 소리가 들리고 누군가가 깊은 숲으로 달아난다. 나는 그를 뒤쫓는다. 그들은 대가를 치를 것이다. 캘럼, 그리고 이 일을 도운 아이들 모두. 이 숲은 캐럴라인의 비명으로 가득 차있다. 이 소리를 듣고도 아무 조처도 취하지 않은 사람 모두가 공범이다. 이 일을 꾸민 사람들은 고통을 겪을 것이다. 내가 그렇게 만들 것이다.

달빛 사이로 빠져나가는 그의 모습이 얼핏 보인다. 그걸로 충분하다. 나는 팔을 뒤로 당겼다가 양봉칼을 던진다. 양봉칼이 보드라운 무언가에 퍽 하고 꽂히는 소리가 들리고, 그가 쓰러진다. 그러나 양봉칼이 떨어진 지점으로 달려가보니, 칼만 남아있다. 칼에 묻은 끈적한 피가 달빛에 검은 기름처럼 보인다.

그가 달아난 방향을 살펴보지만, 밤은 다시 고요하다. 나는 혼자다. 혼자 웅크리고 앉아있다. 몸이 떨리고 춥다. 나는 흠뻑 젖었다. 패했다. 분한 흐느낌이 새어 나오지만, 나는 분을 삼키고 일어선다.

안 돼.

나는 캠프로 돌아가는 먼 길을 걷기 시작한다. 오늘 밤 한 사람이 피를 흘렸고, 그 사람이 나는 아니었다는 사실을 생각하면서.

*

모두가 일출 전에 캠프로 돌아온다.

나의 시선이 그들의 몸을 훑으며 양봉칼 모서리와 꼭 맞는 상처를 찾지만, 결국 아무것도 찾지 못한다. 캘럼에게서도. 그는 캠프로 돌아오는 다른 모든 이들처럼 모험의 흥분으로 환해진 표정이다.

그들 중 누구도 나를 보지 않는다.

그들은 서로를 쳐다본다. 너무도 뿌듯해 보인다. 야간 도보를 무사히 마쳤다는 찬란한 자부심에 빛난다. 나의 마음은 둘로 갈라진다. 은밀한 공격자 앞에서 강하고 무심한 척하고 싶은 마음과 이대로 무너져서 소리를 지르고, 누가 이런 짓을 했는지 말해달라고 빌고 싶은 마음.

"여러분 모두 헌트맨의 첫 번째 관문을 통과했습니다." 모닥불의 석탄 뒤에 서서 브레이든이 선포한다. 그의 뒤에서 회색을 머금은 푸른 일출에 밀려 밤이 걷히고 있다. 남자애들이 허리를 반듯하게 펴고 씩씩하게 일출을 맞는다.

"이제 에스펜으로 돌아갑니다. 우리는 오늘 일에 대해 앞으로 절대 얘기하지 않습니다. 여러분끼리도 얘기하지 않습니다. 오늘 밤 여러분의 용기는 신성합니다. 그 신성함을 더럽히는 순간, 숲이 알고, 우리가 압니다."

진실을 말할 시간이 끝나간다. 태양이 떠오르면, 인간 사냥이 그랬듯이, 오늘 밤의 일은 그들만의 빛나는 괴담으로 치유될 것이다. 차고 어두운 진실을 대체할 찬란하게 빛나는 거짓말로. 그게 역겹다.

나는 그 이유를 깨닫는다. 이것은 일종의 탐닉적 추모다. 나의 부모와 에스펜의 어른들이 캐럴라인이 무엇을 원했을지, 캐럴라인이 무엇을 상징하는지, 그녀의 죽음이 어떤 의미인지 말해줄 때와 똑같다. 찬양의 말들이 실제 그 사람을 대체한다. 지어낸 이야기가 실제 삶을 대신한다. 오늘 밤의 비밀은 금지된 욕망으로 점철된 야간 활극으로 대체될 것이다. 내가 결코 초대받지 못할 남자들 간의 침묵에 잠겨버릴 것이다. 태양이 떠오르는 것을 막을 수 없듯이, 이 상황에 대해 내가 할 수 있는 일은 아무것도 없다.

"알겠습니까, 헌트맨 여러분?"

모두가 엄숙하게 고개를 끄덕인다. 나를 제외한 모두가. 캐럴라인의 조작된 비명이 여전히 내 귓가에 울린다. 너무도 또렷해서 그녀의 마지막 순간을 떠올리게 할 정도로. 나는 애써 그 기억에서 돌아선다. 반쯤 감은 캐럴라인의 눈을 바라보던 그 순간으로 돌아갈 때마다, 도망치고 싶은 유혹에 굴복하고 싶어진다는 걸 알기 때문이다. 이 모든 것으로부터 도망치고 싶은 유혹.

나는 도망치지 않을 것이다. 캐럴라인에게 일어난 결정적인 사건을 알아내는 데 가까워지고 있다. 인간 사냥, 꿀이 든 병, 잔인한 장난. 이 모든 것이 무언가를 말하고 있다. 하나의 대답이 기다리고 있다. 내가 옳은 질문을 던져주기를.

브레이든이 한 손을 들고 외친다. "에스펜이여, 영원하라!"

모두가 복창한다. 그들은 그 구호를 외치고 또 외친다, 뛰고 발을 구르면서. 더 이상 구호가 서로 맞지 않을 때까지, 그들의 외침이 의미를 잃고, 그저 혼란과 비명이 될 때까지. 자신의 영역을 알리기 위해 시끄럽게 포효하는 짐승들처럼.

제17장

⬠

웬디의 사무실은 마지막으로 왔을 때와 달라진 게 하나도 없다. 움푹하게 꺼진 등받이의자에 앉아 도자기 그릇들이 위태롭게 진열된 선반과 수채화나 감자 판화 작품들이 걸려있는 벽을 바라보며 몇 시간을 보내봐서 안다. 캠프 참가자들의 작품들이 트로피처럼 전시되어 있다.

웬디는 컴퓨터 뒤에 몸을 숨기고, 무표정한 얼굴로 나를 쳐다본다. 브레이든은 창가에 앉아있다. 나는 야간 도보에서 있었던 일을 초 단위로 상세하게 설명했다. 웬디는 그런 일이 있었다는 것에 놀란 내색조차 하지 않는다. 누군가가 날 놀리려고 캐럴라인의 웃음소리를 편집해 스피커로 틀었다는 대목에서는 연민조차 보이지 않는다. 웬디는 눈을 깜빡이지도 않고, 놀라지 않고, 나를 쳐다보기만 한다. 마치 그렇게 나를 쏘아보면 내가 사라지기라도 할 듯이. 비눗방울처럼 터져버릴 듯이.

"그건 좀…… 엄청난 일이구나, 마스. 너도 알지?" 웬디가 묻는다.

곧바로 사과의 말을 듣게 되리라 기대하진 않았지만, 웬디는 마치 다음번에 다른 사람에게 이 얘기를 할 때 주의해야 할 사항을 알려주는 것 같은 투로 말한다. 그래도 네 열정만큼은 마음에 든다, 마스.

"저한텐 견디기 힘든 일이었어요." 내가 말한다. 나는 사과나 복수를 원하는 게 아니다. 의도한 건 아니지만, 야간 도보는 나에게 무언가를 얻어낼 지렛대가 되었다. "아니면 누군가를 공격하기 위해 들인 노력이 엄청나다는 뜻인가요? 그런 뜻으로 하신 말씀이면, 네, 저도 동의해요."

"네가 두렵지 않았을 거라고 말하는 게 아니야. 누구라도 두려웠겠지. 숲속에서 그런 일을 겪었다면." 웬디가 회유하듯 말한다.

"아뇨, 숲이 문제가 아니에요. 미리 준비한 스피커로 녹음 파일을 틀었다는 게 문제죠."

웬디의 입술이 일그러진다. "숲속에서 어디에 전원을 꽂는다는 거니? 마스, 미안하다, 난 잘 이해가 안 가."

나는 브레이든을 쳐다본다. 그는 곁눈으로 창밖을 보고 있다. 화가 난 채로. 그에게 말할까도 생각했지만, 첫날 그가 내게 했던 협박을 떠올렸다. 이 개자식한테 사건을 은폐할 기회를 줄 수는 없었다. 그래서 웬디를 찾아왔고, 웬디가 그를 호출하게 만들었고, 그가 도보 여행을 얼마나 형편없이 관리했는지 폭로하는 것을 지켜보게 만들었다.

"블루투스." 내가 되풀이한다. "블루투스 스피커예요. 배터리를 사용하겠죠. 블루투스 스피커는 핸드폰과 연결하고요."

"지금은 어디 있는데?" 웬디가 묻는다.

"숲에 두고 왔어요. 그걸 거기에 설치한 사람이 움직이는 소리를 듣고, 바로 그를 쫓아갔거든요. 아마 아직도 거기 있을걸요."

"우리가 가서 찾아보길 원하는 거니? 그…… 파란…… 이빨°이 달렸다는 스피커를?"

○ Bluetooth를 blue tooth로 잘못 이해하고 하는 말이라 원문을 그대로 번역했다.

나는 이를 악문다. "아뇨, 절 믿어주길 원해요."

웬디가 양손을 텅 빈 책상을 향해 펼친다. 마치 나에게 얼마나 증거가 부족한지 보여주려는 듯이.

웬디가 몸을 앞으로 숙인다. "얘야, 네가 얼마나 극심한 스트레스에 시달리고 있을지 우리 모두가 알아. 하지만 에스펜에서의 너의…… 전력을 감안할 때, 묻지 않을 수 없구나. 넌 지금 정직하니?"

"네."

"그리고?" 그녀가 추궁한다.

"그리고 뭐요?"

웬디가 한숨을 쉰다. "더 할 얘기는 없어?"

턱이 욱신거린다. 웬디는 나의 허점을 추궁하고 있다. 에스펜을 완전 무결하게 만들 방법을 찾고 있다. 웬디에겐 안된 일이지만, 나는 그 정도로 어리석진 않다.

"누군가 절 노리고 있어요." 내가 말한다.

웬디가 뒤로 기대어 앉는다. 고개를 브레이든 쪽으로 기울이면서도 시선은 여전히 나에게 고정되어 있다.

"브레이든, 숙소를 점검해봐요. 만약 마스의 말이 진실이라면, 누군가 전자기기 관련 규정을 어긴 거예요. 그건 절대 용납할 수 없어요."

"알겠습니다." 브레이든은 억양에 변화가 없이 말한다. 그가 나를 흘긋 쳐다본다. 내가 밉겠지.

하긴, 나도 그 둘 다 밉다. 이건 숲속의 전자기기 문제가 아니고, 그들도 그 사실을 안다. 나는 거친 말들을 삼키고 이렇게 말한다. "누군가를 표적으로 삼고 괴롭힌 것에 대한 대처가 숙소 점검이라고요?"

웬디가 회유하는 태도로 바뀐다. "그것 말고 뭘 기대하는지 모르겠구나. 우리가 모든 학생을 이십사 시간 관찰할 수는 없어. 캠프 참가자들 사이의 분란은 스스로 해결하도록 독려하는 게 우리의 방침이란다. 이런 말까지 하고 싶진 않지만, 듣기로는 네가 지금까지…… 다소 쉽게 흥분하는 남자애들한테 별로 호의적이진 않았던 것 같더구나."

캘럼과 싸운 것을 두고 하는 얘기다. 내가 먼저 공격했다는 타일러의 말이 다시 들려오는 것 같다.

웬디는 미소를 지으며 말한다. "물론 안전이 문제가 되는 상황이면 우리도 적극적으로 나서겠지만 넌 괜찮아 보이네. 손은 어떠니?"

캘럼을 때린 손에는 멍조차 남아있지 않다. 심지어 귀도 한결 나아진 것 같다. 웬디와 브레이든의 눈에 나는 괜찮아 보일 것이다. 그러나 캘럼은 괜찮지 않고, 그건 나의 잘못이다.

"손은 괜찮아요. 다른 애들한테 한번 물어보세요. 캘럼은 내가 여기 온 이후 계속 절 노렸다고요. 이런 짓을 저지를 사람은 캘럼밖에 없어요." 내가 말한다.

웬디의 자상한 미소가 씁쓸해진다. 그녀가 단호하게 고개를 젓는다. "캘럼이 어떤 애인지는 내가 잘 알아. 캘럼은 밴딧 때부터 에스펜에 있었어. 그의 가족은 대대로 에스펜에 오고 있지. 캘럼을 아주 심하게 자극하지 않는 한, 캘럼이 누군가를 해쳤다고 생각하긴 힘들어. 그저 남자애들이 남자애들답게 굴고 있는 게 아닐까?"

그 말이 나의 허를 찌른다. 나의 몸이 위축되고, 웬디는 엷은 미소를 짓는다.

"마스, 네가 돌아와서 우리가 정말 기쁘다는 걸 알았으면 좋겠다. 하지만 이곳이 너에게 맞지 않다면, 억지로 여기 머물 필요는 없어."

나는 일어선다. 웬디와 브레이든이 뒤로 몸을 젖힌다. 마치 내 몸에서 뿜어져 나오는 열기가 느껴지는 듯이.

"전 여기 있을 거예요." 내가 말한다. 그 순간 내가 너무 작게 느껴진다. 일어선 사람은 나인데도, 의자에 앉아 떼를 쓰며 우는 어린애가 된 기분이다. 어느 때고 누군가가 의자에서 번쩍 안아 들어 아기 침대의 창살 뒤로 옮겨질 수 있는 아이. 그러나 나는 그 기분을 떨쳐내고 처음 이곳에 왔을 때 가졌던 확신에 집중한다. 나는 양손을 웬디의 책상 위에 올려놓고 몸을 숙인 다음, 오랜 세월 기다려왔던 그 말을 한다.

"지난번에 왔을 때 제가 상처 입는 것을 묵인하셨죠. 전 그걸 잊은 적이 없어요. 당신과 여기 있는 모든 어른은, 여기서 무슨 일이 일어나고 있는지 뻔히 알면서 아무 조치도 취하지 않았어요. 우리 가족이 고소할 수도 있었어요. 저는 고소를 원했지만, 부모님은 원치 않았어요. 그리고 제가 여길 떠났죠. 하지만 이제 이렇게 다시 돌아왔어요. 남자애들이 남자애들답게 군 것 때문에 또다시 여기서 쫓겨나지 않을 거예요. 그러니까 절 도와주시거나, 아니면 또 제가 다치도록 방치해서 이번 사건과 지난 여름에 생긴 사건에 대한 책임을 지시거나, 둘 중 하나를 선택하세요. 아주 간단하죠, 웬디."

나는 똑바로 선다. 그리고 눈이 휘둥그레져서 역겹다는 표정을 짓는 웬디와 충격으로 입을 다물지 못하는 브레이든의 모습을 감상한다.

"그건 벌써 사 년 전 일이야." 웬디가 말한다.

"무모한 행위로 위험에 빠지게 한 범죄의 공소시한은 오 년이에요. 그건 중죄고요."

이번에는 웬디가 움츠러든다. "난 널 위험에 빠뜨리지 않았어." 그녀의 눈에 담긴 경멸이 너무도 광활해서 나를 완전히 집어삼킨다.

"안 그러셨죠. 하지만 그 행동에 가담한 아이들의 부모들은 자기 자식들이 이런 공식적인 스캔들에 얽히는 걸 원치 않을 거예요. 다들 올 가을, 대학에 지원할 테니까요. 학부모들이 소송비용을 충당하면서 에스펜의 참가비까지 부담할 수 있을지 모르겠네요."

웬디는 내가 너무도 잘 알고 있는 특유의 우월한 척하는 태도를 회복한다. "지금 우릴 협박하는 거니, 마셜?"

내가 물러선다. "아뇨. 그냥 계산을 좀 해보는 거예요. 관리단의 파일을 봤거든요. 여긴 지금 거의 수익이 나지 않아요. 제 계산에 의하면, 여기서 참가자가 여섯 명만 줄어들면, 그때부터는 적자예요."

나는 이 모든 얘기를 허니들처럼 달콤하게 한다. 웬디의 찌푸림이 얼굴에 각인되는 것 같다. 영구적으로. 그것이 그녀가 늘 착용하는 유쾌한 가면 뒤에 숨겨진 실제 얼굴이다. 나는 미소를 짓는다. 돌아서기 전에 한 가지 덧붙일 말이 있다.

"아, 저 전공 선택했어요. 양봉으로요. 좋은 하루 보내시길!"

그들이 안 된다고 말하기 전에, 내가 돌아서서 손잡이를 잡고 문을 세게 연다. 벽을 뒤덮은 그림들이 펄럭인다. 웬디의 트로피들이다. 그림 하나를 뜯어 기념품으로 간직할까 생각하지만, 그럴 필요가 없다. 이미 원하는 것을 얻었으니까.

*

그 주 토요일 오후 이글하우스와 베어헛의 숙소 점검이 기습적으로 이루어진다. 스피커도 핸드폰도 나오지 않았지만, 척스터의 벙커에서 마리화나가 나오고, 캘럼은 알려지지 않은 위반 사항으로 웬디의 사무실에 불려 간다. 그들은 오후가 되도록 돌아오지 않는다. 남자애들은 저녁 식사 시간 내내 나를 외면한다. 야간 도보 이후 모두가 합의한 신성한 침묵의 약속을 내가 깨뜨렸다는 걸 그들도 아는 게 분명하다. 저녁에 샤워를 하고 돌아와보니 캐럴라인의 초에 불이 켜져있다. 나는 손가락으로 불을 끈 다음, 초를 침대 밑에 숨긴다.

다음 날 아침, 척스터의 부모님이 와서 그를 데려간다. 그리고 나의 초가 사라진다.

나는 일절 반응하지 않으려 애쓴다. 예배 시간에도, 아침 식사 시간에도, 공지 시간에도 공손한 관심의 가면을 쓴다. 브레이든도 뛰어난 연기자다. 그는 너무도 아꼈던 헌트맨 한 명을 잃은 것에 대한 고통을 짧게 표현하며 잠시 침묵의 시간을 가진 다음, 다음 주 에스펜에서 제공하는 신나는 일들에 대해 공지한다.

"빌리지 대항전!" 그가 말한다. 그 말이 뚱하게 있던 헌트맨들에게서 마침내 반응을 이끌어낸다.

"맞습니다. 오늘 오후 에스펜에서 가장 소중한 전통으로 자리 잡은 대회의 개회식이 있습니다. 이번 주에 열리는 모든 대회의 득점 상황은 점수판에 기재됩니다. 여러분 생각은 어떤지 모르겠지만, 올해 우리 경쟁자들을 봤는데, 여자애들이 아주 사나워 보이더군요. 우리의 우월함을 한번 보여줘야겠지요? 안 그렇습니까, 여러분!"

야유로 분위기가 달아오른다. 나는 혀를 깨문다. 전통의 이름을 바꾸었지만, 그 이면에 숨겨진 유골은 에스펜 자체만큼이나 오래되었다. 성차별주의. 모든 것의 이면에 성차별주의의 유골이 있다.

매년 똑같은데도 브레이든이 이 대회에 대해 설명한다. 깃발 뺏기, 줄다리기, 카누 경주, 양궁, 토론, 상식 대결, 벽화 그리기. 그리고 그 외 자잘하고 한심한 토너먼트들이 있다. 점수판을 떠올리는 순간, 나는 얼어붙는다. 호숫가에 점수판이 설치될 것이다. 사점오 미터 높이의 흉물스러운 소나무 점수판이. 점수판 하단은 독미나리와 향나무 화환으로 장식되고, 앞면은 숲의 초록색과 미나리아재비의 노란색으로 칠해져 있을 것이다. 에스펜의 상징색이다. 점수판 중앙에 세로로 줄이 그어져 있을 것이다. 우리는 텅 빈 점수판을 우리의 점수로 채울 것이다. 종이에 점수를 기록해서 코팅한 뒤 스테이플건으로 나무에 박을 것이다. 점수판이 박제한 봉제 인형 같은 몰골이 될 때까지.

그들이 점수판을 늘 설치하던 곳에 세울지 궁금하다. 그 자리에는 다시 풀이 다시 자랐을까? 아니면 불길이 땅속 깊은 곳까지 잠식했을까?

허드렛일을 마치고 나서 점수판을 보러 호숫가로 간다. 에스펜의 하늘이 무거운 잿빛으로 나무 꼭대기를 흐릿하게 만든다. 호수에서 안개가 피어오르지만, 나는 멀리서도 점수판의 형체를 알아본다. 같은 장소다. 나는 점수판이 있는 곳까지 걸어간다. 풀이 다시 자랐다. 다른 점이 있다면, 이번에는 합판으로 만들었고 독미나리와 향나무 화환은 없다. 이분법적 성별 구분에 저항하기 위해 젠더플루이드인 어느 캠프 참가자가 불을 붙이기로 작정하고 덤빌 때, 불길이 덜 번지도록.

나는 한참을 그 자리에 서 있다. 내 쪽으로 다가오는 발걸음 소리가 바로 뒤에서 들릴 때까지 알지 못했다.

"안녕." 와이엇이 말한다.

"안녕." 내가 말한다.

"어제 일 얘기 들었어. 유감이야."

"무슨 얘기를 들었는지 모르겠지만, 전부 다 듣진 못했을 거라고 장담할 수 있어."

와이엇이 내 말에 반박할지 궁금하다. 나는 그의 내면에서 에스펜에 대한 충성심과 이곳에서 벌어지는 명백한 불의가 실랑이하는 상상을 해본다. 그토록 깊게 박힌 뿌리도 파낼 수 있을까.

그가 한숨을 쉰다. "나도 그렇게 생각했어. 어떻게 된 거야?"

내가 걷기 시작하자 와이엇이 뒤따라온다. 우리는 점수판의 뒷면을 바라보는 아치형 구조물 아래 앉는다. 나는 와이엇에게 야간 도보 중에 있었던 일과 웬디의 사무실로 찾아간 일을 간략하게 설명한다. 얘기를 마치자 그가 휘파람을 분다.

"넌 아마 사 년 전 일도 잘 모를걸." 내가 얘기를 시작하려는 순간 와이엇이 헛기침을 한다.

"실은, 알아. 대부분이 알고 있어. 캐럴라인이 사람들한테 다 알렸거든. 이유는 모르겠지만, 캐럴라인은 네가 다시 이곳에 와서 상황을 바로잡을 거라고 생각하지 않았어."

"캐럴라인 생각이 옳았어, 거의." 내가 말한다.

와이엇이 무릎의 딱지를 뗀다.

"너 진짜 무서웠겠다." 그가 말한다.

말을 하진 않겠지만, 사실 무서웠다. 점수판을 보기만 해도 뱃속에 두려움이 휘몰아친다. 그때와 상황이 너무도 똑같다. 마치 나의 기억 속으로 돌아온 듯하다. 손끝으로 점수판을 쓸어내리면 밧줄에 페인트가 벗겨진 곳을 찾을 수도 있을 것 같다. 남자애들이 내 팔을 점수판 설치대에 묶고, 티키 횃불을 하나 던지고 나서 웃는 소리가 들릴 것만 같다. 그해 여름은 건조했고, 독미나리는 워낙 빠르게 타는데도, 불길이 통제할 수 없을 정도로 거세질 때까지 누구도 그 사실을 인지하지 못했다.

사실 그것은 진실이 아니다. 나는 알고 있었다. 그래서 점수판이 나를 덮치기 전에 밧줄을 태워 끊어버릴 수 있었다. 남자애들은 사라진 뒤였고 나는 잿더미 속에 서 있었다.

"왜 네가 저지른 짓이라고 비난하게 됐어?" 와이엇이 묻는다.

그 부분은 캐럴라인도 몰랐던 것 같다. 나는 그 방화의 책임을 뒤집어썼다. 자발적으로.

"그래야 여길 떠날 수 있었으니까." 내가 말한다.

정의감에 불탔던 캐럴라인은 내가 떠난 뒤에 남자애들로부터 자백을 받아냈다. 어떻게 그럴 수 있었는지는 나도 모른다. 에스펜은 뒤늦게 자신들의 실수를 깨닫고 나에게 돌아오라고 애원했지만, 나는 돌아가지 않았다.

"그렇게 집에 가고 싶었어?"

어린 시절 매해 여름을 에스펜에서 보낸 것이, 모두에게 그렇듯 평생토록 간직할 찬란하고 목가적인 추억이 아니라는 걸 와이엇에게 어떻게 설명해야 할까? 그의 세계는 나에겐 존재한 적 없던 장소에 대한 향수를 토대로 구축되었다. 그 세계를 엿볼 수는 있었다. 나를 둘러싼 아이들의 미소와 행복 속에서. 그러나 나의 세계는 아니었다. 점수판 사건이 일어나기 훨씬 전부터 그 사실을 알았다. 알면서도 머물려고 애썼다. 왜냐하면 나의 남은 삶도 에스펜과 비슷하리라 생각했으니까. 그것은 내가 계속 싸워서 이겨야만 하는 전투였다. 그들에게 맞추려는 힘겨운 노력에도 불구하고, 결국 나는 그들에게 처벌당했다.

"내가 마녀라도 되는 것처럼 날 화형시키려는 사람들하고 같이 있다 보니, 여름 캠프에 흥미를 잃게 되더라."

와이엇이 날카롭게 숨을 들이킨다. 내 말만큼 심각하진 않다는 걸 보여주려고 나는 미소를 짓는다. 그는 침을 삼키고 심호흡을 하더니 대화를 이어가려 애쓴다.

"오늘 밤 파티에 입을 옷 고르러 갈래?"

"유니폼 입어야 하는 걸로 알고 있는데."

"맞아. 그래서 그 규칙을 어기고 싶은지 묻는 거야."

그가 싱긋 웃는다. 어느새 나도 미소를 짓는다. 우리는 다시 빌리지로 돌아간다. 우리는 웬디와 캘럼, 그리고 아마도 캘럼의 부모님 사이에 오고갔을 대화에 대해 얘기한다.

"설령 캘럼이 스피커를 들고 갔다고 실토한다고 해도, 그건 늘 있는 일이야. 그런 일로 처벌을 받진 않아." 와이엇이 말한다. 에스펜의 악행을 인정하는 드문 순간이다. 나는 이 순간을 최대한 이용하기로 마음먹는다.

"진짜 이상한 점은 바로 이거야. 캘럼은 대체 캐럴라인의 음성 파일을 어디서 얻었을까?" 그가 묻는다.

내가 말한다. "돌아온 뒤로 계속 생각해봤는데, 별로 어렵지 않았을 거야. 핸드폰 하나만 있으면 돼. 온라인에서 음성 파일을 다운받았겠지. 캐럴라인의 소셜미디어가 아직 그대로 있으니까."

그 생각을 하니 마음이 아프다. 그 모든 영상과 사진과 글들. 캐럴라인은 수줍은 아이가 아니었다. 인터넷에 남은 잔해들로 캐럴라인을 짜깁기하려고 마음먹으면 얼마든지 할 수 있을 것이다. 특히 웃음소리는 더더욱, 어쩌면 울음소리도. 캐럴라인이 나를 카메라 프레임 안으로 잡아끌면서 마스, 마스 여길 좀 봐라거나 이 노래 같이 부르자거나 웃어봐. 아니, 더 활짝이라고 말한 순간들은 여러 번이었다.

"내가 브레이든한테 얘기할게. 하지만 캘럼을 돌려보낼 것 같진 않아. 미안해, 마스." 와이엇이 말한다.

"미안해하지 마. 캘럼이 남아있어도 괜찮아. 상관없어."

"또 무슨 짓을 할지 걱정 안 돼?" 와이엇이 묻는다.

각다귀 떼가 우릴 감싼다. 나는 걸으면서 그들을 쫓는다.

"그러지 않을걸. 내가 웬디한테 달려갔으니 그가 원하는 사실이 증명된 셈이잖아. 내가 자기보다 약하다는 것. 캘럼이 계속 있어도 날 건드리진 않을 거야. 캘럼의 머릿속에서는 자기가 이겼고, 또다시 나와 싸움에 휘말리는 위험은 감수할 수 없겠지. 나는 이미 공개적으로 그에게 망신을 주었어. 두 번이나. 그런 일을 세 번 당할 순 없을 거야."

"와, 냉혹하다. 하지만 난 네가 캘럼을 집으로 보내버리고 싶어 하는 줄 알았어."

"그런 생각은 하지도 않았어."

"그럼 무슨 생각을 했는데?"

와이엇을 신뢰해도 될까. 와이엇이 좋고, 와이엇도 날 좋아하는 것 같지만, 신뢰하는 것과는 다르다. 나는 잠시 생각해보다가, 상관없다는 결론을 내린다. 나는 이미 내가 원하는 것을 얻었다.

"지렛대. 브레이든과 웬디는 이미 내가 옳다는 걸 알고 있어. 그들은 나에게 무슨 일도 일어나선 안 된다는 걸 알아. 그랬다간 책임을 져야 할 테니까. 그리고 이번에는 내가 뒤집어쓰지 않으리란 것도 알지."

와이엇이 내 말을 생각해본다. 그의 눈동자가, 한쪽은 갈색이고 한쪽은 푸른빛이 감도는 갈색 눈동자가, 수줍고도 교활한 깨달음을 드러낸다. "마스, 너 약간 악랄한 천재, 맞지?"

내가 미소를 짓는다. "생존을 위해 하는 행동은 악랄한 게 아니라고 말한 사람은 너야."

와이엇이 한쪽 눈썹을 치켜올린다. "네가 캘럼을 잡아먹을까 봐 걱정해야 할까?"

내가 고개를 젓는다. "절대. 그건 불가능해."

"알레르기?"

"나한테도 나름 취향이란 게 있거든."

그 뒤로 말이 없는 것으로 보아, 내가 와이엇에게 겁을 준 모양이다. 그러나 헌터빌리지가 시야에 들어올 때 그가 한 말이 나를 놀라게 한다. "너무 엉망진창이다." 어느덧 짙어지는 어둠을 배경으로 서있는 근사한 건물들을 바라보며 그가 말한다. "단지 생존을 위해 네가 그런 식으로 생각해야 한다는 게. 엉망진창이야, 마스."

내가 어깨를 으쓱한다. 왜냐하면, 사실이기 때문이다.

제18장

◇

일요일 오후 늦게 빌리지 대항전 개회식이 열린다. 캠프 참가자 전원이 원형극장에 모인다. 남자애들이 한편에, 여자애들이 그 맞은편에 서서 양 팀 사이의 허공에 불협화음의 고성 대결을 벌인다. 심지어 허니들도 나와서 서로 뒤엉킨 상태로 손뼉을 치고 소리를 지른다. 내가 그들을 쳐다보는 것을 시에라가 몇 번인가 보지만, 시에라의 눈빛은 결코 나에게 오래 머물지 않는다. 나는 그녀에게 달려가 내가 겪은 일을, 지금 벌어지고 있는 일들을 전부 다 말하고 싶다.

그러나 나는 남자애들 편에 머물며, 그들과 함께 박수를 치고 구호를 외친다. 나의 편집증일 수도 있지만, 남자애들이 나의 반응을 지켜볼 거라고 생각한다. 마치 내가 이 성 대결에 미쳐 날뛰거나, 아니면 두드러기 반응을 보일 거라는 듯이. 그래서 나는 유독 큰 소리를 내고 남다른 열정으로 박수를 친다. 수치심의 구름을 드리운 채로 웬디의 사무실에서 돌아온 캘럼이 내가 외치는 구호를 전부 듣기를 바란다.

개회식이 끝나자 일요일 야외 식사를 식당 건물 안에서 진행한다. 야외에서 먹기엔 잔디가 너무 젖어있기 때문이다. 그다음에 파티가 열린다. 아이들은 다시 숙소로 돌아가 파티 준비를 한다. 나는 샌들로 갈아

신고 캐럴라인의 화장품을 써볼까 잠시 고민하지만 그냥 서랍 속에 넣어둔다. 화장품을 갖고 있는 걸 남자애들이 알게 되면 빼앗을 것이다. 남은 시간의 전쟁은 이렇게 소소하고 짜증 나는 일들의 연속일 것이고, 나는 무엇이든 소중히 여기는 내색을 하지 않도록 조심해야 한다.

파티를 위해 빅로지를 개조했다. 뒤쪽 테라스는 노란색과 초록색 리본으로 장식했고 나무마다 종이 등이 걸려있다. 탁한 황혼 아래 서있는 거대한 건물이, 어스름한 하늘에 포크송 같은 음악을 쏟아내며 고동친다. 계단을 올라갈 때, 안에서 반짝이는 웃음소리가 들린다. 일주일간의 전쟁이 우릴 갈라놓기 전에, 에스펜의 모든 아이들이 이곳에 모였다.

안으로 들어서니 음악 소리가 요란하다. 흰 유니폼을 입은 아이들 틈에서 검은 앞치마를 두른 주방 직원들이 먹기 좋은 크기의 디저트가 담긴 쟁반을 들고 돌아다닌다. 가장 큰 방의 한쪽 벽에 음료가 준비되어 있고, 그 맞은편에 아이스크림 코너가 있다. 어린아이들이 웃고 소리를 지르며 어두운 복도를 뛰어다니고, 큰아이들은 파티에 초연한 척한다. 그들은 계단이나 뒤쪽 테라스에 앉아, 따분하고 무심한 척하며, 마치 고급 샴페인인 듯 탄산음료를 홀짝거린다.

나는 지금 연기할 기분이 아니다. 그래서 우리 숙소 아이들이 도착하는 순간, 이층의 뒤쪽 베란다에 혼자 숨는다. 다시 혼자일 수 있어서 좋다. 나는 탄산음료를 마시며 날뛰는 생각들을 진정시킨다.

야간 도보 이후 일출을 바라보며 내가 예측했던 대로, 베어헛과 이글하우스의 남자애들은 한심할 정도로 한껏 으스대며 돌아다닌다. 그들의 행동에서 자기만족감이 느끼할 정도로 번들거린다. 그날 밤 무슨 일이 일어났는지, 그들이 숲에서 함께 맞닥뜨린 것이 무엇이었는지, 어쩌다가

한 남자애는 집으로 돌아가고 또 한 남자애는 곤욕을 치르게 되었는지에 관한 어두운 루머들이 그 모든 것을 한층 더 번들거리게 만든다. 아이러니하게도 루머는 진실보다 훨씬 더 근사하다. 그래서 사람들은 늘 피의 의식을 통한 결속을 도모하고 신성한 돼지를 제물로 삼는다. 루머가 남자애들을 형제애만이 아닌, 절박함이라는 비밀 속에 가둔다.

더럽게 웃기는 일이다. 이런 것들의 영향력은 취약하다. 남성성 역시 마찬가지다.

어떻게 보면, 아니 여러 면에서 이 파티는 엄마의 기금 마련 행사를 연상시킨다. 끈적이는 더위, 숨죽인 음악, 간헐적으로 들리는 웃음소리. 그리고 무엇보다도 바람총을 쏘듯 빠르게 오가는 시선들. 이런 파티에는 춤이 없다. 재미라고는 하나도 없다. 오직 은근히 사람을 취하게 하고 숨 막히게 하는 긴장뿐이다. 몸을 좀 움직일 수 있는 분위기가 더 나을 것 같은데, 잘 모르겠다. 어쨌든 춤을 출 수 있으면 좋겠다.

그런 바람 속에서 보글거리며 떠오르는 기억이 있다. 캐럴라인과 내가 우리 집 뒤쪽 정원에 있다. 베란다의 시야에서는 벗어났지만 음악은 들리는 곳에. 내 기억 속에서 우리 둘은 어리다. 우리끼리만 있기에는 너무 어리다. 그러나 늦은 밤이고, 남아있는 어른들이 신발을 벗고, 몇 명은 바닥에, 혹은 우리에게 올라가는 것이 금지된 화강암 아일랜드 식탁 위에 앉아있었다. 웃음소리가 술에 취한 고함으로 치닫는다. 어떤 아이라도 피하고 싶은 분위기다.

기억 속의 나는 작은 정장을 손으로 잡아 뜯고 있다. 나는 정장이 싫다. 캐럴라인도 드레스가 싫다. 무언의 합의하에 우리는 서로 옷을 바꿔 입는다. 신발도. 캐럴라인이 머리에 꽂고 있던 리본 핀을 나에게 꽂아준다. 그리고 우리는 춤을 춘다. 진짜 춤은 아니다. 어린애들의 춤이다. 그저 매혹당한 채로 빙글빙글 돌던 기억만이, 중심 잡기를 포기하고 조그만 손으로 종 모양의 드레스를 만지작거리던 기억만 남아있다.

아마 삼촌이 우릴 찾았던 것 같다. 아빠였을지도 모르고. 어쨌든 남자였고, 그가 숲으로 들어와 나에게, 유독 나에게, 당장 그 짓을 집어치우라고 말했을 때 내가 느꼈던 수치심만을 기억한다. 우린 그때 너무어렸고, 옷을 바꾸어 입는 것이 귀여운 장난일 뿐이라고 생각했지만, 발각된 순간, 내가 야단을 맞았다. 마치 내가 캐럴라인을 꼬드겨 나의야릇한 변태 짓에 동참하게 한 듯이. 그 뒤로 우리는 그 놀이를 그만두었다. 그래도 여전히 파티에서 빠져나와 비밀 장소에서 서로에게 인사를 하고, 빙글빙글 돌곤 했다. 아주 잠깐이라도.

탄산음료의 얼음이 녹았다. 기포가 사라졌다. 속이 쓰리다. 나는 신음을 삼키며 난간에서 물러선다. 난간에 편하게 기대어 있었는데, 문득무거운 무언가가 나를 짓누르는 것 같았고, 그러다가 난간이 부러질 것같았다. 그랬다간 나는 테라스의 돌바닥에 떨어질 것이고, 이번에는 아무도 나의 추락을 막지 못할 것이다.

제때 물러서지 않았다면, 아마 아래를 내려다보았을 것이다. 그랬다면 바닥에 널브러져 있는 캐럴라인의 환영을 또 보았을 것이고, 다른사람들의 눈에는 보이지 않아 사람들이 캐럴라인을 밟고 다녔을 것이다. 그것은 오직 나에게만 보이는 환영이고, 경고일 것이다.

나는 추억을 과거에 남겨두려 애쓴다. 그 작고 어두운 정원에, 거실의 피 묻은 크리스털에. 그리고 현재의 나에게로 돌아오려 애쓴다. 와이엇이 생각하는 나, 냉혹한 나로. 그러나 그럴 수 없다. 나는 마치 핀

볼처럼 사람들의 소음을 밀어내며, 빅로지의 어두운 복도들을 달리다가, 긴 복도 끝에서 화장실을 발견한 순간 그 안으로 들어간다.

화장실 안을 제대로 보지도 못한다. 마침내 눈물이 나를 완전히 압도하고 주위의 모든 것이 헤엄친다. 나는 바닥에 주저앉아 몸을 웅크린다. 몸이 들썩이기 시작할 때, 누군가의 목소리가 들린다. "마스?"

나는 너무 놀라 내 감정조차 잊고 벌떡 일어난다. 그 바람에 수건걸이에 머리를 부딪친다. 처음엔 유령이라고 생각했지만, 커튼을 젖히는 순간, 욕조에 세 개의 얼굴을 가진 한 사람이 앉아있다. 아니, 다시 보니 세 사람이다. 브리아, 시에라, 미미. 그리고 미미의 손가락 사이에서 피어오르는 마리화나 연기. 미미는 머리 위에 살짝 열어놓은 좁은 창문 쪽으로 연기를 내뿜는다. 나는 그들의 향수 사이로 풍기는 마리화나 냄새를 맡는다.

"문 잠그라고 했잖아, 미미." 브리아가 말한다.

"잠갔어."

"안 잠근 게 확실하잖아."

"무슨 일이야?" 시에라가 묻는다. 그녀가 일어서더니 욕조에서 나와 양손으로 내 얼굴을 감싼다.

"아무것도 아냐." 내가 말한다.

여자애들이 눈짓을 주고받더니, 무뚝뚝한 표정을 걷어낸다. 브리아가 욕조 가장자리에 앉는다. 미미는 닫힌 변기에 앉는다. 시에라는 세면대에 기대어 선다. 세 사람이 나를 쳐다보지만 동정하는 표정은 아니다. 이해하는 표정이다.

"캐럴라인이 그립구나." 시에라가 말한다.

나는 고개를 끄덕인다.

시에라가 내 팔을 어루만진다. "나도 캐럴라인이 그리워. 얘기하고 싶어? 얘기하고 싶으면 해도 돼."

나는 여전히 이들이 두렵다. 첫날 밤, 아치형 구조물 아래서 대화를 나누었을 때, 브리아는 나의 존재를 잊은 것처럼 굴었다. 시에라와 나는 손톱을 칠하고 울며 시간을 보냈다. 극단적으로 다른 교감이다. 이 상황은 왠지 모르게 세 번째 정반대 상황 같다. 이 여자애들, 그들의 얼굴, 그들의 에너지는, 상황과 장소에 따라 변하는 것 같다.

"난⋯⋯."

못 할 게 뭐 있어, 마스? 왜 못 하는데? 인간 사냥 때 숲속에서의 그 악몽 같은 순간 때문에? 누가 널 해쳤지? 누가 널 해치지 않았지? 캐럴라인의 가족이 아니면 누가 캐럴라인의 진실을 알 자격이 있지?

나는 그들에게 정원과 옷 바꿔 입기와 춤 이야기를 한다. 내 얘기가 끝났을 때 그들의 눈이 촉촉해진다. 그들 모두 잠자코 앉아 밖에서 들려오는 파티의 소음을 듣는다. 그러다가 문득 옷을 벗기 시작한다. 그들은 셔츠를 머리 위로 벗고 치마를 내린다.

"이거 입어봐." 미미가 나에게 치마를 내민다.

"안 돼, 미미. 네 치마는 너무 작아." 브리아가 앞으로 나선다. "이걸 입어봐, 마스."

갑자기 나는 양손 가득 그들의 체온으로 따듯해진 옷을 들고 있다. 나는 한쪽 구석으로 몰리지만, 여기서 도망치고 싶진 않다. 이 세 여자애는, 속옷 바람으로 서있는 이들은, 전혀 위협적이지 않다. 그들은 자기 모습을 별로 의식하지도 않는 것 같다. 내가 그들의 시선을 피해도,

그들은 수줍어하는 나를 비웃지 않는다. 내가 옷을 갈아입을 수 있도록 그들이 돌아서서 욕조를 바라본다.

결국 나는 브리아의 치마와 시에라의 셔츠를 입는다. 그들은 내 유니폼을 나누어 입는다. 시에라는 큼직한 유니폼 셔츠를 입고 좋아하면서 구릿빛 배를 드러내기 위해 셔츠 밑단을 묶는다.

"잠깐!" 미미가 신이 나서 손뼉을 치더니 변기 옆에 놓아두었던 핸드백을 들어 안에 든 것들을 세면대에 쏟는다. 핸드백에서 화장품, 머리핀, 탐폰이 나온다. 여자애들은 나를 쪼그려 앉게 한 다음 내 얼굴 위로 몸을 숙이고, 내 얼굴에 보드라운 파우더와 반짝이는 틴트를 바른다. 나는 몇 분 동안 화장을 허락하다가 그들이 아이라이너를 그리려는 순간 인계받는다. 내가 사람을 벨 수 있을 정도로 날카롭게 눈꼬리를 올려 그리자 그들이 탄성을 지르며 박수를 친다. 극적인 효과를 위해 미미가 내 뺨에 조그만 점을 찍는다.

나는 거울 속의 나를 바라본다. 몇 주 만에 처음으로, 나는 나를 본다. 내가 나를 보는 방식으로, 사람들이 보아주길 바라는 방식으로.

"갈까?" 브리아가 물으며 문을 열자, 파티의 소음이 화장실을 침공한다. 싫다고 말할까 생각하지만 어쩐지 그 말이 나오지 않는다. 그리고 싫다고 말하고 싶지가 않다. 나 자신의 모습으로 강해진 기분이다. 새로우면서도 친근한 모습으로 천하무적이 된 것 같다. 나는 사람들이 보길 원한다. 그들이 상대하는 사람이 누구인지 남자애들이 알길 원한다. 이 여자애들이 지금 이 순간처럼 내 가까이에 있어주길, 나를 그들의 원 안으로 끌어당겨 주기를 원한다. 마침내.

우리가 큰 방으로 들어서자 곧바로 웅성거림이 시작된다. 그들의 웅성거림은 다른 허니들이 지르는 기쁨의 비명에 묻힌다. 허니들이 나를 당기며 손을 잡고 끌어안는다. 테라스에서 타일러를 본 순간 내가 멈추어 서고, 그의 눈은 실망으로 흐릿해진다. 내가 무언가에 걸려 넘어질 뻔하지만, 허니들이 나를 더 깊이 끌어당긴다. 그들의 향기는 근사하다. 멜론과 장미와 컵케이크 향이다. 우리는 모닥불 주위에 빙 둘러앉는다. 그곳에서 주방 직원들이 뜨거운 코코아가 담긴 스티로폼 컵을 나누어준다. 우리는 뜨거운 김이 나는 컵에 몸을 숙인 채 모여 앉아있다. 비록 그들의 대화는 끊임없이 이어지는 거대한 하나의 의식의 흐름 같지만, 나는 그들 중 한 명이 된 듯한 기분이 든다. 그들은 내가 맥락을 이해했는지 묻고, 잠시 대화를 멈추고 농담의 배경을 설명해주고, 내 생각을 묻고 실제로 대답을 기다린다.

어느 순간 견습 리더들이 폭죽을 들고 나온다. 와이엇을 보는 순간, 숨고 싶은 기분이 들지만, 그가 먼저 나를 본다. 그는 여자애들의 무리에 둘러싸인 나를 보고, 나의 새 치마와 화장을 본다. 그가 미소를 지으며 내게 폭죽을 건넨다.

"새로운 모습 멋지다, 마스." 그가 말한다.

"진짜?"

"응." 와이엇은 여자애들이 입을 다물고 태연한 척하며 우리의 대화에 집중하고 있는 것을 알아차리지 못하는 것 같다. 그의 시선이 내 다리와 얼굴을 훑는다.

"너 정말……." 그가 말을 멈추었다가, 생각하더니, 고개를 끄덕인다. "행복해 보여."

와이엇이 자리를 뜨자 여자애들이 숨죽여 키득거린다. 와이엇이 나를 사랑한다고 그들은 단정한다. 내게 집착하고 늘 내 꿈을 꿀 거라고.

나는 그들이 그렇게 믿도록 내버려둔다. 그들이 나도 거의 그렇게 믿게 만든다. 우리는 모닥불의 석탄으로 폭죽의 불을 붙이고, 그 불로 서로에게 불을 붙여준다. 그리고 손에서 직직거리며 살아있는 불꽃의 사슬을 우리가 얼마나 오래 유지할 수 있을지 지켜본다.

"봐. 다들 널 반길 거라고 했잖아." 우리가 몸으로 바람을 막으며 둥글게 폭죽을 둘러싸고 있을 때, 시에라가 내게 속삭인다.

"네가 와서 기뻐. 우리 모두 기뻐." 그녀가 덧붙인다.

"나도." 내가 그녀에게 말한다.

폭죽이 쉭쉭거리고 탁탁거린다. 불이 붙은 폭죽이 내 손으로 건네질 때 손바닥이 따끔거린다. 나는 다시 폭죽을 옆 사람에게 건넨다.

나는 캐럴라인을 잊고 어두운 정원에서 춤을 추던 나를 잊는다. 나의 슬픔도 완전히 잊는다. 의심도 잊는다. 그러나 의심은 내 시야를 벗어난 곳에 도사리고 있다. 내 시야가 닿지 않는 어두운 곳, 테라스의 한복판에 쓰러져 있는 시신처럼. 그 시신이 내 쪽으로 고개를 돌려 갈라진 입술로 묻는다. 왜? 왜 이들이 나에게 이토록 친절할까? 내 과거의 유령이 현재의 나에게 조금 더 캐보라고 한다.

그러나 나는 행복하다. 그래서 캐지 않는다.

*

월요일에는 달라진 게 하나도 없다. 캘럼도 헌트맨들도 헌터로지도 아침 식사에 드리운 뿌연 햇살도. 그러나 그것들 속에서도 나는 변화를 느낀다. 나는 온전해졌다. 부서지고 흩어졌던 것들이 자성을 띠고 하나로 붙은 것 같다. 이것이 바로 이곳에 오기 전 나의 상태였음을 나는 비로소 깨닫는다. 이건 단지 나 자신으로 되돌아간 기쁨일 뿐이었다.

브레이든이 공지 사항을 발표한다. 오늘은 영원한 성 대결의 첫 번째 도전이 시작되는 날이다. 어느 이름 없는 퀴어 악당 덕분에 이제는 빌리지 대항전이라고 불리는 것. 브레이든이 일정표를 내밀며 내 앞에 멈춘다.

"마티아스?"

나는 똑바로 앉는다. 여전히 화장기가 남아있는 눈가가 지저분하다. 맨 위에 내 이름이 적힌 일정표를 받아들 때, 나는 브레이든을 차가운 시선으로 한참 쳐다본다. 나는 그가 그것을 최대한 오래 들고 있게 한 다음, 천천히 몸을 숙여 '전공'란 옆, 비어있는 칸에 적힌 글자를 본다.

양봉.

전설 속의 전공. 한 번도 존재하지 않았던 전공.

나는 교활한 미소를 지으며 브레이든에게서 종이를 받아 든다. 더 이상 아무 말도 필요하지 않다. 그가 말없이 나를 지나친다. 그러나 종이를 접어 반바지 주머니에 넣을 때, 미소가 번지는 것을 참을 수가 없다.

양봉.

이번에도 여전히 의심이 고개를 든다. 내 농익은 자신감의 살갗 속에, 어두운 의혹이 도사린다. 마치 멍처럼, 병충해처럼. 그 의혹들이 내게 지혜롭게 행동하라고, 멈추라고, 왜?라고 물어보라고, 애원한다.

그러나 나는 그러지 않는다.

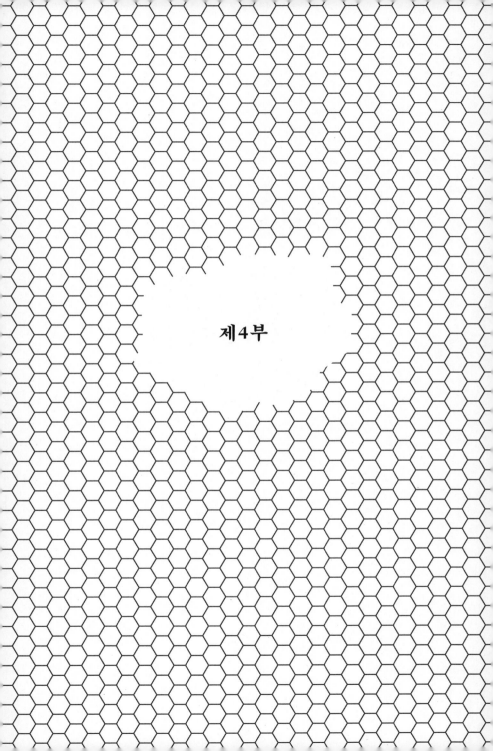

제4부

제19장

⬠

먼 호숫가에, 보트 창고를 지나자마자 버드나무 사이로 길 하나가 있다. 통나무와 군데군데 자란 미역취 사이로 난 그 길은 호수의 갈대밭 속으로 녹아버리고, 때로는 담쟁이덩굴 밑으로 완전히 종적을 감추어 버린다. 그 길은 끝내 호수의 남쪽 기슭을 빙 두르고, 호수의 병목 지점에서 지붕이 있는 조그만 다리에 삼켜진다. 다리 건너 숲속 깊은 곳에, 숙소H가 자리 잡고 있다.

나는 그 길의 시작을 응시한다.

마스, 대체 뭐 하고 있는 거야? 캐럴라인의 목소리가 오늘 아침 들어 여섯 번째로 묻는다. 나는 아직 그 질문에 대답할 수가 없다.

"벌써 길을 잃었어?"

내가 홱 돌아선다. 와이엇이 보트 창고의 데크에 서서 내게 손을 흔든다. 잠시 후 그가 데크에서 내려와 내 어깨에 양손을 얹더니 나를 버드나무 사잇길로 안내한다.

"미행하고 있었어?"

와이엇은 그 길을 편안히 걷는다. 그는…… 피곤해 보인다. 아니면 초조한 걸까?

"실은, 나도 새 전공수업 들으러 가는 길이야. 네 덕분에."

그가 내 것과 똑같은 일정표를 꺼내 보인다. 생태 실험 대신 양봉이라고 적혀있다.

"산꼭대기에서 내려온 명령이야. 네가 웬디한테 얼마나 겁을 주었는지, 내가 쫓아가야 한다고 생각했나 봐."

"괜찮아. 같이 안 가도 돼."

"오, 아주 당차네. 하지만 난 널 보호하려고 따라가는 게 아니야. *감시하려는 거지.*"

더운 날씨인데도, 한기가 등골을 스친다. 생각보다 빨리 다리에 다다른다. 사실 다리라고 말할 수도 없다. 댐을 가로지르는 지붕이 있는 보행자용 보도로, 아주 오래되었다. 햇볕에 달구어진 콘크리트 밑으로 검은 피처럼 호수가 지나간다. 다리의 내부도 검은색이지만, 다리 건너편은 달콤한 온기로 빛난다. 마치 촛불로 밝혀진 방을 열쇠 구멍으로 들여다보는 것 같다.

와이엇도 그 광경을 보고 말이 없어진다. 나는 끊어진 대화의 실마리를 찾는다.

"내가 적응할 때까지만 매니저가 따라붙는 줄 알았는데."

"네가 어른들한테 아직 적응하지 못했다는 인상을 강하게 심어준 것 같던데. 내가 따라가는 걸 네가 좋아하지 않을 거라고 웬디한테 말했는데도 안 먹히더라."

나는 한숨을 쉰다. 에스펜이 어떤 식으로든 날 감시할 거라고 생각했지만, 와이엇이 계속 나를 쫓아다닐 줄은 몰랐다. 와이엇이 안됐다는 생각은 들지만, 다소 이기적으로 생각하자면, 사실 조금 설렌다. 그가 보트 창고 데크에서 날 부르기 전에는 내가 숲속에서 그와 함께했던 시간을 그리워하고 있다는 걸 깨닫지 못했다. 그런데 우리는 다시 함께 있다. 숲속에.

와이엇이 손으로 한 무리의 각다귀를 쫓고 말한다.

"사실 네가 생각하는 것보다 단순해. 내가 여기서 자랐다고 했던 거기억해? 어렸을 때 할아버지가 양봉을 가르쳐주셨거든. 그래서 가끔 리나를 도울 때도 있어. 특히 지금처럼 양봉을 배우고 싶은 애가 갑자기 늘어났을 땐. 뭐, 웬디 말로는 그래."

와이엇이 짜증 내는 모습을 보고 있자니 웃음이 난다. 사실 와이엇은 평상시처럼 활기 넘치는 모습이 아닌, 조금 화가 난 모습이다. 내가 웃어서 놀랐는지, 그가 혼란스러운 표정을 뒤로 하고 이내 미소를 짓는다. 나는 다리를 건너기 시작하고, 그가 내 뒤를 따른다.

"날 쫓아다니라는 지시를 받은 건 유감이야. 혹시 생태 실험실로 돌아가고 싶으면, 그렇게 해도 난 진짜 괜찮아. 말 안 할게. 아, 근데 그러려면 혼자 힘으로 생각이라는 걸 해야 할 텐데, 스스로 두뇌를 사용하는 건 불가능하잖아. 그건 에스펜답지 않으니까. 안 그래?"

와이엇이 내 앞을 가로막더니 뒤로 걷는다. "비웃고 싶으면 마음껏 비웃어. 하지만 적응력도 에스펜의 가치야. 난 지금 *적응하는* 중인 거야. 게다가, 나 사실 벌집 좋아해."

"나도 좋아할지 모르지. 너가 믿을지 모르겠지만."

그가 웃는다. "설마. 어젯밤에 숙소H 여자애들하고 같이 있는 것 봤어. 이 모든 게 마스의 거대한 계획의 일부인 거, 내가 모를 줄 알고?"

내가 장난스럽게 눈을 가늘게 뜬다. "네가 생각하는 것보다 착한 애들이야. 남자애들보다는 당연히 훨씬 낫고."

숲에 다다르자 와이엇은 뿌리에 걸려 넘어지지 않도록 돌아서서 앞을 보고 걷는다.

"네가 여기서 지내기가 쉽지 않다는 건 알아. 전에도, 그리고 지금도. 하지만 정말 이러고 싶어? 남자애들하고 시작은 나빴어도, 막상 걔들이 널 알고 나면 널 진짜 좋아할 텐데, 이런 상황에서 브리아 패거리하고 어울리려는 거야?" 와이엇이 말한다.

"날 알고 나면? 내가 어떻게 해야 하는데? 나에 관한 슬라이드 쇼를 준비해서 헌터빌리지에서 발표라도 할까? 걔들은 날 알면 알수록 날 안 좋아해, 와이엇."

와이엇이 벌레 물린 목을 긁는다.

"내 말은 그게 아니고……." 그가 나무 쪽으로 손을 뻗는다. 마치 그곳에서 대답을 꺼낼 수 있다는 듯이. "걔들 일에 참여하라는 거지. 스포츠나 포커 말이야. 그래서 네가 뭐랄까…… 아주 멋진 애라는 걸 보여주는 거야."

"그런 건 하나도 멋지지 않은데. 그게 바로 과시적 이성애중심주의라는 거야."

호수에서 이어지는 길은 바위와 뿌리들과 철쭉 덤불 사이로 난 오르막길이다.

"내 말 기분 나쁘게 듣지 마. 하지만 너도 타협하는 법을 좀 배워보는 게 좋을 것 같아." 산길을 오르느라 숨이 찬 와이엇이 말한다.

"그러니까 넌 지금 내가 남자애들하고 프리스비를 하고 여자애들을 물건 취급하면 소중한 인생 교훈이라도 얻을 수 있다는 거야?"

"해볼 생각 있어? 프리스비 말이야."

"그래서 널 떼어놓을 수만 있다면, 당연히 하지."

와이엇이 걸음을 멈추자 나도 어쩔 수 없이 발을 멈춘다. 그가 손을 내밀며 미소를 짓는다. 내가 그의 손을 잡아 악수하자 우리의 멍청한 거래가 성사된다.

"네가 프리스비라고 말해서 다행이야. 왜냐하면 나 포커는 완전 형편없거든. 포커페이스를 못 해서." 와이엇이 말한다.

남은 길을 걷는 동안 우리는 그 거래에 대한 얘기를 피하고, 대신 와이엇이 어린 시절 경험한 양봉, 꿀 수확, 숲의 아름다움을 얘기한다. 거의 일점오 킬로미터를 걷고 나니 숙소H의 빈터가 보인다. 여자애들이 캠프에 나타나지 않는 건 놀라운 일이 아니다. 낮에 와도 이렇게 위험한데, 밤길은 더 치명적일 것이다.

우리가 도착했을 때 허니들은 밖에 나와있다. 그들은 마치 방금 일어난 것처럼 기지개를 켜고 하품을 한다. 그러더니 나를 보고 나른하게 손을 흔든다. 손가락 위 반지들이 창백한 햇살에 번득인다. 벌써 벌집 위로 떠다니는 벌들이 보인다. 그들에게 다가가면서, 내 안에 도사리고 있던 의심이 다시 고개를 든다. 이곳에 대한 내 생각을 지배하는 감정은 두려움이다. 그러나 이곳에는 두려워할 만한 것이 없다. 그저 커피와 차가 담긴 도자기 컵을 들고 자신을 소개하는 졸린 여자애들이 있을 뿐이다. 나는 몇 명의 이름을 기억한다. 카일, 줄리엣, 피제이와 씨제이라는 이름의 쌍둥이. 나머지 이름들은 놓친다. 그 집에 살기엔 다소 숫자가 많고, 테라스에도 여자애들이 있다. 브리아가 해먹에 누워 손을 흔든다.

리나가 우리를 소집하고 임무를 부여한다. 리나는 키가 작고 땅딸한데, 그녀의 지시도 꼭 그렇다. 나는 임무의 내용을 거의 알아듣지 못하지만, 와이엇이 나를 언덕 아래 벌집으로 이끈다. 그곳에서 미미가 나를 와락 끌어안는다.

"해냈구나!" 그녀가 내 귀에 대고 소리친다.

미미가 나를 보고, 와이엇을 본다. 미미의 미소가 너무도 환해서, 내 얼굴에도 미소가 피어난다.

"시에라는?" 내가 묻는다.

나는 분명히 물어본 것 같은데, 미미는 내 질문에 대답하지 않고 안전에 관해 얘기한다.

"혹시 오늘 바나나 안 먹었지?" 미미가 심각한 표정으로 묻는다.

우리는 고개를 젓는다.

"다행이다. 애들이 좋아하지 않아. 바나나는 벌들에게 죽음의 향기를 풍기거든. 기억해둬."

나는 그 사실을 기억해둔다. 미미가 우리를 데리고 벌집을 둘러보며 설명할 때 나는 많은 것들을 기억해둔다. 우리 주위에서 여자애들이 얘기하고 웃으며 부지런히 일한다. 그들의 근면함은 평상시 그들의 여성스러움과 충돌하지 않는다. 오히려 잘 어울린다. 그들은 그 두 가지가 한몸에 공존할 수 있음을 보여준다. 나는 와이엇과 흡족한 눈빛을 주고받는다. *생각보다 따분하거나 쓸모없진 않은데?*

"각각의 벌통에는 각자의 여왕이 있어. 벌통의 몸체는 몇 개의 상자들로 이루어져 있는데……." 나무 상자 하나를 두드리며 미미가 말한다. "각각의 상자마다 우리가 벌집틀을 넣어주면 벌들이 그 틀에 방들을 만들어. 어떤 방에는 유충이 있고 어떤 방에는 꿀이 있어."

"유충?"

"아기들. 애벌레." 미미가 갑자기 양봉칼을 들더니 벌통 하나의 뚜껑을 젖힌다. 벌 몇 마리가 튀어나오는 순간 나는 깜짝 놀라 뒤로 물러선다. 미미와 와이엇이 웃는다.

"우리 작업복 같은 거 입어야 하는 거 아니야?" 내가 묻는다.

미미가 고개를 젓는다. "작업복 입고 싶어? 그럼 가져다줄게. 그런데, 필요 없을걸. 벌들은 아주 다정하거든."

"우리가 꿀을 가져가도 벌들은 상관 안 해?"

미미가 말한다. "벌들은 거의 알지도 못해. 우리는 초과 분량만 가져가고, 군락의 숫자를 유지하는 데 필요한 양은 남겨두니까. 벌의 숫자가 너무 커지면, 벌집에서 벌이 넘쳐서 바글거리고, 숫자가 너무 작아지면, 제대로 기능을 못 해."

"공생관계지." 와이엇이 덧붙인다.

나는 그런 것에는 관심이 없다. 오직 한 가지 질문에 대한 대답이 필요할 뿐이다. "그래서 우릴 쏘지 않는다고?"

미미가 웃는다. "벌은 자기 목숨을 버릴 가치가 있을 때만 쏴. 네가 그렇게 대단한 사람이라고 착각하지 마. 괜찮을 거야. 너무 빨리 움직이지만 않으면."

와이엇이 고개를 끄덕이며 나를 안심시키지만, 와이엇도 평상시의 자신감 넘치는 모습은 아니다. 문득 와이엇이 마지막으로 이 벌집들을 관리했을 때 그는 할아버지와 함께 온 어린아이였음을 깨닫는다. 벌들이 얼마나 사는지는 모르겠지만, 아마 오래 살진 못할 것이다. 이 상자 속의 벌들은 아마 와이엇이 알고 신뢰했던 벌들에서 수 세대를 거친 벌들일 것이다. 미미가 엉겨붙은 벌들의 보금자리를 빠릿빠릿하게 떼어놓는 동안, 와이엇은 아마도 그런 생각을 하고 있을 것이다.

미미가 뚜껑을 이 센티미터 정도 들고 안을 들여다본 다음 뚜껑을 완전히 떼어낸다.

나는 그 열기에 미처 대비하지 못했다. 그 소리에도. 그리고 모든 벌들이 너무도 똑같다는 사실에도. 눈앞에 미미가 말했던 미로 같은 틀이 있고, 조그맣고 털이 난 몸뚱이들이 그 미로를 뒤덮고 있다. 천 마리의 개체라기보다는 거대한 한 마리의 외계 생명체 같다. 벌들은 내가 생각했던 것처럼 높게 윙윙거리지 않는다. 낮고 굵게 윙윙거린다. 차분하다. 미미가 그들에게 아침 인사를 하며 흔들어도 분노가 일지 않는다.

"마스, 이것 좀 들고 있어." 미미가 말하며 나에게 연기가 피어오르는 이상한 양철통을 건넨다. 양철통 안에서 나뭇잎이 타고 있다. 히코리와 수액 냄새가 난다.

"이렇게." 미미는 말하며 연기가 벌통 위로 흘러가도록 위치를 잡아준다. 안에 있던 벌 몇 마리가 호기심에, 혹은 화가 나서 날아오르지만, 연기가 그들을 진정시킨다. 윙윙거리는 소리가 더 낮아지자, 머리 안쪽에서 그 소리가 느껴진다.

"연기를 피우면 다루기가 쉬워져." 와이엇이 말한다.

내가 연기 나는 통을 들고 있는 동안 미미는 틀을 덮은 오렌지색 밀랍 속에 양봉칼을 넣는다. 미미는 그것을 프로폴리스라고 부른다. 미미가 우리에게 뒤로 물러서라고 하고는 벌집틀 하나를 밖으로 꺼낸다.

"가까이 와서 봐." 미미가 말한다. 나는 훈연기를 꽉 잡고 눈물이 고인 눈을 경계 태세로 커다랗게 뜨고는, 미미가 매니큐어를 칠한 손톱으로 가리키는 곳을 쳐다본다.

"이게 유충이야. 방이 막혀있는 거 보이지? 웃기게 생기지 않았어? 보드라워 보이지? 그런데 그렇지 않아. 유충들은 방에서 자라서 자기들만의 고치를 만들었다가, 그걸 물어뜯고 밖으로 나와."

미미가 하는 말이 무슨 뜻인지 알 것도 같다. 나는 틀 위에서 꼼지락거리는 생명체의 밀도에, 서로의 몸을 타고 이해할 수 없는 어수선한 경로로 까딱거리며 움직이는 몸뚱이들에 압도당한다. 어수선하면서도 일사불란하고, 그러면서도 고요하다. 윙윙거리는 소리는 계속 들려오지만, 그 소리가 어디서 나는지는 알 수 없다. 소리가 사방에서 들리는 것 같다.

"이 틀에 꿀이 있어. 보여? 벌들을 좀 쫓아볼게."

미미가 손등으로 벌들을 털어낸다. 마치 아무것도 아닌 듯, 벌들이 틀에서 떨어진다. "여길 잘 봐. 조금 비켜볼래? 햇빛에 비추면 더 잘 보이거든."

미미가 위치를 바꾸자 햇빛이 천 개의 육각형 우물 속으로 스며든다. 마치 촉촉하고 깜박이지 않는, 그러나 너무도 정밀한 눈동자가 가득한 벽이 눈을 뜨는 것 같아 어쩐지 불안하다. 그런데 모양이 어그러진 부분이 있다. 두 개의 방이 연결된 지점이 엉겨 붙어서 육각형의 모자이크에 파문을 일으킨다.

내가 그게 뭐냐고 묻는다. 미미는 그 부분을 한참 들여다보다가, 와이엇에게 벌통을 닫으라고 말한다. 미미는 틀을 들고 헛간 쪽으로 간다. 와이엇과 나는 미미를 기다리면서 벌들이 다리에 주황색과 노란색

꽃가루를 묻히고 그들 집의 조그만 현관에 내려앉는 모습을 지켜본다. 미미는 돌아오지 않는다.

나는 미미를 찾으러 가보기로 한다.

"우린 헛간에 못 들어가." 와이엇이 내 뒤에서 부른다.

"왜 못 들어가?" 나는 헛간 쪽으로 걸으며 그에게 묻는다.

"장비가 없잖아." 그가 말한다. 너무 한심한 이유라 나는 그를 두고 계속 걷는다.

언덕 위, 숙소에서 멀지 않은 숲속 깊은 곳에 자리 잡은 헛간은 길고 야트막한 건물이다. 벌집과 숙소의 소음에서 벗어나니 공기가 맑고 가벼워서 훨씬 더 많은 소리를 들을 수 있을 것 같다. 나는 정적 속에서 작고 균일하지 않은 속삭임의 잔상을 포착한다. 열린 헛간 문틈으로 숨 죽인 목소리가 새어 나온다.

"분열이야." 누군가가 말한다.

"국지적이야, 전국적이야? 아니면 세계적이야?"

"말하기가 어려워. 국지적인데, 파문이 커. 보이지?"

마지막 목소리는 미미다. 나는 문틈으로 안을 들여다본다. 미미가 다른 세 여자애들과 함께 램프 불빛 아래 앉아있다. 그들 사이에 있는 이상한 장치 위에 벌집틀이 놓여있다. 그들은 마치 성서대 위에 책을 올려놓듯 벌집틀을 올려놓고 글자를 읽듯 벌집틀을 들여다보고 있다.

"침입자가 있어." 미미가 단호하게 말한다.

"그럼 어떻게 되는데?" 그들 중 한 명이 묻는다.

미미의 편안한 미소는 온데간데없이 사라졌다. "분열이 일어나. 정치적 분열도, 재정적 분열도 아니야. 바로 이곳, 에스펜의 분열이야."

"그들에게…… 얘기해야 할까?"

"아니." 미미가 고개를 젓고, 그 바람에 머리카락이 세차게 흔들린다. "규정에 의하면, 우리는 이 일을 우리 스스로, 우리만의 방식으로 해결해야 해."

"이건 어떻게 해?" 다른 한 명, 아마도 리아인 것 같은 여자애가, 벌집틀의 어느 한 곳을 가리키며 말한다. "죽음을 뜻하는 거 아니야?"

"폭력적인 죽음." 다른 여자애가 명확하게 말한다.

미미는 그렇다고도, 그렇지 않다고도 말하지 않는다. 그러나 그들의 침묵은 동의의 침묵이다. 너무도 명백한 진실이라 굳이 말할 필요조차 없다는 듯한.

문에 너무 가까이 다가선 나머지 나의 그림자가 실내의 가느다란 빛의 기둥을 가로지른다. 리아가 깜짝 놀라며 문을 홱 열지만, 찰나의 순간, 나는 헛간의 모퉁이를 돈다. 이번엔 문이 제대로 닫히고, 잠긴다.

나는 먼 길을 돌아 초원으로 향하고 숲을 가로지른다. 헛간 창문으로 내다보아도 보이지 않도록. 초원의 언덕 꼭대기에서 내가 멈추어 선다. 와이엇이 내가 두고 떠난 자리에 앉아 마치 몽상에 잠긴 듯 호수를 바라보고 있다. 그의 곁에 숙소H의 여자애 다섯 명이 있다. 그들은 그저 서있다. 초원에서 피어오르는 열기에 그들의 형체가 일렁이고, 그들의 얼굴이 잠시 흐릿해진다. 그때 와이엇이 일어선다. 그들이 내 쪽으로 다가온다. 모두가 함께.

"준비됐어?" 와이엇이 묻는다.

"준비?"

"점심 식사. 종이 울렸어. 나도 놓쳤는데, 얘들이 방금 내가 돌아갈 시간이라고 알려줬어."

내가 그들을 쳐다본다. 아침에 일을 했는데도, 그들 모두가 똑같이 근사하고 흐트러짐이 없다. 헛간 문이 열리는 소리에 나의 시선이 그쪽으로 향한다. 미미와 다른 애들이 헛간을 나선다. 우리 일행에 합류하는 그들의 얼굴에 근심의 기미는 없다. 나는 잠시 헛간을 바라보며 기억해둔다. 지붕은 물결무늬의 철판이고, 벽은 흰색 페인트를 칠한 싸구려 합판이다. 헛간 쪽으로 난 풀밭 길은 닳아있고, 헛간 측면의 또 다른 길이 에스펜과 반대 방향의 숲으로 나있다.

우리는 큰 소리로 웃으며 함께 숙소로 돌아온다. 그들이 내게 무분별하고 아부하는 듯한 질문을 퍼붓는다. *너 무슨 전공 할 거야? 네 운동 루틴은 뭐야? 너 수학 점수가 어떻게 돼? 오래된 계산기 수리할 수 있는 애가 너 말고 몇 명이나 될까?* 이제 막 와이엇에 대한 감정을 키워가고 있는 날 위해 허니들이 모두 하나가 되어 바람잡이 역할을 하고 있다. 그들이 와이엇을 놀리는 데 정신이 팔렸을 때, 나는 헛간에서 들은 말을 생각한다. 그들은 벌집틀을 살펴보고 있었다. 내가 가리켰던 뒤틀린 부분에서 의미를 유추하고 있었다. 죽음. 폭력적인 죽음. 그리고 침입자.

끊임없는 수다가 멈추는 순간, 내가 고개를 든다. 와이엇과 내가 단둘이 버드나무 아래 서있다. 나무 그늘 사이로 훅 들어온, 너무도 대조적인 풍경에 보트 창고가 있다. 나는 흠칫 놀란다. 갑자기 시야에 들어온 광경이, 데크에서 게임을 하고 기타를 치거나 라디오를 크게 틀고 있는 사람들의 불협화음이, 거슬린다. 초원의 보드라운 으스스함과는 너무 대조적이다.

"넌 자주 멍해져." 와이엇이 말한다.

나는 우리가 지붕 다리를 건넜다는 사실조차 알아차리지 못했다. 허니들을 찾아보지만 그들은 어느 틈엔가 에스펜으로 사라져버렸다. 내 인생의 영점팔 킬로미터가 어디로 사라졌는지 궁금해하면서 나는 눈을 깜빡인다.

"미안. 생각을 좀 하고 있었어." 내가 말한다.

"생각? 생각할 게 또 있어?"

"응. 두뇌를 가진 사람들이 겪는 가장 큰 시련이지."

와이엇이 웃으며 식당 건물 쪽으로 나를 이끈다. "시에라가 누구냐고 물었어. 네가 미미한테 시에라 얘길 했잖아."

"응, 시에라는 좋은 애야. 캐럴라인의 친구 중 한 명이야."

"동네 친구?"

내가 고개를 갸우뚱한다. "에스펜 친구. 숙소H에 있잖아."

와이엇이 나와 똑같이 혼란스러운 표정을 짓는다. "브리아?"

"아니 시에라."

와이엇이 호수 건너편, 초원이 아닌, 그 뒤쪽의 산을 바라본다. 그리고 말한다.

"마스, 캠프에 시에라라는 애는 없어."

제20장

○

내가 묻는다.

그리고 다시 묻는다.

대답하는 사람이 누구든 상관이 없다. 대답은 늘 똑같다.

"시에라가 누군데?"

고개를 갸우뚱하기도 하고, 눈을 가늘게 뜨기도 하지만, 매번 목소리에 아득함이 있고, 눈동자 속에는 공허함이 있다. 반응이 너무도 일률적이라, 하루가 끝날 무렵, 내가 시에라의 이름을 잘못 알았던 거라는 확신이 든다. 더 끔찍한 것은 내가 시에라를 만들어냈을지도 모른다는 것이다. 그러나 그날 밤 세수를 할 때 내 손톱에 칠한 쨍한 파란색 매니큐어를 바라보면서, 시에라가 내 손을 잡고 함께 울어주던 기억을 떠올렸고, 그 순간 나는 깨닫는다. 내 기억이 틀린 게 아니다.

이건 뭐지? 또 하나의 장난인가? 또 하나의 정신 나간 전통인가? 내가 사 년 전에 갑자기 에스펜을 떠났을 때에도 이런 식이었나? 에스펜은 불편한 진실을 늘 이런 식으로 교활하게 지웠나?

저녁 식사 시간에 경계하는 듯 게슴츠레하게 뜬 캘럼의 눈을 본 순간, 시에라에게 끔찍한 일이 일어났다는 생각이 든다. 캘럼을 볼 때마다 나는 여전히 흐릿한 검은 숲과 대비를 이루던 그의 눈의 흰자위와 코에서 흘러내리던 피를 본다. 캘럼, 캐럴라인, 시에라. 그들 모두가 허니들과 연결된다. 그와 동시에, 허니들에 대한 나의 두려움은 놀라움으로, 매혹으로 진화했다.

나는 두려움이 되살아날 때까지 캘럼을 쳐다본다. 두려움이 더 깊어졌다. 더 견고해졌다.

다음 날이 되자 다시 모든 게 너무 평범해진다. 나는 아침 식사를 하고, 와이엇과 양봉장에 가고, 미미가 커다란 포옹으로 우리를 반긴다. 우리는 양봉 수업을 재개한다. 오늘은 벌들을 둘러싼 진동수가 잦아든 것 같다. 아마도 흐린 하늘 때문에 초원의 햇빛이 눅눅해졌기 때문인 것 같다. 나는 수업 시간 내내 미미의 얼굴을 분석한다. 널찍한 볼과 뾰족한 턱이 하트 모양 같다. 미미는 상냥하기만 하다. 헛간에서 허니들이 그녀와 벌집틀을 둘러싸고 있을 때의 그 음산했던 분위기는 찾아볼 수 없다. 나는 시험 삼아 미미에게, 숙소 화장실을 써도 되냐고 묻는다. 미미는 당연하지, 뭘 그런 걸 물어?라고 대답한다.

나는 숙소로 들어선다. 처음 왔을 때처럼 숙소 안이 고요하다. 숙소 창문을 통해 헛간 문이 활짝 열려있고 여자애들 몇 명이 상자들을 안으로 나르는 모습이 보인다. 내가 있는 곳에서도 빈 병들이 짤랑거리는 소리가 들린다.

리나는 꿀을 수확할 준비를 하고 있다고 말했다. 와이엇과 나도 도와야 한다고.

나는 이층으로 올라간다. 시에라와 내가 숨었던 방을, 우리가 앉았던 침대를 찾는다. 침대는 깔끔하게 정돈되어 있고 시트가 매트리스 밑에 끼워져 있다. 이층 침대의 가로막 사이에 사진들이 꽂혀있다. 몇 장의 사진 속에서 시에라를 발견한 나는 놀라진 않지만 비로소 안도한다. 나는 사진 한 장을 훔친 다음 밖으로 빠져나가서, 더 이상 관심을 끌지 않고 오전 수업을 마친다.

이제 나는 두 가지 사실을 확신한다.

첫째, 내가 보는 것을 믿을 수 없다. 화창한 에스펜의 햇빛 속에서는, 모든 빛깔이 흐릿해지고 모든 의심도 잦아든다. 그러나 밤이 되면 의심이 고개를 들고, 햇빛에 눈을 찌푸리지 않을 때 비로소 낮에는 찾을 수 없던 명료함을 느낀다. 나는 무엇보다도 그 명료함에 매달려야 한다. 심지어 지금도 찌푸린 하늘의 묵직한 압박 아래, 그 명료함이 잦아드는 것을 느낀다. 사진 속 시에라의 얼굴을 다시 한번 확인해보고 싶지만, 두 번째 이유 때문에 그러지 않는다. 섬세해져야 한다. 섬세해진다는 것이 나에겐 힘든 일이다. 나에겐 섬세함이 요구하는 우아함과 인내심이 없다. 그러나 더 알아내려면, 우아함과 인내심이 필요하다. 따라서 두 번째는, 섬세함이 필요하다는 것이다.

점심시간이 되자 와이엇이 오늘 있을 숙소 챌린지를 요란하게 공지한다. 오늘의 챌린지는 당연히 프리스비이고, 그 말을 할 때 그가 내게 미소를 짓는다. 나는 그에게 눈부신 가짜 미소를 지어 보인다. 아, 신나.

풀밭으로 걸어가면서 그가 내게 말한다. "약속은 약속이니까. 이걸 뭐라고 부른다고? 과장적 이성애중심주의?"

"*과시적.*"

"너한텐 이 모든 게 다 과시적인 연기야?"

"결국 모든 게 다 과시적인 연기야."

나는 프리스비에 젬병이다. 거의 웃길 정도로. 내가 어떤 방향을 조준해도, 플라스틱 원반은 제멋대로 날아가고 남자애들은 욕을 하며 쫓아간다. 나는 심지어 상대 팀 점수를 올려주기도 한다.

"넌 형편없는 배우야." 식수대 주위로 아이들이 몰려들 때 땀범벅이 된 얼굴로 와이엇이 말한다.

"줄리어드 연기학교에서 배웠어. 고마워. 우리 다 같이 다른 거 하면 안 돼? 홀치기염색 같은 거 어때? 손목 때문에 그래. 손목에 힘이 하나도 없거든. 그래도 쥐어짜는 건 잘하는데." 내가 말한다.

남자애들 몇 명이 기가 막힌다는 듯이 웃는다. 나는 개의치 않는다. 프리스비로 그들을 내 편으로 만들 수 없다면, 자기 비하로 그렇게 하는 수밖에.

와이엇이 말한다. "하하, 웃기네. 얘들아, 새로운 작전이야. 레이, 안드레아, 앞으로 달려나가서 잡아."

"나는?" 내가 묻는다.

"넌 상대 팀 공격을 방해해."

그 작전은 유효하다. 두 번이나 성공한다. 나는 심지어 다른 팀의 공격을 가로채서 안드레아에게 짧게 던져주고, 안드레아가 득점한다. 갑자기 아이들이 식수대에서 나의 등을 두드려주기 시작한다. 나도 땀을 흘린다. 말하자면, 일부러.

다시 게임을 재개하려는데 운동장 맞은편 가장자리에서 누군가 내 이름을 부른다. 내가 모르는 밴딧팀의 여자애다. 그 애가 우리 쪽으로 다가오더니 불쑥 나에게 "브리아가 얘기 좀 하재."라고 내뱉는다.

그 애가 나를 쳐다본다. 나는 와이엇을 쳐다본다.

"중요한 일이래." 그 애가 더듬거리며 말한다.

나는 갈등한다. 이제 막 베어헛의 남자애들과 편안해지기 시작했다. 그러나 나의 본능이 가야 한다고 말한다. 시에라가 사라진 것, 캐럴라인의 죽음, 나의 꿈, 반복해서 나에게 닥치는 위험, 그 모든 것들이 아직은 내가 이해하지 못하는 방식으로 연결되어 있다. 얘들아 미안, 프리스비 미안. 나는 와이엇에게 사과의 의미로 어깨를 으쓱해 보이고 여자애를 따라 소나무숲을 지나 눈부신 햇살과 보드라운 이끼가 있는 조그만 빈터로 향한다. 브리아와 미미, 몇 명의 여자애들이 퀼트 조각보 위에 앉아있다. 널브러진 여자애들 한복판에 헤집어진 피크닉 용품들이 쌓여있다. 내가 도착하자 그들이 나른하게 고개를 들더니, 햇빛을 바라보며 도로 눕는다.

"환영해, 마스. 앉아. 게임이 거의 끝나가고 있어." 브리아가 말한다.

나는 아무 생각 없이 앉는다. 시에라에 대해 묻고 싶은 마음이 굴뚝같지만, 나의 의심을 떠올린다. 그리고 섬세해야 한다는 것도. 그래서 말 한마디 없이 그들 곁에 앉는 거라고, 속으로 되뇐다. 그러나 그 순간, 나는 나답지 않게 부끄러움을 느낀다. 아치형 구조물 아래 있는 그들에게 처음 다가갔던 그날처럼. 그때나 지금이나, 초대받아 온 것인데도, 마치 내가 침입자 괴물이 된 기분이다. 나른하게 늘어진 그들 틈에서, 나는 흉측하고 이질적인 존재 같다. 내가 말을 하는 순간, 이곳의 보드라운 무중력상태가 망가질 것만 같다. 그래서 나는 말을 하지 않는다.

그들이 하고 있는 게임은 내가 본 그 어떤 게임과도 다르다. 브리아와 미미 사이에 동그란 컵 받침과 찻잔 받침들이 있다. 방사 무늬가 있는 두툼한 도자기 재질의 밝은색 받침들이 체계적으로 배열되어 있다.

받침들 위에는 다양한 모양의 타일들이, 마치 사탕처럼 수북이 쌓여있다. 타일들의 위치에 어떤 규칙이 있는 것 같다. 게임의 목적은 불분명하다. 심지어 점수판도 없는 듯하다.

"다시 시작해." 브리아가 말한다.

가장자리에 있던 여자애가 다면체 크리스털 컵을 가냘픈 팔로 높이 든다. 그녀는 컵을 양쪽으로 움직여 컵에서 반사된 햇빛이 담요 위에 무지개를 그리는 지점을 찾는다. 그들이 받침들과 타일들을 살펴본다. 그녀가 날카로운 컵을 돌리는 순간 무지개가 뒤틀린 모양으로 변한다. 타원들과 아치들이 추상적인 모양으로 포개어진다.

이것이 그들의 게임판이다.

나는 매혹당한 채, 브리아와 미미가 컵 받침들 위에서 손을 휘젓다가 타일을 집어서 단호한 동작으로 그것들을 찻잔 받침 위에 쨍그랑 소리를 내며 떨어뜨리는 것을 지켜본다. 목표가 무엇인지, 점수를 어떻게 따는지도 모르겠지만, 미미가 이기고 있는 게 분명하다. 브리아의 동작은 점점 느려진다. 빛의 게임판이 미세하게 살짝 기운다. 나는 브리아가 미미에게 컵 받침 하나를 빼앗기며 욕을 내뱉는 것을 보고야 게임판이 기울어진 것을 알아차린다. 적어도 내 눈에는 그렇게 보인다.

처음에는 컵을 들고 있는 여자애가 빛의 움직임을 만든 것이라고 생각하지만, 그 여자애는 눈조차 깜박이지 않는다. 나는 비로소 하늘에서 천천히 움직이는 태양 때문에 게임판이 기울었음을 깨닫는다.

미미와 브리아가 기대어 앉고, 브리아가 무거운 한숨을 내쉰다.

"미미는 아무도 못 이겨." 씨제이가 내게 말한다. 컵이 내려오지만, 게임판의 환한 빛은 여전히 내 눈 안쪽에 남아있다. 그 빛이 나의 기억

속에서 빙글빙글 돈다.

"너도 해볼래?" 브리아가 내게 묻는다.

"마스, 너도 해봐!" 미미가 나를 자기 쪽으로 끌어당기며 말한다.

"난 할 줄 몰라." 내가 말한다. 내가 생각한 것보다 목소리가 훨씬 낮게 나온다. 나는 헛기침을 하고, 목소리를 조금 높여 다시 말한다. "규칙을 설명해주면 한번 해볼게."

날 봐라. 이 섬세함. 이 사랑스러움. 나는 그들이 게임에 싫증이 날 때까지 바보인 척하다가, 질문을 던질 것이다. 시에라와 캘럼에 관해. 그러면 캐럴라인에 관해 무엇을 물어야 할지 알 것이다.

"이건 그냥 본능에 따르는 게임이야." 타일들을 다시 배열하며 브리아가 말한다.

"게임의 목표가 뭔데?"

"게임을 하는 사람이 누구냐에 따라 달라."

"어떻게 하면 이겨?"

"그건 중요하지 않아. 중요한 건 협동이야." 브리아가 말한다.

여자애가 컵을 들자 서서히 게임판이 시야에 들어온다. 가까이에서 보니 태양의 파편들이 타일 조각들 속에서 튀어 오른다. 이것은 빛과 색의 경사면들이다. 게임판이 아니다.

"너 먼저 해." 브리아가 말한다.

나는 브리아를 쳐다보지만, 브리아는 게임판을 보고 있다. 타일에서 반사된 빛이 브리아의 목과 뺨에 파스텔색 멍을 만든다. 내가 어떻게 할지 고민하며 몸을 앞뒤로 움직이자 똑같은 얼룩들이 나의 눈 속에서도 일렁인다.

이건 하나의 시험이다. 그 정도만 안다. 그들은 내가 어떤 타일을 움직이는지 보려는 게 아니다. 내가 타일을 과연 움직이는지 보려는 것이다.

나는 브리아 가까이에 있는 컵 받침 위에 놓인, 내 손톱처럼 선명한 사파이어색 타일로 손을 뻗는다. 나는 타일을 집어 들며 브리아의 반응을 기다린다. 반응이 없다. 그렇다면 좋다. 그들이 규칙을 말하게 하기 위해, 내가 먼저 규칙을 깨는 수밖에. 그래서 나는 타일을 내 앞의 찻잔 받침에 올려놓는 대신, 빛의 게임판 가장자리를 벗어난 곳에 있는 찻잔 받침에 던진다.

브리아가 엷은 미소를 짓더니, 컵 받침 세 개에서 세 개의 타일을 집어 들고, 진지하게 나의 컵 받침에 떨어뜨린다. 그리고 기다린다.

내가 주위를 둘러본다. 여자애들 모두가 팔꿈치에 기대 몸을 일으키고 나를 지켜본다. 나는 다시 게임판을 본다. 이번에는 납작한 검은 타일을 집어서, 이번에도 시험 삼아, 담요 한복판에 떨어뜨린다. 이번에도 브리아가 미소를 짓는다. 여자애들 모두가 숨을 들이킨다.

브리아가 그들을 조용히 시킨다.

"왜 그렇게 했어, 마스?"

나는 검은 타일을 쳐다본다. 타일도 나를 쳐다보는 것 같다. 온갖 색과 빛 속에서, 그 검은색 타일은 유일하게 빛나지 않는다. 그게 내가 그 타일을 고른 이유다. 흉측하고, 이질적이고, 튀어서. 그래서 그것을 한가운데에 놓았다.

"모르겠어." 내가 말한다.

그 뒤로는 게임이 빠르게 진행된다. 아무리 내가 타일을 생각 없이 움직여도, 브리아는 명확한 의도로 응대한다. 짜증 나는 일이다. 나는 타일의 수를 세어보기도 하고 색깔들을 더해보기도 하면서 연관성을 파악해보려 애쓰지만, 게임의 규칙을 감조차 잡을 수 없다. 결국 나는 모양을 만들기 시작한다. 처음엔 삼각형을, 그다음엔 별을 만든다. 반짝이는 빛의 경계가 서서히 회전한다. 알아차리기엔 너무 느리게 회전하다가, 어느 순간 새로운 모양으로 바뀌어 있다. 나는 두 번 연속 브리아가 무지개의 테를 따라가며 타일을 고르는 것을 알아차리고, 다음번에 고를 타일을 유추할 수 있게 된다. 내가 타일을 대신 골라주자 브리아가 또 한 번 엷은 미소를 짓는다.

우리에겐 일종의 리듬이 생긴다. 나는 게임에 집중한다기보다는, 조금씩 움직이는 빛, 날카로운 딸각 소리, 브리아의 우아한 손동작에 집중한다. 캐럴라인도 이 게임을 했을까? 잘했을까? 우리가 거실에 앉아서 엄마의 후원자들과 함께 커피를 마실 때, 찻잔을 찻잔 받침에 내려놓을 때마다, 캐럴라인은 이 게임을 떠올렸을까? 아마 그랬을 것이다. 캐럴라인은 게임을 좋아하니까.

게임을 좋아했으니까.

나는 다시 캐럴라인을, 영원한 황혼 속의 그녀를 떠올린다. 부디 그 끝이 환하기를.

"아직." 브리아가 말한다.

나는 손가락 사이에 사파이어색 타일을 집어 들다가, 도로 컵 받침 위에 내려놓는다. 나의 손이 움직여 다른 타일을 집는다. 나는 나의 움직임을 거의 보지 않는다. 나의 마음은 에스펜에서 한참을 올라간 곳에, 구름 없는 깊은 하늘 어딘가에 있는 것 같다.

"마스, 나한테 뭐 물어보고 싶은 거 있지?" 브리아가 말한다. 그녀의 목소리는 나를 다시 지상으로 끌어오지 않는다. 그 목소리는 그곳이 어딘지는 몰라도, 내가 있는 곳에서 나와 합류한다.

"응."

"물어봐."

황혼 속에 캐럴라인이 있다. 그녀의 곁에 새로운 공허가 있다. 다른 여자애, 실종된 여자아이의 형상을 한 공허다.

내가 묻는다. "시에라에게 무슨 일이 있었어?"

브리아가 네 조각으로 이루어진 타일 한 벌을 집어 들더니 굴절된 빛 속에 나타난 불규칙한 다이아몬드 형상의 꼭짓점에 떨어뜨린다. 나는 그것을 본다. 나의 검은 타일이 그 안에 갇혀있다.

브리아가 한숨을 쉰다. "난 네가 말해주길 바랐어. 넌 시에라한테 무슨 일이 일어났다고 생각해?"

"난 모르겠어. 내가 그 애를 만들어냈다고 생각했어."

"네가 만들어내지 않았어. 그러니까 *생각을 해봐.*" 브리아가 부추긴다.

내가 다이아몬드의 한 꼭짓점에 있는 타일을 집어 든다. 그러나 내가 그 타일을 다른 곳에 놓으려는 순간 빛의 선이 그곳까지 늘어난다. 다시 움직여도 똑같은 일이 일어난다.

"난 시에라를 봤어." 내가 말한다. 나의 목소리가 아득히 멀리, 내 마음이 있는 곳보다 훨씬 더 아래에서 들려온다. "시에라는 파티에 왔었어. 우린 같이 불을 붙였어."

"그다음엔?"

"그다음엔 잠자리에 들었어."

"아니. 다시 생각해봐."

"그다음엔…… 내 숙소로 돌아갔어. 그리고 잠자리에 들었어."

"아니. 다시."

브리아를 보고 싶지만, 볼 수가 없다. 우리의 두 손이 서로의 손 위를 떠다니며, 타일을 던져 새로운 모양을 만든다. 내가 파악할 수 없는 모양이다. 다이아몬드도 아니고 사각형도 아닌, 그저 담요에서 피어난 빛의 꽃들이 서로 맞물려 있다. 태양이 회전할 때 그것들도 함께 회전하고, 마치 나도 그것들과 함께 회전하는 듯한 기분이 든다. 물리적으로, 그리고 정신적으로, 나는 해체되고 있다. 꽃잎이 하나씩 벌어지고, 나의 마음이 브리아를 향해 열린다.

"난 숙소로 돌아갔어. 이를 닦고 화장을 지우고, 잠자리에 들었어."

"그날 밤 네 꿈이 너에게 무얼 보여주었지?"

나는 잠들어 있는 나 자신을 본다. 내가 내 위에 떠있다. 내가 하강한다. 나의 두개골 속으로 들어간다. 브리아와 내가 나의 마음속으로 들어갈 때, 거품 같은 무언가가, 잠든 나의 뇌 속에 남은 불안의 잔재가, 나를 방해하며 밀어낸다. 그리고 어느 순간 나는 저 너머의, 저 깊은 곳의 어둠 속으로 들어선다. 그리고 지켜본다. 아마도 꿈을 꾸는 것 같다. 브리아가 바로 내 곁에서 말하는 것 같다.

"레이스가 널 좋아해, 마스. 레이스가 너에게 무언가를 보여줄 거야. 레이스가 너에게 보여주는 걸 나에게 보여줘."

나는 그러고 싶지 않다. 브리아가 무얼 보게 될지 나는 안다. 사시나무와 나무의 눈들. 내 쪽으로, 나를 통과하며 떨어진 캐럴라인. 나의 몸 아래에서 으스러진 그녀의 몸. 나는 그녀를 무겁게 짓누르는 치명적인 짐 덩어리다. 우리는 타일 바닥에 부딪치고 또 부딪친다.

타일 바닥.

우리의 게임을 떠올린다. 우리 두 사람은 나의 마음속에 들어가 있으면서도 한편으로는 숲속에, 빈터에, 담요 위에서 게임을 하고 있다.

싫다고 브리아에게 말하지만, 소리를 내지는 않는다. 말로 표현하지 않는다. 나는 게임의 일렁이는 빛 속으로 손을 뻗고, 컵 받침 위에서 윙윙거리며 튀어 오르는 타일을 찾아서 집어 든다. 타일은 뜨겁고, 손가락에서 빛이 지글거리지만 나는 민첩하다. 빛의 무늬가 출렁이더니 새로운 모양이 되고 브리아의 목소리가 불안정하게 흔들린다.

"보여줘. 제발."

브리아는 지금 괴로워하고 있다. 그것을 느낄 수 있다. 그러나 단지 *괴로워한다*고 말하는 것으로는 충분하지 않다. 그건 하나의 단어일 뿐이고 제한된 의미를 가진 모양들의 정형화된 배열일 뿐이다. 브리아가 지금 느끼는 감정을 담기에 말은 무의미하다. 브리아의 감정은 설명할 수 없다. 광활하다. 직감을 제외한 그 어떤 언어로도 판독이 불가능하다. 이 게임처럼. 내가 타일을 놓자 모양이 바뀌고, 브리아의 마음이 나에게 열린다. 괴로움 이면에 무엇이 있는지 안다. 나는 그것들을 꿰뚫어 본다. 새로운 어둠 속을 들여다본다. 브리아의 내면에 있는 어둠을.

"넌 걔를 못 찾았구나." 내가 직감한다. 그러나 직감한다는 표현이 딱히 옳지는 않다. 나는 브리아의 감정들을 헤치며 더 깊이 파고든다. "지금 시에라를 그리워하고 있어. 지금 시에라가 네 곁에 없어."

"더는 안 돼." 브리아가 말한다. 혹은 아무 말도 하지 않는다. 그녀의 손은 더 이상 가볍지 않다. 컵 받침을 바로 놓는 그녀의 손이 떨린다. 의미 없는 움직임이다. 게임은 여전히 내가 주도하고 있다.

"시에라를…… 잃어버렸어? 시에라를…….." 나는 더듬거리며 나아간다. 브리아를 파고들어서 브리아를 지나고 브리아가 지키고 있는 광활한 빛을 향해 나아간다. *레이스. 레이스가 환영을 짠다.* 들쭉날쭉한 나무들 사이로 번쩍이는 달이 보인다. 나의 것이 아닌 몸속에 있다. 나는 넘어지고, 축 늘어진다. 나는 등을 대고 누워 별이 가득한 밤하늘을 바라본다. 그때 거대한 그림자가 나를 덮친다. 입에서 쇳내가 난다. 나의 죽음. 깜박이던 나의 눈이 닫힌다.

더는 안 돼, 마스.

이제 우리는 나무들 사이를 바라본다. 조금 전에 내가 들어갔던 시에라의 몸이, 달빛이 내리쬐는 바위에 널브러져 있다. 시에라는 에스펜의 유니폼 셔츠를 허리가 보이게 묶어 입었다. 시에라의 눈은 여전히 촉촉하지만 더 이상 움직이지 않는다. 별빛 아래에서는 흥건한 검은색일 뿐이지만, 시에라를 감싸고 있는 것이 피 웅덩이인 것은 너무도 분명하다. 머리 근처에서 가장 짙어지는 피 웅덩이.

우리는 외치고 또 외친다. *안 돼!*

안 돼 안 돼 안 돼.

나가.

나가라고!

"나가라니까!"

서늘한 통증이 내 귀를 파고든다. 내가 몸을 비틀어 그곳에서 벗어나자, 온 세상이 내 몸 아래서 움츠러든다. 나는 손이 창백해질 정도로 담요를 꽉 붙잡는다. 컵 받침과 타일들과 찻잔 받침들이 내 아래 흐트러져 있다. 내 그림자 속에서 그것들은 칙칙하다. 싸구려 유리와 도자기

일 뿐이다. 이제 끝났다. 그게 뭐였는지는 모르겠지만, 어쨌든 끝났다.

그 뒤로 몇 초간, 브리아와 나는 함께 숨을 들이마시고 내쉰다. 우리가 서로에게서 풀려나고 그제야 나는 다시 나 자신으로 돌아온다. 내가 브리아를 쳐다보는 순간, 브리아가 한 손으로 뺨에 흐른 눈물을 닦아낸다. 그녀의 손은 끈끈한 황금빛이다. 똑같은 황금빛이 그녀의 눈에서도 흐른다.

꿀의 황금빛.

그녀가 말한다. "시에라는 헌터로지 북쪽 숲에 있어. 마스가 찾았어. 시에라는 죽었어. 레이스가 우리에게 보여주었어."

여자애들이 내 쪽으로 몰려와 브리아에게 질문을 퍼붓는다.

"이제 우리 어떻게 해?"

"누가 죽인 거야?"

"이걸 알려야 할까?"

"알리지 않을 거야." 브리아가 말하며 끈적끈적한 눈물을 닦고 또 닦는다. "우리의 규칙은 명확해. 우리는 이 일을 우리 스스로, 우리 방식으로 처리할 거야. 다른 애들한테 밤에 숲에 가지 말라고 해. 무언가가 우릴 해치고 있어."

"마스는 어떻게 하지?"

브리아의 시선이 나에게 고정된다. 우리 밑에서 담요가 빙글빙글 돈다. 마치 게임할 때 빛이 도는 것처럼. 아니면 나 혼자만 도는 걸까. 브리아는 움직이지 않는 것 같다. 그녀의 얼굴만 흐릿해지기 시작한다.

브리아가 명령한다. "지워. 이번엔 전부 다 지워."

나는 도망치기 시작한다. 내가 거대한 기계의 작은 부품처럼 느껴진다. 몸이 무겁고 서툴다. 나는 크리스털 컵을 들고 있던 여자애를 돌아본다. 게임판을 만들었던 여자애. 그녀의 갈색 손마디 사이로 크리스털이 반짝인다. 그녀가 그것을 뒤로 당겼다가 앞으로 던진다.

예쁘네, 컵이 내 관자놀이에 닿는 순간, 나는 생각한다.

예쁘네.

예쁘⋯⋯.

*

"들어 올려."

"제대로 잡았어?"

"그의his 팔을 잡아."

"그들의their° 팔이지."

"뭐가 됐든. *그것it*의 팔."

"야, 그건 좀 심하잖아."

방금 말한 사람은 와이엇이다. 다른 목소리는 레이. 어쩌면 브레이든일지도. 나는 그들의 손가락이 내 겨드랑이를 파고드는 것을 느낀다. 그들이 나를 일으키고, 우리는 어설프게 몇 발짝 걷는다. 그러다가 내가 다시 눕혀진다. 이번에는 그늘에.

"의무실로 데려갈까?"

○ 성을 특정하지 않는 사람들을 지칭할 때 남성대명사he, 혹은 여성대명사she 대신 복수대명사 they를 쓰기도 한다.

"아니, 봐. 괜찮잖아. 마스, 들려? 눈 좀 떠봐."

눈을 떠보라고? 마치 자기계발서에 나오는 말 같다. 나는 그 말을 듣고 눈을 뜬다. 눈을 뜰 수 있는지 확인하기 위해서. 내 위에서 나를 내려다보는 그늘진 얼굴들을 본다.

"머리는 어때?" 와이엇이 묻는다.

나의 손이 관자놀이로 올라간다. 그곳이 선명하게 지끈거린다.

"상위 십 퍼센트."

와이엇이 얼굴을 붉히고, 다른 애들이 웃는다. 농담을 하면 내가 괜찮은 것처럼 느껴진다. 나는 흔들리는 기억들을 되짚어보면서 어쩌다 이 지경이 되었는지 생각해본다. 프리스비 게임을 했던 기억이 있고, 식수대로 몰려가던 기억이 있다. 그리고 너무도 환한 온갖 빛깔들 속에서, 어두운색 원반이 하늘에서 떨어져 나의 관자놀이에 세게 부딪혔다.

이 장면이 왜 삼인칭 시점으로 기억되는지 나중에 생각해봐야겠다. 내가 그 상황을 지켜보고 있던 것 같다. 어쨌든 지금은 별로 중요하게 느껴지지 않는다. 나는 몸을 일으킨다. 참을 수 없을 정도로 환한 햇빛에서 벗어나니 어지러운 증상이 잦아든다.

"난 괜찮아." 내가 말한다.

와이엇이 의무실로 달려가던 누군가를 멈추어 세운다. 누군가가 너무 차가운 물이 가득 담긴 종이컵을 내민다.

"좀 살살해. 일단 좀 쉬어." 남자애들이 나에게 말한다.

그들이 게임을 재개한다. 그들이 원반을 던지고 받고, 또 던지고 받는다. 그 메트로놈이 기울어진 내 정신의 중심을 잡는다. 프리스비가 태양을 가로지를 때면, 나의 머릿속은 맹렬한 윙 소리로 채워진다, 마치 나의 모든 신경세포에 일제히 불이 켜지는 것처럼. 그러나 내가 다시 눈을 감고 그늘 속으로 물러나 앉으면, 그 소리는 사라진다.

"잠들지 마." 와이엇이 나를 툭 치며 말한다. 그가 내 옆에 있나 보다. 잊고 있었다.

"안 자."

"뇌진탕 온 거 같아?"

그 말에 웃음이 나온다. 웃으니 조금 아프다. "프리스비 원반에 맞아서? 그럴 리가."

"다행이다. 그랬다면 난 완전 형편없는 견습 리더가 되거든. 그래도 게임은 재미있었길 바라."

재미있었던 것 같다. 재미있었던 기억이 있다. 그러나 그것 말고 다른 기억도 있다. 두려움. 호수에 반사되는 불꽃처럼 불현듯 스치는 두려움이다. 두려움은 나타났다가 이내 사라지고, 곧바로 내 머리로 날아와 부딪히는 프리스비의 환영으로 대체된다. 퍽!

다시 숙소로 돌아갈 무렵에는 다 괜찮아진다. 어지럽지도 않고 아픈 데도 거의 없다. 육상경기장 근처 소나무숲 속의 햇빛이 내리쬐는 빈터를 지날 때, 현기증이 밀려들고 문득 전부 다 잘못되었다는 생각이 든다. 전부 다. 그러나 그 생각은 이내 지나가고, 나는 다시 괜찮아지고, 우리는 숙소로 향한다.

제21장

◇

다음 날 양봉 시간에 미미가 예상치 못하게 마치 유명 디자이너의 드레스라도 되는 듯이 작업복을 내민다.

"사이즈가 확실하지 않아서." 애정 어린 손길로 작업복을 펼치며 그녀가 말한다. "몇 벌 빨아두었어. 혹시나 해서."

작업복은 흰색 면이고 너무 큼직해서 유니폼 위에 입어도 편하게 맞는다. 작업복은 무겁다. 그 묵직함이 마음에 든다. 어젯밤과 오늘 나 자신으로부터 떠내려가는 것 같은 기이한 기분에 시달리고 있다. 작업복이 내게 안정감을 준다. 덥긴 해도 기분이 한결 나아진다.

작업복을 입은 와이엇과 나는 시무룩한 우주비행사들 같다. 미미가 촘촘한 그물이 달린 넓은 챙모자를 써보라고 한다.

"두 사람은 지금 아마 이런 생각을 하고 있겠지? 작업복은 필요 없다더니, 왜 이걸 입으라고 하지? 거짓말했나? 그 대답은⋯⋯." 극적인 분위기를 연출하기 위해 미미가 잠시 말을 멈추고 우리를 초원으로 이끈다. "난 거짓말을 하지 않았어. 그냥 구경만 할 땐 작업복이 필요하지 않아. 하지만 오늘은 두 사람이 앞장설 거야. 준비됐어?"

전율이 나를 관통한다. 이런 날이 이렇게 빨리 올 줄이야. 준비됐냐고? 어떻게 준비될 수가 있지? 나는 벌을 다루는 법에 대해 아는 게 거의 없다. 미미가 우리에게 무슨 일을 시킬지도 모른다.

"오늘 우린 벌 떼를 관찰할 거야." 미미는 그렇게만 말한다.

내가 허공에 날아다니는 벌들을 가리킨다. "이게 벌 떼 아니야?"

"물론 그렇게 볼 수도 있어. 그런데 그런 의미가 아니야. 자, 내가 설명해줄게. 벌집에 벌이 너무 많아지면, 벌이 떼를 지어서 날아가. 그건 곧 여왕벌이 무리의 반을 데리고 기존의 집을 떠나서 새 벌집을 짓기 시작한다는 뜻이야. 그걸 분봉이라고 해. 벌집은 그런 방식으로 재생산돼. 정말 멋진 일이지만, 많은 사람에게는 위협으로 보이지."

와이엇이 거든다. "인터넷에 검색해보면 영상이 있어. 수천 마리의 벌들이, 이를테면 신호등 같은 곳에 새 벌집을 지어."

"아니면 베란다 아래. 여왕이 가는 곳 어디든." 미미가 덧붙인다.

벌써 혼란스럽고 긴장된다.

"그럼, 우리가 분봉을 중단시키는 거야?" 내가 묻는다.

"아니. 아, 그렇게 볼 수도 있겠다. 그건 상황에 따라 달라, 자." 미미가 말하며 나에게 양봉칼을 내밀지만, 나에겐 나의 양봉칼이 있다. 미미에게 칼을 보여주자 미미의 시선이 잠시 그곳에 머문다, 마치 그 칼을 알아보는 것처럼. 그러더니 이내 다시 명랑해진다.

"그럼, 이제 벌통을 열어보자."

내가 양봉칼을 이용하여 벌통의 뚜껑을 연다. 이번에도 나는 벌집이 쏟아내는 윙윙거리는 열기에 압도당한다. 달콤한 냄새가 밀착해온다. 마치 나를 꽉 끌어안고 깊은숨을 내쉬는 것처럼. 미미가 뒤로 물러서며 지시를 내린다. 우리는 자세히 살펴보기 위해 벌집틀을 꺼낸다. 틀이 너무 무거워서, 그리고 벌들이 액체처럼 흘러내려서 놀란다. 몇 초 만에 나의 모자 그물망이 벌들로 뒤덮인다. 그들의 윙윙거림이 성난 소음으로 바뀐다.

"와이엇, 연기." 미미가 외친다. 와이엇이 훈연기를 틀 위에 댄다.

"좋아. 마스, 뭐가 보여?"

볼 게 너무 많다. 그런데 무얼 봐야 하는지 모르겠다. 내가 말한다. "벌들?"

"그래, 그렇지. 그것 말고 또 뭐가 보여? 설명해봐."

"글쎄……." 내가 틀을 햇빛을 향해 든다. 벌집의 배열은 완벽하다. 지난번 같은 뒤틀림이 없다. 그러나 틀의 뒷면을 보니 한쪽 귀퉁이에 불룩하게 튀어나온 것들이 보인다. 마치 벌집을 뚫고나온 손가락처럼. 내가 미미에게 그렇게 말하자 미미가 기뻐하며 박수를 친다.

"여왕벌방°! 찻잔처럼 생겼지?"

찻잔처럼 생기지 않았다. 전혀.

"벌들은 유충 몇 마리에게만 로열젤리를 먹이는데, 그 아기들이 여왕이 되는 거야." 미미가 설명한다. "왜인지 알아?"

와이엇이 열의 넘치는 표정으로 손을 들지만, 미미는 나에게만 집중한다. 나는 어깨를 으쓱한다. 묵직한 틀을 들고 있느라 어깨가 욱신거린다.

미미가 말한다. "여왕벌이 벌들을 지배한다고 다들 잘못 알고 있지만, 여왕벌의 권력은 허울뿐이야. 실제로는 여왕벌이 제 할 일을 못 하

○ 양봉 용어로는 '왕대王臺'지만 이해를 돕기 위해 여왕벌방으로 번역했다.

면, 일벌들이 여왕을 죽이고 다른 여왕을 만들어. 역겹지?"

미미가 코믹한 악당의 표정으로 눈을 반짝이며 나를 쳐다보고, 나는 그에 걸맞도록 과장되게 숨을 헉 들이킨다.

"벌들의 세계는 군주제가 아니거든." 나에게서 무거운 틀을 받아 들며 미미가 말한다. "여왕은 권위적인 존재가 아니야. 단지 우선시되는 존재일 뿐이지. 일종의 운영 규칙이랄까. 진짜 권력자는 벌 군락 그 자체야."

와이엇은 도저히 참지 못하고 말한다. "초개체°! 초개체라고 해! 벌의 군락은 하나의 초개체야."

"난 *민주주의*라고 말하려고 했지만, 물론 그 말도 맞아." 미미가 말하며 나에게 윙크한다. 미미가 벌집틀을 들어 올린다. "이 벌집에서는 새 여왕들을 키우려 하고 있어. 벌들의 숫자가 너무 많기 때문이지. 우리에겐 몇 가지 선택지가 있어. 여왕들을 제거하고 벌집을 지을 벌집틀을 더 넣어주는 거야. 벌집을 팽창시키려는 노력을 다른 방향으로 전환하고 분봉을 막는 거지. 반면 벌집을 나눌 수도 있어. 여왕의 방을 꺼내서 새 벌집으로 이주시키는 거지. 아니면, 여왕이 부화하게 내버려둘 수도 있어. 그러면 여왕이 벌의 무리를 데리고 날아가서 어딘가에 새 벌집을 만들겠지. 그건 우리 양봉장일 수도 있고 아닐 수도 있어. 자, 어떻게 할까?"

나는 미미가 하는 말의 의미는 고사하고 그 말 자체를 반밖에 알아듣

○ 집단생활을 하는 동물 중에서 한 개체의 생활 능력은 상실되고 하나의 집단이 마치 하나의 거대한 개체처럼 보이는 경우를 뜻하는 말

지 못했다. 나의 그물망에 달라붙는 곤충의 숫자는 급격히 늘고 있고, 연기가 불러온 평온은 깨지고 있다.

"자연스럽게 분봉하게 하면 어때?" 내가 말한다. 그게 가장 가능성이 희박해 보이기 때문이다.

미미가 입술을 비죽거린다. "아, 브리아도 그렇게 말하더라. 내 생각엔 그건 너무 낭비인 것 같아. 벌들이 떠나게 내버려두는 건. 그럼 꿀도 적어지잖아. 하지만 브리아가 때로는 자연의 순리대로 내버려두는 게 최선이래."

우리는 다시 벌집틀을 집어넣는다. 나의 선택 덕분에 우리가 할 일이 없어진 것이 분명하다. 그래서 미미는 남은 시간에 앞으로 일어날 수 있는 일들을 얘기하고 우리는 질문을 한다. 나는 만약 우리가 다른 선택을 했다면, 남은 시간 동안 찻잔 모양의 방을 벌집에서 떼어내서 여왕 유충을 죽게 만들 수도 있었다는 걸 배운다.

돌아오는 길에 와이엇과 나는 우리가 본 것에 대해 신이 나서 토론한다. 느낌이 어땠는지. 소리가 어땠는지. 우리는 기록적으로 빠른 시간 안에 지붕 다리에 다다르고, 보트 창고까지 오는 동안 와이엇의 걸음은 마치 내키지 않는다는 듯 느려진다.

"왜?" 내가 묻는다.

"아무것도 아니야. 그냥 네가 정말 양봉을 좋아하는 것 같아서. 네 의도를 의심해서 미안." 그가 말한다.

나는 다시 한번 붕 뜨는 듯한 기분을 느낀다. 나는 얼른 나 자신을 땅으로 끌어 내린다. 이렇게 붕 뜨는 기분을 느껴본 지가…… 정말 오래된 것 같다.

"흥미진진하잖아." 내가 말한다.

"맞아." 와이엇이 말한다. 왠지 벌들이 아닌 나를 두고 한 말 같다.

*

빌리지 대항전은 그 자체로 하나의 전투일 뿐 아니라, 부차적인 시합들로 이루어진 이상한 축제이기도 하다. 어느 날 오후에는 젓가락으로 얼음을 누가 더 많이 집는지 대결을 펼치고, 그다음 날에는 팽팽한 밧줄을 돋보기만 이용해서 누가 먼저 태우는지를 놓고 싸운다. 생크림파이 먹기 대회에서는 아마존이 이기고, 토론 대회에서는 모두의 예상대로 브리아가 승리한다. 깃발 잡기나 계주 같은, 보다 과격한 시합도 있고, 에스펜 삼종경기라고 불리는 수영, 양궁, 암벽등반으로 이루어진 경주도 있다. 어쩌다 보니 나는 삼종경기에 참가하게 된다.

경기는 호수에 띄워놓은 수상 부두에서 시작된다. 리더가 카약에 앉아 우리에게, "준비, 시작!"이라고 외친다. 나는 물속으로 뛰어든다. 뭍을 향해 헤엄치는 동안 추위를 거의 느끼지 못한다. 나는 빠르지만 일등은 아니다. 들판에 설치해놓은 간이 양궁 경기장에서 나의 활이 정중앙을 맞히는 순간, 뒤처졌던 점수가 만회된다. 암벽등반에선 다시 뒤처지지만, 나보다 앞서가던 여자애들이 계속 중도 포기하거나 떨어진다. 나는 처음으로 남들에게 어떻게 보일지 신경 쓰지 않고 한 번에 홀드를 하나씩 잡고 올라간다. 나는 빛나고, 땀을 흘리고, 근육은 힘이 넘친다. 기분이 좋다. 강하게 느껴진다.

정상에 도달한 순간 나는 몸을 돌려 에스펜 전체를 바라본다. 형광 초록색과 호박색의 파노라마가 내 아래 펼쳐지고 깔끔한 흰 유니폼이 점점이 박혀있다. 그 모든 것이 나를 황홀하게 하고 미소 짓게 한다. 나는 호수 건너편의 초원까지, 육상경기장을 지나 숲까지 바라본다. 주방에서 올라오는 연기가 보이고, 그보다 가까이, 테니스코트에 반짝이는 가루가 뿌려져 있고, 그 위에 여자애 하나가 쓰러져 있다. 전혀 꼼짝하지 않고 누워있어서 무슨 일인지 궁금하다. 그때 손이 홀드에서 미끄러지면서 내가 떨어지고, 나를 묶고 있던 밧줄이 나를 높이 끌어 올렸다가 베어헛 남자애들의 격한 환호 속에 안착시킨다. 그들이 나의 이름을 연호한다. *마스! 마스! 마스!*

나와 남자애들 사이에 어떤 변화가 있었는지 잘 모르겠다. 그 변화가 프리스비 게임 때부터 시작되었다는 것 말고는. 와이엇이 옳았던 것 같다. 내가 이 작은 시합들에 참가할수록, 남자애들이 나를 덜 껄끄러워한다. 내가 경기에서 이기는 것도 도움이 된다. 어쩌면 처음부터 중요한 건 그것이었을지도. 내가 어떤 사람인지가 아니라 그들이 되고자 하는 사람에 방해가 되지 않는 것이 중요했는지도. 그래야 *베어헛, 베어헛, 천하무적 베어헛!*이 될 수 있으니까.

매일 저녁 그날의 점수가 집계되고, 포상이 수여될 때마다 우리는 발을 구르며 환호한다. 내가 더 크게 소리치고, 더 세게 발을 구를 때마다 와이엇이 날 쳐다보는 것을 느낀다. 때로는 내가 가만히 있을 때도, 그는 날 쳐다본다. 미미가 새 벌집틀을 벌통에 넣는 것을 도울 때나, 리나가 초원에 사는 다양한 야생화에 대해 설명할 때도. 그는 나를 관찰하고, 나는 캠프를 들락거리는 허니들을 관찰한다. 허니들도 게임에 참가하지만 어쩌다 한 번뿐이다. 마치 그런 일들은 아주 잠깐만 그들을 즐겁게 할 수 있다는 듯이. 그리고 그들은 이내 사라진다.

그들을 바라볼 때면 나는 수치심을 느낀다. 이유는 모르겠다. 허니들은 나에게 상냥하다. 그들은 내게 인사를 하고 내 이름을 안다. 그러던 어느 날 허니들이 배구 시합을 하는데 한 명이 부족하다며, 그들 팀에서 뛰어달라고 내게 부탁한다. 여자애들 팀에서. 나는 수비에 약하지만 나의 키가 도움이 되고, 우리 팀이 남자애들 팀을 이긴다. 금요일까지는 그 순간이 내게 가장 행복한 순간이다.

금요일 오후, 우리에게 덩굴을 타고 용암 구덩이를 건너라는 임무가 주어진다. 진짜 용암은 아니고 며칠 동안 비가 오지 않아 호스로 물을 뿌려 만든 진흙탕이다. 게다가 진짜 덩굴도 아니고 통나무로 만든 A 모양의 구조물에 밧줄을 묶은 것이다. 우리는 차례로 용암을 건너고, 안드레아가 착지를 잘못하는 바람에 우리 팀은 용암에 그를 잃는다.

밧줄은 한복판에 걸려 멈추어 있다. 내가 신발을 하나로 묶어서 밧줄을 끌어오자고 제안하고 그 작전은 통한다. 내가 마지막으로 건너는 순간, 용암 반대편에서 날 붙잡아준 사람은 와이엇이다. 나의 발이 안전하게 착지했는데도, 그의 팔이 내 손목 근처에서 잠시 맴돈다. 마치 그의 도움 없이 내가 혼자 설 수 있는지 확실하지 않다는 듯이.

샤워할 때 내 손은 그의 손이 닿았던 곳으로 향한다. 물이 차가운데도 내 피부는 따뜻하다.

토요일이 오고 전쟁은 끝난다. 포탄 소리와 전쟁의 함성으로 끝나는 게 아니라, 동점 상황에서 빨대로 마시멜로를 집어서 물통에 떨어뜨리는 게임과 함께 끝난다. 밴딧팀의 보니라는 여자애가 여자 대표로 나와 이기는 순간, 여자애들의 함성이 귀를 찢을 듯하다. 베어스팀 남자애들이 쏘아보며 욕을 하지만, 나는 잘됐다고 생각한다. 여자애들과 함께 환호하고 싶지만 그러진 않는다.

그날 어두운 밤하늘의 별이 가장 환히 빛날 때, 초승달 파티가 열린다. 어느덧 하나가 된 에스펜의 모든 아이들이 풀밭에 모여 합동 야영을 한다. 수건과 담요들이 잔디밭에 펼쳐지고, 별자리를 관찰할 수 있도록 망원경이 설치된다. 어린아이들이 가장 먼저 달려와 망원경으로 나의 이름이 붙은 행성(화성)과 금성, 이지러진 조각달을 본 다음, 서둘러 텐트로 쫓겨 들어간다. 상급생들은 남아서 하늘을 바라보며 무언가가 사선으로 떨어지기를 기다린다.

듣기로는 상급생들은 해가 뜰 때까지 하늘을 관측하는 것이 에스펜의 전통이란다. 어떤 아이들은 그러기로 작정하지만 대다수는 졸기 시작한다. 브레이든을 포함한 다른 리더들은 우리를 방치한 채 모닥불에 둘러앉아 있고, 결국엔 그들도 잠든다. 그러나 나는 잠들지 않는다. 어쩌다 보니 나는 와이엇의 곁에 앉아있고, 와이엇이 별자리의 이름을 말하는 동안, 나는 별자리보다 별빛이 드리워진 그의 옆얼굴을 바라보는데 더 많은 시간을 할애한다.

어느 순간 누군가가 캠프를 달군 폭염에 대해 얘기한다. 밤에는 폭염이 기승을 부리진 않지만, 낮에는 식물들이 지치고 메말라 보인다. 누군가 수영 얘기를 꺼낸다. 그리고 그 발상이 빠르게 확산된다. 갑자기, 조용히, 몇 명의 아이들이 옷을 벗고 물가로 달려간다. 심지어 와이엇까지도. 브레이든은 이런 상황에서 와이엇이 우리를 말릴 거라고 믿었을 텐데도. 그러나 그는 우리를 말리지 않는다. 와이엇은 제일 먼저 물에 뛰어들어 달빛이 드리워진 잔잔한 수면을 흐트러뜨린다. 우리도 그의 뒤를 따른다.

"항상 이러다가 다 죽지 않아? 영화에서 보면. 이러다가 다 죽잖아. 안 그래?" 미미는 그 말을 되풀이한다.

"닥쳐. 어차피 가장 예쁜 애가 가장 먼저 죽거든." 브리아가 장난스럽게 받아친다.

"섹스한 애가 가장 먼저 죽어." 미미가 반박한다.

"넌 그것도 해당 안 되잖아."

우리는 은빛 물을 가른다. 어두운 호숫가의 기이함을 감상하면서, 얼마나 멀리까지 헤엄쳐 가야 와이엇이 우릴 부르는지 시험하면서. 나는 조금 더 멀리까지 헤엄쳐 가본다. 와이엇이 내 이름을 부르길 바라면서. 우리의 작은 일행이 구명보트를 지나자, 마침내 그가 부르는 소리가 들리고, 보트 창고 데크에서 손짓하는 그의 모습이 어렴풋이 보인다. 밤의 정적 속에서 호수 위로 울려 퍼지는 그의 목소리가 수정처럼 맑다.

"마스! 우린 돌아갈 거야!"

"우리하고 같이 수영하자." 어둠 속 어딘가에서 브리아가 말한다.

"안 돼." 내가 말한다.

"그러지 말고 우리하고 같이 가, 마스." 미미가 애원한다.

내가 그들을 본다. 밤이 투영된 호수의 수면 위로 이목구비 없는 그들의 얼굴들이 떠다닌다. 나는 와이엇을 돌아본다.

"난 좀 있다가 갈게!" 내가 와이엇에게 소리친다. 어둡지만 흔들리는 그의 고개가 보인다. 낙심한 그의 한숨 소리가 들리는 것만 같다.

"오! 반항하는 거야?" 브리아가 노래하듯 말한다. 여자애들이 웃으며 첨벙거린다.

"우리하고 같이 가자" 내가 호숫가를 향해 외친다. 와이엇이 우리를 따라올지 궁금하다. 나는 호수 한복판으로 움직이며 계속 뒤를 돌아보지만 와이엇은 그곳에 없다. 아마도 헌터빌리지 언덕에서 우리가 호수를 무사히 건너는지 지켜보고 있을 것이다.

우리는 연잎이 있는 곳에 다다른다. 호수의 바닥이 올라와 발이 진흙에 닿자, 우리는 거칠고 미끄러운 연꽃 줄기들을 헤치며 앞으로 나아간다. 여자애들이 서로에게 물을 튀기고 웃고 소리를 지르지만, 초원 가장자리에 다다랐을 땐 모두가 조용하다.

"벌들을 깨우면 안 돼." 미미가 농담을 하고, 나는 그 말을 알아들은 척하며 키득거리지만 언덕으로 올라가는 내내 곤충들도 잠을 자는지 궁금해한다. 만약 잠을 잔다면, 곤충들도 꿈을 꿀까? 윙윙거리는 소리는 잠잠해졌지만 벌통의 차가운 벽면에 귀를 대어보니 안에서 약한 진동이 느껴진다.

숙소에 도착한 순간 다시 혼돈 상태로 돌아간다. 여자애들이 젖은 속옷을 벗고 축축한 몸에 큼직한 스웨터와 새 레깅스를 입는다. 그들이 내 발아래 옷가지들을 던져주고 결국 나도 라벤더색 캐미솔에 아이러니하게도 보이쇼츠boyshorts°를 입는다. 몸을 말리고 옷을 갈아입는 동안 여자애들은 갑자기 활기를 띤다. 나는 그들이 각자 백 가지 임무를 수행하는 것을 얼어붙은 상태로 지켜본다. 어떤 애들은 사과술을 스토브에 데운다. 어떤 애들은 커피 테이블에서 카탄의 개척자 게임을 시작

○ 여성용 사각팬티. 성을 확정하지 않은 마스의 상황을 부각하기 위해 원문의 boy를 살려 번역했다.

하고, 또 어떤 애들은 컵 받침과 타일을 이용한 게임을 한다.

내가 게임에 대해 묻자 누군가가 대답한다. "저 게임 하지 마. 어차피 매번 미미가 이기니까."

팝콘 터지는 소리가 들린다. 밀랍 타는 냄새가 난다. 레코드플레이어에서 비발디의 〈여름〉이 울려 퍼지는 내내 누군가가 자꾸 레코드플레이어에 부딪쳐서 툭하면 레코드가 튄다. 캐럴라인도 똑같은 레코드를 갖고 있어서 나는 그 레코드를 안다. 아마 여기서 그 곡을 들었나 보다.

이 혼돈의 한복판에서 캐럴라인을 떠올리는 순간, 갑자기 뺨을 세게 얻어맞은 기분이라 나는 하마터면 뒤로 쓰러질 뻔한다. 문밖으로 뛰쳐나가 호수로 돌아가지 않으려고 앉아있던 의자 팔걸이를 꽉 잡는다. 캐럴라인도 아마 이 의자에 앉았을 것이다. 나처럼 의자 위로 다리를 올렸을 것이다. 캐럴라인도 스토브 앞에 서있었을 것이고, 저 레코드를 만졌을 것이다. 만약 불을 다 끄고 가시광선 속에서 관찰해보면 이 집은 온통 캐럴라인의 지문으로 반짝일 것이다.

숨이 가빠진다. 여기서 나가야 한다. 테라스로 나가서 계단을 내려가지만, 거기서 멈춘다. 신발이 없다. 나는 앞으로 나아갈 힘을 끌어모으려 애쓰며 나의 발가락을 오므렸다 편다. 그러나 아무리 애를 써도 애초에 이곳에 온 실수를 돌이킬 수는 없다. 혼자 헤엄칠 수는 없다. 어둠 속에서 맨발로 숲을 가로지를 수도 없다. 내가 할 수 있는 일이라고는 테라스의 불빛 가장자리에 서서, 내 등 뒤에서 타오르는 수많은 캐럴라인의 유령을 느끼는 것뿐이다.

안에서 들려오던 음악이 멈춘다. 레코드 긁히는 소리가 들린다. 다급한 질문들 속에서 웅성거리는 소리가 들리더니 문이 열린다. 브리아가 계단 맨 아래에 서있는 나를 발견한다.

"들어가자." 브리아가 나를 설득한다.

"들어갈 수가 없어." 내가 말한다. 그렇게 말할 수밖에 없다. 그 말이 옹색하고 퉁명스럽게 나온다.

얼마 후 브리아가 말한다. "당연히 힘들 거야. 여기 있는 거. 우리와 함께 있는 거."

나는 고개를 끄덕인다. 힘들지 않았는데, 갑자기 힘들어진다. 그리고 이제 불가능한 일처럼 느껴진다. 이 문 앞에 오기까지 누적된 나의 실수들을 깨닫는다. 집에 있었다면 여기 와서 캐럴라인의 흔적을 쫓는 것보다 더 힘들었을지도 모르지만, 그렇게 해서 이 순간을 피할 수 있었다면 차라리 그게 옳은 결정이었을 것 같다. 여기서 캐럴라인을 찾을 수 있을 거라 생각하다니 내가 어리석었다. 이곳에서 내가 찾은 것은 내 자매의 형상을 한 또 하나의 공허일 뿐이다.

"그럼, 여기 있자." 브리아가 말한다. 브리아가 앉고 나도 앉는다. 누군가가 퀼트 이불을 들고 나와 브리아와 나에게 둘러준다. 또 다른 누군가가 향신료를 넣은 뜨거운 사과술이 담긴 머그잔을 내게 건넨다. 작고 완벽한 별들이 뜨거운 김이 나는 컵 속을 떠다닌다.

"카다몬, 정향을 넣었고, 별 모양은 아마 팔각일 거야." 브리아가 설명한다. "마셔봐. 좋아."

정말 좋다. 진하고, 싸하고, 향긋하다. 나에겐 낯선 맛이다. 지금 이 순간에 어울리는 맛이다.

여자애들 몇 명이 테라스로 나오고, 그 뒤로도 몇 명이 더 나온다. 이제 집 안에서 들려오는 소음은 팝콘 튀기는 걸 지켜보는 여자애들의 소리로 줄어들었다. 그 소리를 들으니 큼직한 무쇠 프라이팬의 뚜껑을 닫을 때마다 팝콘이 튀어 오르는 소리가 작아지는 광경이 머릿속에 그려진다.

"캐럴라인 얘기 하고 싶니?" 브리아가 묻는다.

"아니, 괜찮아." 내가 말한다. 그러나 사실은 하고 싶다. 나는 캐럴라인 얘기를 하고 싶다.

캐럴라인이 죽은 뒤로 사람들은 나의 치유, 평온, 완벽하고도 영원한 평화를 기도해주었다. 그 모든 것이 캐럴라인을 잃었다는 두려움에 또 다른 두려움으로 보태어졌다. 마치 처음엔 그녀의 몸이, 그다음엔 그녀에 대한 기억이 소각되는 것처럼. 그것은 두 번의 죽음이다. 처음엔 육체, 그다음엔 마음. 그러나 나는 아직 앞으로 나아갈 준비가 되지 않았다. 캐럴라인의 죽음을 받아들일 수 없는 것은 아니다. 다만 내가 앞으로 나아가면, 캐럴라인이 혼자 뒤에 남는다. 나는 아직 나아가고 싶지 않다. 그냥 조금 더 그녀의 유령 곁에서 그녀의 손을 잡아보려 애쓰고 싶다.

"이건 마치……." 내가 말하고는, 침을 삼킨다. "캐럴라인이 어디에나 있는데, 아무 데도 없는 것 같아."

브리아가 내 어깨를 어루만진다. 나의 감정을 설명할 단어가 떠오르지 않는다. 아마 누군가가 내 감정을 물어본 게 처음이기 때문일 것이다. 그러나 나는 더듬거리는 내 모습이 부끄럽지 않다.

"다들 캐럴라인 얘기를 하지 않는 편이 더 나을 거라는 듯이 행동해. 마치 날 배려라도 하는 것처럼. 하지만 그러다 보니 캐럴라인이 처음부터 다시 죽는 것 같아. 사람들은 다 괜찮을 거라고 하는데, 지금 너무 끔찍해. 진짜 끔찍해." 내가 중얼거린다.

내가 몸을 떨고 또 떨고, 브리아가 내 어깨를 어루만진다. 우리는 함께 별들을 바라본다.

"사랑엔 무게가 있어. 상실감에도. 때론 그게 다 너무 무겁게 느껴지지. 하지만 널 봐, 마스. 넌 아주 잘 버티고 있어." 브리아가 속삭인다.

정말 그렇다. 나는 때로 휘청거리지만, 매번 다시 일어난다. 나는 나를 짓누르는 모든 것을 들어 올린다. 브리아의 말이 옳다. 무거운 건 사실이지만, 나는 강하다. 내가 왜 그 사실을 깨닫지 못했을까.

가장 격한 흐느낌이 잦아들자 사과술을 마실 기운이 난다. 손가락에 느껴지는 사과술의 온기가 고맙다.

"우린 늘 캐럴라인 얘기를 해." 브리아가 말한다.

"그래?"

"항상."

테라스의 여자애들이 동의하듯 웅얼거린다.

"캐럴라인 얘기를 해줄 수 있어?" 내가 묻는다. 너무 가엾어 보여도 할 수 없다. 나는 쌍둥이 자매가 아니라 낯선 사람에 대해, 혹은 오래전에 돌아가신 할머니에 대해 묻는 것처럼 묻는다.

그들은 나를 가엾어하지 않는다. 오히려 기적처럼, 그들이 내 부탁을 들어준다.

미미가 말한다. "캐럴라인은 웃겼어. 상대방이 기어이 웃기 전엔 절대 멈추지 않았지. 내가 슬플 때면, 캐럴라인이 특유의 그 표정으로 날 쳐다봤는데, 그러면 난 캐럴라인이 농담을 하기도 전에 벌써 웃기 시작했어. 캐럴라인이 결국엔 날 웃기리란 걸 알았고, 그걸로 충분했거든."

"캐럴라인은 우릴 꽉 안아주곤 했어. 아주 꽉. 한번은 날 얼마나 세게 안았는지 내 등뼈에 금이 갔다니까." 브리아가 말한다.

"항상 빵 가장자리를 먹었어. 우릴 위해서 양보하는 척했지만 아무래도 캐럴라인은 남몰래 그 딱딱한 부분을 좋아했던 것 같아." 카일이 말한다.

"좋아했어. 그건 내가 알아. 작년엔 같이 피자를 만들었는데, 캐럴라인이 가장자리는 자기 달라고 했어."

"캐럴라인은 새들하고 대화할 수 있는 척했어. 누군가 리나에게 천연 탈취제가 체취를 전혀 못 잡고 있다고 말해주어야 했을 때, 새들이 편지를 보낸 것처럼 꾸몄지. 종이에 그 내용을 적은 다음 '새들로부터'라고 사인도 했어."

"나방을 싫어했어. 밤에 나방이 파닥이는 소리가 들린다고 했지."

"캐럴라인은 나한테 친절했어. 내가 에스펜에 온 첫날, 처음 만난 사람이 캐럴라인이었고, 내가 마지막으로 작별 인사를 했던 사람도 캐럴라인이야."

"개구리 흉내 진짜 잘 내."

"근데 노래는 못해."

내가 웃는다. "말도 마, 걔 노래 진짜 못해. 칠 학년 때 합창단에서 쫓겨난 얘기 들었어? 무슨 공연을 하는 합창단도 아니고 그냥 평범한 합창단이었는데도."

여자애들이 깜짝 놀란다. 나는 그들에게 캐럴라인이 합창단에서 방출되고 무대 뒤에서 일하도록 조정된 것을 알고 기겁했던 일과 그로부터 한 달 동안, 마치 자신의 목숨이 달려있는 듯, 〈에델바이스〉를 목이 터져라 불렀다는 얘기를 들려준다.

"캐럴라인 얘기 더 해줄 수 있어?" 미미가 묻는다.

나는 잠시 생각해본다. 오직 나만이 간직한 캐럴라인의 기억이야말로 나에게 남은 전부가 아닐까. 나는 테라스에 나와 함께 앉아있는 여자애들을 둘러본다. 그들은 미소를 지으며 코를 훌쩍거리고, 더러는 울기도 한다. 이 슬픔은 내가 처음 느꼈던 슬픔과는 다르다. 얇게 퍼져있는 슬픔이고, 우리 모두에게 조금씩 남아있는 슬픔이다. 나누어 가진 슬픔이다. 더 이상은 그리 무겁지 않다.

조금 더 나눈다면, 기분이 더 나아질지도.

"좋아, 뭘 알고 싶어?"

"전부 다." 브리아가 말한다.

나는 내가 기억하는 가장 먼 곳에서 시작한다. 정원에서 옷을 바꾸어 입던 일, 고등학교 때 우리가 몰래 빠져나온 파티들, 나이아가라폭포에 갔을 때, 내가 캐럴라인에게 커다란 통에 들어간 상태로 폭포에서 떨어져보라고 해서 캐럴라인이 울었던 일. 조금씩, 조금씩, 나는 캐럴라인의 삶을 되짚어본다. 우리의 삶을. 우리가 함께했던 삶을.

허니들은 듣는다.

제22장

⬠

햇빛.

아, 빌어먹을 햇빛.

갑자기 태양이 사방에 있다. 얼굴 주위에 구겨져 있는 뜨개 담요로 스며들어 내 눈꺼풀 속까지 파고든다. 눈을 뜨는 순간, 숙소H 휴게실의 움푹하게 꺼진 소파에 웅크리고 자느라 뻣뻣해진 관절이 느껴진다. 벌떡 일어나 앉는 순간 환한 아침 공기 속으로 한 무리의 먼지구름이 인다.

늦은 아침인가 보다, 밖이 환한 걸 보니.

해가 뜨기 직전에 잠든 기억이 있고, 얼마나 피곤했는지 헌터빌리지로 돌아가지 않아서 곤경에 처하더라도 상관없다고 생각했다. 신발도, 심지어 옷도 없어서 돌아갈 수도 없었다. 내가 여기서 잘 거라 생각하고 허니들이 담요와 베개 여러 개를 내 앞에 쌓아 놓아서, 나는 도저히 떠날 수가 없었다.

"아, 잘됐다. 마침 일어났네."

누군가의 목소리에 깜짝 놀란다. 나는 몸을 돌려 소파 뒤쪽 주방을 바라본다. 주방에 한 명이 아닌 여러 명이 서있다. 단지 서있는 게 아니라 움직이고 있다. 그들은 음식을 만드는 중이다. 그들을 보니 비로소 그들의 소리도 들린다. 반죽 그릇을 휘젓는 소리, 나무 스푼이 프렌치 프레스°에 닿는 소리, 잠시 후 쉭 소리와 함께 윗부분을 누르는 소리, 오래된 토스터가 토스트를 토해내는 소리.

"깨우고 싶지 않았어. 오렌지주스? 커피? 차?" 미미가 묻는다.

"커피. 지금 몇 시야?" 내가 웅얼거린다.

"늦었어. 리나가 오늘 늦잠 자도 된다고 했어."

"가야 해." 내가 말하자 여자애들 모두가 동시에 항의한다.

아침 먹기 전엔 못 가! 일단 커피 먼저! 바보야, 브런치 시작도 전에 일어나는 사람이 어디 있어!

소음을 뚫고 브리아가 말한다. "리나가 네 숙소로 무전을 쳤어. 네가 안전하게 있다는 걸 모두가 알아. 다들 자고 있을걸. 그러니까 서둘러 돌아갈 필요 없어."

그들 중 한 명이 나에게 나비와 벌이 그려진 머그잔을 건네고, 또 다른 한 명이 그 잔에 향긋한 커피를 채운다. 다른 한 명이 발이 달린 설탕 그릇을 간이 탁자 위에 놓고, 그다음엔 수증기가 맺힌 크림 잔을 놓는다. 또 한 명이 나무 손잡이가 달린 티스푼을 건넨다. 이 모든 일이 눈 깜짝할 새에 일어난다.

그와 동시에 또 다른 몇 명이 바닥에 깔린 담요를 걷고 거실을 정리하기 시작한다. 정돈된 거실과 의자에 여자애들이 모여들고, 그들에게 접시가 배분된다. 포크와 구깃구깃한 헝겊 냅킨도. 그다음엔 음식이 나

○ 침출식으로 커피와 차를 추출하는 도구

온다. 주방에서부터 음식이 차례로 전달된다. 모여있는 여자애들 틈에서 음식이 불쑥 솟아오르는 것 같다. 그들은 교대로 앉고, 먹고, 웃고, 서로를 놀린다. 더 많은 음식이 등장한다. 스콘, 블루베리, 수상한 회색 스무디, 조그만 점토 그릇에 담긴 치아시드.

숙소는 작고 활기 넘치지만 그 안에서 움직이는 여자애들에게서는 결속이 느껴진다. 문득 그들이 벌방에서 일하는 벌들과 비슷하다는 생각이 든다. 커피에 설탕을 넣고 스푼으로 저을 때, 엄지손가락에 걸리는 게 있어서 확인해보니 손잡이에 작은 벌이 달려있다. 냅킨에도 조그만 파란색과 회색 벌들이 있다. 캐비닛 손잡이에도 색칠한 도자기 벌들이 달려있다. 통통하고 활기 넘치는 벌들이다. 그것 말고도 온통 벌이다. 코트 걸이, 베개의 자수, 심지어 욕실 타일마저도 육각형이다. 집 안을 둘러볼수록 벌들뿐이다. 조금 과한 느낌은 있지만, 그래도 벌들은 귀엽다. 헌터로지의 우중충한 박제 동물이나, 베어헛의 마스코트 버나드의 조각상보다 나쁠 것도 없다. 엄마의 후원자 중에는 집 안이 온통 산타클로스 조각상들 천지라는 사람도 있다던데. 그보다는 벌이 낫다.

소음을 뚫고 비명이 울려 퍼진다. 공포의 비명이라기보다는 짓궂은 경고의 비명이다. 그들이 내 쪽으로 몰려오다가, 소파를 뛰어넘어 테라스로 나갔다가, 다시 안으로 몰려 들어온다. 그들이 누군가를 끌고 들어온다. 와이엇. 눈은 휘둥그렇고, 머리는 헝클어진 채, 옷이 가득 담긴 쓰레기봉투를 들고 있다.

"아, *고마워*." 호숫가에 내팽개쳤던 유니폼들을 봉투에서 꺼내 한구석에 던져놓으며 여자애들이 말한다. 그들은 와이엇을 앉히고 접시 하나를 그의 무릎 위에 올려놓는다. 와이엇은 이 모든 소란에 어쩔 줄을 모르다가, 곧바로 그를 지켜보고 있던 나와 눈이 마주친다. 나를 본 순간 그가 봉투에 손을 넣어 내 유니폼을 꺼낸다. 내 신발도. 양말을 안에 넣은 상태로 챙겨 왔다. 그가 야단치듯, 나를 향해 신발을 흔든다.

우리는 곧바로 집을 나서고, 여자애들은 우리에게 또 오겠다는 다짐을 받아낸다. 월요일 수업에 오기로 되어있는데도.

와이엇과 내가 함께 숲을 가로지르는 동안, 숙소H의 북새통 같은 여운이 잦아들고, 문득 멋쩍은 느낌이 든다.

"나 혼나는 거야?" 내가 묻는다.

와이엇이 어깨를 으쓱한다. "호수를 헤엄쳐서 건너는 건 안 돼. 안전하지 않아."

"다들 했잖아."

"다들 지정된 호숫가로 돌아왔어. 너만 빼고."

"난 호숫가의 이분법적 성별 구분을 지지하지 않거든.

와이엇이 짧은 웃음을 내뱉는다. "그래서? 영원히 중간 지대에서 떠다닐 거야?"

"응. 이분법적이지 않은 내 카누를 타고."

와이엇이 고개를 비스듬히 하고 내가 한 말을 생각해본다. 그리고 묻는다. "질문. 중간 지대에서 떠다니는 기분은 어때?"

나는 그가 웃기를, 혹은 진지하게 묻는 게 아니라고 말하기를, 그저 농담이라고 말하기를 기다린다. 그러나 그의 표정에는 장난기가 없다. 거의 학구적인 호기심마저 느껴진다.

"좋아, 대답. 그건 마치……." 내가 말을 멈춘다. 나의 머릿속은 여전히 숙소H의 소란으로 어지럽다. 내가 으레 하는 답변이 쏟아져 나온다. "왔다 갔다 하는 기분. 가끔은 배에서 내려 호숫가에 머무는데, 내 마음의 일부는 항상 다시 떠다니고 싶어 해."

"지치진 않아?"

"아니. 아니, 어쩌면 그런지도 모르겠다. 하지만 중간 지대에서 떠다니는 게 날 지치게 하진 않아. 어느 한 편에서 너무 오래 머무는 게 날 지치게 하지. 사람들한테는 남자라면, 여자라면 이래야 한다는 고정관념이 있는데, 거기 맞추어 살기가 너무 힘들어. 사람들은 그 역할을 제대로 하려고 애쓰면서 불행해져. 그건 사실 실재하지도 않는데. 그래서 난 둘 다 거부하는 거야. 차라리 표류하면서 행복하고 싶어."

"그게 무슨 뜻이야? 실재하지도 않는 거라니?"

내가 웃는다. "자연의 소년에게 이런 말을 하고 싶진 않지만, 사실 모든 게 진짜가 아니잖아. 서로 정면으로 마주 보고 있는 두 개의 호숫가가 있다는 개념 자체가. 호수에는 수많은 숨겨진 호숫가가 있는데, 어느 한쪽에만 서있으면 결코 알 수가 없어."

와이엇이 웃는다. "이해가 안 가. 다시 현실적이고 형이상학적이지 않은 호숫가로 되돌아와서, 네가 다시는 그런 짓을 해선 안 된다는 걸 알려주는 게 나의 임무야. 그러다 익사할 수도 있어."

나는 우아한 목소리로 말한다. "나 아닌 다른 사람으로 살다가 질식할 바에야, 나 자신으로 살다가 익사하는 편이 나아."

와이엇이 고개를 젓는다. 그의 곱슬머리가 찰랑거린다. 피로로 물든 그의 눈이 퀭하다. 그러나 그는 다시 미소를 지으며 말한다. "리나가 무전을 칠 때까지 브레이든은 네가 사라진 줄도 몰랐어. 그로서는 실수한 거지. 그래서 웬디한테 알리진 않을 것 같아."

나는 안심한다. 아주 조금.

"너도 같이 갔어야 했는데." 고요한 캠프를 가로지르며 내가 와이엇에게 말한다.

"재미있었어?"

"그렇다고 할 수 있지." 사실 그렇다. 좋은 시간을 보낸 건 맞지만 재미있는 시간이라고 말할 수는 없다. 중요한 건 재미가 아니다. "주로 얘기만 했어."

"여자애들끼리 하는 얘기?"

"캐럴라인 얘기. 진짜 좋았어."

와이엇이 진지하게 고개를 끄덕인다.

"그렇다면 규칙을 어기길 잘했네. 그래도 또 그러지는 마. 알았지?"

내가 능글맞게 웃는다. 그의 눈빛이 어두운 것은 아마 밤을 새웠기 때문일 것이다. 잠을 조금이라도 잤는지, 아니면 동이 틀 때까지 보트 창고 데크에 서서 내가 다리를 건너오길 기다렸는지 궁금하다.

*

우리는 야간 수영 얘기를 하지 않는다. 그 일은 에스펜의 많은 것을 삼켜버리는, 불투명하고도 신중한 베일 뒤로 사라진다. 동시에 저녁 식사 시간에 하품하는 우리를 바라보는 웬디의 눈빛이 *의미심장하게* 반짝인다.

그게 마음에 안 든다. 거짓말이 싫은 게 아니다. 이런 수법은 진실 전체를 털어놓아야 하는 위험을 어떻게든 피해야 하는 나 같은 사람의 첫 번째 방어기제이기 때문이다. 그러나 모두가 하나의 거짓말에 동조하고 있을 때, 그걸 알면서도 모른 척한다고? 갑자기 이 기만이 불편하다. 거짓말은 어디까지나 사적이어야 한다. 거대한 규모의 거짓말을 하기가 이렇게 쉬워서는 안 된다. 에스펜은 늘 그런 거짓말을 한다.

이와 같은 일이 일어났던 다른 상황을 생각해보려 애쓰지만, 생각나지 않는다. 이상한 일이다. 처음 캠프에 왔을 때나 다시 캠프 생활을 하는 동안에나, 나의 음모론 목록에는 분명히 많은 것들이 있었는데. 눈부신 햇빛에 나의 믿음은 색이 바랬다. 의심스러운 정황만 있을 뿐, 확실한 증거가 없다. 한 번에 몇 시간씩, 나는 이곳에 내가 온 이유를 잊는다. 무엇을 찾고 있는지 잊는다. 그 기억을 떠올릴 때가 있다면 주로 무언가가 캐럴라인을 생각나게 해서고, 그럴 때면 나의 저급한 분노가 불편하다. 나 자신이 역겨워진다.

여기서 분명히 무슨 일이 있었다고, 나 자신에게 일깨운다. 그렇다면 대체 무슨 일이 있었는지 자문해본다. 그런데 그게 뭔지 나도 모른다.

그러다가 그 사진을 발견한다.

그 사진은 월요일에 나에게 돌아왔다. 깨끗하게 세탁된 유니폼이 담긴 가방에 빳빳한 흰 봉투가 핀으로 꽂혀있었고, 봉투 속에 사진이 들어있었다. 내 주머니에 있던 사진이라는 쪽지와 함께. 이름을 밝히지 않은 손 글씨에 웃는 얼굴이 조그맣게 그려져 있었다.

허니들의 집에서 여자애들과 많은 시간을 보낸 지금, 나는 사진 속 아이들을 전부 다 알아본다. 그런데 내가 모르는 한 명이 있다. 정중앙에서 카메라를 향해 V 사인을 하고 있다. 어딘가 낯이 익지만, 에스펜 유니폼 때문일 수도 있다. 작년에 찍은 사진인가 보다. 그렇다면 내가 그 사진을 갖고 있는 게 설명되지 않는다. 나는 막연하게나마 허니들의 집에 있는 내 모습을, 위층 복도에서 안쪽 침실 문을 여는 상상을 해보지만, 문을 여는 순간 그 방에는 아무것도 없다. 기억은, 그게 기억이라면, 더 이상 나아가지 않는다.

더는 안 돼.

기억 저편에서 또 하나의 풀린 실밥이 보인다. 그 실은 팽팽해 보인다. 당기면 무언가가 끌려나올 것 같다.

나는 그 실을 당기지 않는다.

*

화요일, 와이엇과 내가 양봉장을 떠날 준비를 하는데, 허니들이 점심을 먹고 가라고 한다. 와이엇이 그래도 괜찮은지 묻자 리나가 "괜찮고 말고!"라고 답한다. "식당에서 식사하는 인원은 이미 넘치니까. 곧 비가 올 것 같기도 하고."

리나 말이 맞다. 오전 내내 멀리서 천둥소리가 울리며 호수에 약한 비를 뿌렸다. 벌집을 다룰 때도 조심해야 했다. 바람이 벌 떼를 급습해서 매번 한 무리씩 멀리 데려갔기 때문이다. 미미는 벌들이 집을 찾아올 거라고 했다.

와이엇과 나는 허니들의 집에 남기로 한다. 구름이 초원에 기어이 비를 뿌릴 때 우리는 테라스에 앉아있다. 호수 건너편이 잿빛으로 사라진다. 와이엇은 내 곁에 있는 게 초조한지, 발을 구르며 안개 속을 뚫어지게 쳐다본다. 마치 에스펜을 시야에서 놓치지 않으려는 듯이.

"리나가 괜찮다고 했잖아." 내가 말한다.

"그것 때문이 아니야."

"그럼?"

"모르겠어. 사실 난…… 숙소H에 들어와본 적이 거의 없거든."

"그래? 심지어 캠프 시즌이 아닐 때도?"

"응."

도저히 참을 수가 없이 내 얼굴에 미소가 흘러나온다. "와이엇, 너 혹시 여자애들이 무서운 거야?"

내 말에 와이엇이 긴장을 푼다. 물론 갑자기 태연한 척 연기하는 것일 수도 있지만. "응? 아니. 왜? 여자애들을 무서워하냐고? 그게 무슨 뜻이야?"

그러나 브리아가 계단을 뛰어 올라오자, 와이엇은 마치 차렷 자세를 취하는 군인처럼 벌떡 일어선다. 브리아는 빨간 고추가 가득 담긴 커다란 바구니를 들고 있다. 반들반들한 고추의 표면에 맺힌 빗방울이 보석처럼 반짝인다.

와이엇에게 바구니를 건네며 브리아가 말한다. "두 사람이 해줄 일이 있어. 이것 좀 썰어줘."

내가 와이엇을 위해 문을 활짝 연다. "먼저 들어가시죠."

나는 외딴 숙소H에서 산다는 게 곧 스스로 식사 준비를 해야 한다는 뜻임을 인지하지 못했다. 이 숙소에는 식당도 직원도 없다. 리나도 주방에 나타나지 않는다. 다행이다. 주방이 너무나 협소하기 때문이다. 주방 조리대는 식재료들로 가득하지만, 나는 이 여자애들이 일체 다툼이나 경쟁 없이 일하는 모습에 또 한번 놀란다. 그들 사이에는 마찰이 거의 없다.

와이엇과 나는 주방의 식탁에 도마를 놓고 마주 앉는다. 우리는 고추를 반으로 갈라 씨와 줄기를 파낸다. 누군가가 고추를 가져가더니 어딘가에 있는 철판에 쏟아붓는다. 그다음엔 붉은 양배추를 썰라고 한다. 그다음엔 양파, 그다음엔 당근. 채소들의 모양이 고르지 않은 걸로 보아 마트에서 사 온 게 아니다. 여기서 채소를 직접 기르나 보다.

"절대 그렇지 않아. 여기서 기르는 것도 있는데, 전부 다는 아니야. 한 주가 시작될 때 우리가 식단을 짜면, 리나가 캠프에서 식재료를 가져다줘. 에스펜에 없는 건 리나가 시내에 나가서 사 오고."

식재료를 들고 에스펜에서 초원을 가로질러 걸어오는 건 상상하기 힘들다.

"나도 그렇게 생각해. 헛간 뒤쪽으로 측면 도로가 있어." 미미가 말한다.

점심이 준비되자마자 해가 나온다. 고추를 새카맣게 태워서 조미된 기름을 바른다. 붉은 양배추와 생강, 파, 당근으로 샐러드를 만들어서 숯불에 구운 오리고기에 곁들인다. 마지막으로 뚝뚝 떨어지도록 꿀을 바른 튀긴 호박꽃이 모두에게 하나씩 돌아간다.

우리는 테라스에 앉아 식사를 한다. 흠뻑 젖은 정원에서 피어오르는 아지랑이를 바라보면서. 며칠 전의 브런치 이후 최고의 음식이다. 와이엇은 식사에 대해 거의 반응을 보이지 않지만, 자기에게 배분된 음식은 남김없이 먹는다. 꽃까지도.

식사를 마치고 우리는 뒷정리를 돕기 위해 남는다. 설거지를 할 수 있다고 말하고 나서 정신을 차려보니, 나는 움푹한 도자기 싱크대 앞에 서서 미지근한 비누 거품에 팔꿈치까지 담그고 있다. 와이엇이 그릇의 물기를 닦는다. 미미와 다른 여자애들 몇 명이 접시를 정리한다. 산더미처럼 쌓인 그릇들을 닦는 동안 우리는 말을 거의 하지 않는다. 나는 혼자 콧노래를 부른다. 다른 여자애들도 콧노래를 부르고 있다. 닦을 접시를 가져오고 또 가져오면서, 내가 겨우 들을 수 있을 정도로 작게 부른다. 우리가 함께 일하는 방식이 마음을 편안하게 한다. 나의 형상대로 정확히 파인 홈에 안착한 기분이 든다. 그 홈 안에서 나는 안전하다. 그리고 만족스럽다.

나는 그 기분에 대해 생각해본다. 만족이라는 감정은 나에게 매번 일찍 자리를 뜨는 파티와도 같다. 애초에 내가 파티에 초대되는 일도 잘 없을뿐더러, 오래 머물 정도로 환영받는 느낌을 받은 적도 없었다. 어떤 집단에서든, 나는 그들이 나를 환영하는지 시험하지 않는 법을 터득했다. 나 같은 사람의 인내심은 한계가 있으니, 그런 시험에 집착하는 건 위험하다.

그러나 여기서는 그런 기분이 들지 않는다, 숙소H의 사슬 속에서는. 내가 들어가 있는 홈은 정확하게 나의 모양이고 그 누구도 내가 모양을 바꾸기를 기대하지 않는다. 환영받는 느낌 그 이상이다. 내가 꼭 필요한 존재로 느껴진다. 그들이 날 필요해하는 것 같다. 나는 도망치는 대신 이 상태가 얼마나 지속되는지 보고 싶다. 여기서 내게 주어진 일을 하는 한, 어쩌면 그 느낌은 영원할지도 모른다.

설거지는 갑자기 끝난다. 딱히 할 일이 없다는 것이, 마치 누군가 배를 걷어차는 것처럼 큰 충격으로 다가온다. 이제 그들에게 쫓겨날 수도 있다는 익숙한 두려움이 할 일 없는 나의 빈손에 묵직하게 느껴진다.

마치 으레 해야 하는 일인 듯, 와이엇에게 말하는 내 목소리가 들린다.
"우리 그만 가야겠다."

"응, 비도 그쳤어." 그가 말한다.

그게 내 사색의 메아리인지, 아니면 내가 와이엇에게서 실제로 느낀 것인지는 알 수 없지만, 그의 목소리에서 나는 실망감을 감지한다. 그와 함께 느꼈던 소박한 즐거움도 순식간에 사라진다.

제23장

◯

꿈을 꾸기만 하면, 숙소H에 관한 꿈이다.

꿈속에서는 중요한 사건이 일어나지 않는다. 우리는 집안일을 하거나, 빵을 굽거나, 벌들을 지켜본다. 희한하게도 아무도 말을 하지 않는다. 꿈속에서는 소리가 거의 없다. 그저 물에 잠긴 듯 숨죽인 소리만이, 나무를 스치는 바람의 속삭임만이 들릴 뿐이다. 소리가 빠르게 커지면서 익숙한 윙윙거림에 가까워지면, 나는 곧 꿈이 끝나리란 걸 안다.

이번 주는 에스펜의 칠월 대축제 준비기간이다. 어렸을 때 칠월 대축제는 여름 캠프가 반쯤 지났을 때 부모님을 만날 기회가 주어지는 것을 의미했다. 사실 축제는 학부모들에게 캠프를 개방하는 행사에 가깝다. 장래에 아이를 캠프에 보낼 학부모들은 에스펜을 둘러볼 수 있고, 아이를 이미 캠프에 보낸 부모들은 주말 동안 머물며 아이들이 어떻게 지내는지 볼 수 있다. 연극부 아이들은 공연을 준비하고, 요리를 전공하는 아이들은 음식을 만들고, 생태학을 전공하는 아이들은 생태 투어를 진행하고, 공예를 전공하는 아이들은 도자기와 그림을 자랑한다. 운동을 전공하는 아이들은 마침내 관중을 위한 경기를 펼친다.

새로운 행사로는 빅로지 앞 잔디밭에서 열리는 농산물 장터가 있다.

어쩌면 장터는 늘 있었는데 내가 알아차리지 못한 것일 수도. 양봉 시간에 우리가 조그만 판매대에서 꿀을 팔게 될 거라는 얘기를 듣는다. 와이엇과 나는 아직 꿀을 제조하는 헛간에는 들어갈 수가 없어서 아침 내내 유리병에 양피지로 만든 상표를 노끈으로 고정하는 작업을 한다. 상표에는 *에스펜숲의 벌들이 만든 꿀을 담았어요*라고 우아한 필체로 적혀있다.

주말 손님맞이를 위한 온갖 허드렛일이 그날의, 그리고 매일의 숙소 임무가 된다. 재미와 게임, 동지애를 다지던 시간은 사라진다. 통나무로 지은 숙소의 그늘진 곳에 낀 이끼를 몇 시간에 걸쳐 닦아야 한다. 별 의미가 없을 것 같지만, 바닥도 빗자루로 쓸어낸다. 돌담에 돋아난 버섯들을 파내는 건 너무 잔인하게 느껴진다.

여자애들에게도 허드렛일이 주어지는데, 화환을 만들거나 현수막을 그리는 등의 일이다. 그 일을 하고 있는 애들이 부러워서 쳐다보고 있는데, 나의 SOS를 듣기라도 한 듯이 브리아가 우리 쪽으로 다가온다.

"브레이든, 마스 좀 빌려도 될까?"

브레이든은 브리아보다 나이가 훨씬 많은데도, 브리아는 그를 마치 동갑처럼 대한다. 그리고 브레이든은, 자신에게 특별한 기회라도 주어진 듯 그녀를 쳐다본다.

"무슨 일인데?"

"양봉. 농산물 장터에 쓸 표지판 만드는 중인데, 오늘 하루면 될 거 같아. 부탁이야."

브레이든이 마지못해 동의하자, 브리아가 손을 잡고 나를 데려간다.

여자애들은 일을 재미있게 한다. 속도도 빠르다. 우리는 일을 일찌감치 끝내놓고 우리끼리 놀 시간을 확보한다. 새로 칠한 표지판들 사이에 누워 햇볕을 쬐며 얘기를 하고 풀을 뜯어 조그만 팔찌들을 만든다. 나는 무한한 만족감이 되돌아오는 것을 느낀다. 여자애들은 흥미진진하다. 감각적이고 영리하며 재미있다. 그들이 날 좋아했으면 좋겠다. 내가 잠시나마 그들이 따분하다고 생각했던 걸 그들은 몰랐으면 좋겠다. 결국 알게 될까 봐 두렵다. 나는 그 모든 감정 속에 묘한 죄책감 같은 것이 깃들어 있음을 느낀다.

그들이 왜 그토록 매혹적인지 꼭 짚어 설명하기는 어렵다. 그들은 각자 너무도 다르고 그들을 하나로 묶는 공통적인 특징은 없다. 그런데도 함께 있을 때 그들은 묘한 힘을 발산한다. 여자애들과 많은 시간을 보낼수록 나는 그것이 그들 모두가 지닌 의연함 때문이라고 믿는다.

"나쁜 년들이라 그래. 네가 찾는 답은 바로 그거야." 브리아가 한숨 쉬듯 말한다.

우리는 빅로지의 뒤쪽 테라스에 앉아있고, 표지판을 설치하는 작업은 공예실로 넘어갔다. 여자애들은 목이 길고 가느다란 화병에 꽃을 꽂고 있다. 그 꽃들을 어디서 구해왔을까. 내가 잠시 한눈을 팔다가 다시 화병을 돌아볼 때마다 새로운 꽃이 바람에 흔들리고 있다.

"난 너희를 나쁜 년이라고 생각하지 않아." 내가 말한다.

"아마 그렇게 생각했을걸? 우리하고 얘기하기 전엔."

그랬었다고 말할 필요가 없다. 브리아는 이미 아는 것 같다. 그러나 화가 난 것 같진 않다.

"괜찮아. 다들 그러니까. 그건 자기 자신을 어떤 사람으로, 어떤 존재로 인식하느냐에 달려있거든. 사람들은 누군가를 위협적인 존재로 인식하곤 하는데, 그건 주로 자기가 불안하기 때문이야."

내가 말한다. "무슨 말인지 알아. 가끔은 사람들이 날 대하는 방식이 나와는 아무 상관이 없고, 전부 다 그들의 문제라는 생각이 들어."

브리아가 꽃을 화병에 꽂은 다음 햇빛을 향하도록 가지를 움직이며 속삭인다. "사람들은 늘 자기 자신에 대해 얘기해. 늘 자기 자신에 관한 진실을 드러내. 어떤 식으로든."

여자애들이 꽃꽂이를 마치고 식당 건물로 가서 뒷문을 두드리자 요리사가 문을 연다. 요리사는 우릴 보고 놀라지 않는다. 그녀는 공업용 식기세척기의 수증기로 눅눅해진, 천장이 낮은 주방으로 우릴 들여보내준다. 여자애들이 냉동고로 가서 아이스크림을 꺼내고, 우리는 아이스크림을 들고 보트 창고로 향한다.

그다음 날에도 우리는 똑같이 한다. 브리아가 내 '도움'이 필요하다고 말했을 때 브레이든은 항의조차 하지 않는다. 그들과 함께 다니는 것은 마치 유령의 무리와 함께 다니는 기분이다. 에스펜의 벽이 허니들에겐 전혀 실체가 없는 듯하다. 우리는 내가 답답하다고 느꼈던 모든 제약을 뛰어넘는다. 우리는 관리자들의 눈에 보이지 않는, 캠프 주위를 떠도는 천상의 존재들이다. 사람들은 우리의 존재를 알고 우리가 하는 일에 관심이 있지만, 어디까지나 간접적인 관심일 뿐이다.

나는 그게 좋다. 스릴 넘친다. 다음 날 허니들이 작업을 같이 하자고 날 불렀을 때, 나는 굳이 브레이든에게 말하지 않는다. 나는 허니들과 테라코타 화분에 그림을 그리며 그날 오후를 보낸다.

여자애들도 스스로에게 매혹된다. 거의 내가 그들에게 매혹당하는 수준이다. 그들이 스스로에 대해 하는 얘기를 듣다보면, 너무도 솔직한 그들의 얘기를 듣다보면, 마치 사람은 젖은 진흙이고, 우리가 어떤 모양으로 빚어질지는 전부 스스로 결정하는 거라는 생각이 든다. 그것은 내가 나 자신을 바라보던 방식에도 들어맞는다. 나는 하나의 예술작품이다. 비록 다른 사람의 취향에 맞추느라 때로 망가지긴 하지만. 문득, 만약 다른 인간을 단 한 번도 만나지 않는다면, 내가 과연 어떤 형상으로 빚어질지 궁금하다.

"난 내가 유명해질 것 같아." 여자애 중 한 명이 말한다. "난 인터넷 시인이 되고 싶어."라고 말하기도 하고, "난 발레계에 혁명을 일으킬지도 몰라."라고 말하기도 한다. 그들이 너무도 편안하고도 점잖게 얘기를 해서, 그들의 말이 기정사실인 듯 느껴진다. 마치 그들에게 가장 어려운 대목은 그렇게 믿는 것이고, 따분한 서류작업만 거치면 그 일이 바로 실현될 거라는 듯이. 꿈의 실현은 꿈 자체에 비하면 중요하지 않다는 듯이.

너무 스릴 넘치면서도 강력하다. 캐럴라인이 왜 그들을 사랑했는지 알 것 같다. 내가 모르는 것은 그 사랑이 두려움으로 바뀐 이유이다. 캐럴라인은 대체 무엇이 그토록 두려워서, 다시는, 다시는 에스펜으로 돌아가지 않으려 했을까? 이렇게 여기 허니들과 함께 앉아서 그들이 자신의 미래를 상상하며 우쭐거리는 모습을 보고 있자니, 과거를 떠올리는 것이 너무도 이상한 일처럼 느껴진다.

"넌 어때, 마스?" 어느 황금빛 오후, 육상경기장 끝에서 꿀을 넣은 레모네이드를 마실 때 미미가 묻는다. "너의 미래는 어떨 것 같아?"

나도 꿈같은 얘기를 할까 생각해본다. 그러나 허니들은 그 대답이 정직하지 않다는 걸 바로 알아차릴 것이다. 경험에 비추어보면, 허니들에겐 진실을 감별하는 능력이 있다, 비록 그 진실이 다소 씁쓸하더라도.

"잘 모르겠어. 사실 우리 중 누구도 미래를 알 순 없잖아. 미래를 알려고 애써봐야 부질없다는 생각이 들어."

미미가 진지하게 말한다. "부질없지 않아. 상상하면 이루어져. 너의 에너지를 우주에 쏟으면, 우주가 네 얘길 들어줄 거야. 실제로 그런 연구도 있어. 긍정적인 사고와 무의식적 행동에 관한."

브리아가 코웃음을 친다. "그게 무슨 뜻이야? 그럼 갑자기 교통사고를 당하는 사람들은 적절한 에너지를 갖지 못해서 그런 일을 당한다는 거야? 인간이 통제할 수 없는 일까지 인간의 탓으로 돌리는 건 너무 끔찍하지 않아?"

대화는 에너지에 관한 철학적 논쟁으로 이어진다. 보다 높은 수준의 자아는 순수한 빛과 사랑으로 이루어진, 보다 높은 영역에서 활동한다. 신. 신들. 어떤 불가해한 힘이, 신성하게, 우리를 운명으로, 혹은 파멸로 이끈다. 브리아는 그것을 마법 같은 얘기라고 말한다. 브리아가 서늘한 손을 내 손목에 얹으며 나의 주의를 끈다. "마스, 날 좀 도와줘. 넌 과학을 좋아하잖아. 다 헛소리라고 말해줘."

내가 하늘을 본다. 우리 머리 위로 나비가 떼 지어 날아다닌다. "사실 보다 높은 차원은 존재해. 수학이나 물리학에서 복잡한 문제를 이해하는 과정에서 항상 그걸 이용하지."

"유체 이탈처럼." 자신의 정당성이 입증되자 미미가 덧붙인다.

내가 웃는다. "그런 거 말고. 시공간을 말하는 거야. 아인슈타인의 이론 말이야. 끈이론°을 설명하려면 최소한 열 개의 차원이 필요해. 이론

○ 만물의 최소 단위가 점 입자가 아니라 '진동하는 끈'이라고 보는 물리 이론

적으로는 그렇다는 거야."

"열 개의 차원? 그런데 그중 하나가 영적인 차원이 아니라고? 미미, 네 이론이 이렇게 박살이 나다니, 정말 유감이야."

"입 닥칠래, 브리아? 그걸 수학이라 부르건 마법이라고 부르건, 결국은 다 똑같은 거야. 보다 높은 차원은 존재하고, 우리가 그 차원에 영향을 주면, 우리의 현실을 만들어갈 수 있어. 가능한 일이지, 마스? 이론적으로는?"

브리아와 미미가 동시에 나를 쳐다본다. 마치 이 토론의 결론이 나에게 달려있다는 듯이.

내가 말한다. "아마도. 하지만 알 수 없어. 우리의 뇌는 현실을 삼차원으로 투사하거든. 우리의 기하학적 본능은 삼차원이야. 보다 높은 차원에서 일어나는 일들을 우리는 시각화조차 할 수 없어. 그렇다고 해서 다른 차원이 존재하지 않는다고 말할 순 없어. 다만 우리가 인지할 수 없다는 거지."

나는 당연히 정적이 흐르리라, 아니면 내가 따분한 애로 낙인찍혀서 담요에서 추방당하리라 생각한다. 그러나 허니들은 오히려 내 주위로 몰려든다. 그들의 관심 때문에 나는 계속 얘기를 해야 할 것만 같다. 그러나 그것 말고 또 무슨 이야기를 해야 할까. 그때 나비 한 마리가 담요 위에 떨어진 꿀 한 방울을 살펴보려고 내려앉는다. 나비를 보니 떠오르는 게 있다.

"너희들이 하는 게임하고 비슷해. 타일 게임. 그 유리컵 좀 줘봐."

식기세척기에서 몰래 빼온 둥근 유리컵 하나가 나에게 건네진다. 나는 컵을 들고 햇빛이 컵 안의 물을 통과해서 나비 위에 그림자를 드리우게 한다.

"저 나비가 이차원만 볼 수 있다고 상상해봐. 나비의 세계는 평면적이야. 만약 나비에게 유리컵을 설명해보라고 하면, 나비는 이차원의 그림자만 보고 이차원적으로 설명하겠지. 하지만 우리는 나비보다 한 차원 위의 존재이고, 컵의 모양과 깊이를 이해해. 우리의 세계는 삼차원이야. 하지만 우리가 나비라면? 그래서 우리가 인지할 수 있는 것들 속에 갇혀있다면? 만약 우리가 사는 세상이 보다 높은 차원에서 설계된 빛과 그림자일 뿐이라면? 우리가 그 차원을 이해할 수 있다면 그 차원을 바꿀 수도 있을까? 물리학에서는 그럴 수도 있다고 봐. 하지만 우리는 그 차원을 이해하지 못하고, 그래서 그 차원을 바꿀 수 없어. 그래서 우린 그냥 한 마리 나비인 거야. 갇혀있지만, 그걸 인지하지 못하는 나비. *이론적으로는.*"

나는 어린아이의 생일파티에 초대된 마술사처럼 주위를 둘러본다. *짜잔!* 그러나 나의 묘기는 박수를 끌어내지 못한다.

"말도 안 돼." 미미가 코웃음을 친다.

"이론물리학에 나오는 얘기야!" 내가 우긴다.

미미가 고개를 젓는다. "난 우리가 어떤 구조 안에 갇혀있다는 개념이 마음에 안 들어. 나에겐 자유의지가 있어. 안 그래? *내가* 선택을 할 수 있잖아."

"할 수 있고말고." 카일이 심각한 표정으로 말한다. "작년에 네가 앞머리를 잘랐던 것도 그 사실을 증명하지."

여자애들 모두가 웃음을 터뜨리고 미미가 카일에게 달려들지만, 그저 장난일 뿐이다. 놀이일 뿐이다. 꿈의 실현에 관한 철학은 버려진다.

그러나 나는 여전히 관점과 환상에 관한 수수께끼를 생각한다.

나는 나비의 몸 위로 일렁이는 파스텔색 그림자들을 바라본다. 그리고 내 손의 유리컵을 움직여서 그 그림자들을 한데 모을 수 있다는 사실에 매료된다. 나비는 그 무지개가 보다 큰 존재의 그림자임을 알까? 우리는 알까? 우리의 현실 속에서 일어나는 일 중 과연 어떤 아름다운 현상은, 공간과 빛, 시간을 거슬러 초월하여 일어나는, 우리가 이해하지 못하는 굴절 작용에 불과한 것일까?

아마 유령들이 거기에 해당될 거라고, 나는 생각한다. 나비의 날개에 모이는 무지개를 바라본다. 어쩌면 마법이란 그런 것일지도.

그때 나비의 날개에서 빛이 생성된다.

"마스!"

담요 위에서 일어난 작은 불길을 진화하려고 여자애들이 달려올 때 나는 비로소 몽상에서 깨어난다. 나비가 있던 자리이다.

이런.

내가 들고 있던 물이 담긴 유리컵, 그리고 그것으로 증폭된 햇빛. 아마도 햇빛이 광선이 되었을 것이고…… 그래서…….

그을리고 훼손된 나비의 날개에서 연기가 피어오른다. 내가 저지른 짓을 깨닫는 순간 나는 충격에 휩싸인다. 내가 유리컵을 놓치고, 그 바람에 내 허벅다리에 물이 튄다. 나는…….

"마스."

브리아, 그녀의 목소리가 서늘하고 평온하다. 내가 고개를 든다. 브리아의 입가에 재미있어하는 듯한 미소가 번지자 나의 두려움이 사그라든다. 찰나의 순간, 마치 그녀와 나 단둘이 있는 것만 같다. 브리아가 손을 들자 그녀의 손등에서 나비가 한 마리가 파르르 몸을 떤다. 담요를 보니, 짓이겨진 나비의 사체가 사라졌다. 담요 위에는 빛이 파먹은 구멍뿐이다. 이상한 날개 모양의 구멍.

"하마터면 큰일 날 뻔했잖아." 브리아가 말한다. 브리아는 날 야단치고 있지만, 그녀의 경고에는 장난기가 배어있다. 마치 우리가 무슨 비밀을 공유한 것처럼.

나비가 파닥거리며 날아간다. 방금 무슨 일이 일어났는지 이해하려고 애쓰는 나에게 그것은 세상에서 가장 놀라운 광경이다.

"마스, 이리 와봐." 카일이 말하며, 다시 우리를 다른 아이들 쪽으로 데려간다. 카일은 약속했던 대로 옷을 한 아름 들고 왔다. 나는 나비를 잊고, 그들 앞에서 젖은 유니폼을 벗고 앙증맞은 크롭 티를 입는다.

"내 팔도 저랬으면!" 카일이 기지개를 켜며 한숨 쉬듯 말한다.

"카일, 네 팔도 근사하니까 입 다물어. 하지만 카일 말이 맞아, 마스. 넌 항상 민소매를 입고 다니는 게 좋겠다. 그러면 마침내 와이엇도 행동을 개시할 거야." 브리아가 말한다.

이번에도 나는 브리아의 말에 담긴 장난기를 읽는다. 이제 우리끼리만 아는 농담이 있는, 그런 친구가 된 건가? 나는 브리아의 무릎을 장난스럽게 두드리고, 브리아도 내 무릎을 두드린다. 나의 마음이 노래를 부른다.

"와이엇하고 좀 더 얘기를 나누려고 노력해봐." 브리아가 말한다. "어쩌면 우리가 너무 이기적인 건지도 몰라. 널 계속 우리 옆에 붙잡아두잖아. 우리가 와이엇에게 겁을 주고 쫓아버렸나 봐."

"잘 모르겠어. 와이엇과의 감정은 좀 오락가락해. 가끔은 날 좋아하는 것 같기도 하고, 또 어쩔 땐 그냥 호기심을 느끼는 것 같기도 하고." 내가 말한다.

"그 둘은 결국 똑같은 걸 수도 있어." 미미가 말한다.

"그럴 수도." 내가 말한다.

허니들은 와이엇과 나를 사과술 저장고에, 극장의 커튼 뒤의 어두운 곳에, 혹은 수영장 라커룸의 축축한 타일 바닥 미로 속에 가둘 복잡한 계략을 짜기 시작한다.

"한번 해볼래?" 미미가 묻는다. 미미는 목소리를 낮게 깔고, 음흉하게 말한다.

"나이가 나보다 많아." 내가 말한다.

"겨우 일 년이잖아."

"정확히 말하면 구 개월." 내가 얼굴을 붉힌다.

미미가 손뼉을 친다. "봤지? 사랑이야. 너 사랑에 빠진 거야."

한결 더 차분한 목소리로 브리아가 말한다. "어쨌든 질문에 대답해. 한번 해볼래?"

나는 대답을 하지 못한다. 왜냐하면 와이엇이 우리의 꿈결 같은 방울 가장자리에 나타났기 때문이다. 어쩌면 그가 노크할지도 모른다고 생각한다. 꿈을 꾸는 우리와 우리를 제외한 풀밭의 나머지 공간 사이에 실제로 벽이 있는 것처럼.

"이제 헌터빌리지로 돌아가야 해." 엄지손가락으로 방향을 가리키며 그가 말한다. 딱 부러지고 사무적인 말투. 여자애들 곁에 있을 때면 그는 늘 그런 식이다. 나는 잠시 움직이지 않는다. 그의 태도가 자연스럽지 않은 것이 나 때문인 듯. 크롭 티를 입고 담요에 편안하게 누워있는 나 때문인 듯이.

그가 얼굴을 붉히며 돌아서서 걷는다.

미미가 웅얼거린다. "넌 미래를 바꾸는 게 불가능하다고 하지만, 그 크롭 티는 다른 말을 하고 있어."

우리는 와이엇이 듣지 않도록 숨죽여 웃는다. 나는 내 물건들을 챙겨 그를 따라나선다.

*

다음 날 점심 식사 후에 여자애들이 캠프에 오지 않아, 나는 숙소에 할당된 임무를 하는 동안 남자애들과 어울린다. 우리의 임무는 보트 창고의 카약을 끌어내 숲으로 옮겨놓는 것이다. 보트 창고에 설명회를 위한 공간을 마련하기 위해서다. 우리는 그 작업을 일종의 시합으로 만들고, 안드레아와 내가 다른 아이들을 이긴다. 결국 남자애들은 카약으로 초원의 비탈길에서 썰매를 타며 논다. 와이엇이 그만하라고 하자 멈추었다가, 그가 자리를 뜨자 또다시 놀이를 시작한다.

그들과 놀아보니 기분이 묘하다. 재미있다. 즐겁다. 문득 의문이 든다. 마스, 왜 좀 더 일찍 애들과 친구가 되지 않았어?

이제 나와 거리를 두는 사람은 타일러가 유일하다. 뒤집힌 카약 밑에서 미친 듯이 웃으며 기어나왔을 때, 그늘에 서서 나를 노려보고 있는 그의 모습에 숨이 멎을 것만 같다. 허니들은 나에게 왜 너희 둘은 서로를 미워하냐고 묻는다. 나는 미워하지 않는다고 말한다. 단지 서로 다른 방식으로 생존하는 것뿐이라고. 타일러는 동화하지만 나는 그럴 수가 없고, 그래서 나는 나만의 예외성으로 밀고 나간다. 우리가 서로 너무 가까이 다가가면, 각자의 유리한 고지를 잃게 된다.

버드나무 아래 모여 앉았을 때, 남자애들이 에스펜 여자애들을 대상으로 섬뜩할 정도로 상세한 심심풀이 토론을 재개한다. 그러나 이번에는 상황이 다르다. 그들이 나에게도 동참할 것을 요구한다.

"마스, 솔직히 말해봐. 넌 누가 제일 예뻐?"

그들은 막연한 갈망으로 나를 쳐다본다. 그들의 갈망은 나를 향한 것이 아니다. 그러나 그들은 나 역시 그 갈망을 느껴본 적이 있으리라 추측한다. 그들은 지금 나를 쳐다보고 있다. 그들은 나를 무시하지도, 폄하하지도 않는다. 마음속 깊은 곳에서 나는 그들이 나를 초대해준 것에 대한 가장 가냘프고 어두운 환희를 느낀다. 나는 전율한다. 내가 무엇이 되어가고 있는 것일까?

"웩, 그만해." 내가 웃어넘긴다. 그들이 내 말을 듣길 바라면서.

"야, 그러지 말고. 말 안 할게. 베어헛의 이름을 걸고. 다들 맹세할 수 있지?" 레이가 말한다.

그들이 *베어헛의 이름을 걸고!*라고 외치고 남자애들의 방식으로 애원한다. 내가 손사래를 치자 그들이 질문을 쏟아붓는다.

미치가 묻는다. "너 미미하고 친하지? 미미가 이런 거 좋아할까?" 그가 손바닥으로 배를 쓸어내리고 그의 손이 점점 더 아래로 내려간다.

다른 남자애가 대신 대답한다. "그런 거 안 좋아할걸. 미미는 내숭쟁이야. 걸레들을 목표로 해야지."

"그만해." 내가 말한다. 혹은 말했다고 생각한다. 와이엇이 나서서, 얘들아, *헛소리 그만*해라고 말할 때까지 그들은 멈추지 않는다. 나는 브레이든을 쏘아본다. 그는 버드나무 몸통에 기대어 앉아서 미소를 머금고 이 상황을 지켜보고 있다. 마침내 내가 그와 눈을 맞추자 그가 시선을 피한다. 그러나 미소는 여전하다.

"어차피 걔들 다 걸레일걸." 미치가 말한다.

"미미는 아니야. 적어도 너한테는 안 줄걸." 레이가 받아친다.

"그만해." 내가 말한다. 이번엔 목소리가 조금 더 커진다. "내 친구들이야."

"맞아. 하지만 넌 걔들하고 다르잖아. 넌 우리 팀이야. 그러니까 어서 말을 해, 맨."

미치가 양손으로 허리를 짚는다. 힘을 과시하는 자세. "우리 좀 이어 달라고. 걔들은 누굴 좋아해?"

내가 미치를 쳐다본다. 그는 입가에 거만한 미소를 드리운 채 계속 나를 시험한다. 너무 힘을 주어서 턱이 아프다. 나 자신에게 화가 난다. 이런 대가를 치러야 한다면, 남자애들과 어울리고 싶지 않다.

나는 길고도 낮게 숨을 들이마신다.

"걔들이 뭘 좋아하냐고? 입 냄새가 독가스 수준인 열일곱 살짜리 남자애는 안 좋아해."

미치의 얼굴이 얼어붙고 다른 남자애들이 웃음을 터뜨린다. 그들의 웃음이 나를 더 화나게 한다. 내가 다른 애를 가리킨다.

"마시멜로가 들러붙은 잇몸도 안 좋아하고. 치실 좀 하지?"

다음.

"근친상간의 결과물 같은 주걱턱도 안 좋아해. 너 꼭 심해 물고기처럼 생겼어."

다음. 빅토리아시대 인형 같은 손을 가진 약해빠진 난쟁이도 안 좋아해.

다음. 사람처럼 생긴 뭉툭한 발가락도 안 좋아하고.

그렇게 그들 모두의 몸에서 일부를 떼어낸다.

"너희들 중 누구도 안 좋아해. 너희가 얼마나 역겨운지 너희는 몰라."

그들 모두를 한 번씩 건드리기 한참 전에 이미 웃음이 잦아들었다. 반격을 예상하고 마음을 다잡지만, 그들은 반격하지 않는다. 나는 반격을 할 테면 해보라고 그들을 똑바로 쏘아보다가, 브레이든을 본다.

"그런 태도는 좋지 않아, 맨." 그가 말한다. 숙련된 실망의 표정으로 고개를 저으면서.

맨.

"지금 장난해요? 여자애들을 걸레라고 부르는 건 괜찮고요?"

브레이든은 계속 고개를 젓는다. 누군지는 모르겠지만 남자애 중 한 명이, "사실이 그런데 뭘."이라고 말하고, 그 말이 시무룩해진 얼굴들에서 어두운 웃음을 끌어낸다.

나는 버드나무 가지들의 커튼을 홱 젖히고 그들에게서 벗어난다. 와이엇이 나를 쫓아온다.

"이런 상황에서 곧바로 여자애들한테 달려가는 건 아니지." 그가 말한다.

우리는 지붕 다리 앞에 있다. 나는 거친 숨을 몰아쉰다. 성난 눈물이 속눈썹 사이로 흘러나온다. 혼란의 눈물이다. 이곳 에스펜에서 내가 무엇이 되어가고 있는지 모르겠다. 내가 와이엇을 쳐다보지도 않자, 그가 내 어깨를 잡고 자기 쪽으로 돌려세운다.

와이엇이 말한다. "쟤들이 하는 말 듣지 마. 아무 의미도 없어. 남자애들이 그렇잖아."

"브레이든은?" 내가 말한다. 그러나 내가 정작 하고 싶은 말은, 그럼 나는?이다.

내가 와이엇에게 묻는다. "남자애들이 못되게 행동할 때 남자 어른은 어떻게 해야 하는데?"

와이엇의 턱이 씰룩거린다. 아마 그도 그런 생각을 해보았을 것이다. 그는 내게 하던 일을 마저 하라고 말하지 않지만, 나는 남자애들이 내 뒤에서 수군거리는 동안, 누구의 도움도 받지 않고 혼자 카약을 하나씩 창고에서 꺼낸다. 일을 다 마쳤을 때 온몸이 흠뻑 젖어있고 욱신거린다. 샤워하는 데 한참이 걸린다. 내가 욕실을 나설 때 남자애들이 조용하다. 내가 잠자리에 들 때에는 더 조용하다. 내 침대 시트 위에 캐럴라인의 초가 놓여있다. 그 초가 사라졌다는 사실을 거의 잊고 있었다. 누군가 초를 가져갔다고, 나 자신에게 일깨운다. 내가 캘럼 일을 보고하고 난 뒤에.

내가 초를 집어 드는 순간 초가 부서진다. 여전히 신경줄에 연결된 뼈처럼, 심지에 연결된 상태로 산산조각이 난다. 나는 부서진 초를 손으로 감싼다. 초를 복원할 수 없다. 이것은 더 이상 초가 아니다. 하나의 메시지다.

제24장

◇

 학부모들의 첫 번째 파도는 금요일 저녁 식사 직전에 밀려든다. 그 중 나의 부모는 없다. 다행이다. 만약 그들이 내가 여기서 즐거운 시간을 보내고 있다는 사실을 알게 되면 나를 집으로 끌고 갈 것만 같다.

 저녁 식사는 식당 건물에서 진행된다. 학부모들이 참석하다 보니 우리의 일상에 연극적인 느낌이 더해지고 왠지 분위기도 심각해져서, 우리가 복장을 갖추는 동안 리더들이 초조해한다. 브레이든과 와이엇이 우리 옷에 잔디 얼룩이 묻지 않았는지 검사한다. 모두가 머리를 빗고 젤을 바르고, 심지어 몇 명은 면도도 한다. 와이엇이 내 앞을 지나며 검사할 때, 그가 자기 코를 툭 친다. 나는 코걸이가 잘 숨겨졌는지 확인한다. 아무도 보진 못하지만 나는 칼라 달린 셔츠 속에 크롭 티를 입었다. 그냥.

 식당 건물의 테이블 위에 천 식탁보를 씌웠다. 플라스틱 접시들과 컵들은 도자기와 유리로 바뀌었다. 아이들이 접시를 받으려고 주방으로 몰려가는 대신, 그 수가 두 배로 늘어난 유니폼을 입은 직원들이 우리 앞에 접시를 놓아준다. 음식 또한 보여주기 위한 것이다. 크랜베리와 귤을 넣은 여름 샐러드, 흰 강낭콩을 곁들인 빵, 장밋빛 연어 필레가 나오고, 애플파이가 후식으로 나올 예정임을 알리는 냄새가 은은하게 풍긴다.

베어헛 아이들과 함께 앉은 몇몇 부모들을 위해 와이엇이 원맨쇼를 한다. "요리 전공 학생들이 아주 잘했죠? 오늘 아침에 빵 굽는 냄새가 나더라고요. 빵이 기가 막히네요. 안 그래요?"

테이블에 앉아있는 학부모들은 너무 이상하다. 마치 몸집만 큰 어린애들처럼, 우리가 무슨 말을 하든 미소만 짓는다. 와이엇과 브레이든은 각본에 따라 대화를 유도하고, 베어헛 아이들은 자랑을 하거나, 장난스럽게 서로를 치거나, 악의 없이 서로를 놀린다. 평소 그들의 맹렬한 잔혹함과는 사뭇 다른 모습이다. 뾰족한 모서리는 전부 다 둥글어져서 아무도 찔리지 않는다. 단지 멍이 들 뿐. 부모님의 집에서 내게 익숙했던 대화와 비슷하다. 숨은 의미들은 전부 다 끔찍하지만, 겉모습만은 깨끗하고 우아하다.

나는 말을 하지 않는다. 지난번에 너무 많은 말을 한 이후 남자애들과 거의 말을 섞지 않는다. 그들도 그 뒤로 나에게 말을 걸지 않는다. 지금은 초 사건 하나만으로도 의도는 충분히 전달되었다.

식사가 끝나자 웬디와 다른 감독관들이 학부모들을 데리고 원형극장까지 황혼 산책을 나선다. 야간 활동 역시 또 하나의 공연이다. 장기자랑 무대가 펼쳐지고, 캠프 참가자들이 노래를 하고 춤을 추고 시를 낭송하고 즉흥 연극을 한다. 대부분의 학부모들은 이 공연을 보러 이곳에 온다.

우리 숙소가 원형극장의 준비 작업을 맡는다. 어른들이 사라지자 남자애들이 본연의 야비함을 드러낸다. 예의 바르게 행동했던 시간을 만회하기라도 하려는 듯 열을 올린다. 그들이 어떤 여자애가 제 엄마랑 닮았는지, 어떤 엄마와 자고 싶은지 얘기하기 시작한다. 와이엇은 그들을 건성으로 말리고, 브레이든은 그저 웃기만 한다. 브레이든의 웃음에 남자애들은 더 기세등등해진다.

"야, 마스, 넌 어때?" 레이가 나를 바라보며 실실 웃는다.

모두가 조용해지고, 요란한 귀뚜라미 소리가 그 자리를 채운다. 그것은 굶주린 침묵이다. 나는 와이엇을 쳐다보고, 와이엇의 눈이 두려움으로 커다래진다. 그러나 나는 이번에는 이성을 잃지 않는다.

"혹시 눈여겨본 아빠 있냐?" 레이가 압박해온다.

"응, 너희 아빠." 내가 말한다.

"우리 아빠 죽었는데?" 레이가 덤덤하게 말한다. 다른 아이들이 키득거리며 웃음을 터뜨릴 때 가까스로 심각한 표정을 유지하면서. 그의 아빠는 작년에 「타임」이 선정한 백 대 인물에 포함되었다. 그는 늘 그 얘기를 한다.

나는 어깨를 으쓱하고, 남자애들은 가상 포르노를 계속 이어간다. 머지않아 캠프의 나머지 사람들이 원형극장으로 줄지어 들어선다. 학부모들과 어린애들이 앞자리에 앉고 우리는 뒤로 밀려난다.

무대 위에서 일어나는 일 중 나의 시선을 끄는 것은 없다. 나는 끝에 앉는다. 공연을 보고, 박수를 치고, 또 공연을 보는 동안, 분노가 저절로 끓어오른다. 버드나무 아래서 그들에게 쏘아붙인 그런 선명한 분노가 아니다. 내가 애써 제자리로 되돌려놓은 자제력의 바위 밑에서 널름거리는, 낮고 시퍼런 불길 같은 분노다. 절대 그 불길이 빠져나가게 해서는 안 된다.

끼익하는 소음에 나는 다시 원형극장으로 주의를 돌린다. 다음 무대를 소개하는 마이크에서 나는 소음이다. 브리아가 난데없이, 첼로를 들고 무대 위로 우아하게 걸어올 때 나는 자세를 바로 한다. 숙소H에서 보았던 여자애들 둘이 바이올린을 들고 있다. 비올라로 보이는 악기를 든 남자애도 보인다.

연주가 시작되고 그 소리가 너무 작아서 관객들이 숨을 죽인다. 귀뚜라미들마저도 멈출 줄 모르던 노래를 잠시 멈추고 귀를 기울인다. 나는 분노를 잊는다. 어느덧 나의 시선도 무대에 고정된다. 브리아가 첼로를 연주하는 줄은 몰랐다. 내 앞에서는 한 번도 연주한 적이 없다. 브리아의 연주는 훌륭하다. 브리아의 첼로에서 최면을 거는 듯한 견고한 음악이 흘러나온다. 사중주단이 그 위에 화음을 쌓아 올리고 음악의 그물로 나의 마음을 옭아매어 나를 높이 더 높이, 음악에 맞추어 흔들리는 나의 몸 밖으로 끌어낸다. 다른 사람들도 전부 다 몸을 흔들고 있다. 심지어 남자애들까지도.

무대 가장자리에서 작은 소동이 일어난다. 무대의 날개에서 하늘거리는 연보라색으로 휘감은 사람이 솟아오른다. 댄서 한 명이 등장하고, 잠시 후 몇 명이 더 나온다. 그들은 속이 비치는 얇은 파란색 베일을 쓰고 있다. 그들은 놀란 악귀의 표정을 지으면서 손을 맞잡거나, 몸을 비틀거나, 몸부림을 친다. 음악은 고전적이지만 무용은 현대적이다.

음악이 바뀌고, 악마의 리듬처럼 빨라진다. 댄서들이 원을 만들고 차례대로 원의 가운데로 나가 독무를 한다. 그들의 춤은 제각각이다. 발레하듯 우아하게 추는 사람도 있고, 재즈의 열정을 담아 추는 사람도 있다. 그중 한 명이, 긴장을 했는지 머뭇거리자 댄서들이 그녀를 중앙으로 민다. 그녀가 배신당한 표정으로 그들을 쳐다본다.

그러나 그녀도 춤을 춘다. 음악이 그녀의 긴장을 관통하고, 마치 창
문을 때리는 빗방울처럼, 그녀가 어설프게 자신의 동작을 취한다. 처음
엔 수줍고, 그다음엔 유연하고, 그러다가 어느 순간 갑자기 관객들을
사로잡는다. 그녀의 동작이 거칠어지고, 너무 빨리 회전하는 바람에 베
일이 벗겨진다.

보트 창고에서 보았던 여자다. 실비아. 실브로 불리는. 그녀의 춤을
보고 있자니, 현기증이 나고 가슴이 벅차오른다. 뿌리내린 기분이다.
사시나무뿌리의 맥박을 느낄 수 있을 정도로 땅속 깊숙이. 그러면서도
하늘에 떠있는 기분이다. 나의 시야가 시공간을 가로질러 보트 창고에
서 울고 있던 실브의 기억을 붙잡는다. 실브가 뒷걸음질을 치며 자신
의 삶을 되감아본다. 실브가 침대에 눕고, 그 전날 밤에 일어난다. 인간
사냥의 밤, 그러나 실브는 숲의 다른 곳, 더 어두운 곳에 다른 리더들과
함께 있다. 나는 맥주 냄새를 맡고, 그녀를 짓누르는 탐욕스러운 거친
손바닥을 느낀다. 나는 그 모든 일이 그녀에게 일어나는 것을 지켜보
고, 허니들도 나와 함께 보고 있음을 느낀다. 허니들은 실브가 왜 우는
지 알고 싶다. 그래서 실브에게 춤을 추게 했다.

나는 나의 것이 아닌 이 기억에서 벗어나려 애쓴다. 다른 것을 보여
달라고 요구한다. 무엇이든, 제발. 나의 기억이 안착한 곳은 달빛이 드
리워진 바위다. 나에겐 발이 없다. 몸도 없다. 나는 그저 관찰하는 의식
으로 존재할 뿐이고, 깜빡일 수조차 없는 두 개의 눈일 뿐이다. 나에겐
반드시 목도해야 할 것이 있고, 나는 그것이 오직 나만이 볼 수 있는 것
임을 알지만, 무엇인지는 모른다. 하늘을 가리는 톱니 모양의 나무 꼭

대기일까? 아니면 그 아래의 무엇일까? 바위에서 흘러내려 흙으로 스며드는 끈끈하고 검은 액체일까?

아마도 피 웅덩이 한복판에 등을 대고 누워서 나를 바라보며 죽어가는 여자애일 것이다.

나는 그녀의 이름을 모르지만, 내가 되돌려받은 사진에서 그녀의 얼굴을 본 기억이 있다. 그리고 전에도 이 광경을 본 적이 있다. 언제였을까? 나는 뒤로, 위로, 밖으로 가라앉는다. 나는 햇빛이 내리쬐는 빈터에서, 브리아와 함께 타일 게임을 하고 있다. 우리의 손이 모양을 만들어갈 때, 빛이 만든 매혹적인 레이스에 집중하는 내 모습을 본다. 브리아가 나의 생각을 파헤치고, 그에 대한 보복으로 나 역시 브리아의 생각을 파헤친다. 그리고 브리아가 거기서 나를 끌어내어 다시 지상으로 밀치는 것을, 여자애들이 내 주위로 몰려드는 모습을 본다.

허니들이 내게 무슨 짓을 저질렀다. 무언가를 빼앗아갔다. 허니들이 나의 내면에서 의심을 파냈다. 그러나 겉으로 보기에 그들의 움직임은 거의 포착되지 않는다. 그저 손가락만 조금 움직였을 뿐이다. 그들이 내 머리에서 피를 닦아낼 때 나는 가만히 누워 그들을 내버려둔다.

나의 의심. 나의 두려움. 그것들이 파괴되었다. 담요 위의 나비처럼, 소각되었다. 나는 바위에 쓰러져 있던 여자애를 다시 생각한다. 이제 나는 그녀의 이름을 안다.

"시에라." 공연이 끝나고 박수 소리가 원형극장을 가득 채울 때 내가 그 이름을 소리 내어 말한다.

시에라. 그녀의 이름은 시에라다. 물론 나는 시에라를 안다. 시에라에 관한 기억이 격한 깨달음과 함께 나의 머릿속을 파고든다. 나는 시에라가 올여름 이곳에 있었다는 것을, 내 손톱을 칠해주었다는 것을, 파티에서 나의 뺨에 블러셔를 칠해주었던 것을 안다. 그 뒤로는 어떻게 된 걸까? 시에라는 어디 갔을까? 그 바위로 갔을까? 자신의 마지막으로? 하지만 어떻게?

공연자들이 무대에서 인사를 할 때, 나는 사람들과 함께 자리에서 일어선다. 피가 흥건한 바위 위에 있는 시에라의 환영이 거실에서 벌어진 캐럴라인의 기억과 포개어진다. 추락한 두 여자애가 서로 겹쳤다가 잔인할 정도로 완벽한 대칭을 이루며 펼쳐진다. 그들이 하나의 목소리로, 애원하듯 명령한다.

"어스 투 마스." 내가 스스로 일깨운다.

눈을 떠.

현실로 돌아와.

우릴 도와줘.

박수를 치고 있지만 아무것도 느낄 수 없다. 에스펜에서의 첫날, 불씨를 하던 저녁, 사람들 틈에서 브리아가 입가에 미소를 머금고 날 쳐다보고 있는 것을 발견했을 때와 똑같은 기분이다. 내가 감히 짐작조차 할 수 없는 것들을 이미 알고 있는 듯한 그 미소.

허니들 중 한 명이 무대 가장자리에 쓰러져 흐느끼는 실브를 일으켜 세운다. 실브가 우는 것을 알아차린 사람도, 관심을 보이는 사람도 없다. 박수 치는 손들의 숲 사이로, 인사하는 댄서들 사이로, 나는 무대 위의 브리아와 눈을 맞춘다. 브리아도 나를 쳐다본다.

이번에는, 브리아가 웃지 않는다.

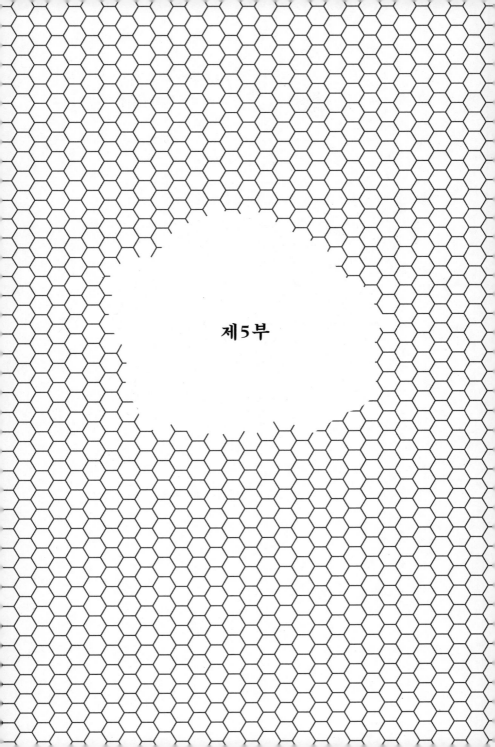

제5부

제25장

○

    나는 꿈을 꾸지 않는다, 잠을 자지 않기 때문이다. 나는 침대에 누워 나무에 박힌 깜빡이지 않는 눈동자들을 쳐다보면서 천천히 기억의 파편들을 맞추어본다. 바위 위에서 피 흘리는 시에라의 환영에 집중할수록, 그녀를 둘러싸고 있던 검은 얼룩이 점점 더 커져서, 지난주의 기억들 사이로 뚝뚝 떨어진다. 마침내 기억들을 흠뻑 적실 때까지. 그다음엔 두려움이 밀려든다.

    그럴 줄 알았다. 그들은 내가 잊도록 만들었다. 숲속에서 캘럼과의 순간도. 그 기억 역시 이 기억과 똑같이 위협적인 주파수로 진동한다. 내 기억의 벌집에 생긴 하나의 뒤틀림처럼.

    일어나기로 결심했을 때가 몇 시였는지는 모른다. 결심했다고 말하기도 어렵다. 어느 순간 나는 일어나 앉아 옷을 입은 다음, 삐걱거리는 계단을 최대한 조용하게 내려간다. 브레이든과 와이엇의 방문은 언제나처럼 살짝 열려있다. 나는 문을 열지만, 그들을 깨우지 않는다. 마침내 나는 이성을 되찾는다.

    그 둘을 신뢰할 수 없다. 나 자신 외에는 누구도 신뢰할 수 없다.

    그 사실을 알고 에스펜에 왔지만, 어느 순간 잊었다. 그러나 나는 이제 본래의 나로 돌아왔고, 내 마음을 감싸고 있던 숨 막히는 레이스로부터 벗어났다. 나 자신으로 돌아오니, 늘 알고 있던 것도 다시 깨닫게 된다. 나는 오직 내가 나 자신에게 줄 수 있는 것에만 의지한다. 그 이상은 아무것도 기대하지 않는다.

벽에 설치된 고리에서 와이엇의 열쇠들을 빼낸다. 베어헛의 숙소를 빠져나가는 순간 내 마음속에는 새로운 계획이 생긴다. 어느덧 나의 발은 숲길에 익숙해졌다. 나는 나무 사이로 쏟아지는 달빛의 창살 사이로 달린다. 나는 두려워도 생각을 하라고 스스로를 다그친다. 생각해야만 한다. 여기서 벌어지고 있는 일들을 이해하려면.

이성적으로 생각해야 하지만, 어둠 속이라 그런지 내가 걸렸던 주문이 초자연적인 현상이라는 결론에 쉽게 도달하게 된다. 나의 입김과 호수 위로 울려 퍼지는 아비새들의 애처로운 절규 외에 아무것도 없는 숲속에서, 유령은 실체가 있는 존재처럼 느껴진다. 그게 두렵진 않다. 어둠이 두렵진 않다. 나는 어둠을 알고, 어둠도 나를 안다.

어둠 속에 있으면 태양의 사랑스러운 환영들로부터 안전하다. 나는 늘 알고 있었던 사실을 깨닫는다. 한낮의 태양 속에 숨을 수 있는 괴물들이야말로 진짜 두려워해야 할 존재라는 것을.

내가 도착했을 때, 메인 캠프는 스냅사진 같은 정적 속에 갇혀있다. 칠월 대축제의 현수막들이 습한 공기 속에 생기 없이 걸려있다. 나는 생태 실험실로 달려가 와이엇의 전자열쇠로 문을 연다. 그리고 블라인드를 내리고 전기 스위치를 찾은 다음, 내가 필요한 것을 확인할 동안만 잠깐 불을 켠다. 컴퓨터의 전원 스위치, 의자, 종이, 펜을 확인하고 다시 어둠으로 돌아간다. 잠시 뒤 나는 모니터의 차가운 불빛 안에 앉아있고 내 앞에는 빈 검색창 하나가 깜빡인다.

*에스펜 보호구역 사망*이라고 입력한다.

나는 움찔한다. 첫 번째 검색 결과는 당연히 캐럴라인의 사망을 다룬 기사들이다. 엄마에 관한 기사가 많다. 나는 밑으로 내려본다. 그러나 추모 기사들만 계속 나온다. 주로 부유층 인사의 사망 기사와 그들이 가장 아름다운 추억과 친구들을 에스펜에서 얻었다는 내용이다. 웩.

사망 기사 하나가 눈길을 끈다. 나와 캐럴라인보다 한두 살 위로 보이는 어린 여자애의 사망 기사다. 그녀는 작년에 죽었다. 나는 눈을 가늘게 뜨고 사진을 본다. 뺨이 넓적하고 주근깨가 있다. 어딘가 낯이 익다. 어느새 나는 그 얼굴을 시에라와 함께 찍은 사진 속에서 봤던 걸 기억한다. 작년에 여기 왔던 걸까?

사망 기사에 의하면 그녀는 지난 팔월 자택에서 사망했다. 캐럴라인이 두려움에 휩싸인 채 집으로 돌아왔던 것도 팔월이다. 사인은 밝혀지지 않았지만, 검색을 통해 그녀를 위한 온라인 모금 사이트가 있음을 알게 된다. 뇌종양 연구 기금을 마련하기 위한 사이트다.

써늘한 한기가 몸을 관통한다. 나는 검색을 계속한다.

그다음엔 에스펜 주변에서 일어난 사건 사고를 검색해본다. 캠프 참가자 여섯 명의 목숨을 앗아간 자동차 사고가 있었지만, 에스펜이 아닌 다른 캠프에서 일어난 일이다. 유사한 사고가 몇 건 더 나온다. 버스 사고, 익사 그리고 몇 건의 끔찍한 사건들. 그 사건들 모두 한 가지 공통점이 있다. 에스펜과는 아무 관련이 없다는 것.

백 년 넘게 운영되어온 에스펜 캠프가 한 점의 오명도 없이 건재하다. 그 점이 수상하다.

나는 검색 범위를 넓힌다. *캣스킬 실종자.*

검색 결과가 여러 개 나온다. 나는 스프레드시트를 열어 입력하기 시작한다. 한 시간 뒤, 스프레드시트는 날짜와 이름, 개인정보들로 채워진다. 주소까지 찾을 수 있는 건 다 찾는다. 나는 캣스킬 지도를 띄워 에스펜 근처 마을들의 목록을 만든 다음 목록과 대조해본다. 피벗테이블°도 만들어보지만, 내가 알고자 하는 게 정확히 무언지 모르겠다.

나의 커서가 텅 빈 검색창을 맴돈다. 이전의 검색 기록이 나를 노려본다.

에스펜 보호구역 사망

에스펜 보호구역 사건

캣스킬 실종자

시에라가 말한 적이 있다. *그게 다가 아니야. 계속해.* 시에라는 내가 무엇을 찾기 바랐을까?

나는 캣스킬 실종자를 검색해서 찾은 사람들의 명단을 훑어본다. 남자애들이 즐겨 했던 얘기들, 숲으로 들어가서 다시는 돌아오지 않았다는 사냥꾼들 얘기를 떠올려본다. 사시나무들이 항상 지켜보고 있고, 숲에 해를 끼치는 사람만 데려간다는 브레이든의 말도 생각해본다. 이들은 대체 무슨 짓을 한 걸까?

나는 좀 더 깊이 파고들기 시작한다. 에스펜에 대한 찬사와 현재 진행 중인 사건들을 다룬 기사들을 지나, 그들 개개인의 삶으로 들어가본다. 각각의 사람들에 대해 찾아보기 전까지는 내가 찾는 게 무엇인지

○ 데이터를 계산, 요약, 분석하는 도구

확실하지 않지만, 보는 순간 바로 안다.

한 남자가 음주운전으로 온 가족을 죽게 했다. 그리고 그다음 해 여름 그가 실종되었다.

뉴욕주립대 학생 한 명이 또 다른 학생을 괴롭혀 사망에 이르게 한 혐의를 받는다. 그해 여름 그 학생이 실종된다.

대체로 혐의가 있는 사람들이 숲의 구렁텅이 속으로 사라진다. 머지않아 나는 몇 명의 이름만 적힌 명단을 작성한다. 그 명단에 있는 사람들은 이 지역에서, 해마다 한 명씩, 이맘때쯤 실종되었다. 시에라처럼.

나는 의자에 등을 기대고 앉아 명단을 본다. 환한 화면을 너무 오래 바라보고 있어서 눈이 욱신거린다. 한밤중에 일어나 몇 시간 동안 검색을 했건만, 내가 바랐던 대로 사건의 전말이 빈틈없이 파헤쳐지진 않는다. 그러나 수확이 전혀 없는 건 아니다.

나는 종이와 펜을 찾아 이름, 날짜, 세부 사항들을 손으로 그린 표에 옮겨 적는다. 나는 스프레드시트를 지우고 모든 창을 닫는다. 하나만 제외하고. 캐럴라인의 죽음에 관한 기사가 있는 지역신문이다. 내 시선을 끈 것은 기사의 내용이 아니다. 맨 아래 있는 관련 자료다. 한 번 더 클릭하니 나의 시선을 끌었던 사진이 나온다. 오래전 기금 마련 행사에 참석한 엄마의 사진이다. 사진 속 엄마의 뒤에서 미소를 짓고 있는 사람은, 다름 아닌 웬디이다.

처음엔 이해가 가지 않다가 결국 이해가 된다. 와이엇의 가족은 이 보호구역을 관리하지만, 이 땅은 주 소유이고 주에서 운영한다. 엄마는 상원의원이고 뉴욕환경보호국의 다양한 언론 행사에 참석한다. 아이러니하게도 엄마는 그 일을 마지못해 한다. "난 그 사람들을 신뢰하지 않아. 사람보다 나무를 더 소중히 여기는 사람들이야." 엄마는 늘 그렇게 말하곤 했다.

엄마가 미처 알지 못하는 진실이 더 있을 거라는 의심이 든다. 나는 창을 닫고 검색 기록을 삭제한 다음 컴퓨터를 끈다. 의자에 기대어 검은 화면에 비친 내 모습을 보다가, 비로소 내 뒤에 앉은 사람을 본다.

나는 문 쪽으로 달려가고, 그 바람에 의자가 뒤로 넘어간다. 나는 테이블에 부딪치고, 욕을 내뱉지만 그래도 멈추지 않는다. 그가 독수리 그림이 있는, 뒤쪽 벽으로 날 밀어붙인다. *나의 날개폭은 얼마나 클까?* 몸싸움을 하는 동안, 희한하게도 나는 그런 생각을 한다. 그러다가 그의 목소리를 듣는다.

"마스. 마스, 나야. 그만."

내가 몸부림을 멈춘다. 와이엇이 나를 놓아준다.

"조용!" 그가 말한다.

"*너야말로 조용히 해.*"

"난 조용히 했어. 적어도 널 지켜보고 있던 십 분 동안은. 대체 여기서 뭘 하는 거야?"

어둠 속이라 와이엇의 모습이 거의 보이지 않는다. 블라인드를 열고 싶은 마음에 손이 움찔거린다. 그의 얼굴을 보아야 한다. 그가 뭘 아는지 보아야 한다.

"뭔가 잘못됐어. 여긴 뭔가 잘못됐다고." 내가 말한다.

"에스펜이? 그게 무슨 소리야?"

"내가 증명할 거야." 구겨진 명단을 테이블 위에 펼쳐놓으며 내가 말한다. 나는 와이엇에게 다가오라고 한다. 그는 움직이지 않는다. 역광으로 보이는 모습으로 그는 내가 완전히 미쳤다고 생각한다는 걸 알 수 있다. 내가 얼마나 미쳐 보일지 나도 비로소 깨닫는다.

"나 미치지 않았어." 내가 말한다.

와이엇이 고개를 갸우뚱한다. "네가 한밤중에 몰래 이곳에 잠입해서 스프레드시트를 작성하는 걸 봤어."

그래, 좋은 *지적이네.* 나 자신이 아주 한심하게 느껴진다.

"내가 여기 있는 걸 어떻게 알았어?" 내가 묻는다.

"널 미행했어. 내 열쇠는?"

"미안." 내가 말하며 그에게 열쇠들을 던져준다.

"왜 이러는 거야, 마스? 대체 무슨 일이야?"

내가 대답하지 않자, 와이엇이 문 쪽으로 다가간다. 그는 불을 켜고 벽에 설치된 전화기를 든다.

"이 전화는 사무실로 연결되고 사무실 전화는 다시 웬디한테 연결돼. 말하지 않으면 웬디한테 연락할 거야."

"안 돼!" 내가 얼른 달려가 전화기를 내려놓는다. 와이엇이 콧날 밑으로 나를 내려다본다. 그는 흰 셔츠 한 장만 입고 있고 머리카락은 베개에 눌려 옆으로 갈라졌다. 그는 피곤하고, 화가 나고, 배신당한 표정이다. 그러나 사악해 보이진 않는다.

"말할게." 내가 말한다. 나의 손은 여전히 그의 손 위에 있고 우리 두 사람의 손이 여전히 전화기를 잡고 있다. "일단 불 꺼."

불 꺼진 생태 실험실의 냉기 속에서, 와이엇과 나는 테이블을 사이에 두고 서로 마주 앉는다. 곤충들이 들어있는 유리병들이 은색 방울처럼 주위를 떠다닌다. 나는 공연 중에 보았던 이상한 환영으로 이야기를 시작한다. 그리고 그 환영이 시에라를 떠올려주었다는 얘기도. 와이엇은 여전히 시에라를 기억하지 못해서, 와이엇에게 시에라가 누구인지부터 설명한다. 그러다가 실종된 사람들의 명단을 그에게 보여주고, 그에게 나의 이론을 설명한다.

"해마다 에스펜에서 사람들이 사라지고 있어. 숙소H의 여자애들이 그 사실과 관계가 있는 것 같아. 시에라는 내게 허니들에겐 겉으로 보이는 것 이상의 무언가가 있다고, 그리고 허니들이 자기를 사라지게 만들었다고 경고하려는 것 같았어. 어쩌면 캐럴라인도 똑같은 말을 하려고 했는지도 몰라."

와이엇은 달빛이 비치도록 명단을 들고, 가늘게 뜬 눈 사이로 이름들을 본다.

"만약 시에라가 실제로 캠프에 참가했다면, 에스펜은 시에라가 사라졌을 때 바로 실종 신고를 했을 거야."

"에스펜이 그 사실을 은폐하려 하지 않았다면 그랬겠지."

"에스펜은 아무것도 은폐하지 않아." 와이엇이 쏘아붙인다. 그가 나에게서 돌아선다. 그의 경직된 어깨를 바라보면서 그가 내 편이 아님을 깨닫는다. 하지만 그를 내 편으로 끌어올 수 있을지도 모른다.

"그럼 실종된 사람들은?" 내가 묻는다.

"숲은 원래 위험해, 마스."

"그러면 날짜는?"

"사람들이 여름철에 숲에 오는 게 그렇게 놀랄 일이야?"

그는 이제 내 말을 듣지 않는다. 와이엇이 명단을 들고 문을 나선다. 나는 그를 뒤쫓는다. 밤의 열기 속에서 헌터빌리지까지 걷는 동안 우리의 논쟁이 재개된다. 그를 따라잡기 위해 나는 거의 뛰다시피 한다.

"생각을 좀 해봐, 와이엇." 나는 지금 애원하고 있다. 그래도 상관없다. "어떻게 캠프 전체가 한 여자애를 잊을 수가 있어? 아주 인기 있던 여자애를? 시에라는 이곳에 왔고 어느 순간 사라졌어. 그런데 아무도 신경을 쓰지 않아."

"시에라에 대해 검색해봤어?"

나는 돌멩이에 걸려 넘어질 뻔하다가 가까스로 중심을 잡는다. 와이엇은 속도를 늦추지 않는다. "시에라의 성을 몰라."

"그러니까 넌, 한밤중에 생태 실험실에 잠입해서 네가 찾는 사람은 검색도 안 해보고 대신 열 명 남짓한 *다른* 실종자의 명단을 만든 거야? 에스펜이 그들도 잊은 거야?"

"내 말은 그런 뜻이 아니야. 아, 나도 잘 모르겠어. 어쩌면 그럴 수도 있고. 와이엇, 네 전자열쇠를 훔친 건 미안한데……."

"그리고 무단침입한 것도, 실험실에 들어간 것도, 그리고……."

"하지만 와이엇, 제발 내 말 좀 들어봐."

우리는 멈추어 선다. 내가 와이엇의 손목을 잡았기 때문이다. 그는 내가 잡은 곳을 쳐다본다, 역겹다는 듯이. 그가 다른 남자애들과 똑같아 보인다. 에스펜의 엘리트 틈에 있는 익명의 남자애. 그에게 이런 얘기를 하다니, 어리석었다. 이곳은 그의 집이다. 나는 그의 손을 놓아준다.

와이엇이 낮은 목소리로 말한다. "사람들은 때때로 죽어, 마스. 제러미가 죽었을 때 나도 그 죽음을 설명할 무언가를 절실히 원했어. 하지만 그거 알아? 사람들은 그냥 죽기도 해. 거기엔 풀어야 할 비밀도 없고, 음모도 없고, 은폐된 사실도 없어. 아무 이유도 없다고. 내 말 믿어.

이런 말을 듣기가 얼마나 힘든지 누구보다도 잘 알아. 하지만 네가 이러는 건 캐럴라인을 추억하는 데 전혀 도움이 되지 않아."

이번에는 내가 그에게서 물러선다.

"이건 캐럴라인 문제가 아니야." 내가 말한다.

"맞아. 이건 네 문제야."

그가 내 쪽으로 다가와서 손가락을 들어 내 얼굴을 가리킨다.

"이게 캐럴라인의 문제였다면, 캐럴라인의 추억을 존중하고 그 애를 놓아주었겠지. 하지만 이건 *너의* 문제야, 마스. 넌 캐럴라인이 이곳을 실제로 사랑했을 수도 있다는 사실을 받아들이지 못하고 있어. 그래서 네 생각을 합리화하려는 거고, 그게 널 미치게 하는 거야. 넌 너의 숙소 남자애들, 브레이든, 웬디와 적이 되었어. 그리고 이젠 나와 적이 되려고 해. 하지만 어떻게 해도 만족스럽지 않지? 그래서 이번엔 그 여자애들을 적으로 만들려는 거야. 그다음엔 에스펜이겠지. 그리고 그다음엔 뭘까? 이제 정말 빌어먹을 캣스킬산맥까지 비난할 작정이야?"

와이엇이 숨을 훅 내쉰다. 우리 사이에 감돌던 정적 속에 수증기가 피어오른다. 나는 눈을 깜빡일 수조차 없다.

"슬픔이 사람을 미치게 만들 수도 있다는 건 알아. 하지만 거기 휩쓸려선 안 돼. 그게 널 무너뜨리기 전에 네가 그걸 놓아주어야 해."

"이건 슬픔 때문이 아니야." 내가 말한다. 나의 거짓말이 목에 걸린다. 이건 슬픔 때문이다. 전부 다 슬픔 때문이다. 나의 슬픔 때문이다. 하지만 그 이상의 무언가가 있다. 시에라가 말한 것처럼. 그리고 나는 그곳에 너무도, 너무도 가까이 다가왔다. 나는 안다.

와이엇이 나를 안으려 할 때 내가 그를 밀친다.

"알았어. 내일 얘기해."

"그래."

"웬디한테 말할 거야?"

와이엇이 대답하기까지는 시간이 걸린다.

"내가 나오기 전에 브레이든을 깨웠어. 미안해, 마스. 어쩔 수 없었어. 안전이 문제가 되는 상황이잖아. 어쩌면 웬디 말이 맞을 수도 있어. 에스펜은 지금 네가 있기에 적합한 장소가 아닐지도 몰라."

"그럼 날 여기서 내보낼 텐데." 내가 중얼거린다.

"그러겠지. 미안해."

와이엇의 말은 대포만큼의 위력이 있다. 나의 분노는 너무도 두터웠지만, 그럼에도 균열이 간다. 이제 끝이다. 나는 끝이다. 나는 집으로 돌아가고, 에스펜의 모든 비밀은 이대로 남을 것이다. 환하게 불타오르는데 누구도 알지 못하는 상태로. 나는 신중하지 못했다. 영리하지 못했다. 집중하지 못했다. 나는 캐럴라인을 또다시 잃고 있다. 캐럴라인의 머리에서 벌들이 기어나오는 것을 보았던 그 순간보다 캐럴라인의 고통을 이해하는 데 조금도 더 다가가지 못했다.

헌터빌리지로 돌아가는 남은 길은 고통스러울 정도로 짧다. 숙소는 불빛 하나 없이 죽은 듯 어둡다. 마치 이미 평결이 내려진 것처럼. 와이엇은 말없이 나를 침대까지 데려다주고, 내가 이불을 덮고 눕는 것을 확인하는 순간 아래층으로 내려간다. 그가 나의 명단을 가져간다.

나는 캐럴라인의 양봉칼을 사물함에서 찾아, 내 피부처럼 따뜻해질 때까지 칼을 품고 있다. 사실 따뜻한 것은 칼이고, 내가 생명의 온기가 없는 무기가 아닐까 상상해본다.

*

아침이 되어도 나는 피로하지 않다. 나는 아무것도 아니다. 허탈감이 온몸을 장악한다. 나의 피부는 서서히 스러져가는 얇은 풍선 같다. 채플 시간에 와이엇은 나를 보려 하지 않는다. 나는 아침 식사 시간에 브레이든이 헌터로지 문 앞에 나타나 짐을 싸라고 말하기를 기다린다. 그러나 그는 빌리지에 없다. 아마 웬디와 함께 환영 센터에서 부모님이 전화를 받기를 기다리나 보다.

나는 주어진 허드렛일을 한다. 양봉칼을 허리에 차고, 아무 일도 없는 척한다. 우리는 메인 캠프로 가서 중앙 잔디에 있는 한 무리의 학부모들을 만난다. 폴로셔츠를 입은 아빠들과 테니스 스커트를 입은 엄마들이 흥분한 아이들을 데리고 돌아다닌다. 에스펜은 커피가 담긴 구릿빛 병과 차를 우려낼 물을 준비하고, 보석처럼 화려한 빛깔의 과일을 산처럼 수북이 쌓아 놓는다. 웬디가 빅로지에 나타나 모두에게 환영 인사를 한다. 그러나 이내 웬디는 사라지고 직원들이 그날의 일정을 진행한다. 나는 형집행이 속히 이루어지기를 바라는 마음에 하마터면 웬디를 쫓아갈 뻔한다. 웬디를 쫓아가지 않은 것은 평생에 걸친 훈련으로 이런 상황에서 어떻게 행동해야 하는지 정확히 알기 때문이다. 아무 일도 없다는 듯 행동해야 한다.

오늘 일정이 발표된다. 오전에는 개별 강습이 있고 오후에는 육상 수업이 있다. 그리고 오늘 밤에는 셰익스피어 작품이 공연된다. 각 전공 교관이 호명되고 그들이 손을 크게 흔들어 학부모들에게 누구를 따라가야 할지 알려준다. 그들 중 리나는 없다. 그러고 보니 숙소H의 여자애들이 하나도 보이지 않는다.

나는 되도록 허니들을 제외한 다른 것을 생각하려 애쓴다. 허니들을 내 마음속에서 파내야 한다. 그들이 남긴 거친 상처는 피로 물들었다. 와이엇의 말이 사실이라면, 이 모든 것이 나의 슬픔이 빚어낸 환영이라면, 염증을 제거하고 상처가 빨리 아물기를 바라는 수밖에 없다.

그렇게 말하면서도 나는 오전을 보트 창고에서 보낸다. 나의 시선은 검은 호수를 유유히 가르는 색색의 카약들과 초원, 그리고 지붕 다리를 오간다. 아무도 그 다리를 건너지 않는다. 학부모들도 숙소H에 가지 않고 여자애들도 건너오지 않는다.

점심시간이 되도록 에스펜에 남아있는 나를 무슨 일인지 와이엇이 식당 건물 밖으로 끌고 간다.

"얘기 좀 해." 오가는 학부모들이 듣지 못하도록 그가 속삭인다.

"이제 떠날 때가 됐어?"

그의 다음 말을 듣기 위해 나는 그에게 몸을 숙인다.

"어젯밤 돌아와보니 브레이든이 숙소에 없었어. 브레이든이 웬디를 만나러 갔다고 생각했는데, 조금 전에 웬디가 나한테 브레이든이 어디 있냐고 물었어."

안절부절못하는 와이엇의 모습이 거슬린다. 대체 무슨 소리를 하는 건가. 나는 열기에도 불구하고 몸을 떨기 시작한다.

와이엇이 속삭인다. "웬디는 어젯밤 일을 모르더라고. 하나도. 브레이든이 웬디한테 연락을 안 한 거야. 브레이든이 실종됐어, 마스."

제26장

◇

브레이든이 실종됐다.

나는 눈을 깜빡인다. 내 눈이 휘둥그레지는 것 같지만, 나는 뾰족한 불안과 함께 찾아오는 고소한 기분을 얼굴에 드러내지 않는다. 웬디가 모른다면, 나에겐 시간이 있다. 하지만…….

브레이든이…… 실종됐다고?

와이엇이 화가 난 모습도 보았고 친절한 모습도 보았다. 짓궂은 표정도 보았고 수심 어린 표정도 보았다. 그러나 두려워하는 모습은 본 적이 없다. 이런 모습은 처음이다.

"좀 더 얘기 해봐." 내가 독촉한다.

"어젯밤 이후 브레이든을 본 사람이 아무도 없다고 웬디에게 얘기했더니, 웬디는 대수롭지 않게 넘기더라고. 아마 주말이라 쉬러 갔을 거라면서."

"그랬을 수도 있어?"

와이엇이 고개를 젓는다. 곱슬거리는 머리카락이 그의 걱정과 함께 흔들린다. "칠월 대축제가 열리는 주말에 휴가를 가는 사람은 없어. 그건 중요한 규칙이야. 브레이든은 해야 할 일들이 있어. 내가 온종일 그

일을 대신해야 했고. 더구나 왜 한밤중에 떠나겠어? 말이 안 되잖아."

나도 브레이든이 주말 휴가를 갔다고 생각하지 않는다. 다만 웬디가 거짓말했을 가능성을 와이엇이 스스로 시인하고 있음을 그가 깨닫길 바랄 뿐이다.

"그래서 이제 어떻게 해?" 내가 묻는다.

와이엇이 허리를 똑바로 펴고 서서, 단호한 표정으로 날 쳐다본다. "아무것도, 마스. 이건 우리와 아무 상관 없는 일이야. 네가 만든 그 명단과도. 아마 우연의 일치겠지."

이제 나는 선택을 해야 한다. 마스 형상의 껍질을 뒤집어쓰고 바람 빠진 상태로 표류하거나, 나 자신의 모습을 되찾거나. 나는 내 모습을 되찾기로 한다. 그 선택으로 내 목소리는 낮고 단호해진다.

"만약 이 사건이 어젯밤 얘기한 것들과 상관이 없는 일이라고 생각했다면, 넌 이미 웬디한테 가서 내가 몰래 빠져나갔던 일을 보고했겠지. 하지만 넌 그러지 않았어. 왜냐하면 넌 에스펜 근처에서 실종된 사람들과 브레이든 사이에 연관이 있다고 생각하기 때문이야. 너도 내가 맞다고 생각하는 거지."

와이엇이 고개를 젓는다. "아니, 난 네가 옳다고 생각하지 않아."

"그럼 날 쫓아내야 할 판국에 왜 나한테 와서 이 얘길 하는 건데?"

우리 쪽으로 가까이 다가온 학부모들을 향해, 와이엇이 힘들이지 않고 눈부신 미소를 지어 보인다. 우리 둘 다 두 개의 자아 사이를 오가고 있다. 주어진 조건에 따라 연기하는 자아와 감추어진, 진실한 자아를. 나는 그의 손을 잡아 그를 이곳에 붙잡아두고 싶다. 우리는 지금 진실한 무언가를 발견하는 중이다.

"약속하는데, 분명히 이 상황을 설명할 수 있을 거야." 그가 속삭인다. 거짓 미소가 여전히 그의 입가에 남아있다. "브레이든은 전에도 이런 식으로 빠져나갔다가 곤경에 처한 적이 있어. 다른 한심한 짓을 한 적도 있고. 네가 한밤중에 그를 찾으러 나갈까 봐 하는 얘기야. 그건 위험해, 마스. 그리고 널 안전하게 지키는 게 나의 임무야. 네가 자꾸 멋대로 행동하면 난 널 지킬 수가 없어. 어젯밤 같은 일이 또 일어나면, 그땐 진짜 웬디에게 말할 거야. 제발 날 미워하지 마."

나는 눈을 위로 뜬다. 더는 초조하지 않다. 와이엇은 센 척하는 데 젬병이다. 그는 비겁하게 날 배신하지 않을 것이다. 그는 이미 자신의 두 눈으로 볼 만큼 보았기 때문이고, 결국 옳은 결론에 도달할 수밖에 없기 때문이다. 나는 그에게 의심이라는 선물을 주었지만, 그 사실을 드러낸 사람은 웬디다. 웬디는 거짓말을 하고 있고, 와이엇은 그 사실을 알고 있다.

에스펜은 무언가가 단단히, 단단히 잘못됐다.

나는 점심시간 내내 테이블에 앉아있는 캠프 교관들을 살펴보며 단서를 찾는다. 지금 무슨 일이 벌어지고 있는지 그들이 아는지 모르겠지만 일체 내색은 하지 않는다. 유일한 단서가 있다면, 에스펜의 공동 감독관 도너번이 우리 숙소 애들을 육상경기장으로 인솔하기로 한 것이다. 도너번은 브레이든의 부재를 수습하기 위해 오후 내내 우리 곁에 머물 생각인 것이 분명하다.

오후에 나는 이런저런 활동을 하지만, 숙소H의 여자애들은, 심지어 리나조차도, 보이지 않는다. 딱 한 번 웬디를 본다. 웬디는 빅로지 테라스에서 학부모들과 대화를 나누고 있다. 흠잡을 데 없이 쾌활한 모습으로. 도너번은 저녁 식사 때도 우리와 함께 앉는다. 그가 큰 소리로 재치 있는 말을 하고, 전동드릴 같은 소리를 내며 웃지만, 이쯤 되니 숙소 아이들은 수군거린다. 브레이든의 부재가 공지되지만, 설명은 없다. 극장으로 가는 길에 내가 도너번에게 묻자 그는 어깨를 으쓱한다.

"나도 모르겠네. 이 근처 어딘가에 있겠지. 그 일은 걱정하지 마."

일.

사람이 아닌 일.

극장 건물로 들어서면서, 나는 어젯밤 브리아가 박수 치는 관객들 너머로 나와 눈을 맞추던 순간을 떠올린다. 그 기억이 브레이든의 잠적에 기이한 비현실성을 가미한다. 그리고 그 직전에 일어난 일은 또 어떤가. 실브의 춤을 보고 있을 때, 나의 마음이 다른 곳으로 가서, 설명할 수는 없지만 진실인 광경을 보았다. 무엇이었을까? 그것은…… 어딘가 익숙했다. 마치 브리아와 타일 게임을 하며 놀았던, 도둑맞은 기억이 그랬던 것처럼. 숙소H에서 설거지할 때와 똑같은 기분이었다. 어떤 방대한, 뒤엉킨 지식에 내가 합류하는 듯한. 그리고 하루가 지난 지금, 나는 그것을 그리워하고 있다. 아주 조금. 아주 조금이라고 해도, 나의 의도를 의심하기엔 충분하다.

공연이 시작된다. 학생들이 무대를 오가며 열정적으로, 확신에 찬 숨 가쁜 목소리로, 말도 안 되는 대사를 읊조리고 있다.

내가 무엇을 놓치고 있을까?

숙소H에서 혹시 내가 놓친 게 있는지 기억을 더듬어본다. 비밀 창고로 이어진 위장문이 있던 건 아닌지, 혹은 레이스 장식 위에 한 방울의 피가 묻어있진 않았는지. 그러나 숙소를 떠올리는 순간, 늘 느꼈던 중

독적인 갈망을 느낄 뿐이다. 그래서 나는 방향을 튼다. 나는 뒤로 멀찌 감치 떨어져본다. 초원이 보이고, 벌집들이 보이고, 숙소를 돌아 뒤로 가보니, 그곳에는……

헛간이 있다.

휴식 시간에 나는 도너번에게 화장실에 가겠다고 말한다. 와이엇이 벌떡 일어나더니 같이 가겠다고 한다.

도너번이 우리에게 엄지손가락을 들어 보인다. "이인조로 움직이는 거, 마음에 들어."

"너 화장실 가고 싶은 거 아니지?" 극장에서 나오자마자 와이엇이 말한다.

"응."

"마스, 제발. 또 그러면 안 돼."

"돌아가고 싶으면 돌아가." 보트 창고 쪽으로 걸어가며 내가 말한다. 내가 무슨 생각을 하고 있는지 와이엇도 아는 게 분명하다. 나를 앞지르며 길을 가로막는 것을 보면.

"그만해. 돌아가지 않으면 웬디를 데려올 거야."

내가 와이엇 옆으로 비켜선다. "불러와. 그 아무짝에도 쓸모없는 여자가 봐야 할 게 있으니까."

"뭘 봐야 한다는 건데?"

"헛간."

와이엇의 얼굴에 놀라움이 스친다. 마치 숙소H 근처의 나무들 뒤에 숨어있는 외딴 헛간이 방금 생각났다는 듯이.

"거기가 우리가 들어가선 안 되는 유일한 장소잖아. 이상하지 않아?

허니들은 숙소엔 들어오게 하면서 헛간은 허용하지 않아. 왜일까? 할아버지 도와드릴 때 거기 들어간 적 있어?"

"그땐 헛간이 없었어." 와이엇이 말한다. 이제 그의 목소리에 확신이 없다. "몇 년 전에 리나가 지었거든."

나는 계속 걷는다. 와이엇이 내 뒤를 쫓아온다. 우리는 지붕 다리를 건넌다. 다리를 건너자 그의 반발심이 더 커지는 듯하다.

"거기 뭐가 있을 것 같은데? 악마의 양봉 작업복?"

"언젠가 허니들이 거기서 폭력에 관해 얘기하는 걸 들었어. 계략을 꾸미고 있었던 게 아닐까? 나도 잘 모르겠어. 지금 그걸 알아보려고 가는 거잖아."

"*네가* 가는 거지. 난 너를 말리는 중이고."

"넌 날 제대로 말리지 못하고 있어."

와이엇이 코웃음을 치지만 그러면서도 여전히 내 곁에 있다. 이제 우리는 숲으로 들어선다. 황혼이 숲의 모든 것을 오렌지색 하늘에 십자를 긋는 짙은 초록색과 파란색 그물로 바꾸어놓는다. 와이엇은 목걸이에 달린 조그만 손전등을 만지작거리다가 그만둔다.

"내 생각은 이래." 언덕길을 오를 때 거친 숨을 내쉬며 내가 말한다. "넌 에스펜에 수상한 점이 있다는 걸 알아. 하지만 너무 세뇌되어서 규칙을 어길 수가 없는 거야. 그래서 날 이용해서 너의 규칙을 깨는 거지. 사실 넌 나만큼이나 진실을 알고 싶어 해."

"말도 안 되는 소리야."

"그럼 가." 내가 멈추어 선다. 비탈길이라 불안정하다. 나는 우리가 지나온 숲을 향해 양팔을 뻗는다.

와이엇이 씩씩거린다. "너 혼자 가게 할 순 없어."

다시 걷기 시작했을 때 나는 웃음을 참을 수가 없다. 수평선 너머로 해가 넘어갈 때, 우리는 어두워지는 들판을 뒤로 하고 빈터에 다다른다. 형광색 점들이 키 큰 풀 위로 빠르게 움직인다. 반딧불이. 숙소의 불은 전부 다 켜져있고 얇은 커튼 뒤에서 형체들이 움직인다.

나는 와이엇을 수풀로 잡아끌지만, 헛간 쪽으로 다가갈 땐 와이엇이 앞장선다. 뒤쪽에서 보니 헛간은 생각보다 크고, 합판으로 만든 방들이 뒤쪽에 다닥다닥 붙어있다. 더러운 창문으로 다가가 안을 들여다볼 때 나는 거의 숨을 쉬지 않는다.

"아무것도 안 보여. 이제 만족해?" 와이엇이 말한다.

"전혀."

"만족하는 법을 좀 배워보지 그래."

"너야말로 사람을 있는 그대로 좀 받아들여봐."

와이엇이 몸을 숙이며 나를 자기 쪽으로 끌어당긴 다음 꽉 붙잡고 움직이지 못하게 한다. 그가 무언가를 가리킨다. 흐릿한 불빛이 비추는 숲속에서 누군가 이쪽으로 달려오고 있다. 그 여자애가 가까이 다가오자, 나는 문득 그 애가 달려온 길이, 영원같이 오랜 시간 전에 내가 발견했던, 헛간을 지나 에스펜의 반대편 숲으로 난 길임을 깨닫는다. 헛간이 그 길을 가리고 있었다.

여자애가 숙소H의 계단을 뛰어 올라가 안으로 들어간다. 잠시 후 밤은 온통 그들의 비명과 괴성으로 가득하다. 잠시 후 그 소동은, 깔끔한 유니폼을 입은 여자애들 여러 명의 형상으로 나타나, 숙소 밖으로 증발해버린다. 그들이 새끼손가락을 걸고, 여자애가 달려왔던 그 길을 따라

숲으로 몰려갈 때, 웃음소리가 황혼을 채운다.

"저기로 가면 뭐가 있어?" 내가 와이엇에게 묻는다.

"아무것도 없어. 습지. 그리고 산."

여자애들이 사라지지만, 여전히 그들의 웃음소리가 들린다. 우리는 좁은 길을 따라 그들의 뒤를 밟는다. 길이 우리를 호수에서 멀리, 완만한 내리막길로, 늪으로 데려간다. 숲이 흥건한 웅덩이와 풀이 자란 작은 섬들로 바뀌며 하늘이 활짝 열린다. 소나무들이 저만치 물러나고, 머지않아 어딜 봐도 회색을 머금은 가느다란 은색 사시나무들이 달빛 아래 검은 눈동자를 깜박인다. 바람의 약한 숨결이 가지를 흔들 때까지, 그들은 완벽하게 고요하다.

와이엇이 목걸이를 만지작거리더니 조그만 손전등을 켠다. 내가 놀라서 펄쩍 뛰며 손전등을 가린다.

"그러다가 들켜." 내가 속삭인다.

와이엇이 고개를 끄덕인다. 푸른색이 감도는 자주색 하늘에서 빛이 빠져나가는 동안 우리는 계속 걷는다. 그러다가 늪지의 높은 풀들 사이로 난 오래된 판자 길로 접어든다. 이곳에 오니 사방이 반딧불이다. 여자애들이 우릴 발견할까 두렵지만 이제 그들의 모습은 보이지 않는다. 소리도 들리지 않는다. 대신 개구리 소리와 귀뚜라미 소리, 우리의 팔과 목에 달려들며 포식하는, 신경을 긁는 모깃소리만이 울려 퍼진다. 얼마 후 너무 어두워서 더는 걸을 수가 없다. 더듬거리며 앞으로 나아가려는 순간, 마침내 구름이 걷히면서 달이 모습을 드러내고, 어둠 속에서 생명 없는 건물의 골격이 모습을 드러낸다. 우리는 어느덧 늪지의 반대편에 다다랐다.

건물은 무성하게 자란 풀밭의 먼 가장자리, 우아한 침엽수가 들어선 대로의 안쪽에 자리 잡고 있다. 어둠 속에서도 유기된 건물임을 알 수 있다. 외벽이 전부 다 썩었고, 충치 같은 구멍들을 달빛이 채우고 있다. 주위는 너무도 고요하다. 뒤를 밟을 웃음소리도 없다. 우리는 홀린 듯 경건한 마음으로 건물에 다가간다. 자칫하면 건물을 잠에서 깨울 수도 있다는 듯이.

"이게 뭐야?" 내가 와이엇에게 묻는다.

"호텔인 거 같아. 캣스킬에는 이렇게 유기된 호텔들이 몇 개 있어. 여기에도 있는 줄은 몰랐네."

우리는 고리버들 의자들의 무덤을 지나고 어린나무들이 자라 균열이 간 테니스코트를 가로지른다. 여기서는 소리를 질러도 정적이 집어삼킬 것만 같다. 나는 안으로 들어가고 싶지 않다. 하지만 더 알아야 할 게 있다. 모두 알아야 한다.

야외 수영장이 건물 뒤쪽을 빙 두르고 있다. 수영장은 이끼로 가득하고, 짓궂은 바람이 양치식물의 얕은 바다에 파문을 일으킨다. 달빛을 피해 무너질 것 같은 계단을 올라가니, 문이 없는 널찍한 문틀이 나오고, 그 뒤로는 칠흑 같은 어둠뿐이다. 우리는 고개를 끄덕인 다음, 문틀을 넘어선다. 우리는 서로에게 바짝 붙어서 곰팡이가 피어 질척거리는 카펫을 가로지르고, 천장이 뚫려 하늘이 보이는 로비로 들어선다. 쏟아지는 달빛이 바닥에서 솟아오른 나무들에 흩뿌려진다. 계단을 발견하고 그 계단을 올라가면서, 생명의 징후가 있는지 내내 귀를 기울인다. 물 떨어지는 소리만이 눅눅한 실내에 메아리치고, 달착지근한 바람은 담쟁이덩굴이 뒤덮은 벽을 헐떡이며 지나간다. 그리고 그 모든 소리 아래, 숨죽인 내 심장박동 소리가 있다.

"마스." 와이엇이 속삭이는 소리에 내가 그에게서 멀어졌음을 깨닫는다. 그는 거대한 식당 안, 벽난로처럼 생긴 것 옆에 서있다. 다만 벽난로라기에는…… 좀 이상하다. 도저히 이해할 수 없는 물체에 와이엇이 가냘픈 불빛을 비추는 순간, 머릿속에 떠오른 단어는 잘못됐다는 것이다. 벽난로는 벽에서 불쑥 튀어나와 있고, 굴뚝에 누군가가 거대한 곰팡이를 쏟아부은 듯한, 푸슬푸슬한 무언가의 한복판에 자리 잡고 있다.

"들어봐." 와이엇이 말한다.

내 귀에 들려오는 것은 새로운 박동 소리다. 내 심장박동이 아닌, 나를 초월한 소리. 음이 너무도 낮고 깊어서, 나는 그 소리를 듣는다기보다는 느낀다. 그 소리는 벽에서 나온다.

와이엇이 말한다. "벌들이야. 벌집."

우리는 반사적으로 뒤로 물러선다. 벽난로 안에 벌집이 있다. 나는 벌들이 위에서 아래로 벌집을 짓는다는 사실을 기억해낸다. 아마도 벌들은 굴뚝 꼭대기에서 아래로 집을 지으며 내려왔을 것이다. 벌집이 이 건물의 썩어가는 몸통을 얼마나 깊이 잠식했을지 궁금하다.

"지하실." 내가 말한다.

로비 쪽에서 웃음소리가 메아리로 울려 퍼진다. 우리는 로비 쪽으로 살금살금 걸어가, 목소리와 발소리가 복도를 채우는 동안, 몸을 숨긴다. 여자애들이 새끼손가락을 걸고 건물 측면의 통로에서 모습을 드러낸다. 그들은 소리를 낮추려고 전혀 애쓰지 않는다. 그들이 사라지자 다시 침묵이 깃든다. 마치 그들이 존재하지 않았던 것처럼.

여전히 방금 목격한 벌집의 충격으로 얼얼하다. 여전히 더 깊이 들어가보고 싶다.

"여기." 내가 속삭인다.

여자애들이 나타났던 곳으로 향하자 기온이 서서히 높아진다. 주방으로 들어선 순간 기온은 가파르게 상승한다. 와이엇의 손전등이 깜빡이며 더러운 타일 바닥과 대형 도마가 놓여있는, 곰팡이 낀 조리대를 비춘다. 열기의 근원이 어디인지를 살펴보다가 계단을 발견한다. 뜨거운 입김처럼, 밀랍 향을 머금은 뜨거운 공기가 계단을 타고 올라온다.

와이엇이 손전등을 들고 먼저 계단을 내려가고, 나도 와이엇을 따라간다. 조그만 몸뚱이들이 우리 주위로 빠르게 날아다니지만 빛이 만드는 원뿔에서 벗어나는 순간 그들은 보이지 않는다. 한 마리가 앞으로 뻗은 나의 팔을 간질인다. 꿀벌. 이제 벌의 소리가 또렷하게 들리고, 천장은 문자 그대로 벌집들과 함께 흘러내리고 있다. 나는 발을 헛디뎌 벌집 위로 넘어질 뻔한다. 와이엇이 나를 붙잡고 손전등으로 우리 앞을 비춘다. 겨우 몇 발짝 앞만 보이는 상태로 우리는 계속 나아간다. 벽들이 뒤틀리고 겹치다가, 어느 순간 우리는 손전등의 약한 불빛으로는 천장을 찾을 수도 없을 정도로 넓은 공간에 들어선다. 천장에서부터 벌집의 커튼이 드리워져 있다. 안쪽으로 들어갈수록 그 커튼이 점점 더 두꺼워지고 서로 포개어져서, 마치 종유석들이 꼬여있는 모습이다.

와이엇이 손전등으로 다시 바닥을 비춘 덕분에 우리는 추락 직전 가까스로 멈추어 선다. 벌집 아래 생성된 분지의 가장자리다. 나는 몸을 떨며 안을 들여다본다. 그 안에 무엇이 있을지 알고 있기 때문이다.

꿀. 어둡고 투명한 꿀.

와이엇은 여전히 한 팔로 나를 감싸고 손전등을 위로 비추어 괴물 같은 벌집을 살핀다.

"벌들은 어디 있지?" 그가 묻는다.

낮게 윙윙거리는 소리가 허공에 가득하지만, 그의 말이 맞다. 이 기괴한 구조물에는 이상할 정도로 벌 떼가 눈에 보이지 않는다. 이렇게 큰 벌집이라면 수백만 마리가 있을 텐데, 꿀벌 몇 마리만 머리 위를 맴돌 뿐이다.

"소리가 들려. 사방에 있는 것 같아……." 와이엇이 속삭인다.

벌들을 놀래주려는 듯, 와이엇이 손전등을 이쪽저쪽으로 빠르게 움직이며 구석을 비춘다. 그러다가 불빛이 우리 가까이에 있는 벌집 근처의 움직임을 포착한다. 마치 조그만 몸뚱이들이 서로의 몸을 타고 기어오르는 것 같은, 유동적인 꿈틀거림이다. 그러나 불빛을 비추어보면 그저 벌집일 뿐이다.

그 벌집이 눈을 뜰 때까지는.

"도와줘." 벌집이 말한다. "제발 도와줘."

그것이 다시 꿈틀거린다. 벌집 아래 있는 커다란 물체. 벌집에 갇혀 있다. 입, 코, 이상하게 구부러진 몸 그리고 짓이겨진 손.

사람이다.

"브레이든." 와이엇이 중얼거린다.

"제발. 나 지금……." 브레이든이 몸을 떨자 벌집에 균열이 간다. "제발." 그가 애원한다.

나는 양봉칼로, 와이엇은 손으로 벌집을 걷어낸다. 우리가 섬세하고 끈적거리는 벌집을 걷어내고, 그 안에서 발가벗은 몸을 찾는 동안 불빛이 우리 주위를 획획 비춘다. 브레이든이 흐느낀다. 어디를 다쳤는지 보이지는 않지만, 그는 심하게 다쳤다. 상처의 냄새가 난다. 피 냄새, 그리고 그보다 더 심한 악취. 그를 벌집에서 파내는 동안 달착지근한 썩은 내가 진동한다.

벌들은 눈에 보이진 않지만, 자신들이 화가 났음을 알린다. 그들의 윙윙거리는 소리가 높아졌다가 낮아지는 사이렌 소리로 바뀌고, 그다음엔 탁탁거리는 위협적인 소리로 바뀐다. 나는 절박한 심정으로 내 손을 벌집에 파묻는다. 꿀이 손톱 밑을 파고들고, 손가락 사이에 끈적한 거미줄이 생기고, 팔꿈치까지 꿀이 흘러내린다. 이제 브레이든을 거의 다 꺼냈다. 아마 한 번만 더 퍼내고 당기면…….

브레이든의 몸이 그 무게에 못 이겨 넘어온다. 그가 벌집에서 빠져나와 와이엇 쪽으로 쓰러지며 손전등을 덮친다.

와이엇을 도와야 하지만 나는 얼어붙는다. 손전등은 그들 두 사람 사이에 낀 냉혹한 불빛이 된다. 잠시 그 불빛이 브레이든을 관통하는 것 같다. 브레이든이 태아처럼 떨며 와이엇에게 매달릴 때, 불빛이 브레이든의 살에 황금색을 머금은 붉은빛을 입힌다. 나는 브레이든의 몸속에 구불구불한 혈관들이 꼬여 커다란 덩어리로 연결되고, 그 덩어리가, 너무도 분명하게, 박동하는 것을 본다.

그의 심장.

"와이엇." 내가 말한다.

"도와줘!" 와이엇이 내뱉은 말에 내가 얼른 달려간다. 브레이든의 팔을 잡아당기는 순간, 살점이 뼈에서 떨어진다.

나는 덜렁거리는 살점이 손에서 떨어질 때까지 비명을 지른다. 브레이든이 우리 둘 사이에 주저앉는다. 그와 와이엇은 황금빛 실로 연결되어 있다. 와이엇이 더듬거리며 손전등을 찾아 브레이든을 비춘다.

구멍들. 온통 구멍들이다. 브레이든의 몸에 깔끔하고 정밀한 구멍들이 나있고 그 구멍마다 꿀이 흘러나온다. 그가 남은 팔로 자기 손의 뼈를 감싼다. 그의 뼈도 뜨거운 고무처럼 무르다. 우리를 쳐다보는 그의 눈은 해골에 박힌 노란 젤리 같다.

"나 지금 몸이……."

그가 거칠게 몸을 흔들며 구역질을 한다. 이 하나가 입술 사이로 빠져나와 그를 둘러싼 꿀 웅덩이에 소리 없이 떨어진다.

"몸이 안 좋아. 몸이 영……."

"의사 불러야겠어!" 와이엇이 소리를 지른다. 소리를 지를 수밖에 없다. 벌집의 윙윙거리는 소리가 요란하다. 맹렬하다. 톡 쏘는 느낌과 함께 목에서 따가운 통증이 느껴진다. 벌에 쏘였다. 또 한 마리가 무릎을 쏜다. 나는 와이엇의 등을 잡아당긴다.

"와이엇, 우리 그만……."

"날 두고 가지 마!" 브레이든이 우리게 달려들지만 다리가 꺾이며 쓰러진다. 뼈만 남은 브레이든의 손이 와이엇의 가슴으로 향하더니, 목걸이에 달린 열쇠를 잡아당기고, 목걸이가 끊어진다. 꿀 웅덩이에 떨어진 손전등이 브레이든을 비춘다. 빛이 그를 관통한다. 마치 핼러윈의 호박등처럼, 그는 스산한 황금빛으로 빛난다. 구멍 난 끈적거리는 피부 속에서 그의 시커먼 뼈가 뒤틀린다. 브레이든이 다시 비명을 지르고, 그의 아래턱이 하품할 때처럼 크게 벌어졌다가 바닥에 떨어진다. 브레이든이 턱과 함께 무너져내리면서 손전등을 덮친다. 떨리는 심장 밑에서, 불빛이 깜빡이고, 또 깜빡이다가, 결국엔 점멸한다.

제27장

◇

벌집 속에서 새로운 빛이 솟아오른다. 잃어버린 손전등의 희고 거친 불빛이 아닌, 좀 더 자연스러운 불빛이다. 고동치는 노란 미나리아재비가 도망치는 우리를 비추어준다. 벽도 그 빛과 함께 고동치고, 우리가 비틀거리며 벌집들 사이로 달리는 동안 동굴 전체가 진동한다.

와이엇이 넘어지자 나는 얼른 달려가 그를 일으켜 세운다. 그의 발이 무언가에 걸린다. 기분 나쁜 불빛이 와이엇의 발을 잡고 있는 것을 밝혀준다. 벌집 속에 다리 하나가 비틀어진 채 박혀있다. 정강이에 조그만 구멍들이 뚫려있고, 구멍마다 작고 흰 구슬이 들어있다. 유충이다.

나는 와이엇의 발목을 잡아 세게 끌어당기고 그 바람에 벌집이 쪼개진다. 미나리아재비의 불빛이 흔들리는 백열전구처럼 깜박인다.

"도망쳐!" 와이엇이 외친다.

이제야 우리를 둘러싼 그들이 보인다. 벽에, 바닥에, 천장에 녹아든 유령의 형상들이 보인다. 어깨, 골반, 해골, 손들의 그림자 주변에서 노란 불빛이 부서진다. 벌집 속에서 흐물거리는 시체들. 나는 그것들을 생각하지 않고 달린다. 이제 벌들은 쉴 새 없이 쏘아댄다. 한 무리의 벌떼가 계속 내 피부에 들러붙는다. 마치 내 피부 속으로 굴을 파고들어갈 듯이.

계단에 다다르자 우리는 한 번에 두 칸씩 뛰어오른다. 지하의 습한 열기에 비해 주방은 차갑게 느껴지고, 그것만으로도 벌들이 달아나는 것 같다. 그러나 우리는 멈추지 않는다. 우리는 달빛이 비추는 로비와 곰팡이 핀 카펫이 깔린 복도를 가로지르고, 양치식물 파도와 썩어가는 고리버들 가구들을 지난다. 우리는 계속 달려서 에스펜 늪지의 좁은 판자 길을 한달음에 건넌다. 반딧불들이 우리 곁을 쏜살같이 지나간다. 우리는 숲에 다다를 때까지 계속 달리다가, 우리 앞에 기다리고 있는 것이 우리가 방금 지나온 것만큼 끔찍하다는 사실을 깨닫는다. 나무들 사이로 숙소H가 빛을 발한다. 얇은 커튼 뒤로 어두운 형체들이 보인다. 그 모습이 마치 벌집 속에서 헤엄치던 시체들 같다.

"이쪽으로." 와이엇이 속삭이며 길에서 벗어나 숲 쪽으로 나를 이끈다. 우리는 허니들의 숙소가 보이지 않을 때까지 걷는다. 냇물에 다다랐을 땐, 멈추어서 손에 묻은 꿀을 닦는다. 나는 어깨까지 닦아낸다. 그 다음엔 얼굴에 물을 끼얹는다. 눈앞에서 흰 점들이 고동치고 있던 터라, 차가운 물이 선물처럼 느껴진다. 우리는 자리에 앉는다. 몇 분 동안 아무도 말을 하지 않다가 와이엇이 묻는다. "괜찮아?"

"벌에 쏘였어." 그게 내가 할 수 있는 말 전부다. 이 상황을 지나치게 사소하게 만드는 말이라 하마터면 웃음이 나올 뻔하지만, 나는 웃지 않는다. 피부가 팽팽하게 당겨지는 느낌이다. 움직이면 욱신거리는 근육 위로 피부가 갈라질 것만 같다.

"괜찮아?" 내가 묻는다.

와이엇은 아무 말도 하지 않는다. 그의 손이 무릎 위에서 떨린다.

내가 그의 손을 잡는다. 문득 그의 육체가 견고한지 확인하고 싶다. 그의 손은 견고하다. 나는 엄지로 그의 손바닥을 누른다. 그가 눈을 깜빡이며 나에게 집중할 때까지. 그의 손이 나의 손을 꽉 쥔다. 우리는 손가락이 뻣뻣해지고 손바닥이 축축해질 때까지 그 상태로 있다. 그때, 나의 손만으로는 충분치 않았는지, 와이엇이 나를 끌어안는다.

그가 팔을 풀자, 그의 마지막 남은 전율이 잦아든다. 나는 그의 손목을 뒤집어 시계를 확인한다. 시계에 불이 들어올 때까지 버튼들을 눌러본다.

"북쪽이 어딘지 알려줘." 내가 말한다.

작은 임무가 와이엇을 충격에서 벗어나게 하지만, 완전히는 아니다. 그가 시계를 바라보고, 조그만 원을 그리며 시계를 돌린 다음, 숲 방향을 가리킨다. "북쪽."

그가 왼쪽으로 사십오 도 정도 돌아앉는다.

"저쪽으로 가면 호수."

그러나 우리는 바로 걸음을 옮기지 않는다. 우리 두 사람 모두 잠시 제자리에 서서, 광활한 밤을, 그 너머의 보이지 않는 에스펜의 경계를 바라본다. 에스펜의 꿈결 같은 자연, 그리고 속에 감추어진 달콤하고 윙윙거리는 심지를 전부 느낄 수 있을 것만 같다.

와이엇의 손이 다시 떨리기 시작한다. 그는 내가 그의 손을 잡는 것을 허락한다. 그제야 비로소 우리는 앞으로 나아갈 수 있다.

*

베어헛까지 가는 길이 전날 밤과 묘하게 비슷하다. 다만 이번에는 현관 불이 켜져있다.

"뭐라고 하지?"

숲속에서 북쪽을 찾은 이후로 와이엇이 유일하게 한 말이다.

"무전기 있어? 웬디한테 연락할 수 있어?"

"하지만 칠월 대축제라……." 와이엇이 웅얼거린다. 그의 목소리가 공허하다. 지금 그가 가까스로 서있음을 깨닫는다. 나 역시 그렇지만, 지금은 내가 강한 사람이 되어야 할 것 같다.

"축제는 잊어버려." 내가 투덜거린다. "우린 브레이든이 꿀에 용해되는 걸 봤어. 지금 우리가 할 일은……."

우리가 할 일이 뭔지 모르겠다.

"난……." 와이엇이 나에게 기대며 주저앉으려 한다. 나는 그를 일으켜 그의 몸을 흔든다. 그가 눈을 뜰 때까지. 그의 눈을 밝히던 두 가지 빛깔이 흐릿해졌다. 빛이 사라지고 있다. 현관의 불빛 속에서 본 그의 얼굴은 온통 부은 상처로 가득하다. 상처의 가운데에는 벌에 쏘인 검은 점 자국이 있다.

"피곤해." 그가 중얼거린다.

통증이 줄어드니, 나 역시 내 몸을 뒤덮은 상처들이 느껴진다. 그래도 나는 와이엇이 계단을 오르도록 돕는다. 도너번이 휴게실에서 우릴 기다리고 있으리라 생각하지만, 다행히 휴게실에는 아무도 없다. 주방 오븐 위에 놓인 시계가 두 시 사십팔 분을 가리킨다. 또 한 번 피로의 파도가 밀려들고, 시계의 숫자가 오그라든다. 나는 조심스럽게 와이엇을 방으로 데려가 침대에 눕힌다. 벌침을 제거해야 할지 생각해보지만,

미미가 그렇게 하면 벌독이 몸속 더 깊숙이 침투한다고 했다. 이 독이 치명적인지는 모르겠다. 내가 아는 것이라고는 우리 둘 다 조만간 혼수상태에 빠지리라는 사실이다.

어차피 혼수상태에 빠질 거라면, 내 침대에 눕고 싶다. 나는 터벅터벅 이층으로 올라가서 어두운 방으로 들어선다. 내 침대로 반쯤 다가갔을 때 불이 켜진다.

박수 소리. 남자애들이 침대에 앉아 박수를 친다. 이런, 내가 벌써 혼수상태에 빠졌나. 이건 분명 꿈이다.

그때 레이가 말한다. "기어이 둘이 했냐?"

내가 그를 쳐다보며 눈을 깜빡인다.

"한 게 확실하네." 찰리가 말한다. 믿을 수 없다는 듯한, 역겹다는 목소리다.

"뭐?" 내가 말한다.

"우리가 두 사람 커버해줬다. 와이엇을 위해서. 와이엇은 우리 팀이니까." 미치가 말한다.

남자애들이 낄낄거린다. 나는 그 말에 숨은 의미가 있음을 감지하지만, 이해하진 못한다.

"우린……." 무얼 부정해야 하는지도 모르겠다. 우리가 섹스를 했다고 생각하는 건가? 우리가 「템페스트」 공연 도중 몰래 빠져나가서…… 섹스를 했다고?

레이가 말한다. "우리한테 신세 진 거야. 그것만 기억해. 우리한테 아주 큰 신세를 졌다고. 이 개자식아."

그가 불을 끈다. 그러나 그들은 도무지 진정하지 못한다. 그들은 숲

속에서 와이엇과 내가 했을 법한 일들에 대해 계속 떠든다. 그들이 속
삭이는 말이 다 들린다. 그러다가 그들이 하는 말의 일부만 들리고, 갑
자기 침대가 내 밑에 있다. 그리고 그 뒤로는 아무것도 없다.

*

그로부터 몇 시간 뒤 나는 서있는 상태로 잠에서 깬다. 나는 샤워기
아래 서서 부은 부위를 아무 생각 없이 긁는다. 벌침이 하나씩 떨어진
다. 침을 하나씩 뽑을 때마다, 물속에 잠겨있던 내가 수면에 가까워지
다가 숨을 헐떡이며 나 자신으로 돌아온다. 나는 비로소 다시 생각할
수 있다.

샤워장에서 뛰쳐나와 유니폼을 입고 와이엇의 방으로 간다. 브레이
든의 침대에서 도너번이 쉬고 있다.

그가 소리친다. "좋은 아침이야! 헌터! 좀 나아졌나? 다들 네가 엄청
피곤할 거라고 하던데. 피곤한 게 당연하지. 연극이 엄청났잖아, 맨!"

"전 괜찮아요. 고마워요." 내가 겨우 말한다. 헌터로지로 달려가려는
데 복도에서 내 바로 뒤에 있던 누군가와 부딪힌다.

"마스, 나 여기 있어."

와이엇이 나를 주방으로 이끈다. 그는 괜찮아 보인다. 아주 괜찮아
보인다. 아, 아니, 별로 괜찮아 보이지 않는다. 그의 피부 바로 밑에서
열이 끓고 있다. 조그만 장밋빛 동그라미들이 벌에 쏘인 지점을 알려준
다. 그는 나와 비슷하다. 부었고, 혼란스럽다. 신생아처럼.

"태연한 척 행동해." 그가 속삭인다.

"와이엇……."

"현실이었어." 와이엇이 말하지만, 사실 열린 질문에 가깝다.

내가 확인시킨다. "현실이었어. 내 생각엔 그래. 난……."

"아침 식사 끝나고 만나." 와이엇이 날 조용히 시킨다.

와이엇이 자리를 뜬다. 나는 조리대 가장자리를 잡고 주방에 서있다. 싱크대에서 물이 뚝뚝 떨어진다. 이곳에 처음 도착했을 때 사용했던 머그잔이 보인다. 나는 꿈속에서 그 컵을 사용했다고 생각했지만, 그 컵은 항상 이 자리에 있었다. 그 컵은, 아무것도 모르면서 날 봐달라고 괴물에게 애원했던 시간을 조롱하듯 상기시켜준다.

그건 꿈이 아니었다. 그 어떤 것도 꿈이 아니었다. 내가 어떻게 그토록 혼란에 빠질 수 있었을까. 어떻게 에스펜에서 가장 사악한 것이 이곳의 달착지근한 물이라고 생각할 수 있었을까.

나는 한심한 머그잔을 씻어 떨리는 손으로 선반에 올려놓는다.

"대체 무슨 짓을 한 거야, 캐럴라인?" 텅 빈 싱크대에 대고 묻는다. 검은 배수구가 그 대답을 토해낼 수 있기라도 한 듯이. "넌 대체 뭐가 된 거야?"

*

아침 식사가 헌터로지에서 제공된다. 칠월 대축제의 마지막 날까지 머문 가족들을 위해 특별히 준비한 만찬이다. 이곳에는 헌터의 가족들만 온다. 아마존도 그들만의 특별 아침 식사 시간을 갖는다. 다만 도너번은 그들의 식사는 아침이 아닌 '우아한 브런치'라며 껄껄 웃는다. 웃기기도 하지.

오늘 아침은 다들 웃음기로 가득하다. 타일러를 포함한 남자애들은 팔꿈치로 서로를 치며 기대에 찬 눈빛으로 나와 와이엇을 흘금거린다. 와이엇은 그럭저럭 태연한 척하지만 웬디가 뒤에서 나타나 양손을 그의 어깨에 얹는 순간 얼어붙는다.

"오늘 아침에 힘쓸 근육이 좀 필요한데, 몇 명 빌려가도 될까요?" 그녀가 도너번에게 말한다.

도너번이 웬디에게 경례를 한다. 웬디가 타일러, 미치, 레이를 데려간다. 그리고 물론, 와이엇도. 나도 자원하려고 손을 들다가, 와이엇의 곱슬머리가 보이지 않게 떨리는 것을, 그의 눈빛이 내게 가만히 있으라고 말하는 것을 눈치챈다. 내 손은 무릎 위에 머물고, 나는 불안감에 휩싸인 채 멀어지는 와이엇의 모습을 지켜본다.

와이엇의 판단이 옳다. 우리에게 더는 시선이 집중되어선 안 된다. 에스펜 모두가 우리를 주시하는 상황이라면 더더욱. 우리가 할 수 있는 일이라고는 에스펜의 눈먼 부정에 동참하는 척하며 도망칠 때를 기다리는 것이다. 양봉칼을 벨트에 차고 캠프로 돌아가면서, 나는 손등으로 양봉칼의 자루를 쓸어내린다. 궁금하다. *이것도 선물이었어, 캐럴라인? 네가 경고해도 결국엔 내가 여기 올 줄 알았던 거야? 내가 여기서 나 자신을 끌어내야 하는 순간이 올 줄 알고 있었던 거야?*

현수막 바로 아래 설 때까지 나는 축제의 농산물 장터를 잊고 있었다. 큼직하고 둥글게 **에스펜 농산물 장터**라고 적힌 현수막에는 **신선한 채소, 공예품, 천연 꿀**이라고 적혀있다. 글자들 주위로 조그만 벌들이 그려져 있다. 내가 그렸다. 불과 며칠 전, 나는 숙소H의 여자애들이 현수막

만드는 것을 도왔다.

넉넉한 인심을 자랑하는 농산물 판매대 사이로 사람들이 북적인다. 각지의 농장에서 온 사람들이 장터에 자신들의 수확물을 넘치도록 쌓아 놓는다. 공예가들도 있다. 퀼트 제품들을 걸어놓은 부스도 있고, 묵직한 도자기들을 잔뜩 진열해놓은 판매대도 있고, 공예반 아이들이 만든 물건을 전시한 공간도 있다. 나는 한 곳의 차양 안으로 들어선다. 그곳의 흙냄새, 풀냄새에 압도당한다. 흙 묻은 구불구불한 당근들, 자수정색에서부터 눈처럼 하얀, 다양한 색의 양파들, 물결 모양의 케일 다발들이 있다.

빅로지를 찾아보려고 한 바퀴 돌지만, 사방으로 뻗은 장터에서 나는 잠시 방향을 잃는다. 그때 그 냄새를 맡는다. 따뜻한 밀랍의 향기. 나는 그 자리에 얼어붙고, 사람들이 내 옆으로 갈라지며 장터 한복판에 위치한 판매대가 모습을 드러낸다.

높고 흰 천막 아래, 거친 나무 상자를 육각형으로 쌓아 만든 판매대가 있다. 초, 연고, 비누, 립밤, 크림이 진열되어 있다. 크림색이 감도는 노란색이 한낮의 햇빛을 흡수하여 소멸시키고, 황금빛 꿀의 역겨운 향기를 풍긴다. 물론 꿀을 담은 유리병들도 사방에 있다. 피라미드 모양으로 쌓아 올린 유리병들이 빛을 반사하여 주위 모든 것을 금빛으로 물들인다. 판매대에서 일하는 여자애들은 황금빛 햇살 속에서, 마치 범접할 수 없는 세계의 존재들처럼 움직인다. 신기루처럼. 천사들처럼.

도망쳐, 나 자신에게 말한다. 그러나 도망칠 수가 없다. 나는 여자애들이 노부부에게 꿀 한 병을 건네는 모습을 지켜본다. 햇빛이 유리병을 비추는 순간, 나는 안에 든 꿀이 투명한 레몬색이 아님을 깨닫는다. 윤기 흐르는 황금빛이 아닌, 더 짙고 더 깊고 더 붉은 색이다. 마치 색을 입힌 마호가니 목재처럼. 액체 석류석처럼.

브레이든의 녹아내리는 몸처럼.

피처럼.

내가 뒷걸음질을 치고, 그 순간 판매대의 여자애들이 동시에 날 쳐다본다. 한 명을 제외한 모두가. 브리아는 내 쪽으로 등을 돌리고 서있다. 그러나 브리아는 내가 거기 있다는 걸 안다. 왜냐하면 현금을 받고 두 개의 초를 내어주고 나서, 뒤를 돌아보기 때문이다. 우리는 서로에게 시선을 고정한다. 곧바로 압력이 느껴지고, 진실을 속삭이는 레이스의 가닥이 나를 다시 브리아와 연결한다. 레이스가 나의 손목과 목을 휘감고 나를 그녀에게 데려간다. 그러나 나는 물러선다. 브리아가 딱하다는 듯 이맛살을 찌푸리며 나에게 무언가를 들어 보인다.

어스.

브리아의 우아한 손가락 사이에서 와이엇이 버리고 온 손전등이 달랑거린다. 손전등이 끊어진 목걸이에 부딪히며 짤랑거리는 소리가 들린다. 브리아에게 그 소리가 들리기 때문이고, 무언가가 우리 둘을 연결하고 있기 때문이다.

어스 투.

그녀에게서 그물망이 뻗어나온다. 브리아가 거미고, 나는 거미줄에 걸린 파리다.

어스 투 마스.

무언가가 태양을 가리고, 내 마음속의 압박도 느슨해진다. 나는 비로소 브리아로부터 시선을 돌릴 수 있다. 태양을 가린 것은 갑자기 장터에 휘몰아치며 펄럭이는 에스펜의 깃발이다. 천막들이 부풀어 오르고 들썩인다. 천막이 날아가지 않도록 사람들이 기둥을 붙잡는다. 여자애들이 소리를 지르며 손으로 머리카락을 정리하지만, 브리아의 시선은 여전히 내게 고정되어 있다. 어떻게 된 일인지 내가 잠깐 눈을 돌린 사이에, 브리아가 판매대를 넘어왔다. 이제 브리아와 나 사이에는 겨우 몇 걸음만 남아있을 뿐이다.

그녀의 얼굴이 일그러지고 흐릿해진다.

나는 도망친다. 브리아의 시선이 내 뒤통수에서 윙윙거린다. 나는 돌아보지 않고, 바람이 일으킨 소동에 웃음이 터진 부모들을 피해 달린다. 판매대들 사이로 빠져나가서, 마침내 장터의 반대편 끝에 다다른다. 오른쪽으로 빅로지가 보인다. 그리고 그곳 현관에 유령같이 흰 유니폼들이 서있다. 여자애 셋이 날 쳐다본다. 내가 그들의 시선을 마주하자 그들이 손을 흔든다. 나는 반대 방향으로 달린다. 식당 건물을 지나, 보트 창고를 지나, 육상경기장을 지나 숲으로 들어간다. 오르막길이 내 속도를 늦춘다. 얕은 숨을 내쉴 때 목이 타들어가고, 가슴은 터질 듯 조여온다.

다리가 후들거려서 더 이상 달릴 수 없을 때까지 계속 달린다. 옆구리에 쥐가 나서 욱신거린다. 나는 몇 걸음 더 올라가서 언덕 위 나무 아래 쓰러진다.

"마스."

머리 위에서 손들이 내 얼굴로 내려온다. 한 손은 내 턱을 잡고 또 한 손은 내 목을 잡는다. 그 손들이 어마어마한 힘으로 나를 끌어 올리고, 나는 이를 악문다. 발버둥을 치다가 내 발이 나뭇가지에 걸린다. 그들의 손아귀에서 찢어질 듯 당겨지는 피부의 통증에 비하면 그 통증은 아무것도 아니다. 그들의 손바닥이 쐐기풀로 뒤덮인 장갑처럼 따갑다. 더 많은 손이 내 입과 눈을 가린다. 쐐기풀이 더 깊이 파고들어서 눈꺼풀 속까지 들어온다. 나의 피부에 고통의 불길이 번진다. 벌에 쏘였을 때의 따끔함이 아닌, 두툼하게 번지는 고통이다. 묵직하다. 거대하다. 고통이 나를 감쌀 때 나의 감각들이 무너진다.

그 뒤로는 아무것도 느낄 수 없다.

제28장

◇

"깨워."

갑자기 환하게 빛이 들어온다. 아무것도 느낄 수 없는 어둠이 사라지고 눈꺼풀 바로 안쪽에 파스텔색 무지개가 펼쳐진다. 하늘로 끌려 올라가는 듯한 느낌은 잦아든다. 마치 꿈속에서 추락하는 느낌이 멈추듯이. 나는 폭신한 벨벳 쿠션의 바다에서 눈을 뜬다. 천장을 덮은 얇은 헝겊 캐노피 사이로 태양이 깜빡인다. 가냘프게 떠는 사시나무들이 주위로 높이 뻗어있다. 얼굴을 가리면서 뜨거운 손들을 찾아보지만, 피부가 서늘하다. 불타는 뜨거움이 없다.

몽롱한 현기증과 싸우며 일어나 앉아보려 애쓴다. 손들이 다시 내게 다가와 나는 움찔하지만, 손들은 이제 서늘하다. 그 손들이 다정하게 나를 일으키고 내 머리 뒤에 쿠션을 놓아준다. 나는 눈앞에 펼쳐진 광경을 훑는다.

나는 긴 테이블의 끝자리에 앉아있다. 테이블은 나무를 반으로 잘라서 울퉁불퉁한 부분을 다듬고 유리처럼 매끄럽게 광을 내었다. 테이블 한복판에 마치 테이블러너처럼, 기다랗게 이끼가 돋아있다. 그 이끼에 색색의 꽃들이 뚜렷한 무늬로 피어있다. 그런 작은 것들에 마음을 뺏기고 있는 순간, 가까이에서 기척이 느껴진다. 그제야 내가 미처 보지 못한 것들이 눈에 들어온다. 테이블 주위에 사람들이 앉아있다. 꼼짝도 하지 않아 처음엔 동상인 줄 알았는데, 이제 보니 그들은 나를 지켜보고 있다. 나를 기다리고 있다.

그들의 얼굴들은 고리버들 챙모자에 달린 짙은 베일에 가려져 흐릿하다. 고리버들 모자는 마치 갑옷처럼 어깨까지 늘어져 있고 흉갑과 코르셋에 섬세하게 연결되어 있다. 고리버들 세공 속에는 드레스를 입은 사람도 있고 점프슈트를 입은 사람도 있지만, 햇빛이 닿는 곳은 모두 눈부신 흰색이다.

"베일 걷어."

그들이 동시에 모자를 벗어 그들 옆의 쿠션 위에 놓는다.

"환영해, 마스."

이번에는 말하는 사람이 보인다. 브리아가 테이블의 반대편 끝에 앉아있다. 뜨거운 공기 속에서 그녀의 눈, 코, 입이 헤엄친다.

"그런 식으로 널 이곳에 데려와서 미안해. 우리도 별로 선택의 여지가 없었어. 벌집이 더 높으니까."

이곳. 이곳의 사시나무는 가늘고 나무들 사이의 간격이 넓다. 유황과 썩은 냄새가 꽃가루, 풀, 들꽃 향기와 섞여있다. 하늘이 광활하다. 나는 숙소H 뒤쪽 습지의 늪에 있다. 말을 하려고 보니 입안에 무언가가 가득 차있다. 혀를 움직일 수가 없다.

"빼줘." 브리아가 말한다.

내 양옆에 앉아있던 여자애들이 내 쪽으로 몸을 숙인다. 한 명이 입을 벌리고, 다른 한 명이 내 입안에 손을 넣는다. 그녀가 조그만 별 모양 나무조각을 꺼낼 때 아무 느낌이 나지 않는다. 그들이 내게 주었던 따뜻한 사과술 위에 떠다니던 향기로운 별 같다. 나무조각을 빼내니 혀의 감각이 돌아온다. 얼얼함을 없애기 위해 입맛을 다시니 치아 안쪽에서 감초 맛이 느껴진다.

내가 말을 하려 애쓴다. "너희들…….."

여자애들이 나를 쳐다본다. 그들은 무표정하고, 그들의 눈은 가까스로 감추고 있는 굶주림으로 반짝인다.

"너희들…… 뭐야?"

여자애들이 브리아를 쳐다본다. 브리아가 책임자임이 분명하다.

"여자들의 공동체. 그뿐이야." 그녀가 말한다.

"와이엇…….." 내가 침을 삼킨다. "와이엇은…… 어디 있어?"

"안전해. 에스펜에 있어. 우린 그를 해치지 않을 거야."

시간이 흐를수록 점점 더 나 자신으로 돌아오는 기분이다. 손가락의 얼얼함이 서서히 가신다. 발가락도 꿈지럭거려진다. 온몸이 욱신거리지만, 움직일 수는 있다. 도망칠까 생각해보지만 그 생각이 떠오른 순간, 내 옆에 있던 여자애 중 한 명이 말한다. "도망치지 마."

"제발. 그러지 마." 브리아가 말한다. 명령이 아닌 진심 어린 부탁이다. 그런데도 그녀의 모든 말과 행동에서 권위가 배어난다. 그녀가 눈을 들고 우리 주위의 나무들을 둘러보고는, 반짝이는 유리종을 든다. 나무들 사이로 무언가가 움직인다. 사람들. 내가 아는 사람들이다. 이글하우스와 베어헛의 남자애들이다. 그들이 눈을 반쯤 감은 상태로 접시를 들고, 나무들 사이에서 나타난다. 그들이 몸을 숙이더니, 여자애들 앞 테이블 위에 접시를 놓는다.

그들은 윤기가 흐르는 고기를 장미 모양으로 말아서 놓은 도마, 구운 씨앗들이 박힌 빵이 든 바구니, 오일을 뿌려 이슬이 맺힌 치즈 접시를 내려놓는다. 반으로 잘라 씨를 빼고 설탕을 뿌린 복숭아가 휘핑크림, 요거트 그리고 으깬 아몬드와 함께 나온다. 남자애들 몇 명이 크리스털 물병을 들고 와 투명한 잔에 물을 따른다. 그들 중 한 명이 몸을 숙여 내 잔을 채울 때, 나는 "도와줘."라고 속삭인다.

그런데 그는 내가 아무 말도 하지 않은 듯이 행동한다. 그의 귀를 들여다보니, 꿈틀거리는 벌의 등이 보인다. 또 한 마리가 그의 귀 물렁뼈에 안착해 있다. 그의 턱 밑에 몇 마리가 더 있다.

"수벌들은 우리 통제권 안에 있어." 음식들이 계속 나오는 동안 브리아가 말한다. 여자애들이 음식을 집어 각자의 접시에 담지만, 아무도 먹지는 않는다.

"묻고 싶은 게 많겠지. 우리가 대답하려고 노력해볼게."

"노력해본다고?" 내가 몸을 펴고 앉는다. 내 목소리에 담긴 분노에 나 자신도 놀란다. 나는 움직이지 않고 집중한다. 내 주위에 도사리는 위협과 약탈자의 기운이 느껴진다. 살아남으려면 자제력을 잃어선 안 된다. 나는 평생 이런 순간을 위해 훈련해왔다. 내 마음에 도사리는 위협이 알 수 없는 방식으로 현실이 되는 순간을 위해.

나는 온갖 종류의 생존자들이 알고 있는 사실을 안다. 실제로 위협이 느껴질 때, 거기서 살아남으려면 그것을 부정하는 데 시간을 허비해선 안 된다는 것.

"브레이든은 죽었어. 그렇지?"

브리아는 대답하지 않는다.

"네가 죽였어." 내가 말한다. 여자애들이 호화로운 식탁 위로 서로를 흘금거린다. 브리아와 나 사이에 끼어들기가 두렵다는 듯이.

"그럴 수밖에 없었어. 무언가가 우리 벌집을 노리고 있거든. 올해 우린 너무 많은 생명을 잃었어. 처음엔 캐럴라인, 그다음엔 시에라. 우린 스스로 강해질 수밖에 없었지. 네가 목격한 광경이 충격적이라는 사실을 부정하는 건 아니야. 하지만 넌 우리의 가장 신성한 의식 중 일부만을 보았어. 네 눈으로 직접 보기 전에는 내가 하는 그 어떤 말도 이해가 가지 않을 거야. 제대로 보는 것 말이야. 네 두 눈으로 똑똑히. 그걸 볼 수 있다는 건 영광이지. 가장 큰 영광……."

브리아가 망설인다. 그러다가 결심을 굳힌 듯, 그녀가 또 다른 종을 든다. 이번에는 황금종이다. 그러자 수벌들이 돌아온다. 이제 그들은 이인일조로, 둥근 유리 덮개를 씌운 접시를 내려놓는다. 유리 덮개는 섬세하게 세공되어 있지만, 덮개의 깎인 단면으로 익숙한 붉은색이 비친다. 신호를 하자 남자애들이 덮개를 열고, 여자애들의 얼굴이 엷은 붉은빛으로 물든다.

지하의 벌집에서 보았던 벌집 조각품들이다. 환한 곳에서 보니 그것들은 전혀 불길하게 느껴지지 않는다. 다만 색깔이, 조그만 벌방의 짙은 붉은색이, 마치 황금 격자에 피가 송골송골 맺혀있는 것처럼 보인다. 그리고 모양도, 어딘가 잘못되었다. 양봉장의 벌집틀처럼 반듯하게 각이 진 모양이 아니다. 천연 벌집처럼 겹겹의 커튼 모양도 아니다. 그 사이의 무언가다. 익숙하지만 *잘못되었다.*

여자애들은 꿈을 꾸듯 굶주린 표정으로 벌집을 바라본다. 가장 가까이에 있는 두 명이 숨을 깊게 들이마신다. 나는 숨을 참고 있다가 결국

입으로 숨을 쉬지만, 달착지근한 향이 기어이 입안으로 들어와 내 목
안을 감싼다.

"우리는 방해받는 것에 익숙하지 않아. 우린 의도적으로 우리 일을 세
상과 동떨어트려 하고 있거든." 브리아가 말한다.

"너희…… 일?"

벌집을 의미하는 것이다. 그래야만 한다. 여자애들이 뿜어내는 에너
지는 단순한 굶주림이 아니다. 지적인 열망이다. 자부심에 차 자신의
작품을 바라보는 예술가의 표정이랄까.

"질문해." 브리아가 말한다.

그러나 나의 시선은 가장 가까이에 있는 접시에 고정된다. 벌집 안에
사람의 코를 닮은 형상이 보인다. 콧날을 따라가보니 이마뼈도 있다.
눈구멍은 비어있고, 눈알은 녹았다.

브리아가 한숨을 쉰다. 나는 벌집 속의 얼굴을 쳐다보느라, 브리아의
다음 행동을 보지 못하지만, 테이블을 둘러싸고 있던 억눌린 굶주림이
갑자기 광기로 폭발한다. 여자애들이 정신없이 손을 뻗는다. 접시에 담
긴 얼굴이 파내어지고, 금빛 실 가닥이 늘어지는 상태로 신음하는 입들
속으로 들어간다. 손들이 또 다른 벌집을 파고들어 윤기 흐르는 핏덩이
를 한 줌씩 퍼낸 다음, 헐떡이는 입술 위로 끈적이는 덩어리를 높이 쳐
든다.

도망쳐, 마스. 내가 나에게 말한다. 도망쳐. 지금 당장.

그러나 나는 움직일 수가 없다. 혹은 움직이지 않는다. 왜냐하면 나는
더 이상 무감각하지 않기 때문이다. 나는 손을 쥐었다 폈다 한다. 숨을
쉴 때마다 배 속이 전율한다. 초현실적인 무언가가 나를 붙잡고 있진

않다. 나를 꼼짝 못 하게 하는 것은, 유리병 속에 갇힌 나비처럼, 두려움이다. 먹잇감이 된 듯, 나는 내가 피할 수 없는 파멸 앞에서 얼어붙는다.

여자애들은 씹고 또 씹는다. 그들은 접시에서 음식을 조금씩 떼어 서로에게 먹여준다. 그들은 웃고, 웃고, 또 웃는다. 그들의 웃음소리는 다른 종을 울리게 하는 종소리와도 같다. 그들의 내면에 있는 종, 나의 내면에 있는 종. 그들을 지켜볼수록, 그들의 소리를 들을수록, 그들의 경쾌한 진동이 내 안에서도 느껴진다. 나의 폐 사이에 그것이 있다. 종, 밝고 행복한, 그들의 종과 함께 울리게 해달라고 애원하는 종.

나는 잠시 나의 의심을 잊는다. 나의 종이 울리고, 내 주위의 모든 여자애가 그 소리를 들은 것 같다. 그들이 날 보며 웃는다. 그 미소가 너무도 눈부시게 아름다워서 그대로 따라 하고 싶어 뺨이 욱신거린다. 그들이 끈끈한 손으로 나의 손을 잡고 나를 끌어당긴다. 우리 모두 하나가 되는 것 같다. 오직 굶주림만으로, 우리의 팔이 한데 얽혀 하나가 되어서, 한 치의 망설임 없이, 미래를 향해 나아가는 것만 같다. 우리가 손을 벌리고, 다 함께 어두운 벌집을 반달 모양으로 떠낸다. 무겁다. 아니 조밀하다. 마치 그 자체에 중력이 있는 것처럼. 그러나 우리는 그것을 높이 들어 올린다. 그 위로 쏟아진 햇빛이 내 얼굴에, 감은 두 눈에, 벌린 입술에, 밖으로 내민 혀에, 앞으로 내민 턱에, 붉은 그림자를 드리울 정도로 높이.

"직접 보여주는 편이 더 쉽다니까." 브리아가 말한다.

꿀이 내 혀에 닿고, 내 안으로 흘러든다. 어두운 중력이 넘치도록 가득 나를 채운다.

제29장

◇

그녀가 숲속을 달리고 있다.

아니, 그녀는 도망치고 있다.

그 차이를 누구나 바로 알지는 못한다.

제대로 봐야 알 수 있다. 그녀는 치맛자락을 아무렇게나 움켜쥐고, 속도를 늦추느니 차라리 가시덤불에 치마를 찢기겠다는 듯 달리고 있다. 늪 가장자리에 이르렀을 때 꽉 다문 치아 사이로 씩씩거리며 새어 나오는 숨에서 두려움의 냄새가 풍긴다. 그것은 그래도 앞으로 나아겠다는 결의이기도 하다. 무슨 일이 생기든 다시 돌아가는 것보다는 낫기 때문이다. 바로 그것이 달리는 것과 도망치는 것의 차이다.

우리는 그녀가 원하기 전에 그녀가 원하는 것을 알고, 그녀가 부탁하기 전에 그것을 들어줄 준비가 되어있다. 우리는 대체로 부탁하게 만들지 않는다.

많은 이들이 그러듯이 그녀가 우리 앞에 온다. 그녀는 주저앉아 좌절과 분노의 눈물을 쏟아내며, 보이지 않는 귀들을 향해 빠르게 협상안을 내뱉는다. 기도. 그것을 기도라고 부르는 것 같다. 그녀의 주의는 온통 그녀가 지나온 좁은 길에, 포식자처럼 꽃들을 짓밟으며 느릿느릿 다가

오는 그림자에 집중되어 있다. 기어서 몇 걸음을 더 나아가는 동안 그녀의 두려움은 커진다. 이제 그녀는 갇혔다. 그녀는 생각한다. *여기서 죽지 않게 해주세요.*

우리는 그녀 앞에 모습을 드러낸다. 그녀가 보는 것이 무엇이건, 그것은 사랑스럽다. 마음속 두려움을 녹여 차가운 강철로 만들 수 있을 정도로 사랑스럽다. 어쩌면 그녀는 우리가 누구인지 알고 있을지도. 그래서 일부러 이곳으로 왔을지도. 그녀의 두 눈이, 한쪽은 갈색, 한쪽은 푸른빛이 감도는 갈색 눈동자가 오랫동안 키워온 결의로 빛난다. 어쩌면 처음부터 이것이 그녀의 계획이었을지도 모른다. 그래서 우리의 영역으로 그를 데리고 왔을지도. 그를 우리의 먹이로 주기 위해서.

그녀의 약탈자가 우리의 빈터에 다다른다. 그에게선 다른 냄새가 난다. 특권의식의 악취가 풍긴다. 분노와 폭력적인 욕망의 악취도. 우리는 그들과 함께 빈터의 흔들리는 사시나무들 사이에 있지만, 그는 오직 그녀만 본다. 그리고 그녀는 비통한 심정으로 애원하듯, 사시나무의 떨리는 가지들을 본다. 우리를 본다.

우리는 그녀가 부탁하게 하지 않는다. 그러나 그녀가 무엇을 부탁할지 깨닫는 순간이 올 때까지, 우리는 기다린다. 그 깨달음은 그녀의 옷이 찢기는 순간, *안 돼 안 돼 제발 그러지 마*라고 울부짖는 순간, 찾아온다. 그것은 칼날과도 같은 깨달음이다. 그녀는 지금 칼날 위에 서있다. 비록 지금은 제대로 이해할 수 없어도, 당신을 내리치고, 내리치고, 또 내리쳐서 당신을 영원히 가르는 그런 깨달음이다.

우리는 그녀가 부탁하게 하지 않는다. 부탁할 수 있다는 사실을 아는 사람은 너무도 드물다. 우리의 행동이 곧 우리의 대답이다. 일이 끝났을 때, 우리는 그들이 우리를 용서하기를 바란다.

그들은 늘 용서한다.

*

그녀는 호텔 수영장 옆에 앉아있다. 굴절된 햇빛이 비죽이 내민 그녀의 입술을 비춘다. 입술처럼, 그녀의 모든 게 유혹할 채비를 하고 있다. 이것은 그녀가 평생에 걸쳐 익힌 일종의 게임이다. 여자애들은 이렇게 행동해야 한다는 걸 그녀는 안다.

우리도 안다. 우리도 그 게임을 한다. 그것은 게임이라기보다는 생존을 위한 안무라고 할 수 있다. 온갖 불가사의한 규칙들과 따분한 안무 속에서 게임처럼 느껴지는 것뿐이다. 앉을 때는 다리를 모으고 앉아라. 웃어도 되지만 너무 크게 웃지 마라. 말을 해도 되지만 대답만 해라. 모든 것을 암묵적으로 드러내라. 너는 갇힌 꽃이며, 뚜껑이 덮인 유리병이며, 담요를 씌운 새장이다. 그러다가 어느 순간 그동안 네가 가지고 놀았던 것이 바로 너 자신의 파멸임을 깨닫게 된다.

수영장 옆 여자애의 발끝이 물을 스치고, 일렁이는 햇살에 그녀의 눈동자가 꿈꾸는 듯 몽롱하다. 그것은 연기다. 청록색 물을 바라보는 가벼운 시선도, 남자애들이 그녀를 신체 부위로 부를 때의 무심한 표정도, 저녁 식사 시간의 공손하면서도 초연한 척하는 태도도. 연기일 뿐이다. 그녀는 그 어디도 아닌 이곳에 있다. 웃음소리에 귀를 기울이면서.

우리의 웃음소리에.

우리는 웃음소리로 그녀를 부른다. 사실 그 소리를 듣는 사람이라면 누구라도 부르는 것이다. 우리는 그녀의 시선을 느끼고, 그녀의 몽상을 풍요롭게 하는 거친 열망을 안다. 한때는 그것이 우리의 몽상을 풍요롭게 했기 때문이다. 그것은 우리의 고독을 보호했던 열망이고, 그것을 견딜 만한 것으로 만들어주었던 열망이다. 웃음소리가 들리는 곳으로 돌아가는 길을 찾을 때까지, 그 소리는 우리의 머릿속에서 낮게 울린다.

언젠가 그녀는 우리 중 한 명과 대화를 나누었다. 너희들 그 호숫가 캠프에 온 애들 맞지? 우리는 그렇다고, 하지만 우리는 호텔 수영장으로, 식당으로 몰래 잠입하는 걸 좋아한다고, 주방 직원들이 호텔 지하실에서 파티를 여는 걸 허락해주었다고 말했다. 판자로 만든 길로 늪을 가로질러 그곳에 가기는 쉽다고. (우리는 가끔 그렇게 말한다. 대화를 나누다가, 우릴 만나려면 어디로 와야 하는지를 흘린다.) 나도 너희 같은 눈을 갖고 싶다고 그녀가 말했다. 한쪽은 갈색, 한쪽은 푸른빛이 감도는 갈색 눈을 갖고 싶다고. 그리고 우리는 말했다. 그렇게 말해줘서 고맙다고. 이건 집안 내력이라고.

우리는 그녀에게 얼마나 오래 머물 생각인지, 파티에 오고 싶은지 물었다. 그녀는 한참 뜸을 들이다가 그러고 싶다고 말하고는 아니, 안 되겠다고, 안 가는 게 좋겠다고 말했다. 그리고 다시 수영장 옆의 자리를 지킨다. 자신의 결정을 후회하며, 또 한 번 초대받기를 바라면서.

그녀의 아버지가 그녀를 부른다. 아버지가 그녀에게 자신의 친구들과 인사를 나누게 한다. 오늘은 그들이 이 리조트에서 머무는 마지막 날이다. 그녀는 내년에 다시 돌아올 것이다. 그리고 그녀가 자신의 파멸의 여정에서 어느 지점에 있느냐에 따라, 어쩌면 우리의 초대에 마침내 응할 수도 있다.

*

레이스에서 떨어지는 순간, 온몸을 감싸오는 얼얼함에 그녀가 헉, 소리를 낸다. 레이스에서 빠져나올 때면 늘 이런 식이다. 이 갑작스럽고도 가슴 아픈 상실의 감각은 마치 그녀의 몸속 모든 예민한 신경들이 죽는 듯한 기분이다. 그녀는 숨을 몰아쉬며 뺨에 흐르는 끈끈한 눈물을 닦는다. 그리고 이런 살아있는 죽음은 사람들 대부분에게 늘 일어나는 일임을 스스로 일깨운다.

연민. 그녀는 그녀의 자매가 아닌 모든 이들에게 연민을 느낀다. 그들이 느끼고, 보고, 알아야 할 것이 얼마나 많은지 모른다. 그들은 레이스에 대해 질문하기는커녕 레이스의 존재조차 인식하지 못한다.

그녀는 헝겊 냅킨을 물에 적셔서 손가락과 입술에 남은 진득한 벌집 잔여물을 닦아낸다. 그녀의 자매들도 다시 각자의 몸으로 돌아가서, 숙소의 바닥에 깔린 방석에 앉아 그녀와 똑같은 행동을 취한다. 누구도 말을 하고 싶어 하지 않는다. 결속을 깨고 다시 흩어지고 싶어 하지 않는다. 다시 혼자가 되고 싶어 하지 않는다. 그들은 편안한 침묵 속에서 청소를 하고, 해가 지면 그들이 함께 본 것들을 보고한다.

리더인 그녀가 명령하고, 나머지 사람들은 받아 적는다. 할 얘기가 별로 없다. 그들은 올여름, 레이스에 많은 것을 요구했다. 실종된 사람들의 소재, 살인자들의 신원, 시간과 감추어진 수많은 역사 속에 사라진 진실들. 그들은 이 세상 모든 기억이 뒤로 가면서 동시에 앞으로도 간다는 사실을 이제 막 알게 되었다.

그래서 그들은 미래를 물었다. 다행히, 레이스가 답을 주었다.

그녀가 자매들의 굶주린 귀에 여섯 개의 숫자를 암송한다. 수백만 달러의 가치가 있는 여섯 개의 숫자. 그들 같은 어린 여자애들에게는 전부나 마찬가지인 금액이다.

복권의 숫자를 입력해줄 어른이 필요하지만, 그건 쉽다. 그들의 공동체는 수대에 걸쳐 유지되었다. 그 번호를 여러 사람과 공유하면 각자에게 돌아갈 몫이 작아지겠지만, 상금을 딸 복권은 얼마든지 있고, 그들에게 그것을 가져다줄 짙은 꿀은 얼마든지 있다.

만약 그들의 꿀이 고갈된다면?

그럴 일은 없을 것이다.

먹잇감이 될 약탈자들은 결코 고갈되지 않으니까.

*

그녀는 사진 속 자신의 모습을 머릿속에서 지울 수가 없다. 카메라 플래시가 숲의 어둠 속에서 그녀를 얼룩처럼, 유령처럼 보이게 만들었다. 어느덧 거울 속에서 그녀의 모습은 숲속에서 빛을 발하는 발가벗은 유령의 모습으로 바뀌어간다.

그는 사진을 지우겠다고 했다. 그는 끝까지 하는 것을 허락해준다면 지우겠다고 했다. 그녀는 그녀가 할 일을 했고, 그는 그가 할 일을 하지 않았다. 사진을 지우는 것을 확인했어야 했다. 어떻게든 지우게 했어야 했다. 그러나 물론 그녀는 그러지 않았다. 그녀는 그 일로 자기 자신을 탓하고, 그 외의 다른 모든 일에도 자기 자신을 탓한다.

심지어 그해 여름 캠프가 끝난 뒤에도, 그는 가끔 그녀에게 그 사진을 보낸다. 주로 한밤중에, 그가 한가한 시간에. 그녀에게는 캘리포니아에서 부모님과 함께 TV를 보는 시간이다. 문자를 확인하는 사이사이, 그녀는 핸드폰을 무릎에 엎어놓는다.

그녀 : 하하, 재미있네. 지워.

그 : 지우려고 했어. 그런데 자꾸 되살아나네.

그 : 뭐 해

그녀 : 가족들하고 같이 있어

그 : 새 사진 찍어.

그녀 : 나 바빠

그 : 2초면 될 텐데

그 : 여보세요?

그 : ???

결국 그녀는 굴복하고 만다. 왜냐하면 그녀의 반항에 시한이 있다는 걸 알기 때문이다. 얼떨결에 시한을 넘기기라도 했을 때 벌어질 일이 두렵다. 형을 집행하는 사람은 합리적인 시한을 제시하지 않는다. 그게 보복일 때는 더더욱. 그녀는 그에 관한 소문을 믿지 않았다. 그러나 이제 그녀가 아무도 믿지 않는 소문의 주인공이 되었다. 그래서 그녀는 소파에서 일어나 아래층 화장실로 간다.

그녀는 거울을 보다가, 그가 갖고 있는 그녀의 사진을 본다. 숲속에서는 핸드폰을 쓰지 못하게 되어있다. 그게 캠프의 방침이다. 그러나 그는 항상 주머니 어딘가에 핸드폰을 갖고 다녔다. 몇 달이 지난 지금

도 그녀는 카고 반바지를 입은 사람은 무조건 싫고, 카라비너키링°에
서 딸그락거리는 열쇠 소리를 들으면 초조해진다. 에스펜에서 다시 사
람을 구하는 시기가 되자, 그녀는 흥미를 잃은 척하며 대학 근처 샌드
위치 가게에 일자리를 구했다. 그러나 그가 기어이 그녀를 찾아냈고,
화를 냈고, 그녀의 사진을 샌드위치 가게 동료들에게 보냈다. 그래서
그녀는 다시 캠프로 돌아갔다. 이 상황을 끝내기 위해서. 비행시간 내
내 그에게 할 말을 썼다. 밤중에, 보트 창고에서 카약 대여를 관리하다
가 비는 시간에, 혹은 밴딧 여자애들을 돌보지 않는 시간에 틈틈이, 조
용하게 연습했다.

  그러나 그녀가 그 얘길 꺼내는 순간, 한 문장도 채 끝내기 전에 그가
그녀에게 미쳤다고 말한다. 다음 날 밤 불씨 때, 그는 여전히 그곳에 있
다. 똑같이 욕망으로 가득 찬 음흉한 눈길로 그녀를 바라보면서. 그녀
가 쏘아보기라도 하면, 그가 핸드폰을 꺼낸다. 핸드폰의 창백한 불빛이
그의 곁에 무리 지어 앉아있는 남자애들의 미소를 비춘다.

  다음 날, 캠프에 참가한 학생이 그녀가 우는 모습을 보고, 그녀는 그
애가 누군가에게 얘기할까 두렵다. 그녀는 만약을 대비해 그 애에게 마
음을 닫는다. 그녀의 팀 아이들을 위해서라도 강해지리라 결심해보지
만, 그들을 바라볼 때마다 수치심이 밀려든다. 그러면 더 울게 된다. 그
녀는 점점 더 숨어 지낸다. 그다음으로 여자애 둘이 그녀를 찾아온다. 그
들이 왜 올해는 댄스팀을 지도하지 않느냐고 묻는다. 그들이 그녀에게
애원한다. 제발, 제발, 제발 같이하자고. 그러면 정말 영광스러울 거라

○ 등산할 때 사용하는 타원 또는 D자형 강철 고리

고. 아니면 그냥 호의를 베풀어달라고. 제발, 우리와 함께 춤을 추자고.

그렇게 해서 그녀는 우리와 춤을 추게 된다. 독무를 위해 우리가 무대 중앙으로 그녀를 밀 때까지 그녀는 자신이 없다. 우리는 따스한 말로 그녀를 격려한다. 우린 믿어요, 실브. 우린 당신을 믿어요, 실브.

그들이 예전의 날 원한다고, 실브는 속으로 되뇐다. 지금의 내가 아닌 예전의 나를. 그러나 그 순간, 핸드폰 카메라의 플래시가 보인다. 관람하는 학부모들의 수많은 카메라 불빛. 그녀가 맡은 밴딧 여자애들이 앞줄에 있다. 그제야 그녀는 깨닫는다. 지금, 이 순간이, 고통스럽지만 그래도 익숙한 이 순간이, 다시 일어서는 데 필요한 기회라고.

그녀는 예전처럼 춤을 춘다. 그동안 추고 싶었던 춤을 춘다.

그녀의 몸이 그리는 선들이 우리가 알아야 할 모든 것들을 알려준다. 당신이 우리 중 한 명이 되면, 당신은 많은 것을 읽을 수 있게 된다. 주로 어설픈 말로 전하기 힘든 메시지를 읽는 법이다. 그저 그들의 몸을 지켜보기만 하면 된다.

춤은 레이스로 들어서는 다양한 방법 중 하나다.

그 후 우리는 기민하게 행동한다. 사진을 가진 남자가 일을 수월하게 해준다. 그가 한밤중에 숲으로 들어왔으니까. 그가 깨어났을 때 그는 이미 벌집에 갇혀있다. 처음엔 우리의 발에 침을 뱉으며 어떻게 나한테 이럴 수 있냐고 묻더니, 그다음엔 내가 누군지 아느냐고 묻는다.

우리는 안다고 말한다. 넌 한때 브레이든이었다고.

*

이것이 정의냐고?

우리는 자존심으로 일을 복잡하게 만들지 않는다. 어떤 생물이 먹는 것을 가지고 호들갑을 떠는가? 그것은 인간의 습관이고 앞으로 네가 떠나올 습관이다. 자연에서 중요한 것은 굶주림과 굶주림을 해결하려는 본능이다.

하지만 그는 그런 일을 당해 마땅했다. 그렇지 않은가? 그들 모두가.

하지만 우리가 하는 일이 정확히 무엇이냐고?

우리는 그들의 육체를 정화한다. 음지의 꿀은 부패로부터, 빛을 위한 어둠의 희생으로부터 흘러나온다. 그래서 그토록 강력한 효능을 지니는 것이다. 우리와 함께하려면, 서로 연결되어 있는 마음속으로 들어오려면, 그 꿀 단 한 방울로도 충분하다. 우리는 그것을 레이스라 부른다. 너는 전에도 이곳에 와본 적이 있다. 우리는 다양한 방법으로 이곳에 올 수 있지만, 음지의 꿀이야말로 가장 순수한 방법이다. 그 꿀은 가장 깊이 연결된 우리의 모습을 드러내준다.

무엇에 연결되느냐고?

서로에게 연결되는 거야, 마스. 우리는 서로에게 연결되는 것을 추구할 뿐이야. 혼자라면 수적으로 열세이고 일시적이지만, 함께면 우리는 영원해. 우리들 한 명 한 명이 모두와 연결될 수 있어. 그건 엄청난 축복이야. 아직 모르겠어? 우리의 생존은 늘 우리의 약탈자보다 한 수 앞서는 우리의 능력에 달려있었어. 약탈자들은 언제나 우리를 고립시키고, 소모하고, 전멸시키려고 해. 우리가 자연을 위해 하는 일은 세상의 무게를 가득 짊어진 하나의 그물망이 되어 끊임없이 우리의 달콤함을 탐하는 암흑의 구렁텅이 위에서 유유히 흔들리는 거야.

농산물 장터에서 그 판매대가 어디 있는지 그녀는 정확히 안다. 심지어 차 안에서부터 그 냄새를 맡는다. 그녀를 끌어당기는 은색 실 가닥은 이곳 산속에서 한층 더 짙어져서 지평선까지 십자를 그리며 그들의 연결망으로 뻗어나간다. 그물 안으로 들어선다는 건 참 아름다운 일이라고, 보행 보조기에 의지해 이 센티미터씩 판매대 쪽으로 발걸음을 떼어놓으며 그녀는 생각한다. 여자애들이 팔고 있는 비누와 립글로스에 마음을 빼앗긴 그녀의 손녀딸이 앞서 달려간다. 그들은 예쁘고 친절하고, 너무도, 너무도 멋지다.

그녀는, 그러니까 꼬마 여자애가 아닌 나이 든 그녀는, 판매대 뒤의 여자애들이 자신을 알아봐주길 기다린다. 물론 우리는 이미 그녀를 알아보았다. 우리는 그녀의 도착이 임박했음을 몇 시간 전부터 느꼈다. 그래서 조용한 경의를 표하며 그녀의 손을 잡는다. 그녀가 우리에게 몇 달러를 건네주고 우리는 그녀에게 꿀을 한 병 준다. 황금색 꿀이 아니다. 우리 발치에 놓인 상자에서 꺼낸 꿀이다. 그 꿀은 마음의 무게로 윙윙거린다. 꿀은 따뜻하고, 붉고, 아주 아주 신선하다.

그녀가 꿀병을 받아 들고 고맙다고 인사한다. 그녀가 손녀딸을 소개한다. 한쪽 눈은 갈색이고, 다른 한쪽 눈은 푸른빛이 감도는 갈색이다. 그녀의 할머니처럼.

만나서 반갑다고, 우리는 우리의 원로에게 말한다.

그는 화장대 앞에 앉아 광대뼈에 반짝이는 가루를 바른다. 오후의 햇살이 피부 밑 광대뼈까지 드러내 줄 때면, 그러고 싶어진다. 왜냐하면, 그래야 자신이 견고하게 느껴지기 때문이다. 사람들이 두려워하는 추상적인 존재가 아닌 실체가 있는 존재처럼 느껴지기 때문이다.

어떤 각도로 앉으면, 거울에 비친 모습에서 캐럴라인의 모습이 보인다. 몸을 조금만 옆으로 돌리면, 고개를 조금만 비스듬히 하면, 캐럴라인이 있다. 캐럴라인이 눈을 깜빡이고 있다.

우리는 그가 고개를 돌리기를 바란다.

그가 돌아앉는다. 잠시 후 그가 립스틱을 바르고, 그 순간, 아, 또 다시 캐럴라인이! 피부 밑 골격이 놀라울 정도로 닮았다. 이제 그는 보고야 만다. 반쯤 핏빛으로 물든, 립스틱 바른 입술, 그 뒤에서 별처럼 반짝이는 꼬마전구 불빛의 후광. 그녀의 립스틱. 그녀의 별. 그가 손을 뻗어 캐럴라인을 그리려 할 때 거울 위에서 립스틱이 달그락거린다.

우리는 그가 고개를 돌리기를 바란다. 지금 당장.

어스 투 마스.

그가 그렇게 쓴다.

그가 그 글귀를 읽는다. 그는 그 말로 자신을 부르곤 했던 여자애가 어떻게 됐는지 궁금하다. 자꾸만 한심한 모험을 같이하자고 부탁하고 또 부탁했을 땐 짜증이 났다. 그러나 그녀가 사라지고 난 지금, 그녀와 더 많은 시간을 보낼 걸 그랬다는 생각이 든다. 덜 부탁하게 할 걸 그랬다는 생각이 든다.

우리는 그가 고개를 돌리기를…….

그녀는 좋은 사람이었다. 그녀는 좋은 사람이었다. 무슨 짓을 했는지

는 몰라도, 그런 일을 당해 마땅한 사람은 아니었다. 죽어 마땅한 사람
은 아니었다.

캐럴라인은 죽어 마땅한 사람이 아니었다.

캐럴라인이 죽어 마땅한 사람이 아니란 걸 *나는* 안다.

나는 립스틱을 내려놓는다. 나는 화장대에서 멀어지면서 나 자신인
것이 분명해질 때까지 거울 속 나를 바라본다. 두 눈 뒤에 오직 나만 있
을 때까지. 나는 일어서서 아래층으로 내려간다. 허니들이 기다리고 있
다. 그들이 어리둥절한 표정으로 나를 쳐다본다. 마치 내가 그들의 거
실을 떠다니는 유령인 듯이.

어떻게어떻게어떻게어떻게? 그들의 생각이 내 머릿속에서 메아리
친다. 그들은 제정신이 아니다. 그들은 나를 찾고 있다. 나의 몸이 아닌
나의 마음을. 나를 묶어두었던 빛나는 밧줄을 그들이 끌어당긴다.

그러나 나는 나 자신으로 돌아왔다. 나의 집중력은 완전무결하다. 그
들이 파고들 여지가 조금도 없다. 적어도 지금, 이 짧은 순간만큼은.

"마스, 우린……." 브리아가 입을 연다.

나는 뒷문을 쾅 닫고 침착하게 계단을 내려가 양봉장을 지난다. 무더
운 오후, 구름 낀 하늘만이 유일하게, 무자비하게 선명하다.

숲 가장자리에 다다르자, 나는 달리기 시작한다.

제30장

나는 생각하지 않기 위해 계속 달린다. 너무 힘껏 달려서 목이 불덩이로 채워지고 근육은 얼음으로 변한다. 지붕 다리에 다다랐을 땐 온몸이 욱신거리고, 떨리고, 땀이 흐른다. 지붕 안의 눅눅하고 서늘한 공기가 나의 속도를 늦추고 나는 잠시 망설인다. 에스펜으로 다시 돌아가는 게 내키지 않지만 허니들에게 돌아갈 수 없다는 건 너무도 잘 안다. 나는 다리에 갇혀 서성이며 두 개의 중력 사이에 구슬을 굴려본다.

생각을 해, 마스.

늪에서 깨어난 뒤 시간이 얼마나 흘렀을까? 아직 낮인 걸 보니 긴 시간은 아닌 듯하다. 어쩌면 다음 날인지도. 어쩌면 아무도 모를지도.

나의 기억을 뒤로 더듬어본다. 길을 되돌아가고, 양봉장을 지나고, 숙소로 들어가고, 계단으로 올라가고, 화장대로 가본다. 하지만 그 이전의 기억은 마치 올이 풀린 밧줄 같다. 시간이 수십 개, 수백 개의 가닥으로 풀린다. 내 기억의 눈 속에서 동시에 재연된 수백만 개의 다른 삶은 해석할 수 없다.

그러나 다른 사람을 지켜보는 느낌은 아니었다. 그들의 삶 속에 존재하는 나 자신을 보는 느낌이었다. 내가 어린아이를 위로하고 있었다.

내가 수영장 가장자리에 앉아있었다. 내가 여드름을 짜고 있었다. 내가 라디오에 나오는 자동차 대리점의 광고 노래를 따라 부르고 있었다. 내가 복권에 당첨되었다. 내가 케이크 주문을 받았다. 내가 갑자기 멈추어서 생각했다. *흠, 내가 문을 잠갔던가?*

기억은 내가 이해할 수 없는 하나의 늪이었다. 그러나 더 이상 그렇지 않다. 날 취하게 한 음지의 꿀이 냈던 효력은 서서히 잦아들고 있다. 그러나 그 찬란한 그물망으로 뻗어가던 느낌만은 여전하다. 그 레이스만은. 마치 내가 아무것도 아닌 것 같았다. 육체도, 무게도 없는 것 같았다. 나는 생각의 유동성과 춤을 추었고 서로 다른 세계로 통하는 조그만 창문들 사이에서 빛처럼 휘어졌다. 나는 강하고도 자연스러운 확신과 함께 그 모든 생각을 나의 것처럼 느낄 수 있었다.

그리고 거기엔 *마스*가 없었다. *나*라는 게 없었다. 오직 천둥과도 같은 *우리*만이 있었다. 모두의 목소리들로 만들어진 하나의 목소리가, 모두의 압력으로 이루어진 하나의 언어로 말하고 있었다. *우리*라고 불리는 하나의 의지만이 존재했다.

나의 뇌 속 주름 사이사이에서 그 목소리가 여전히 식식거린다. 단어들이 잡음으로 들린다. 나는 그 말을 이해할 수 없다. 심지어 그 말의 기억조차 이해할 수 없다. 마치 누군가의 품에서 떨어져나온 뒤에 빈 곳을 더듬으며 그 형상을 가늠하려고 애쓰는 기분이다. 나의 연결은, 만약 그것이 정말 연결이었다면, 이제 끊어졌다.

나는 치아 사이에 남아있는 꿀맛을 없애려고 침을 뱉는다. 접시에 담겨있던 벌집을 떠올린다. 다면체의, 붉고 뒤틀린 모양인 벌집. 역겨움을 느끼고 싶지만, 입안에 침이 고인다. 나는 다시 침을 뱉는다.

생각을 해, 마스.

나는 지붕 다리에서 벗어나, 호숫가의 산책로로, 보트 창고로 향한다. 여기 머물 수 없다. 그들이 날 잡으러 올 것이다. 내가 여기 없으면, 와이엇을 잡으러 올 것이다. 와이엇은 늪에서 벌어진 정신 나간 만찬에서 시중을 들지 않았던 소수의 남자애 중 한 명이다.

생각을 해, 마스.

에스펜은 출처를 알 수 없는 곤충들의 소음만 가득하고, 그 외에는 쥐 죽은 듯 고요하다. 어중간한 오후라, 숙소마다 각자 활동을 진행하는 모양이다. 육상경기장에서 소음이 들려오고, 더 가까이에서는 음악 소리가 들린다. 에스펜 내의 유일한 움직임은 잔디밭에서 담요를 펼치고 있는 직원들뿐이다. 일요 야외 식사. 그러면 그렇지.

나는 하마터면 그들에게 달려갈 뻔한다. 그러다가 생각을 바꾸어서 다시 숲으로 물러선다. 와이엇을 찾아서 여기서 탈출하는 데 집중해야 한다.

헌터빌리지도 텅 비어있다. 베어헛의 문은 활짝 열려있다. 하루살이들이 무슨 일이 벌어지고 있는지 궁금해하며 안으로 몰려든다.

자연을 집 안으로, 곰 버나드 곁을 지나치며 생각한다.

나는 문간에 멈추어 서서 귀를 기울인다. 숙소가 너무 고요하고, 이상할 정도로 소강상태다. 나는 까치발로 걸으며 와이엇의 방을 확인하고, 위층으로 올라가본다. 텅 비어있다. 다시 계단을 내려가는데, 주방에서 뛰어나오는 사람과 부딪힌다. 레이. 늪지에서 본 쾡한 눈의 꼭두각시 인형이 아닌, 평범한 인간 레이.

"마스, 맨, 너 어디 갔었어?" 그가 묻는다.

"공예실." 자연스럽게 나오는 거짓말. "와이엇하고 같이 있어?"

"응, 우리 로지에 있어. 와이엇이 우릴 포커로 박살 내는 중이야."

레이가 문으로 향하고 나는 그의 귀에 집중한다. 벌이 보이지 않는다. 나는 그를 맴돌며 털이 난 조그만 생명체가 있는지 살핀다.

"너도 할래?" 레이가 묻는다. 약간 초조해 보인다.

"좋아." 내가 미소를 짓는다. 나는 로지로 향하다가 멈춘다. "잠깐."

와이엇은 포커로 누구도 박살 낼 수 없다. 와이엇이 그렇게 말했다. 자기는 표정 관리를 못 해서 포커를 못 친다고.

"곧 갈게. 두고 온 게 있어서." 내가 말한다.

내가 언덕 아래로 뛰어 내려간다. 몇 걸음 갔을 때 레이가 소리친다. *"이제 나와도 돼!"*

숲 경계선에서 흰 유니폼을 입은 남자애들이 모습을 드러낸다. 안드레아, 미치, 찰리, 타일러. *타일러까지.* 다른 아이들과 함께 내 쪽으로 다가오는 그의 모습을 보는 순간, 부자연스럽게 일치된 동작으로 공격을 개시하는 그들을 보는 순간, 배신감이 나의 피를 뜨겁게 달군다.

더 이상 생각할 시간이 없다.

도망쳐, 마스.

남자애들이 나를 쫓아온다. 나는 그들보다 빠르다. 빨라야만 한다. 그러나 그들의 숫자가 너무 많고, 그들이 나를 길 밖으로, 캠프 쪽으로 몬다. 나는 어쩔 수 없이 언덕 위로 달리고, 헌터로지를 지나 그 뒤의 숲길로 들어선다. 내 발뒤꿈치 뒤로 그들이 부딪치는 소리가 들리고, 이상하고 늘어진 목소리로 외치는 고함이 들린다. 그들 중 한 명이 뒤에서 나를 걸어 넘어뜨린다. 우리는 언덕 아래로 미끄러지고 그의 손이 내 입을 막는다. 흙 때문에, 그리고 내 비명 때문에 목이 멘다. 그는 무겁다, 너무 무겁다.

나는 붙잡혔다.

"마스, 나야. 와이엇."

와이엇!

와이엇이 내 위로 쓰러지며 우리 두 사람을 땅으로 누르고, 그동안 다른 남자애들이 우리 곁을 지난다. 그들의 함성이 나무들 사이에서 울려 퍼지는 메아리로 흩어질 때까지, 우리는 꼼짝하지 않고 누워있다. 그가 긴장을 풀고 내 입에서 손을 뗀다. 그 순간 내가 곧바로 몸을 굴려서 그를 누른다. 나는 풀숲에서 내 머리 크기만 한 돌을 집어 높이 쳐든다.

와이엇의 눈이 휘둥그레진다. 저 눈. 하나는 갈색, 또 하나는 푸른빛이 감도는 갈색. 나는 레이스를 통해 수 대에 걸쳐 이어진 저 눈을 보았다. 와이엇은 허니가 아니라고, 나의 본능이 말한다. 아직은 아니라고. 그러나 적어도 이것만은 확인해야 한다.

"고개 돌려." 내가 와이엇에게 말한다.

그가 고개를 돌린다. 나는 그의 귀를 들여다보고, 이번에는 반대편으로 돌리라고 한다. 벌이 없다. 그러나 레이의 귀에도 벌이 없었다.

생각을 해, 마스.

내가 말한다. "질문. 만약 거미가 윙크를 할 수 있다면……."

와이엇이 바로 대답한다. "대답. 거미는 눈꺼풀이 없어."

나는 돌멩이를 내려놓고 그가 내 입안에 넣은 흙을 뱉어낸다. 우리는 서로의 몸을 일으켜주고 내가 그를 끌어안는다. 세게. 와이엇이 내게 속삭인다. "널 구하러 왔어."

"내가 널 구하러 온 거야."

"절대 안 지지." 그의 목소리에서 미소가 느껴진다. 그는 피곤해 보이지만, 그의 농담이 내 심장에 활기를 불어넣는다.

"어떻게 된 거야?" 내가 묻는다.

"쉿. 나중에 얘기할게. 일단, 너 나 믿어?"

저 눈. 익숙하면서도 낯설다. 에스펜의 모든 속임수처럼. 그러나 그 눈 뒤에 내가 알던 남자애가 있다.

"응." 나는 답한다.

*

와이엇은 누구보다도 숲을 잘 안다. 그는 끝없이 펼쳐진 빼곡한 숲을 가로지르는, 보이지 않는 오솔길로 나를 안내하고, 마침내 우리는 키 큰 수풀이 우거진 널찍한 들판에 다다른다. 반대편에 헛간이 있고, 우리는 들판의 가장자리를 빙 돌아 그곳으로 향한다.

와이엇이 속삭인다. "여긴 그들이 모를 거야. 에스펜 영역 밖이거든. 이 부근에서 캠핑하곤 했어. 널 찾으러 가기 전에 내가 몇 가지 물건들을 미리 가져다놓았어."

가까이에서 보니 헛간은 거대하고 거의 쓰러지기 직전이다. 지붕이 내려앉았고 외벽도 곧 무너질 것 같다. 우리는 한때 문이 달려있었을 구멍으로 들어선다.

"조심해." 와이엇이 중얼거린다. 그가 내 손을 잡고 그을린 목재와 녹슨 기계가 엉망으로 뒤엉킨 곳을 지나 사다리로 나를 이끈다. 다른 모든 것들처럼 사다리도 썩어가고 있지만 와이엇이 나를 데리고 사다리를 오르는 동안은 버텨준다. 우리는 깨끗하게 쓸어낸 고미다락으로 기어 들어간다. 배낭 옆에 침낭이 있고 몇 가지 용품들이 있다. 벽 한복판에 문이 있고 그 문으로 흔들리는 나무 바다 너머 호수까지 보인다. 에스펜의 호수가, 저물어가는 태양 아래 불타오르며 메이데이, 메이데이라고 조난신호를 보내고 있다.

"여기 앉아. 지금 떨고 있잖아." 나를 바닥에 앉히며 와이엇이 말한다. 그는 배낭을 뒤져 그래놀라바 두 개를 꺼낸다. 그리고 나에게 하나를 먹인 뒤, 물통에서 물을 마시게 한다.

"좀 나아?" 그가 묻는다.

입안에서 여전히 흙 맛이 나지만, 꿀의 달콤함을 대체하는 반가운 쌉쓸함이다.

"응. 너한테 무슨 일이 있었는지 말해줘." 내가 그에게 말한다.

내가 지금 당장 정신을 잃고 쓰러지거나 떠내려가지 않을 거라는 확신이 들었는지, 와이엇이 내 곁에 털썩 주저앉더니, 그래놀라바를 먹으며 얘기를 시작한다.

"솔직히 이 상황을 내가 이해하고 있는지 잘 모르겠어. 아침 식사 시간에 갑자기 웬디가 날 데려갔을 때, 웬디는 뭔가 일이 터질 거란 걸 알고 있었어. 나한테 환영 센터에서 보자고 했는데, 거기 안 오더라고."

웬디가 우릴 갈라놓았어, 내가 생각한다. 웬디는 자신의 소중한 친척이 이 일에 연루되는 것을 원하지 않았다.

"결국 난 다시 헌터빌리지로 돌아갔는데 거긴 도너번만 있었어. 아무 일도 없었던 척하더라. 어쩌면 도너번에겐 별일이 아닐 수도 있겠지." 와이엇이 목소리를 낮춘다. 그가 가슴을 잔뜩 부풀리고 어깨를 반듯하게 편다. "*어이, 맨, 좀 어때? 잘하고 있냐?*"

내가 웃는다. 도너번 흉내를 몇 년 동안 연습한 것이 분명하다.

그가 조금 수줍어하며 말한다. "어쨌든, 내가 도너번에게 네가 어디 있냐고 물었어. 도너번 말이, 네가 남자애들하고 같이 도보 여행을 갔다는 거야. *자발적으로.* 그래서 뭔가 완전히 잘못됐다는 걸 알았지."

나는 와이엇의 팔을 주먹으로 때린다.

"네 매력은 여전해서 다행이다." 그가 팔을 문지르며 웃다가 다시 심각해진다. "애들이 돌아왔는데 네가 없었어. 네가 어디 있냐고 물었더니, 네가 실제로 존재하지 않는다는 듯이 굴더라. 마치…… 네가 아는 그 여자애처럼."

"시에라."

"응, 시에라." 그가 숨을 길게 내쉰다. 그는 수치심에 고개를 숙였다가 나에게서 고개를 돌린다. "난 걔들 말을 믿을 뻔했어. 우리가 봤던 것들에 대해, 브레이든에 대해 얘기하려고 했지만, 걔들은 계속 웃으면서 전부 다 내가 지어낸 얘기라는 거야. 가장 끔찍한 게 뭔지 알아? 나도 그렇게 생각하고 싶었다는 거야. 그 일을 설명하면 할수록, 점점 더 말이 안 되더라고. 어느 순간, 전부 다 내가 나 자신에게 겁주려고 지어낸 얘기처럼 느껴졌어. 유령 얘기처럼. 물론 내가 하는 말이 어떻게 들릴지는 알지만……."

"이해해." 내가 말한다. 똑같은 수법이다. 허니들은 의심이나 반대 의견을 그런 식으로 무마한다. 에스펜은 그럴듯한 거짓말로 아이들을 한데 엮는다. 그들은 그렇게 압박하고 설득한다. 허니들이 초인적인 능력으로 우릴 압박하고 설득할 수 있는 것은, 에스펜이 우리에게 늘 뿌려온 그 향수를 허니들이 제조했기 때문이다.

와이엇이 말한다. "너라면 어떻게 할지 생각해봤어. 난 주체적으로 생각하기로 했고, 그래서 도망치기로 했어. 가방에 최대한 많은 물건을 챙겼어. 경찰에게 네가 실제로 존재하는 사람이라는 걸 증명하기 위해서. 그것 말고는 또 뭘 해야 할지 모르겠더라. 그다음엔 이곳에 왔고, 여기서 물건들을 정리하고 있는데⋯⋯."

와이엇이 가방에서 꺼낸 물건을 보고 나는 하마터면 웃음을 터뜨릴 뻔한다. 캐럴라인의 양봉칼, 캐럴라인의 초 그리고 내가 완전히 잊고 있던 물건이 있다. 1973년형 메이페어 계산기. 그것은 생명이 위태로운 상황에서, 버려진 고미다락에 숨어있는 사람들이 갖고 있기에는 너무 이상한 물건이다.

"다시 돌아가야겠다고 생각했어. 바로 그때 *이제 나와도 돼!*라고 외치는 소리를 들었고⋯⋯. 돌아가길 잘했지."

"돌아오길 잘했지."

"애초에 널 두고 가질 말았어야 했어."

내가 와이엇의 턱을 들어 나를 보게 한다. "넌 돌아왔어. 그리고 우린 도망쳤어. 그게 중요한 거야."

"넌 어디 있었어?"

난 와이엇에게 에스펜의 습지에서 깨어났던 일과 만찬에 대해 얘기해보려 하지만 만찬과 거울 앞에 서기까지의 일을 설명하려는 순간 하려던 말들이 입안에서 부서진다.

마침내 내가 말한다. "뭐라고 말해야 할지 잘 모르겠어. 마치 내가 모든 것에 연결된 것 같았고 동시에 내가 모두가 된 것 같았어. 그런데도 여전히 나는 마스였어. 혼잣말을 할 수 있었으니까. 우린……."

우린 함께였다.

문득 나는 그 찬란한 결속에 그리움을 느낀다. 어쩌면 그 안에서 잠깐 엿보았던 캐럴라인에 대한 그리움일지도 모른다. 좀 더 오래 머물지 않은 것이, 좀 더 많이 보지 않은 것이 아쉽다. 캐럴라인에게 무슨 일이 일어났는지도 레이스가 내게 보여줄 수 있었을까? 무엇이 숙소H로부터 캐럴라인을 멀어지게 했을까? 시에라처럼 캐럴라인도 날 그 안으로 초대하려 했을까? 캐럴라인은 처벌받은 걸까? 캐럴라인은 처음부터 내가 그들과 함께하길 바랐을까? 나는 거기서 멈춘다. 와이엇은 계속하라고 하지 않는다.

우리는 계획을 세운다. 마을은 겨우 몇 킬로미터 거리지만, 우리는 일출 전에 출발할 것이다. 우리는 와이엇의 가족이 아닌 나의 가족에게 연락할 것이다. 그는 나와 함께 머물 것이다. 우리는 다시는, 절대로 이곳으로 돌아오지 않을 것이다.

우리는 침낭을 펼치고 그 위에 앉는다. 그래놀라바를 먹고 황혼이 벽의 틈새로 스며들어 먼지 가득한 허공에 붉그스름한 빛의 기둥들을 드리우는 것을 지켜본다. 새들이 하늘에서 잠깐씩 내려왔다가 우리를 보고 놀라며 다른 새들에게 큰 소리로 경고한다.

"기분 나쁘게 듣지 마." 한참 뒤 와이엇이 말한다. "캐럴라인의 친구들이 약간 살인마 같아."

나는 코웃음을 친다. "기분 나쁘게 듣지 마. 네가 사랑해 마지않는 여름 캠프는 약간 사이비종교 집단 같아."

와이엇이 고통스러운 미소를 지어 보인다. "네 말이 맞아서 싫다."

"나도 내 말이 맞아서 싫어."

와이엇이 도토리 하나를 헛간의 어둠 속으로 던진다. 우리는 팔꿈치에 몸을 기대고 페리윙클 빛깔의 하늘이 붉게 익어가는 모습을 바라본다.

"여기 온 걸 후회하겠네."

"아니, 오길 잘했어."

와이엇이 나를 쳐다본다. "왜?"

"난 이 모든 걸…… 알아야만 했어. 캐럴라인이 어떤 일을 겪었는지. 캐럴라인이 나와 함께 있는 것만 같은 순간들이 있었어. 바로 여기, 내 옆에. 내가 돌아가는 길을 찾을 수 있도록 캐럴라인이 돕는 것 같았어."

손톱의 파란색은 벗겨졌지만 여전히 반짝인다. 손톱을 보니 소나무 숲에서 브리아와 했던 게임이 떠오른다. 굴절된 빛의 게임판에서 완벽하게 푸른 하늘색 타일을 골랐던 때가. 내가 왜 그 색을 골랐는지 이제야 알 것 같다.

떨리는 숨결 사이로 내가 말한다. "내가 캐럴라인 곁에 있어주었으면 좋았을 텐데. 캐럴라인이 무슨 일을 겪었는지 몰라도, 내가 곁에 있어주었어야 했어."

"넌 몰랐잖아." 와이엇이 말한다.

"알 수도 있었어. 알았어야 했어. 예전엔…… 서로에게 전부 얘기했거든. 그러다가 지난 몇 년 동안은, 진짜 중요한 얘기들을 거의 하지 않았어. 캐럴라인은 늘 바빴고 스트레스가 심했고, 나도 그랬던 것 같아. 그래서 어느 순간 우린 서로 안 어울리게 되었고 다시 예전으로 돌아갈 수가 없었어."

내가 하는 말의 오류를 감지한다. 내가 주먹을 꽉 쥔다. 캐럴라인이 없는 지금조차도, 왜 나는 캐럴라인에게 진실을 말할 수 없는 것일까? 앞으로도 늘 이런 식일까? 나는 늘 이렇게 내 잇속만 차리는 환상 속에서 캐럴라인의 기억을 억누르며 살아가게 될까? 나는 이미 캐럴라인의 죽음에 대해 거짓말을 했다. 그리고 이제 그 거짓말로 캐럴라인의 삶을 더럽힌다고?

내가 입을 연다. "실은, 캐럴라인의 삶이 더 끔찍했어. 더 끔찍했다는 걸 알았어. 엄마와 아빠는 캐럴라인한테 기대가 컸거든. 나는 그걸 감당할 필요가 없었지. 왜냐하면 난…… 난……." 나는 나의 몸을 머리부터 발끝까지 가리킨다. 와이엇이 코웃음을 친다. "그래서 캐럴라인 혼자 다 해야 했어. 학생회, 테니스, 법대 준비반, 법대 심화반 등등. 전부 다 캐럴라인이 선택됐어. 그게 캐럴라인이 한 선택이 *아니었다는* 걸 알면서도 나는 여전히 캐럴라인을……." 내가 침을 삼킨다. "미워했어. 캐럴라인이 날 선택하지 않았다는 이유로. 그땐 그렇게 느꼈거든. 지금 생각해보면 너무 한심하지만."

이것이 바로 내가 결코 인정하고 싶진 않았지만, 항상 알고 있던 가장 추악한 진실이다.

"캐럴라인이 괴로워한다는 걸 알았고 도움이 필요하다는 걸 알았지만, 돕겠다고 나서기엔 내 자존심이 허락하지 않았어. 캐럴라인이 나에게 부탁하길 바랐어. 다시 날 필요해하길 바랐어."

와이엇이 내 등에 손을 얹는다. 내가 떨고 있기 때문이다. 그러나 눈물은 없다. 이제 나에겐 아무 감정도 남아있지 않은 듯하다. 말로 설명하기조차 힘든 이 추악한 진실이, 내게 남은 전부인 것 같다.

"그런데 이제 캐럴라인이 죽었어." 내가 중얼거린다.

나는 캐럴라인의 얼굴을 그려본다. 그녀의 미소를 그려보려 애쓰지만, 어렵다. 마지막에 다가갈수록 캐럴라인의 미소는 너무도 희귀해졌고, 나는 그 미소를 보려는 노력을 멈추었다. 그게 가장 끔찍한 일인 것 같다. 내가 포기했다는 것. 상상조차 할 수 없는 두려움을 혼자 견디도록 캐럴라인을 방치했던 것. 이렇게 될 줄은 몰랐다. 맹세컨대, 나는 이렇게 될 줄 몰랐다.

"네가 도울 수 있는 일이 아니었어, 마스. 넌 캐럴라인에게 암이 있었다는 것도 몰랐잖아. 그걸 막기 위해 네가 할 수 있는 일은 없었어." 와이엇이 말한다.

이것은 우리가 캐럴라인에게 덮은 또 하나의 수의다. 캐럴라인을 으스러뜨려 어린 나이에 죽음에 이르게 한 것이, 그녀의 쌍둥이 자매가 아닌, 괴물같이 반란을 일으킨 자신의 몸이라는 예쁜 거짓말. 그러나 내가 캐럴라인을 으스러뜨렸다. 혹은 캐럴라인이 떨어지는 나를 붙잡았다.

여전히 잘 모르겠다.

나는 그동안 그날 밤의 폭력을 매일 되짚어보며, 그 속에서 어떤 의미를 찾아보려 애썼다. 그리고 지금, 아무 기대도 없이, 다시 그 일을 되짚어본다. 나는 놀랍게도 새로운 패턴을 발견한다. 나의 손, 나의 귀, 양봉칼, 초, 캐럴라인이 나에게 상처를 입힌 방식이 갑자기 중요하게 느껴진다. 그 모든 것들을 다 합치니, 이 여름이 마법을 걸어 나를 심연으로 끌어당길 때마다, 나를 무디게 할 때마다, 나의 의심을 기쁨으로 잠재울 때마다 나를 깨우고 또 깨웠던 것이다. 이 상처와 물건들 속에서, 울려 퍼지던 어스 투 마스.

아, 그러나 계산기의 의미는 모르겠다.

사용하지 않은 계산기가 배낭에서 반쯤 비죽이 나와있다. 내 슬픔의 절박한 미적분을 아이러니하게 보여준다.

문득 캐럴라인의 비극을 낭만적으로 묘사하려는 사람들과 내가 그리 다르지 않음을 깨닫는다. 나는 더 나쁘다. 나는 다시 캐럴라인이 날 구해주기를 바라고 있으니까. 왜냐하면 나는 이렇게 한 인간이 흔적도 없이 사라질 수 있다는 명백한 진실을 도저히 받아들일 수 없기 때문이다. 때로 사람들은 그냥 죽는데도. 그리고 그 사실은 결코, 영원히 납득할 수 없을 것이다.

나는 내려놓는다. 전부 다. 내가 이해하지 못할 이 엄청난 비밀을. 와이엇이 말한 것처럼, 이제는 내려놓아야 한다. 그러지 않으면 그것이 나를 데려갈 것이다.

마침내 내가 비장하게 말한다. "내가 캐럴라인을 구할 수 없었다는 걸 알아. 하지만, 캐럴라인이 죽을 때, 마치 낯선 사람에게 작별 인사를 하는 것 같았어. 결국 난 캐럴라인을 모르는 거랑 다름없었다는 걸 깨달았지."

"그래서 여기 온 거야?"

"응, 캐럴라인을 찾으러."

"그래서 뭘 찾았는데?"

매니큐어의 화학적 향기를 맡으며 라디오에서 흐르는 노래를 따라 부를 때 내 손안에 있던 시에라의 손을 찾았다. 초원의 반딧불을 바라보며 계단에 앉아 함께 울어주던 브리아를 찾았다. 햇빛이 내 눈에 닿지 않도록 손을 들어 가려주던 미미를 찾았다. 캐럴라인의 노래가 그들 모두의 마음속에서 울려 퍼졌다. 캐럴라인의 영혼은 그들 안에 흩어져 있었다. 마치 내가 맞추어야 할 퍼즐 조각처럼.

나는 앞으로도 영원히 허니들을 두려워할 것이다. 그러나 그들에게 적어도 이것만큼은 빚을 졌다. 나는 그들에게 그러지 못했지만, 그들은 내가 필요할 때 내 곁에 있어주었다. 그들은 내가 부탁하게 하지 않았다. 마침내 나의 솔직한 심정이 터져 나온다. "적어도 캐럴라인이 마지막에 혼자가 아니었다는 건 알았어."

나는 눈을 꼭 감는다. 이내 눈물이 흐른다.

*   .

그 뒤로는 홀가분해진다.

와이엇은 모든 것을 미리 생각해두었다. 화장실 휴지까지. 나는 휴지를 넉넉히 풀어서 눈물을 닦고 코를 푼다. 그리고 와이엇은 환경을 생각하는 사람답게 쓰레기봉투를 꺼내, 사용한 휴지를 그 안에 넣게 한다. 흔적을 남겨선 안 된다고, 그가 윙크하며 말한다.

우리는 침낭에 눕는다. 저 멀리 황혼의 가장자리에서, 별들이 머리를 내밀기 시작한다. 우리는 별들을 본다. 별들도 우리를 본다. 와이엇은 나에게 다시 한번 별자리를 알려준다. 나는 **오리온 국부보호대**라는 새 별자리를 지어내고, 와이엇도 이름을 지어보려 하지만, 그가 기껏 지어낸 이름은 **오리온의 다른 벨트**다.

내가 놀리는 것을 막으려고 와이엇이 한 손으로 내 입을 막았다가 얼른 손을 떼더니 꼼짝하지 않고 가만히 있다. 마치 내가 그를 찌르기라도 한 것처럼. 몇 분 뒤, 그가 길게 숨을 내쉰다.

"여기서 나가기 전에, 나도 너한테 할 얘기가 있어."

내가 일어나 앉는다.

"네 말이 맞아. 나와 규칙에 대해 한 말."

"무슨 뜻이야?"

"그날……." 와이엇이 책상다리를 하고 앉은 다음 양손을 발목 위에 올려놓는다. "첫날 양봉장에 갈 때, 네가 말했잖아. 내가 스스로 규칙을 어기지 못해서 다른 사람이 나 대신 어기게 만든다고. 난 무슨 그런 말도 안 되는 소리를 하나 생각했는데, 그 뒤로 계속 생각해보니, 네 말이 맞더라고. 난 여기서 일어나는 일들을 알고 싶지 않았어. 에스펜은 내가 생각했던 그런 곳이 아니야. 나는 내가 생각했던 그런 애가 아니야."

나는 느낄 수 있다. 와이엇의 살갗이 긴장으로 떨리는 것을. 그는 입을 꽉 다물고 있다. 그의 모든 것이 긴장하고 있다. 나는 하마터면 그의 손을 잡을 뻔한다.

"내가 항상 생각하는 게 뭔지 알아?" 그가 말한다.

"뭔데?"

"우리가 숲속에서 같이 꿀 먹었던 거. 솔직히 난 그 생각을 한시도 멈춘 적이 없어. 그리고 그날 호텔 건물에서 일어났던 일……. 거기서 그 일을 겪고 나서 생각했어. 아, 내가 느끼는 감정은 현실이 아니었구나. 마약 같은 거라고 생각했어. 아니면 마법이나."

와이엇이 마침내 나를 쳐다본다. 그가 내 눈을 똑바로 쳐다보고, 그 눈빛에 담긴 엄청난 확신 때문에, 나는 감히 눈을 깜빡일 수가 없다.

그가 속삭인다. "하지만 그게 아니야, 그렇지? 그건 진짜 감정이야."

"모르겠어. 네가 어떤 감정이었는지 난 모르니까."

"난……." 그가 헛기침을 한다. "난……."

와이엇이 나를 쳐다보며 손바닥을 뒤집어 밤하늘로 향하게 한다. 마치 무언가를 내어놓듯이. 질문을 던지듯이. 나의 손이 대답하려고 움직이지만, 두 사람 사이에서 달아오른 공기에 갇혀 머뭇거린다. 그 간격을 좁혀온 사람은 와이엇이다. 그의 손은 거칠고, 내 손을 잡은 손에는 확신이 없다. 내가 그 손을 꽉 잡기 전까지는. 그다음엔 그의 손도 흔들림이 없다.

"어떤 감정이었는데?" 내가 다시 묻는다.

와이엇은 대답 대신 깊은 한숨을 내쉬고, 날렵한 턱을 확신 없이 살짝 위로 든다.

하나의 질문.

하나의 대답.

내가 그에게 키스한다.

와이엇이 물러선다. 마치 내가 그를 또 찌르기라도 한 것처럼. 그가 나를 쳐다본다. 그러나 그 순간 그의 손가락이 나에게로 다가와 내 입술을 쓸어내린다. 그가 나를 관찰한다. 자연의 불가사의를 설명할 때와 똑같은, 놀라운 집중력으로. 다만 이번에는 내가 그 불가사의다. 우리가 그 불가사의다. 그의 손가락이 나의 턱을 따라 움직이고 나의 목뒤 쪽으로 향한다. 그가 나를 끌어당기고, 이번에는 그가 나에게 키스한다.

나는 그의 키스를 허락한다. 그의 키스를 원한다. 그의 갈망에 나의 갈망 전부로 답한다. 우리가 나누는 호흡의 축축한 열기 속에서 자제력이 녹아내린다. 서로를 끌어당기는 육체의 열망 속에서 자제력이 증발해버린다. 자제력은 제 할 일을 했다. 인내심의 느린 언어 속에서, 우리는 멀찌감치 떨어져 서로에 대해 알아갔고, 오늘의 이 순간으로 서서히, 자연스럽게 다가왔다. 우리의 몸이 부딪칠 때, 이제 어색함은 없다. 즉각적인 친밀감만 있을 뿐이다. 억지로 만들어냈다기엔 너무도 완벽한, 앞으로 나아갈 수밖에 없을 정도로 완벽한.

내가 와이엇의 바지를 벗기기도 전에 와이엇이 내 셔츠를 벗긴다. 그가 내 크롭 티를 잡아당기고 나는 그의 셔츠 끝을 잡아당긴다. 그가 두 팔을 위로 들어서 내가 셔츠를 벗길 수 있도록 돕는다. 나의 손이 그의 살갗의 비밀을 탐험한다. 가슴에 난 깔끄러운 털, 배의 굴곡, 욕망의 아치를 이루는 척추, 나를 끌어당기는 어깨의 근육. 그가 나를 얼마나 세게 끌어안는지 잠시 나는 예전에 느꼈던, 하늘로 붕 떠오르는 기분을 느낀다. 온 세상이 저만치 멀어지고, 하늘로, 별들의 그물 속으로 올라가는 듯한 기분이다.

와이엇의 손이 내 다리 사이를 파고든다. 나는 그의 가슴에 한 손을 얹으며 속도를 늦추려 하지만, 건성이다. 나의 손톱이 그의 머리 뒤쪽을 쓸어내리고 그의 목, 그의 등을 타고 내려가다가 그의 상처를 건드린다.

그가 몸서리를 친다.

"아, 미안." 내가 속삭인다.

"신경 쓰지 마." 그가 말한다.

그러나 내 손가락은 다시 그 상처를 더듬는다. 그의 어깨에 직선으로 난 상처. 오래된 상처가 아니고 아직 딱지도 앉지 않은 새 상처다.

"신경 쓰지 말라니까." 그가 속삭이며 손으로 나의 그곳을 감싸며 살짝 움켜쥔다. 내가 숨을 크게 들이킨다. 나는 상처를 잊고 그의 몸 위로 쓰러진다. 그러나 내 머릿속을 가르며 낮게 윙윙거리는 소리가 있다. 하나의 질문이 있다.

내가 양봉칼을 꺼내, 양봉칼의 뭉툭한 날을 와이엇의 상처에 대본다면, 열쇠 구멍에 넣은 열쇠처럼 딱 들어맞을까?

그럴 것 같다.

나는 와이엇에게서 떨어진다. 그가 파르르 떨며 눈을 뜨고, 내 얼굴에 담긴 질문을 본다. 그리고 그의 눈빛이 나에게 필요한 대답을 준다.

처음엔, 죄책감.

그다음엔, 분노.

내가 말한다. "너였구나. 네가 숲속에 스피커를 설치했어. 네가 초에 불을 붙였고. 네가⋯⋯."

우리는 서로 완전히 뒤엉킨 상태이고, 그래서 와이엇이 나를 더러운 마룻바닥에 짓누르는 데는 아주 작은 동작만이 필요하다.

"기회가 있을 때 떠났어야지." 그가 말한다. 와이엇의 목소리가 아니다. 와이엇의 얼굴이 아니다. 그가 나를 바닥에 누르는 동안, 그의 이마에 핏줄이 불거진다. 내가 키스했던 남자애는 사라지고, 다른 무언가가 나를 함정으로 끌어당긴다. 와이엇의 모습을 한 무언가가.

그것은 나보다 강하다. 그러나 내가 더 영리하다.

생각을 해, 마스.

나는 머리로 와이엇을 들이받는다. 힘껏. 나의 머리뼈에 들이받혀 그의 코뼈가 으스러진다. 그가 괴성을 지르며 뒤로 나가떨어진다. 나는

400

손전등을 들고 그를 비춘다.

　"넌 여기까지 오면 안 되는 거였어." 그가 말한다. 그의 입술 위로, 유니폼 위로 피가 뚝뚝 떨어진다. 그리고 비교적 선명하게, 핏방울 하나가 와이엇의 코로 다시 들어간다. 다른 하나는 그의 뺨 위로 기어간다.

　벌들.

　"넌 수벌이야." 내가 중얼거린다.

　우리는 양봉칼을 잡으려고 동시에 몸을 날린다.

제6부

제31장

◇

와이엇은 너무 빠르고 강하다. 그가 양봉칼 위에 손을 얹는다.

나는 계산기를 잡는다.

내가 계산기로 그의 손을 내리치고, 그 바람에 양봉칼이 바닥을 가로질러 아래층의 그림자 속으로 떨어진다. 이 선택, 어쩌면 캐럴라인이 날 위해 해주었을지도 모를 이 선택이 내가 그에게서 벗어날 몇 초의 시간을 벌어준다. 그가 부러진 손을 잡고 사다리에 몸을 웅크리는 사이, 나는 벽에 뚫린 이상한 문을 향해 달려간다. 낡은 밧줄 하나가 풀밭의 어두운 파도 속으로 늘어져 있다.

"마스? 대체 이게 무슨 일이야?" 그가 애원한다.

나는 그의 목소리에 놀란다. *와이엇의 목소리.* 그러나 그 목소리는 순식간에 사라지고, 또다시 성난 가짜 와이엇의 모습으로 돌아간다.

"네 자매도 나약했어." 와이엇이 말한다. 와이엇이 아니다. 이 괴물은 나를 쫓던 남자애들이나 허니들에게 동일한 동작으로 음식을 날라주던 남자애들과는 다르다. 와이엇은 단지 세뇌된 것이 아니다. 누군가가, 혹은 무언가가 와이엇을 완전히 점령했다. 그의 탈을 쓰고, 외계인처럼 기괴하게 그의 몸속에서 뻗어나가고 있다. 참혹하게 부서진 그의 코에서 더 많은 벌이 나온다.

나는 떨어지기 직전이다. 밧줄이 날 지탱할까? 시간을 끌어야 한다.

"너 누구야! 말해!" 내가 묻는다.

"그건 중요하지 않아."

그 일이 일어나기 전에 나는 이미 무슨 일이 벌어질지 안다. 캐럴라인은 거울에 부딪힌 다음 비틀거리며 내게 걸어왔고, 그러다가 나와 난간을 향해 돌진할 때, 카펫에 발이 걸렸다. 와이엇이 내게 달려들 때, 그의 부츠가 침낭에 걸린다. 캐럴라인의 팔이 나를 끌어안았다. 와이엇의 팔이 나를 끌어안는다. 나의 기억을 관통하며 우리가 추락할 때, 우리 위로 달이 흔들리고 유리와 크리스털 조각처럼 별빛이 쏟아진다. 우리 세 사람이 하나가 되어 추락한다.

그 사고 이후 매 순간 이 느낌을 몸에서 지우려 애썼지만, 지울 수가 없었다. 우리가 추락할 때 나의 몸은 어떻게 비틀어져야 하는지 정확히 기억한다. 어떻게 몸을 움직여야 끔찍한 중력을 이겨내서 우리가 땅에 닿을 때는……

우리가 땅에 떨어진다. 와이엇 먼저. 나는 이 느낌도 기억한다. 이 둔탁하게 부러지는 소리, 살이 퍽하고 땅에 부딪치는 소리, 그리고 강철 같은 포옹이 허물어지는 소리. 나는 와이엇, 아니, *와이엇이 아닌 것*으로부터 몸을 빼낸다. 그러나 다리의 통증이 다른 모든 통증을 압도할 정도로 날카로워서, 나는 옆으로 넘어진다. 나의 망가진 다리와 와이엇이 아닌 것을 쳐다볼 정도로 어리석진 않다. 나는 앞으로 나아가는 것에 집중하며 잔디 위로 몸을 끌면서, 아드레날린이 나를 몇 초만 더, 몇 미터만 더 무디게 해주길 바란다. 어느 순간, 와이엇이 아닌 것의 뒤척이는 소리와 목멘 젖은 기침 소리가 들리고, 그가 나를 쫓아올 때 축축한 풀이 밟히는 소리가 들린다. 나는 좌절의 비명을 삼키며 최대한 빨리 움직인다. 그의 소리가 끓어오르는 밤에 파묻힐 때까지.

숲에 다다르자 나는 낮은 나뭇가지를 잡고 몸을 일으켜 계속 앞으로 나아간다. 너무 심하게 울어서 앞이 거의 보이지 않는다. 어느 틈엔가 달빛이 가득한 연못가에 다다른다. 사시나무들이 보인다. 나는 새로운 절망을 삼킨다. 와이엇이, 혹은 와이엇이 아닌 것이, 혹은 그가 누구이건, 나를 다시 습지로 이끌었다.

"마스."

그가 뒤에서 나를 붙잡고 우리는 얕은 물에 빠진다. 고개를 들고 그를 쳐다보는 순간, 사시나무들이 온통 나의 시야를 채운다. 그의 모습은 깜빡이지 않는 흰 눈동자들의 벽에 박힌 검은 그림자일 뿐이다. 나는 그 속에서 와이엇을 찾으려 애쓴다. 유일하게 색이 남아있는 그의 눈동자를 본다. 그와 가까이에 있다. 그의 떨리는 눈꺼풀 속에서 벌 한 마리가, 마치 살아있는 눈물처럼 꿈틀거리며 나오는 것을 볼 수 있을 정도로 가까이.

그가 식식거린다. "넌 우리에겐 너무 약해. 캐럴라인도 우리에겐 너무 약했어."

그가 내 위로 올라탄다, 불과 몇 분 전에 그랬던 것처럼. 그의 손이 내 목을 조이고 천천히, 천천히, 나를 물속으로 밀어 넣는다. 밤이 먹먹하게 흐릿해지고, 나무들이 물결치다가 하나로 합쳐진다. 나는 허우적거린다. 내가 주먹질하고 할퀴어도 그는 꿈쩍도 하지 않는다. 두 손으로 그의 목을 감아보지만, 소용없다. 그는 이제 자신의 목숨조차 생각하지 않는다. 벌들이 와이엇을 이용하여 날 죽일 것이다. 그 과정에서 와이엇이 죽어도 개의치 않을 것이다.

그가 나를 물속으로 더 깊이 밀고, 나의 시야가, 마치 내 머리에서 빠져나가려는 것처럼 세차게 고동친다. 휘저어진 흙탕물이 달을 지운다. 빛의 점들이 눈가에서 헤엄친다. 나의 목이 꾸르륵거리며 갈라지는 소리를 낸다.

내가 죽어가는 소리다.

그때 손 하나가, 별빛처럼 보드라운 손 하나가, 물속으로 들어와 내 뺨을 감싼다. 나는 눈을 뜨고 흐릿한 물 위의 이상하고 낯선 물체를 본다. 와이엇의 머리 뒤에서 환한 불빛이 반짝인다. 물속에서도 그 온기가 느껴지고, 윙윙거리는 소리가 들린다. 그 소리가 점점 더 고조되다가 갑자기 와이엇이 밖으로 밀쳐진다. 내가 위로 번쩍 들어 올려지면서 나는 갈대밭에 쓰러져 헉헉거리고 헐떡거리며 발버둥을 친다.

나는 몇 분 만에 처음으로 숨을 쉰다. 점들이 사라진다. 그러나 전부 다 사라진 건 아니다. 연못 위 달빛 속에서 한 무리의 벌들이 몰려다닌다. 그리고 유니폼을 입은 흰 여자애들이 그 밑에서 윙윙거린다.

허니들.

나를 끌어 올린 사람은 미미다. 미미가 젖은 몸으로 나를 끌어안으며 소리친다. "어떻게 된 거야? 우리가 계속 널 찾아다녔어. 대체 어쩌다 이렇게 된 거야? 마스, 네 *다리*……."

"비켜." 미미 뒤에서 브리아가 말한다. 그녀의 목소리에 긴장감이 감돈다. 그녀의 눈동자가 금빛이 감도는 갈색으로 빛난다. 브리아가 허공에서 손을 오므리자 벌들이 매끄러운 올가미를 만든다. 벌들은 와이엇에게 몰려가 와이엇을 연못으로 밀어 넣는다. 여자애들이 브리아와 합류하자, 마치 숲의 모든 분자가 그들의 명령에 따라 춤을 추는 것 같다. 얼마 후 와이엇이 연못 한복판으로 끌려간다. 그가 발버둥을 치는데도 무언가가 그를 붙잡고 있다. 연못이 부글부글 끓는다.

우리 머리 위에서 천둥소리가 한참 울려 퍼진다. 최고조에 달한 벌들의 소음이다.

"어떻게 하지?" 미미가 외친다.

"마스 먼저, 그다음 저 남자애." 브리아가 말한다. 브리아가 한 손을 내 무릎 아래 어딘가에 대고, 엄청난 통증을 일으킨다. 나의 비명이 벌들의 소음을 가르며 울린다.

"미미, 서둘러!" 브리아가 명령한다.

"하지만 해가 뜨지 않아서……."

"어서!"

미미가 내 위에 나타난다. 앙증맞은 리본이 달린 조그만 병을 들고. 미미는 억지로 나에게 꿀을 먹일 것이다.

"싫어!" 내가 소리친다.

미미가 병뚜껑을 열더니 손가락을 꿀에 담근다. 여자애들 두 명이 내 입을 강제로 벌리고 미미가 꿀을 내 잇몸에 바른다. 곧바로 하늘을 향하는 꿀의 중력이 나를 나의 몸에서, 나의 통증에서 꺼낸다. 나는 위에서, 그리고 안에서 나를 바라본다.

다른 여자애들도 손가락을 꿀병에 담갔다가 입술에 짙은 꿀을 바른다. 그들이 서로 새끼손가락을 건다. 윙윙거리는 소리가 변한다. 소리가 한곳으로 모아진다. 그 소리가 나를 향한다. 내 속으로 들어온다.

미미가 말한다. "우리가 널 도와줄게. 우릴 믿어, 마스."

그들을 막으려 애쓰지만 이제는 그들의 소리가 내 살갗 바로 밑에서 신경을 타고 기어다닌다. 그 소리가 뼛속에 있고 관절 사이에 있다. 그 소리가 내 다리를 타고 흐를 때 나는 긴장한다. 그 소리가 내 정강이의 부러진 뼈를 씻어낼 때 진동은 불협화음이 된다. 그러나 천천히, 불협화음이 다시 화음이 된다. 나는 허락한다. 그리고 원한다. 통증이 가라앉는다. 근육 속에서 뼈가 비틀어지는 느낌이 들더니, 쉭 소리와 함께 뼈가 제자리로 돌아온다.

윙윙거리는 소리가 나를 관통하며 내 피부의 다른 상처들에 걸린다. 나는 나의 피부로 들어가 새것처럼 느껴지는 몸으로 일어난다. 심지어 손톱 밑의 흙까지 사라졌다.

내 주위에서 여자애들이 조용히 무릎을 꿇으며 주저앉는다. 브리아만 여전히 서있다. 브리아는 가까스로 서있다.

"일어나, 얘들아. 아직 다 안 끝났어." 이를 악물고 브리아가 말한다.

그들은 서로를 부축해서 일으키며 연못가로 다가간다. 와이엇은 연잎 사이에 웅크리고 있다. 내 핏속에서 흐르는 꿀 때문인지, 와이엇이 에너지의 집합체임이 선명하게 느껴진다. 그의 심장 속에서 팔딱거리는 두려움을, 그의 혼란스러운 생각의 소용돌이를 느낄 수 있다. 심지어 그의 피부 밑에 숨은 따끔거리는 벌들도 느낄 수 있다.

"그럴 줄 알았어. *쟤가* 시에라를 죽였어." 미미가 말한다.

와이엇, 혹은 와이엇이 아닌 것의 몸이 뻣뻣하게 굳는다. 진실이 확인되는 순간이다. 깨달음이 여자애들 사이를, 그리고 나를 관통한다. 나는 시에라가 죽은 다음 날 아침 그를 보았던 기억을 떠올린다. 양봉장으로 걸어가면서 그녀가 사라졌음을 알았다. 그때 와이엇은 피곤했다. 그게 이유였다.

미미가 말한다. "웬디의 조카라도 상관없어. 벌집이 더 높아."

여자애들이 고개를 끄덕인다. 그들은 연못의 남자애를 쳐다보지만, 그는 하늘을 본다. 은색 별빛이 그의 어두운 동공으로 스며든다.

"도와줘." 그가 속삭인다.

"도와달라고? 우린 널 죽일 거야, 개새끼야! 얘들아, 준비해." 미미가 소리 지른다.

"와이엇은 수벌이야." 내가 소리친다.

사위가 고요해진다. 천둥소리마저 멈춘다.

"그럴 리가." 브리아가 말한다.

"맞아. 내가 봤어. 머릿속에 벌들이 있었어."

"수벌이었다면 알아차렸을 거야." 카일이 말한다. 그녀도 미미의 윙윙거리는 소리에 합류한다.

"아니, 우리가 시험해볼 거야. 마스, 일어설 수 있겠어? 네 도움이 필요해." 미미가 명령조로 말한다.

내가 다리를 시험해본다. 뼛속이 살짝 간지러운 것 말고는 괜찮다. 씨제이와 피제이가 나를 일으켜 세운다. 내가 일어서도 괜찮은 것을 확인하고, 그들이 나와 새끼손가락을 건다. 와이엇의 몸이 뻣뻣해지고, 윙윙거리는 소리가 고조되자 몸을 홱홱 움직인다.

나에게서도 윙윙거리는 소리가 난다. 목에서 나오는 소리가 아니다. 나와 내 곁에 서있는 여자애들의 피부 사이의 미세한 공기층에서 배어나는 진동이다. 그것은 두 개의 자석이 서로를 밀어내는 힘과도 같다.

연못이 빛을 발하기 시작한다. 바닥에서 비취색 광채가 솟아오르고, 숲은 떨리는 광채에 휩싸인다. 연잎들이 파닥거리며 미끄러지고 꽃들이 한숨 쉬듯 벌어진다. 자신을 서서히 물속으로 끌어당기는 보이지 않는 힘에 저항하며 와이엇이 긴장한다. 이제 그의 몸은 어깨까지 잠긴다. 차가운 불빛 속에서 가라앉지 않으려 애쓰는 그의 목에 조그만 돌기들이 돋는다. 허니들의 윙윙거리는 소리가 더 커지고, 그는 더 깊이 끌려 들어가고, 이제 그의 얼굴만 진동하는 수면에 떠있다. 그가 완전히 잠기기 직전, 그의 입이 벌어지더니 그 안에서 윙윙거리는 안개가 꿈틀거리며 새어 나온다.

브리아가 허공에서 보이지 않는 줄을 낚아채자 벌의 안개가 연처럼 그녀 쪽으로 움직인다. 벌 떼가 브리아의 손바닥 위에서 맴돈다.

여자애들이 중얼거린다. *벌 떼가 이탈한 거야? 누가 이탈했어?*

"누구야?" 벌들로부터 시선을 떼지 않고 브리아가 묻는다. 나조차도 이 벌들이 양봉장의 벌들과 다르다는 걸 안다. 와이엇에게서 빠져나온 벌들은 훨씬 더 화가 났고 훨씬 더 악랄하다.

여자애들이 조용하다.

"*누구 짓이냐니까!*" 브리아가 다시 묻는다.

아무도 대답하지 않자, 브리아가 입술을 오므리더니, 풀숲을 스치는 바람과도 같은, 속삭임과도 같은 잔잔한 휘파람을 분다. 성난 벌 떼가 고요해지더니 회오리가 된다. 브리아가 물러서서 손을 내린다. 벌들이 오르락내리락하며 방향을 튼다. 그들의 몸은 온통 루비의 핏빛으로 물들어 있다. 벌들이 구불구불 비행하는 목걸이처럼 허공을 가르더니 한 여자애의 머리 위를 맴돈다.

나머지 여자애들이 기겁한다.

브리아가 숨 가쁜 비명을 지른다.

"미미?" 브리아가 중얼거린다.

미미가 눈을 커다랗게 뜨고 자매들을 바라보며, 벌 떼 밑에서 몸을 웅크린다. 그러더니 중얼거린다. "어쩔 수 없었어. 벌집을 위해서. 그럴 수밖에 없었어. 그들은 *나약했어.* 그들이 사라져야 우리가 번창할 수 있어. 하지만 내가 직접 나설 순 없잖아. 안 그래?"

"미미, 대체 이게 무슨 짓이야." 브리아가 두 손으로 관자놀이를 누른다.

"어쩔 수 없었다고!" 미미가 허리를 똑바로 편다. 대범한 척하지만 미미의 입술은 떨리고 있다.

"캐럴라인은 *나약했어.* 여왕이 되어선 안 되었다고. 그건 우리 모두가 알고 있었어. 심지어 캐럴라인 자신도 알았어. 그러니 여왕이 된 이후 안에서부터 썩어갈 수밖에 없었지. 그런 판국에 시에라가 얘를 끌어들인 거야." 미미가 나를 향해 비난의 손가락질을 한다. "여왕은 여왕이어야 해. 여왕답지 못하면 벌집이 여왕을 처단할 수밖에!"

브리아가 소리친다. "지금 제정신이야? 우린 결코 선량한 사람들을 해치지 않아, 미미. 그게 우리 규칙이야!"

미미가 입을 비죽거린다. "난 사람들을 해치는 게 아니야. 남자애들을 해치는 거지."

브리아는 곁눈질로 나를 쳐다보며 묻는다. "네 성별이 뭐였지?

"음……." 죽기 직전까지 졸렸던 목이 여전히 욱신거린다. "사실 난 어느 쪽이든 괜찮아. 어떤 성별도 될 수 있어."

브리가 양손을 들었다 내린다. "들었지? 그러면 시에라는? 시에라가 마스를 영입할 줄 알고 있었던 거야? 그래서 수벌로 시에라를 유인해서 없애버린 거야?"

미미는 그 사실을 부정하지 않는다. 오히려 오만하게 턱을 앞으로 내민다.

"시에라가 문제를 일으켰고, 그래서 내가 조처를 취한 거야. 날 방해한 건 시에라의 실수였어. 난 너희 중 그 누구도 할 수 없는 일을 했어. 그리고 너희 모두가 그럴듯한 알리바이를 갖도록 일을 처리했어. 고맙다는 인사는 사양할게."

"우린 그런 식으로 일을 처리하지 않아. 우린 그런 애들이 아니야." 브리아가 말한다.

미미가 쏘아붙인다. "맞아. 난 너희들과 달라. 난 *강해*. 실패한 여왕이 둘이어선 안 돼. 우리 자매들의 공동체에는 꿀이 필요한데, 지금 우린 *우리*가 먹을 양만 겨우 생산하고 있잖아. 만약 여왕을 잘못 뽑으면 벌집은 무너질 거야. 브리아, 왜 네가 여왕이 될 수 없는 거야? 네가 가장 긴 시간 여왕의 자리를 지키지 않았어?"

"왕좌는 특권이 아니야. 짐이야." 브리아가 말한다.

"그렇다면 *내가* 그 짐을 감당할게. 너도 알다시피, 난 강해. 너희들 중 누구도 타일 게임에서 날 이기지 못해. 내가 레이스로 무얼 하는지 너희들은 눈치조차 채지 못했어. 그것만 봐도 내가 지도자의 자질을 갖추었다는 건 증명되잖아."

나는 브리아가 거의 굴복했다고 생각한다. 미미의 주장이 브리아에게 스미는 것이 보인다. 그러나 그 순간 브리아가 고개를 젓는다.

"아니." 브리아가 두 번 손뼉을 친다. "넌 너의 자매를 살해했고 벌 떼의 이탈을 조장했어. 넌 벌집의 단합을 두 *번이나* 위태롭게……."

"잠깐." 카일이 끼어든다. "마스도 죽이려고 했잖아."

브리아가 정정한다. "두 번 반이나 위태롭게 했어. 그 대가가 뭔지는 너도 알겠지."

미미가 소리친다. "그만해! 네가 나한테 그럴 순 없어! 넌 네가 전지전능하다고 생각하나 본데, 판결은 네가 내리는 게 아니야. 벌집이 더 높아."

브리아가 어깨를 으쓱한다. 그리고 손가락을 튕기려고 손을 든다.

"그래, 벌집이 더 높아, 미미. 그러니까 이제 그만 입 닥치고 벌집의 말을 들어볼까?"

"넌 못해." 미미가 중얼거린다.

브리아가 손가락을 튕긴다. 여자애들 모두가 손가락을 튕긴다. 미미가 눈을 깜빡이다가 천진난만함이 싹 가신 표정으로 여자애들을 노려본다. 그러더니 돌아서서 도망치다가, 멈추어 선다. 멀리서 윙윙거리는 소리가 들린다. 수백만, 수천만 개의 날개들이 퍼덕이는 소리. 그들이 숲속 습지 방향에서 끓어오른다. 호텔 지하의 동굴 속에서 우리를 에워싸던 그 수벌들이다. 수벌 전체가 이곳으로 소집된 이유를 나는 알지 못한다.

미미가 소리 지른다. "난 손가락 안 튕겼어! 만장일치가 아니라고!"

"너한텐 권리가 없어." 브리아가 서글픈 목소리로 말한다. 나는 브리아가 시에라를 생각하고 있음을, 슬픔이 슬픔보다 더 깊고 강한 분노를 덮고 있음을 느낀다.

첫 번째 벌이 미미의 뺨을 공격한다. 미미가 손으로 벌을 눌러서 죽인다. 그녀의 다음 동작을 나는 보지 못한다. 놀라운 속도로 미미의 형체가 흐릿해지더니 갑자기 번쩍하는 달빛이 보였기 때문이다. 미미의 양봉칼이 나를 향해 날아오다가, 목을 치기 직전에 멈춘다. 카일이 칼을 잡았다. 미미가 다시 비명을 지르며 머리에 붙은 벌 몇 마리를 죽인다.

그리고 미미는 사라진다. 눈 깜짝할 새에 벌들이 온몸을 감싸 흐물흐물한 미미의 형체만 남는다. 미미의 비명은 거칠고 맹렬하다. 벌을 떼어내려 해보지만, 소용없다. 점점 더 많은 벌들이 공간을 메우고, 더 이상 미미가 남아있지 않을 때까지 미미를 뒤덮는다. 이제 미미는 조그맣고 부글부글 끓는 몸뚱이들로 이루어진 고치일 뿐이다.

그것이 허공으로 떠오른다.

"마스." 브리아는 그것에서 눈을 떼지 않는다. "보지 마."

벌들이 윙윙거리는 소리가 한 단계 높아지더니, 거기서 또 한 단계 높아진다. 수억 개의 날개가 점점 더 빠르게 움직인다. 달빛이 내리쬐는 빈터에 갑자기 열기가 들끓는다. 고치 안의 무언가가 찐득한 주황빛을 발한다.

미미가 비명을 지른다. 손 하나가 고치 밖으로 나온다. 열기에 오그라들었고, 살갗이 벗겨져서 분홍색이다. 그 손이 고치를 찢는 바람에 불타는 내부가 드러나고, 짧은 순간, 연못이 들끓는 붉은색으로 물든다. 열기가 너무도 강해서 나의 눈물마저 증발해버린다. 그때 찢긴 고치가 다시 봉합되고, 벗겨진 손이 사라지고, 비명도 잦아든다. 빛이 점점 더 강해지다가 어두워진다. 마치 거센 폭풍 뒤로 저무는 태양처럼.

마침내 윙윙거리는 소리가 잦아든다. 불빛이 사그라진다. 그러나 열기는 여전히 남아있다. 불에 탄 살냄새와 함께.

"마스, 내 말 잘 들어." 브리아가 내 앞을 가로막고 서서 명령한다. "도망쳐."

"하지만 와이엇은, 와이엇은……."

"아무도 와이엇을 해치지 않아."

"그래도……."

"아니, 내 말 들어. 여기서 도망쳐서 다시는 돌아오지 마. 모든 벌집에는 여왕이 필요하고, 캐럴라인은 여왕이었어. 하지만 이제 캐럴라인이 없으니 벌집은……." 브리아가 내 어깨를 흔든다. "벌집은 널 원해, 마스. 벌집은 줄곧 너를 요구하고 있었어. 넌 도망쳐야 해. 내가 그들을 전부 막을 순 없어."

나.

나, 여왕.

브리아가 나를 일으킨다. 벌 떼가 그녀 뒤에서 흩어진다. 여자애들은 홀린 듯 감탄하며 벌들을 바라본다. 벌 떼 속에서 나는 형상들을, 문양들을 본다. 음지의 꿀이 내 목을 타고 흐를 때 보았던 것과 똑같이 유혹적이다. 그것이 나를 붙잡고, 나를 끌어당긴다.

브리아가 나를 흔들며 낮게 외친다.

"넌 이걸 원하지 않잖아. 캐럴라인은 자신이 원한다고 생각했지만 결국 아니었어. 그래서 파멸했어. 넌 캐럴라인보다 아는 게 훨씬 적어. 너한테도 똑같은 일이 일어날 거야."

나는 잘 모르겠다. 벌집이 날 위해 노래하고 있다. 그 노래가 내 마음속을 헤집어 고통으로 엉킨 곳을 찾아 매듭을 푼다. 부드럽게 어루만진다. 내 안에 자리 잡을 수 있도록 마음을 열어달라고 애원한다.

브리아가 내 뺨을 세게 갈기자 나는 바닥에 쓰러진다. 비로소 정신이 든다. 고개를 들어보니 브리아가 둘이다. 브리아가 있고 브리아와 비슷한 또 하나의 형체가 그 옆에서 헤엄치고 있다. 짧은 순간, 나를 쏘아보는 두 쌍의 눈동자 속에서 캐럴라인을 발견한다.

"도망쳐." 그 둘이 동시에 말한다.

그리고 나는 처음으로, 그들의 말을 듣는다.

제32장

⬠

새로 얻은 다리로, 나는 쏜살같이 달린다.

숲이 내 발밑에서 찢긴다. 모두가, 모든 것이, 내 뒤에 있다. 그 모든 것이 차가운 연못 속에 갇혔다. 가장 작은 손가락으로 서로에게 연결된 그들 모두가, 윙윙거리며 울고 웃고 불태운다.

그들이 미미를 불태웠다.

고치가 터졌을 때, 아무것도 나오지 않았다. 검게 그을린 해골조차도. 미미가 무엇이 되었건, 그것은 잿가루보다도 작다.

도망쳐, 브리아는 말했다. 만약 내가 도망치지 않으면, 벌 떼에 휩싸여 짓이겨지거나 불태워질 거라는 듯이. 혹은…….

받아들여질 거라는 듯이.

모든 벌집에는 여왕이 필요하고, 캐럴라인은 여왕이었어.

그리고 그것이 캐럴라인을 죽게 했다.

나는 울면서 달리지만 멈추지는 않는다. 나의 비명과 다리는 똑같다. 둘 다 내 안에서 무너지는 무언가의 표출이다. 나는 질문을 갖고 이곳에 왔다. 이번에는 도망치지 않겠다고 약속했다. 하지만 나는 지금 도망치고 있다. 대답을 감당할 정도로 강하지 않기 때문이다.

어느덧 숲이 성글어지고, 나는 나지막한 돌담을 뛰어넘는다. 돌담 건너편에는 나무들이 격자무늬를 이루며 서있다. 나는 과수원에 들어와 있다. 농장이 시야에 들어오자 속도를 늦춘다. 곡물 저장기의 깜빡이는 불빛이 보이고, 그 아래 정갈한 집 한 채가 보인다. 나는 두려움을 삼키고, 팔다리를 억지로 진정시킨 다음, 그 집을 향해 달린다. 집으로 들어가 도움을 청할까도 생각하지만, 그 순간 마당에 세워둔 ATV°가 보인다. 차라리 잘됐다. 딱 한 번 운전해봤지만, 보호장치조차 없이 그렇게 빨리 달리는 것이 합법이라는 사실에 놀랐던 기억이 있다.

나는 ATV에 올라타서 헤드라이트에 불이 켜질 때까지 버튼들을 눌러본다. 이것저것 누르다 보니 마침내 괴물이 깨어난다. 핸들을 돌리는 순간 ATV가 거만하게 휙 몸을 틀더니, 하마터면 나를 패대기칠 뻔한다. 몇 번의 시도 끝에 나는 비뚤어진 원을 그릴 수 있게 된다. 심지어 브레이크도 찾아낸다.

방충 문이 벌컥 열리더니 웬 남자가 소리를 지른다. "야!"

"죄송해요!" 나도 소리를 지른다.

자갈길로 들어서고, 우편함을 들이받을 뻔하고 나서야 비로소 포장도로로 접어든다. 직진 도로를 타는 순간 나는 속도를 최고로 높여서 휭! 하고 달린다. 바람이 내 귀를 채운다. 요란한 엔진의 기계음과 검은 띠 같은 도로의 묘한 침묵도. 끊임없이 귓가에 울려 퍼지던 벌들의 날갯짓 소리가 처음으로 들리지 않는다. 모든 것이 자유의 소리처럼 느껴진다. 마침내.

○ 험한 지형에도 잘 달리게 고안된 소형 오픈카

에스펜으로 오는 길을 기억한다. 그 모든 내리막길과 급커브를 기억한다. 나는 가드레일 뒤에 숨은 골짜기로 추락하지 않도록 그 길을 천천히 달린다. 마침내 숲에서 빠져나왔을 때, 깔끔하게 손질된 비탈진 밭들을 미끄러지듯 달린다. 주택들이 도로에 바짝 다가와 있다. 저 멀리 (아 젠장, 고맙습니다, 게이지저스!°) 드디어 신호등이 보인다.

나는 잔디 위 조형물들이 있는 곳에 차를 세우고 걷는다. 차의 주인은 아마도 경찰에 신고를 했을 것이고, 경찰은 ATV 절도범을 찾기 시작했을 것이다. 경찰이 크롭 티에 반바지, 등산 부츠를 신은 젠더플루이드 십대의 말을 믿지 않는다고 해도 별로 놀랍지 않다.

나는 뱀 모양 코걸이를 아래로 내린다, 스타일을 완성하기 위해서.

마을은 내가 생각했던 것보다 크다. 성긴 나무들 사이로 고속도로의 소음이 들리고, 저만치 보이는 네온사인이 달빛을 가린다. 여전히 별들이 보인다. 그러나 별들은 평평한 검은 하늘의 긁힌 자국들일 뿐이다. 에스펜 위에 떠있는 별들처럼 기하학적으로 위풍당당하지 않다. 다행이다. 야생의 웅장함이라면 볼 만큼 보았다.

나는 계속 걷는다. 차들이 지나갈 때면 나무들 틈에 숨어 이제 어떻게 해야 할지 생각한다. 경찰에 가는 건 몇 가지 이유로 배제한다. 첫째, 농장에서 ATV를 훔친 지 얼마 안 되었다. 둘째, 나는 마티아스이지만, 그 사실을 증명할 수가 없다. 나에겐 핸드폰이 없다. 머리를 짧게 잘라서 신분증 사진과도 다르게 보인다. 그게 마지막이자 세 번째 이유다.

이런저런 궁리를 하다가 고개를 들어보니, 엉망진창인 나의 삶에서

○ 예술작품이나 사회적 논쟁에서 예수를 동성애자로 묘사할 때 쓰는 표현

가장 아이러니한 비극이 눈앞에 있다. 내가 애플비 앞에 서있다. 우리가 오는 길에 들렀던 바로 그 애플비.

숙명인지 업보인지 혹은 정의인지, 나는 더 이상 우연을, 더구나 이런 수준의 우연을 무시하지 않는다.

진짜 웃긴다, 캐럴라인. 안으로 들어서면서 생각한다.

"아, 죄송합니다. 영업 끝났……."

종업원이 나를 보고 말을 멈춘다. 나는 땀범벅이고 아마도 지저분할 것이다. 그녀가 나에게서 무엇을 보았는지 몰라도, 아마 일 초 뒤에 애플비 로고가 새겨진 권총으로 날 쏠지도 모른다.

"도와주세요. 도움이 필요해요. 전화 한 번만 쓰게 해주시면 갈게요. 약속해요." 내가 말한다.

"그럴 줄 알았어!" 그녀의 목소리가 거만하다.

엄청난 실수를 저지른 건가 생각하는데, 종업원 한 명이 행주를 흔들며 달려 나온다.

그녀가 말한다. "헤더 마티아스의 아들, 맞지? 몇 주 전에 온 사람이 헤더 마티아스가 맞았어. 사진 찍어서 유명 인사 사진 게시판에 붙여놓았어야 했는데."

그녀가 두 개의 사진이 걸려있는 벽을 가리킨다. 한 장은 가이 피에리°의 사진이고, 다른 한 장 역시 가이 피에리의 사진이다.

나는 안도한다. 이런 상황이라면 대처할 수 있다. "전화기 좀 써도 될까요? 엄마한테 전화해야 해서요."

○ 미국의 요리사이자 레스토랑 경영자, 베스트셀러 작가이자 방송인

종업원들이 계산대 안쪽의 전화기를 가리킨다. 수화기를 들기 전에 나는 진지하게 그들을 쳐다본다. 두 사람 다 핸드폰을 꺼내 들고 있다.

"사진 찍으시면 안 돼요. 제가 여기 있는 건 아무한테도 얘기하시면 안 돼요……. 일급비밀이라서요." 내가 말한다.

그들이 공모자처럼 고개를 끄덕이고 핸드폰을 도로 집어넣는다. 나는 집으로 전화를 건다.

*

전화를 끊었을 때 종업원들은 식당 안쪽에 내 자리를 마련해놓았다. 그들은 나를 거기 앉히고는, 나의 항의도 무시하고, 보란 듯이 모차렐라 스틱 한 바구니를 내온다. 뼈 없는 닭날개튀김과 감자칩, 퀘사디아도.

"뭘 좋아하는지 몰라서, 그냥 클래식콤보로 가져왔어." 그들 중 한 명이 주문기기를 만지작거리며 말한다.

"클래식콤보 좋아해요. 고맙습니다." 내가 말한다.

그 말에 그들이 안심한다. 그들은 내가 앉으라고 하길 기다리며 내 앞자리를 쳐다본다.

"저, 화장실 좀 써도 될까요?" 내가 묻는다.

그들은 써주면 영광이라고 말한다. 그레타와 수전이라고 자신을 소개한 뒤, 두 사람이 함께 나를 화장실로 안내한다.

그들이 말한다. "얼마든지 써. 혹시 우리가 필요하면 부르고."

그들은 서로에게 윙크를 하고는 키득거리며 물러선다.

화장실은 마지막으로 여기 와서 세면대에 피를 흘렸을 때와 똑같다.

423

세수를 하면서 나는 앞으로 닥칠 일에 마음의 준비를 한다. 내 전화를 받고 아빠는 무척 충격을 받았다. 아빠는 뭔가 잘못되었다는 것을 곧바로 알았다. 그는 내게 괜찮으냐고도 묻지 않았다. 그저 "어디니?"라고만 물었다.

내가 어디 있는지 말하자, 잠시 굴욕적인 침묵이 흐른 뒤 그가 물었다. "우리가 갔던 바로 그 애플비?"

"저 여기 **거부할 수 없는 세트** 좋아해요. 진짜 거부할 수 없거든요."

"거기 꼼짝 말고 있어. 아무하고도 얘기하지 말고. 가면서 전화하마." 아빠가 명령했다.

수전과 그레타는 전화가 울리면 알려주겠다고 했지만 전화는 울리지 않는다. 나는 씻을 수 있는 만큼 씻고, 종이 타월로 물기를 닦는다. 나는 다시 전화기가 있는 곳으로 가서 아빠의 핸드폰으로 전화한다. 아무도 받지 않는다. 엄마에게 전화하자, 엄마가 전화를 받는다.

"마스, 아가, 괜찮니? 무슨 일이야?"

"헤더, 그만." 아빠가 말한다. 내 전화가 스피커폰으로 연결되어 있다. 그들은 이미 차 안에 있다.

"전 괜찮아요." 내가 말한다.

"다행이다. 가만히 있어. 몇 시간 내로 도착할 거야. 다시 전화하지 말고." 아빠가 말한다.

"마틴, 세상에, 당신 꼭 아버님 같아." 엄마가 속삭인다. "마스, 아가, 지금 안전하니?"

나는 그레타와 수전을 쳐다본다. 그들이 클래식콤보의 음식들을 집어 먹기 시작했다.

"네, 안전해요. 어쨌든 빨리 좀 와주세요. 네?"

"어떻게 해야 하는지 알지?" 아빠가 말한다.

"넵."

"그래. 더 이상 소란 피우지 마."

"넵."

전화가 끊긴다.

＊

몇 시간 뒤, 그레타, 수전 그리고 나는 친한 친구가 된다. 나는 그레타가 키우는 미네르바라는 이름의 사마귀에 대해, 그녀의 북클럽에 대해, 그녀의 습진에 대해 알게 되고, 그녀에게 개 알레르기가 있고, 개를 무서워하면서도 관심이 많다는 걸 알게 된다. 더구나 개들은 습진을 유발한다. 수전은 트랜스젠더인 자신의 사촌에 대해 얘기하지만 내 기분이 상할까 봐 너무 걱정하는 바람에 그 이상의 이야기는 듣지 못한다.

나는 텅 빈 주차장에 차가 들어와 멈추었다가, 뒤쪽으로 돌아가는 것을 본다. 전화기는 꼭 한 번, 마치 초인종처럼 울린다.

"제가 받을게요." 내가 부스에서 일어서며 말한다. 그레타와 수전이 서로를 붙잡고 이게 실제 상황임을 서로에게 확인시킨다. 그들은 엉망이 된 테이블을 본다. 기름 묻은 바구니들과 디핑소스 자국, 거부할 수 없는 세트가 어질러져 있다.

나는 화사한 주방을 가로지른다. 썩어가는 늪지의 호텔 주방이 떠올라 더럭 겁이 난다. 나는 계속 걸어서 뒷문으로 나가, 대형 쓰레기 수거

함 뒤에 있는 검은 차를 향해 손짓한다. 잠시 후 전조등이 몇 번 깜빡이더니 부모님이 달려 나온다. 엄마가 먼저 달려와 나를 꽉 끌어안는다. 아빠는 다친 데가 없는지 꼼꼼히 살핀 뒤 나를 끌어안는다.

안으로 들어가보니, 그레타와 수전이 어느새 깔끔하게 치워진 테이블 옆에 서 있다. 아빠는 나에게 더플백을 건네주고 옷을 갈아입으라고 말한다. 화장실에 가서 확인해보니, 새출발에 필요한 모든 게 들어있다. 물티슈, 디오더런트, 새 옷, 화장품까지. 증거물을 보관할 조그만 멸균 비닐백도 챙겼다.

흔적을 남겨선 안 돼.

나 자신을 재건하는 데 필요한 용품들을 사용하면서, 나는 와이엇을 생각하지 않으려 애쓴다. 옷을 다 갈아입고 나니, 그대로 교회에 가도 아무도 내가 겪은 일을 알아차리지 못할 정도로 깔끔하다.

주방으로 돌아와보니 그레타와 수전이 부모님 주변을 서성이며 필요한 게 없는지 묻고 또 묻고 있다. 엄마는 공손하게 거절한다. 그러자 두 여자가 눈물을 글썽이며 엄마를 너무나 존경한다고, 엄마가 훌륭한 롤모델이라고 말한다. 이런 상황에서 아빠의 인내심은 흠잡을 데 없지만, 종업원들이 나에게 알랑거리기 시작하자, 아빠도 초조해한다. 그레타가 자기는 *젠더플루이드* 혹은 *논바이너리*가 정확히 뭔지 오늘에야 알았다고 할 때, 아빠가 그녀의 말을 자른다.

"헤더, 그만 가지. 두 분께 불편을 끼쳐서 죄송합니다. 우리 아들에게 식사를 제공해주셔서 감사합니다. 이 정도면 될까요?"

그가 두툼한 현금 봉투를 내민다. 거부할 수 없는 세트 백 개를 주문하고도 남을 금액이다.

"거스름돈은 필요 없습니다. 하지만 오늘 일에 대해서는, 여기 있는 사람들만 알고 있는 걸로 해주실 것을 부탁드립니다. 아시겠죠?"

종업원들이 당연히 그럴 거라고 대답한다. 그들이 작별 인사를 하며 포옹을 하고는, 나에게는 다시 오겠다는 약속을 받아낸다.

우리는 뒷문으로 나간다.

"고속도로 타면 그때 더 얘기하자." 아빠가 말한다.

엄마가 내 등을 어루만진다. 엄마는 내 옆머리에 키스하고 운전석에 앉는다. 나는 더플백을 넣으려고 트렁크를 열지만, 트렁크는 역시나 엄마의 물건들로 가득 차있다. 가방을 트렁크에 밀어넣는데 단단한 무언가에 부딪힌다. 고무 같기도 한 무언가에.

귓가에서 익숙한 윙윙 소리가 울린다.

젖은 아스팔트 냄새와 시동을 건 차의 배기가스 냄새가 풍기는 밤이지만, 트렁크에서는 유기체의 냄새가 난다. 끈끈하고 역겨우면서도 달콤한 냄새. 안에 뭐가 들었는지는 모르지만, 나는 용기를 내어 천천히, 물건의 굴곡을 따라, 지퍼를 내린다. 악취가 풍긴다. 눈이 아릴 정도로 지독한 악취.

가방을 벌려본다.

비명을 지른 것 같다. 내가 내 몸에서 벗어난 것 같다. 아빠의 손이 내 입을 틀어막고 그 순간 나는 새로운 냄새를 맡는다. 날카롭고 화학적인 냄새. 나의 시야에서 빛깔이 사라지고 내 몸은 축 늘어진다. 마지막으로 내가 본 것은, 황급히 달려와 가방을 닫는 엄마와 가방 지퍼에 캐럴라인의 코가 한 번, 그리고 또 한 번 끼이는 광경이다. 나도 트렁크에 갇힌다. 미라가 된 캐럴라인의 시신이 나의 유일한 벗이다.

제33장

○

나는 부서진 상태로 깨어난다.

신경회로가 깜빡이는 채로.

새로운 감각들이 여전히 약에 취한 나의 신경에 하나씩 불을 켜고, 나를 다시 연결한다. 처음에 나는 그저 두 개의 귀일 뿐이다. 지직거리는 매미 울음소리가 들리고, 거기 가세하는 귀뚜라미의 합창이 들리고, 사람들이 웅성거리는 소리가 들린다. 그리고 멀리서 들려오는, 집요한 벌집의 파도 소리가 들린다. 그다음에 나는 하나의 코일 뿐이다. 이끼와 부서진 콘크리트 가루 냄새, 히커리 향이 밴 진한 곰팡내가 난다.

뇌가 이 조각들을 꿰맞추느라 버벅거리다가 어느 순간 깨닫는다. 나는 호텔에 돌아와 있다.

움직일 수가 없다. 손가락 하나조차 까닥할 수가 없다. 그러나 감각이 없는 건 아니다. 나는 내가 똑바로 세워져 있고 따뜻하고 끈끈한 무언가에 둘러싸여 있음을 느낀다. 벌집이 고치처럼 나를 감싸고 있다. 브레이든에게 그랬던 것처럼.

"깨워요."

엄마의 목소리다. 눈을 번쩍 떠보지만 아무것도 보이지 않는다. 그저 창백한 물체를 감추기 위해 여행용 양복 커버의 지퍼를 올리려 애쓰던 엄마의 잔상뿐이다. 캐럴라인의 시신이, 불투명한 비닐에 싸인 채, 우리의 승용차 트렁크에 있었다. 그리고 아빠가 내 입에 클로로폼을 묻힌 헝겊을 집어넣었다. 다정한 엄마의 손길이 눈구멍 없는 마스크를 내 얼굴에 씌우기 전에 마지막으로 본 건 뒷좌석의 천장이었다.

약물 때문인지 모르겠지만 그게 얼마나 끔찍한 상황이었는지 선뜻 체감이 안 된다. 대신 나는 이런 생각을 한다. *캐럴라인한테 애플비 뒤에서 납치되었다는 얘기를 빨리하고 싶어. 와, 진짜 너무 창피하잖아.*

내 머리에서 마스크가 벗겨진다. 마침내 나는 앞을 볼 수 있다. 난생처음으로, 나는 애플비로 돌아가면 소원이 없겠다는 생각을 한다.

횃불로 밝힌 길고 어두운 방을 내려다본다. 양쪽으로 노란 기둥들이 아치 모양을 이루고 있지만, 기둥들이 꼭대기에서 만나진 않는다. 마치 부러진 위시본°처럼. 땅은 바닥을, 하늘은 지붕을 잠식했다. 이곳 전체를 지탱하고 있는 것은 담쟁이덩굴인 듯하다. 폐허인데도 왠지 신성하게 느껴진다. 나는 교회 안에 있다. 내 주위에는 온통 종이 등으로 장식한 어린나무들이 있다. 나는 제단 바로 위 공중에 매달려 있고, 스테인드글라스가 비추는 것은 바로…….

사람들이다. 흰 점프슈트를 입은 사람들이 빽빽하게 모여 서있다. 그들이 숨죽인 채 나를 올려다본다. 그들은 안이 비치지 않는 베일을 쓰고 있지만, 날 쳐다보고 있는 걸 안다. 왜냐하면 날 지탱하고 있는 무언

○ 닭고기나 오리고기 등에 있는 목과 가슴 사이의 V자형 뼈. 이것의 양 끝을 두 사람이 잡아당겼을 때, 긴 쪽을 갖는 사람의 소원이 이루어진다고 하여 이런 이름이 붙었다.

가가 살살 흔들릴 때 신도들의 시선도 함께 흔들리기 때문이다. 내가 온 힘을 다해 몸을 움직이자 벌집이 어그러지면서 꿀 한 방울이 내 눈썹 위로 떨어진다. 나의 생각마저도 포로가 된 것 같다.

"깨어났어요." 내 밑에 있는 사람이 말한다. 그가 들고 있는 기다랗고 끝이 구부러진 막대의 끝에 나의 고리버들 가면이 있다.

"그러면 이제 태양을 기다립시다. 베일을 걷어도 좋습니다."

사람들이 베일을 걷는다. 나는 어른들의 무리를 바라본다. 칠월 대축제에 참석했던 학부모들이, 숙소를 돌아보고 우리와 함께 식사를 하면서 에스펜의 날조된 목가적 풍경에 취했을 때와 똑같이 몽롱하고 흥분된 미소를 머금고 있다. 에스펜의 관리자들도 보인다. 웬디도 있다. 웬디는 나이가 든 여자의 팔을 부축하고 있다. 그녀는 농산물 장터에 왔던, 원로로 불리던 여자다. 나란히 서있으니 두 사람이 닮아 보인다. 모든 얼굴이 똑같이 황홀한 표정을 짓고 있긴 하지만.

바로 그 이유로, 나는 아빠와 엄마를 찾을 수 있다. 그들은 뒤쪽에 서서, 유일하게 웃지 않고 있다.

대체 이게……?

나는 말을 하려 애쓰지만, 내 혀가 무언가에 짓눌린 상태로 꿈틀거린다. 이제야 입안에 무언가가 있다는 사실을 깨닫는다. 뾰족한 무언가에서 감초 맛이 난다. 팔각. 무엇인지 아는데, 그리고 그것이 동전보다 가벼운데도, 뱉어낼 수가 없다.

"벌집이 더 높다!" 엄마가 외친다. 신도들이 한목소리로 화답한다. **벌집이 더 높다!**

엄마가 또 외친다. "태양이 떠오를 때! 낡은 것이 저문다! 낡은 것이

저물 때, 영원함이 탄생한다! 영원함이 탄생할 때, 우리가 있다!"

우리가 있다!

신도들이 흩어지고, 어른들이 부산스럽게 움직이기 시작한다. 어른들이라기보다는, 남자들이다. 남자들이 동그란 나무 받침에 놓인 크리스털 잔을 여자들에게 건넨다. 전채 요리가 나오고, 엄마가 만든 코프타°의 다진 고기 냄새와 얇은 반죽으로 만든 바삭한 빵이 부서지는 소리가 들린다. 칵테일파티 같다. 캐럴라인과 내가 늘 우리 집 난간에서 그랬던 것처럼, 위에서 이 광경을 바라보는 상황이 익숙하다. 문득 궁금해진다. 우리 집 파티에 왔던 사람들도 이 사람들이었을까? 내가 알아차리지 못했던 걸까?

웬디가 말을 하기 위해 잔을 위로 올린다.

"시작하기 전에, 한 말씀 드리겠습니다." 그녀의 말에 사람들이 조용해진다. "에스펜 사제단을 대표하여 이 자리에 참석해주신 여러분께 감사드립니다. 지난해의 여왕 즉위식 이후, 이렇게 빨리 우리가 다시 모이게 될 거라고 아무도 상상하지 못했죠. 하지만……."

웬디가 한숨을 쉰다. 웬디는 엄마를 연민이 아닌, 고도로 훈련된 경멸의 눈빛으로 바라본다. 몇 사람이 키득거린다.

웬디가 말을 잇는다. "참으로, 참으로 힘든 한 해였어요. 우리 음지의 꿀 수확량은 금세기 들어 가장 낮았습니다. 전망도 불투명할 뿐 아니라, 보호구역 관리단의 장터 운영조차 어렵게 만들고 있어요. 그리고 벌집은…… 분열을 겪었어요. 여왕의 실패도 있었고요. 마티아스 가족

○ 다진 고기에 돼지비계, 양념과 향신료를 넣어 만든 터키의 미트볼 요리

출신의 여왕이었지요. 참으로 안타까운 일입니다!"

엄마가 쉰 목소리로 말한다. "네, 충격적인 일이었어요."

웬디는 태연하다. "글쎄요. 과연 그렇게 말할 수 있을지 모르겠네요. 제 기억으로는, 마지막 여왕 즉위식이 있었던 일 년 전, 마티아스가 과연 적임자인지를 놓고 의문을 제기하는 사람들이 있었어요. 그들의 의심이 사실로 확인된 것은 너무도 서글픈 일입니다. 헤더, 마틴, 두 분의 상실에 애도를 표합니다."

"여왕의 실패는 우리 모두의 상실이죠." 씁쓸하고도 날카로운 목소리로 엄마가 말한다.

"네, 그렇습니다." 웬디가 어깨를 으쓱한다. "그래서 이번에는 더 올바른 선택을 하기 위해 이 자리에 모인 것이지요. 벌집이 더 높다!"

벌집이 더 높다!

이것은 펜싱이다. 페인트와 찌르기. 엄마가 쓴웃음을 짓고는, 내가 펜싱 칼을 들 때처럼 잔을 높이 들고 말한다. "참으로 안타까운 일입니다. 우리의 여자애들 모두에게 힘든 시간이었어요. 에스펜 사제단이 그토록 *세심하게* 관리를 하는데도, 바로 코앞에서 이렇게 일이 틀어질 수 있다니요. 웬디, 내가 만약 웬디를 잘 몰랐다면, 미미가 반란을 일으킬 때 누군가의 도움을 받았다고 생각했을 거예요."

정적. 엄마의 말에 담긴 비난을 모두가 읽는다.

"하지만 웬디는 그런 일은 용납하지 않겠죠?" 엄마가 덧붙인다.

"부족한 여왕일수록 많은 의혹을 남기는 법!" 웬디가 경망스럽게 말한다. 태연한 척하지만 그렇게 보이려 애쓰는 기색이 역력하다. "여자애들은 이 난관을 이겨낼 거예요. 제대로 된 지도자 없이 긴 시간을 견려야 했던 아이들이에요. 비록 반란을 피할 순 없었지만, 잘 대처했어요. 그 점에 대해서는 모두들 동의하시죠?"

"과연 그럴까요? 저는 일단 그 아이들의 말을 직접 들어보고 싶습니다만. 여러분들은 어떠신지요?"

신도들 사이에서 호기심 어린 동요가 일고 허니들이 입장한다. 그들은 무리지어 서서, 나를 제외한 모든 것을 쳐다보다가, 내 자리에서는 보이지 않는 어두운 구석에 시선을 고정한다.

도와줘. 내가 생각한다. *제발.*

그들은 지쳤다. 그리고 두렵다. 그래서인지 허니들처럼 보이지 않는다. 이상할 정도로 평범해 보인다.

"오늘 밤 무슨 일이 있었는지 누가 설명해볼까요?"

허니들이 침묵으로 시위한다. 그러고 보니 브리아가 없다. 그들이 브리아를 처형한 걸까? 날 구해주어서?

"그럼 루이스 양의 말을 들어보죠. 말하세요." 엄마가 말한다.

엄마가 허니들이 바라보고 있던 구석을 향해 말한다. 그곳에서 잠시 소란이 일더니 누군가가 숨을 몰아쉬는 소리가 들린다.

"브리아나 루이스." 실망한 기색이 역력한 목소리로 엄마가 말한다. "듣기로는, 네가 우리의 다음 여왕을 지킬 기회가 있었는데도 그걸 숨긴 것은 물론, 너의 자매들과 우리 수벌들이 추적하는 것까지 저지했다면서? 그걸 어떻게 설명할 거지?"

"이건 실패할 거예요!" 혀를 마비시키는 팔각을 뱉어내려 애쓰려는 듯이, 브리아가 말한다. "뭐가 더 높죠? 벌집인가요? 아니면 보호구역 관리단의 관료주의인가요? 우리의 예언으로 부를 축적하기 위해 대체 얼마나 더 원치 않는 즉위를 강요할 건가요?"

몇몇 어른들이 브리아를 조용히 시키려고 달려가지만 엄마가 한 손을 들어 그들을 저지한다. 엄마는 유권자의 멍청한 질문에 대답할 때처럼 자애롭고도 사려 깊은 태도를 취한다.

"브리아, 우린 아무것도 강요하지 않아. 너도 마음속 깊은 곳에서는 알고 있잖아. 안 그래? 우린 레이스의 안내에 따라, 보다 강력한 벌집을 만들기 위해 안전한 환경, 필요한 환경을 조성하는 것뿐이야."

브리아의 목소리에서 경멸이 배어난다. "강력한 벌집인가요, 아니면 생산적인 벌집인가요?"

엄마가 말한다. "강력하고, 생산적이고, 부유한 벌집이지. 그건 별로 다르지 않단다. 위대한 힘은 왕성한 식욕과 함께 오는 거야. 그게 자연의 섭리란다. 우리의 힘은 늘 우리의 결속에서 왔어. 우린 서로에게, 자연에, 레이스에 연결되어 있어. 음지의 꿀이 그 연결을 견고하게 해. 그게 없으면, 연결망이 닳고, 우리는 약해지고, 우리의 정점이 흔들려. 하지만 오늘부터, 우린 다시 일어설 거야. 마치 태양이……."

"그 유치한 태양 얘긴 그만 좀 해요! 당신은 캐럴라인에게 여왕이 될 것을 강요했고, 그건 실수였어요. 그런데 이제 똑같은 실수를 반복하려하고 있어요. 당신의 탐욕 때문에 우리 모두가 파멸하고 말 거예요." 브리아가 외친다.

*파멸*이라는 말이 속삭임으로 번지자 엄마가 외친다. "그만."

실랑이 이후, 브리아의 억눌린 항의는 사라진다. 나는 허니들을 통해 브리아를 본다. 허니들은 캐럴라인이 자주 짓곤 했던 표정을 짓고 있다. 공허하고 지친 눈빛 이면에 지적인 분노가 숨겨진 표정. 이 사람들이 누구이건, 보호구역 관리단이건, 에스펜 사제단이건 혹은 그 무엇이 건, 허니들은 이들을 경멸한다. 그리고 두려워한다. 나는 그동안 내가 잘못 생각했음을 깨닫는다. 나는 이 여자애들이 양봉가라고 생각했다. 그런데 양봉가는 어른들이고, 여자애들은 어른들이 거느린 군대다.

엄마는 아직 확신이 없는 신도들의 주의를 다시 한번 집중시킨다.

"여러분이 무슨 생각을 하는지 압니다." 엄마가 말한다. 한결 부드러 운 톤이다. 엄마가 호소하고 있다는 걸 나는 경험으로 안다. "캐럴라인 은 회의적이었던 게 사실이에요. 하지만 마스는 그렇지 않아요. 마스는 자발적으로 에스펜에 돌아왔어요. 새 여왕이 되기 위해 반드시 필요한 요건이죠. 우리는 그 점을 분명히 했어요."

나는 그것이 사실임을 깨닫는다. 정확히 그들이 원했던 것을 하기 위 해, 나는 너무도 치열하게 싸웠다.

엄마가 말을 잇는다. "캐럴라인은 실패했지만, 마스는 실패하지 않 을 거예요. 캐럴라인의 실패가 증명하는 바가 있다면, 마스의 실패가 아닌, 캐럴라인의 실패가 예정된 수순이었다는 거예요. 우리는 레이스 를 신뢰해야 합니다. 즉위식을 완료해야 합니다. 그러지 않으면 우리는 또다시 힘든 계절을 견뎌야 해요. 여러분 스스로에게 물어보시기 바랍 니다. 여러분의 사업은 이런 손실을 또 감당할 수 있나요? 레이스의 도 움 없이 여러분의 왕국을 운영할 수 있나요?"

수군거림이 잦아든다.

"그렇다면 한 가지만 더 물어보시기 바랍니다." 엄마는 한마디 한마 디에 절박함을 담는다. "그게 피할 수 없는 일일까요? 아뇨, 그렇지 않 다고, 저는 말씀드립니다. 우리가 나약함을 선택할 수도 있겠지요. 그러나 우린 만장일치의 힘을 선택해야만 해요. 그것이 수세기 동안 이어 져온 우리 공동체의 방식이었으니까요."

모두가 조용해진다.

"의심이 든다는 건, 여러분이 조금이라도 의심이 든다는 건, 우리의 연결이 약해지고 있다는 불길한 징조입니다. 그 이상의 의미는 없어요. 여왕의 왕좌는 이미 마티아스의 유전자와 성공적으로 통합된 바가 있 습니다. 다시 그렇게 될 것입니다. 바로 오늘. 루이스 양이 한 말 중 한 가지 옳은 것이 있다면, 우리가 하나가 되어 다 함께 앞으로 나아가지 않으면 우리는 함께 파멸하리라는 사실입니다. 이제 그 선택을 여러분 의 만장일치에 맡기고자 합니다."

엄마가 손을 들고 손가락을 튕길 준비를 한다. 관리단의 다른 회원들 의 손이 자동으로 올라간다. 웬디와 웬디 곁에 있던 몇 사람이 잠시 망 설이지만, 결국 모두가 천천히 손을 든다. 누구도 만장일치를 가로막는 사람이 되고 싶지는 않다. 모두가 손가락을 튕기고, 뜨거운 여름 공기 가 그들의 동의와 함께 부글거린다.

벌집이 더 높다! 신도들이 읊조리지만, 아까만큼 정의감에 불타지는 않는다. 단합의 모서리가 약해지고 있다.

엄마가 한발 물러선다. "좋아요. 서두릅시다. 아침이 오고 있어요."

사람들이 흩어지고, 교회 안쪽에서 남자들이 거대한 나무 평판을 밀 면서 다가온다. 평판 위의 물체에 레이스가 덮여있다.

내 심장이 빠르게 뛰기 시작한다.

레이스 밑에 뭐가 있는지 안다. 저 형체를 안다.

사람들이 허니들을 그 평판과 나 사이에 세운다. 허니들이 머뭇거리고 나는 그들에게 닿아보려 애쓴다. *하지 마! 제발!*

그러나 그들은 내 말을 듣지 못한다. 그들이 데이지꽃 화환처럼 서로 서로 연결되어 낮게 윙윙거리기 시작한다. 어른들이 조그만 유리병을 꺼내 뚜껑을 열고 새끼손가락으로 보석처럼 빨간 꿀을 찍어 먹으며 흐 뭇한 신음 소리를 낸다. 신도들도 가세하여 윙윙거리는 소리가 더 커지 고 그들의 화음이 허공을 가득 메운다.

평판 위의 물체가 뒤척인다.

나는 몸을 일으키려 애쓴다. 하지만 온몸에 힘을 주어도 움찔거리는 것조차 불가능하다.

사람들이 평판 가장자리로 모여들더니 그것을 들기 시작한다. 마치 전혀 무게가 나가지 않는 것처럼 평판이 허공으로 들어 올려진다. 그리 고 나를 향하도록 평판의 각도가 조절된다.

"태양과 함께 시작합시다." 웬디가 외친다.

레이스가 떨어지면서, 푸른빛이 감도는 잿빛 여명 속에 감추어졌던 것이 드러난다. 그것은 나의 자매가 아니다. 더는 아니다. 팔다리를 이 상하게 구부린 그것은 평판 한복판에 나체로 웅크리고 있다. 그러나 얼 굴만은 똑같다. 똑같은 코, 똑같은 입술. 눈도 여전히 완벽하게 보존되 어 있다.

나는 나를 묶고 있는 것들을 힘껏 밀어내본다. 나와 이 이상한 몸으 로부터 최대한 거리를 두고 싶은 마음이 간절하다. 하지만 오히려 조금 더 가까워진 느낌이다. 우리 사이의 자성이 무너지기 시작한다.

아니, 나 그리고 그것.

웬디가 외친다. "태양이 떠오를 때! 우리가 있다!"

우리가 있다!

태양이 사선으로 스며들며 교회의 빈 창문마다 버터색 빛의 창살을 그린다. 평판이 환하게 밝혀지고 그 위에 놓인 물체는 호박색 광채를 발한다. 주위의 모든 것이, 담쟁이덩굴, 기둥, 위를 향한 얼굴들이 맹렬하게 굽이치는 빛 속으로 가라앉는다. 깜빡이지 않으려 애쓰느라 눈이 따갑다. 캐럴라인의 이목구비가 녹은 유리 같은 네온빛 실루엣만을 남긴 채 녹아내린다.

"더 높이!" 웬디가 외친다.

어른들이 평판을 높이, 높이, 더 높이 들기 위해 서로의 몸을 타고 기어오른다. 그들은 서로를 밟고 서로의 어깨 위에 올라서면서 꿈틀거리는 언덕이 되어서 태양을 나에게로 조준한다.

"여왕이시여!" 웬디가 거의 노래하는 것에 가까운 목소리로 외친다. "한 여왕을 버리고 다른 여왕을 지키리라!"

꿀 한 방울이 내 뺨에 떨어지고 이어서 나의 입안으로 가랑비처럼 쏟아진다. 나는 눈을 감으려 애쓰지만, 그 황금빛 물체는 내 마음속 어둠에서 더 환히 빛난다. 고온의 발광체가 액체가 되어 길게 늘어지며 나에게로 들어온다. 빛이 툭 툭 툭, 한 방울씩 떨어지는 것이 느껴지다가 그것이 어느 순간 조용하고 끈끈한 실로 이어진다. 내 위로 흐른다. 나를 관통한다. 나는 눈을 감고 입을 다물고 있지만, 마치 나의 모공이 강제로 열리는 것처럼, 나의 온몸이 고통으로 따끔거린다.

나는 하나의 커다란 상처가 된다.

하나의 공허가 되고, 그 공허가 찰랑이는 빛으로 채워진다.

제34장

◇

숲속에, 호수가 있다.

호수 건너에, 초원이 있다.

초원 위에, 집이 있다.

그 집을 지나, 벌집이 있다.

벌집 안에는, 벌들이 있다.

벌들은 꿀을 뜨는 티스푼의 대형을 만들어, 십만 송이의 꽃들 사이로 떠다니듯 춤을 춘다. 얼어붙은 땅을 당돌하게 뚫고 나온 꽃들이다. 땅은 그 속에 묻힌 온갖 죽은 것들로부터 자라난 것들의 살아있는 모자이크다. 죽은 것들이 생명의 입자들을 뿌린다. 햇빛, 별빛, 달빛을 기억하는 입자들을. 슬픔, 웃음, 사랑을 기억하는 입자들을. 기억들. 입자들. 죽은 자들. 땅, 서리, 꽃 그리고 꿀. 이 모든 실타래가 한 방울의 꿀로 연결되어 있다.

숲속에 호수가 있다.

호수 건너에 초원이 있다.

초원 위에 집이 있다.

그 집을 지나 벌집이 있다.

벌집 안에는 벌들이 있다.

벌집 안에는 굴레에 갇힌 광활함이 있다. 그것은 모든 것의 모양을 기억할 정도로 오래되었으며, 모든 것을 비출 정도로 환하며, 모든 것에 영향을 미칠 정도로 대범한 하나의 의식이다. 굶주린 의식이기도 하다. 세상의 모든 것은 성장하려면 먹어야 하니까.

숲속에 호수.

호수 건너에 초원.

초원 위에 집.

그 집을 지나 벌집.

벌집 안에, 모든 것.

모든 것.

모든 것의 무한한 눈으로 보면, 현재는 시간과 공간 그리고 가장 중요한 의도가 만들어낸 교차로일 뿐이다. 현재는 하나의 접합점이고, 그것은 한때 있었던 것과 앞으로 있을 것 사이에 존재하지 않는다. 그때, 지금 그리고 나중은? 그것들은 경험의 프리즘을 통과하며 갈라진, 하나의 빛이 드리운 여러 개의 그림자다. 빛의 반사일 뿐이고 무지개일 뿐이다. 무한한 눈으로 보기에는 지극히 단순한 계산이다.

숲 호수

호수 초원

초원 집

집 벌집

벌집, 모든 것.

진실의 본모습은 고리나 연속체가 아니고, 지금과 그때의 원인과 결과 사이를 오가는 공도 아니다. 미리 정해진 두 지점을 잇는 길의 무지함도 아니다. 그것은 하나의 레이스다. 모든 것을 관통하는, 섬세하고 무한한 레이스.

속에.

건너에.

위에.

지나.

안에.

레이스의 설계는 너무도 복잡하고, 눈에 보이지 않을 정도로 촘촘하다. 레이스를 추적하려면 벌처럼 작아야 하고, 레이스를 이해하려면 벌집처럼 거대해야 한다.

속에. 건너에. 위에. 지나. 안에…… 그리고 너머에.

나는 지금 그곳에 있다. 그 너머에. 나는 무심하게 거리를 두고, 마치 별들이 우릴 바라보듯이, 그 세상의 역겨운 설계를 바라본다. 캐럴라인은 내게 말하곤 했다. 어스투마스*Earth to Mars*. 마침내 대지earth가 내게 왔고, 이제 나는 그 포옹에 답할 수 있을 정도로 거대하다.

내가 누구인지는 알지만, 무엇인지는 모른다. 집합체, 총합, 혹은 벌집의 이성? 나는 내가 생각했던 것처럼 약하지도 산산이 부서지지도 않았다. 완전히 파괴되지 않았다. 나의 몸, 나의 삶, 나의 기억을 기억한다. 내가 혼자였음을 기억한다. 그게 유일하게 달라지지 않은 점이다. 심지어 이곳에서도, 대자연과의 결합에서도, 나는 여전히 혼자다.

"아, *제발*, 마스."

응?

분명히 목소리를 들었다. 조금 전에, 분명히 그 애였다. 나는 메아리를 되짚어보면서, 나 자신을 공간, 시간, 모든 것의 뜨거운 격자 구조물 속에 내려놓는다. 기억이 나를 이끌게 하자, 결국 내가 다다른 곳은 어느 어두운 정원이다.

우리 집 정원이다. 우리 집 창문들이 활짝 열린 채 파티의 열기를 내뿜고, 서늘한 밤공기를 들이마시고 있다. 우리는 서로의 그림자 속에서 우리만의 파티를 즐기고 있다. 간접 조명과 숨죽인 음악과 훔친 스파클링와인 한 병으로. 창피한 일이고, 싸구려 와인이어도 상관없다. 왜냐하면 우린…….

우리.

그녀가 말한다. "왔구나! 드디어!"

그녀가 여기 있다.

나의 자매. 그녀가 여기 있다. 바로 내 앞에.

나는 캐럴라인을 끌어안는다. 캐럴라인은 진짜다. 그녀도 나를 끌어안고 나는 다시 하나의 육체가 된다. 떠다니는 정신이 아닌, 펼쳐진 레이스가 아닌, 그녀의 견고한 온기를 느낄 수 있는, 샴푸 향이 풍기는 머리카락 냄새를 맡을 수 있는, 한 번 더 그녀를 안을 수 있는, 육체다.

"널 찾으러 다녔어." 내가 그녀의 머리카락에 대고 속삭인다. "온 사방을 찾아 헤맸어."

"알아. 난 모든 곳에 있었어. 하지만 지금은 여기 있지."

우리는 일 분 뒤에, 혹은 그보다 더 한참 뒤에 서로에게서 떨어진다. 이곳에서 시간은 명확하지 않다.

"여긴 어디야?" 내가 묻는다.

우리가 함께 걷는 동안 캐럴라인이 덤불숲에서 나뭇가지 하나를 뽑아 죽은 나뭇잎을 무심하게 떼어낸다.

"그물이고, 지도고, 레이스야. 우린 잘 몰라. 모든 것 사이 의식의 영역이고, 꿀이 우리가 이 영역을 이해하게 해줘. 세상의 기억이라고 보면 돼. 뒤로도 가고 앞으로도 가는 기억이지."

"이게 기억이야?"

캐럴라인이 정원을 가리킨다. "이 정원이. 우리는 아니고."

"넌…… 진짜야?"

"난…… 무언가야. 난 갇힌 것 같아. 너도 갇힌 것 같고. 네가 벌집에 엮이게 되어서 정말 유감이야. 난 너한테 이런 일이 일어나지 않기를 바랐어."

우리가 정원 끝에 다다르자 음악이 아득해진다. 똑같은 음악이 우리 앞에서 다시 시작되고 우리는 다시 정원으로 들어선다.

"춤출래?" 캐럴라인이 말한다.

"좋아."

"잠깐, 옷 먼저 바꿔 입을래?"

나는 평상시처럼 정장을 입고 있고, 캐럴라인은 드레스를 입고 있다. 내가 옷을 바꾸어 입을까 생각하는 순간, 우리의 옷이 바뀐다.

캐럴라인이 미소를 짓는다. "한 바퀴 돌아봐!"

나는 캐럴라인을 위해 한 바퀴 돈다. 내가 한 손을 캐럴라인에게 내밀고, 캐럴라인이 그 손을 잡는다. 나는 캐럴라인을 한 바퀴 돌린다. 캐럴라인의 타이가 내 손목을 스친다. 우리는 늘 하던 대로, 캐럴라인이 고개 인사를 하고, 나는 한쪽 다리를 뒤로 빼고 무릎을 살짝 구부리며 절하는 것으로 춤을 마친다. 이상한 것은 어른이 나와서 우릴 방해하지 않는다는 것이다. 그들이 떠드는 소리가 더 크게 들리는데도.

"마스, 우리한테 시간이 얼마나 남았는지 모르겠어." 캐럴라인이 말한다. 이제 우리는 불빛이 닿지 않는 곳에서 서로의 손을 잡고 가만히 서있다.

"이게 현실이든 아니든, 너한테 사과하고 싶어. 내가 널 공격했던 그날 밤, 나는 내가 옳은 일을 하고 있다고 생각했어. 난 제정신이 아니었어. 하지만…… 한편으로는…… 혼란스럽고 두려웠어."

나는 캐럴라인이 보았던 것을 본다. 숙소H의 뒤쪽 헛간에서, 캐럴라인이 브리아, 시에라, 미미와 함께 둥글게 앉아있다. 그들 사이에는 녹은 초의 심지가 있다. 그들이 윙윙거리는 소리를 내자, 심지가 살아나고, 향기로운 바람에서 밀랍을 끌어모은 초가 굳어진다. 초가 완성되자, 캐럴라인이 그 초를 집어 든다. 식어가는 밀랍에는 내 이름이 찍혀 있다. **마스.**

"레이스는 우리에게 많은 것을 알려줘. 누굴 주시해야 할지, 누굴 도와야 할지. 초는 우리가 누굴 영입해야 하는지도 알려줘. 너의 초가 완성되었을 때, 그게 여왕으로서 나의 실패를 의미한다는 걸 알았어."

캐럴라인은 에스펜 극장의 관람석에 앉아 무대에서 연습하는 여자애들을 지켜보고 있다. 시에라가 그녀의 곁에서 신이 나서 떠들고 있지만, 캐럴라인은 텅 빈 호수를 바라보고 있다. 나는 그 표정을 안다. 캐럴라인은 계획을 짜는 중이다.

"나는 한동안 실패하고 있었어. 보호구역 관리단은 우리에게 너무 많은 걸 요구했어. 그들의 요구에 부응하고 싶었지만, 내 몸 안에서 벌집의 권력이 썩어가는 걸 느꼈어. 난 그 권력을 원하지 않았고 그것도 날 원하지 않았지."

캐럴라인이 숙소H의 침대에 누워있고 미미가 그녀의 어깨를 두드린다. 캐럴라인은 먼 곳을 응시하고 있지만 나는 미미를 본다. 미미의 연민이 고갈되는 순간을 본다. 램프의 불빛 속에서, 처음으로 나의 자매를 향한 증오의 불꽃이 튀던 순간을.

"내가 실패하리란 걸 나도 알았어. 난 여왕이 되고 싶지 않았거든. 하지만 선택의 여지가 없었어. 엄마 아빠가 어떤지 알잖아. 선택지를 주는 편은 아니지."

더 먼 과거 속에서, 캐럴라인이 우리 집 주방의 아일랜드 식탁 위에 엎드려 있다. 눈이 빨갛고 코도 불그스름하다. 엄마와 아빠가 캐럴라인의 맞은편에, 똑같이 실망한 표정으로 서있다. 그들은 캐럴라인에게, 만약 벌집에서 더 많은 꿀을 생산하지 못하면, 벌집이 붕괴할 거라고, 전부 다 붕괴할 거라고 말한다. 에스펜도, 보호구역 관리단의 부와 권력의 연결망도, 세상을 지배하는 자매들의 비밀 공동체의 결속도 다 붕괴할 거라고. 그게 다 캐럴라인 때문이라고. 그들은 캐럴라인에게 다시 말한다. 낡고 정의로운 규칙 따위는 무시하고 더 많은 꿀을 수확할 것을 허니들에게 강요하라고.

캐럴라인은 그들에게 말한다. 벌집은 그런 식으로 돌아가지 않는다고, 벌집에는 식욕만 있는 게 아니라, *취*향도 있다고. 그러나 그 말을 채 끝내기도 전에, 부모님은 캐럴라인이 노력하지 않는다며, 두려움에 잠식당하고 있다고 말한다. 캐럴라인을 양육한 단 한 가지 이유는 바로 이것이라고, 그들이 누누이 말한다. 벌집을 위해서라면 그 누구도 대체 불가능하지 않다고, 그들이 다시 말한다. 여왕조차도. 캐럴라인은 더더욱. 더구나 대역이 이 집에 함께 살고 있는 상황이라면 더더욱.

그러다가 그들이 갑자기 심각한 분위기를 걷어내려고 웃기 시작한다. 내가 뒷문으로 들어서는 순간, 말다툼을 감추기 위해 연기를 하는 것이다. 나는 오래 얼쩡거리지 않는다. 겨울 코트를 벗어 캐럴라인 옆 의자에 던져놓고 곧장 내 방으로 향한다.

"난 겨울에 벌집으로 돌아가겠다고 했지만 한 가지 조건을 걸었어. 절대로 널 괴롭히지 않겠다는 거였지. 에스펜에서 네가 그런 일을 겪고 난 뒤에, 난 네가 에스펜으로 돌아오지 않길 바랐어. 하지만 네가 너무 그리웠어, 마스. 네가 있었으면 하는 순간이 백만 번쯤 있었거든. 내가 널 보호하려던 게, 널 소외시키려는 것처럼 보여서 미안해. 사실 소외시킨 건 맞아. 하지만 감수할 만한 일이었어. 대체로."

나는 캐럴라인의 시선으로 나를 본다. 무심하고 차가웠지만, 궁극적으로 편안했던 나를. 나는 고독 속에서 씁쓸하긴 했지만, 덕분에 안전했다.

"지난여름 너의 이름이 새겨진 초가 만들어졌을 때는 나의 원칙을 지키려고 일 년 내내 노력했지만, 충분한 양의 꿀을 생산하는 데 실패한 뒤였어. 엄마 아빠가 나를 여왕으로 추대하기 위해 관리단을 설득하려고 했던 온갖 약속들에도 불구하고, 다 끝이라는 걸 알았지. 난 끝장이란 걸 알았어. 그때 내가 떠나지 않았다면, 여자애들이 날 죽여야 했어. 그게 벌들의 방식이거든. 그래서 떠난 거야."

나는 내가 그랬던 것처럼, 에스펜에서 도망치는 캐럴라인을 바라본다. 나는 섬뜩하게 밝은 주유소 불빛 앞에 앉아있는 캐럴라인, 그리고 그 앞에 멈추어 서는 부모님의 차를 본다. 부모님은 나를 데리러 올 때 그랬던 것처럼 깨끗한 옷을 준비해오지 않았다. 그들은 캐럴라인에게 말을 걸지 않는다. 그들은 밤을 가르며 집까지 차를 몬다. 집으로 돌아오자 그들이 지하층으로, 와인 창고로, 내가 본 적 없는 방으로 들어간다. 사시나무 껍질로 마감이 된 방이다. 바닥, 벽, 천장까지 눈동자들이 휘몰아친다. 그들은 캐럴라인을 테이블 앞에 앉힌다. 방 안의 유일한 물건이다. 그러나 텅 빈 선반들은 한때 무언가로 채워져 있던 것이 분명하다.

"음지의 꿀. 그 방은 우리 집 개인 저장고였어. 그게 그들이 우릴 키운 유일한 이유였어, 마스."

부모님이 캐럴라인의 어깨 뒤로 다가선다. 그들이 캐럴라인에게, 스스로 끝내도 좋다고, 그러나 몸은 훼손하지 말라고 말한다. 마스가 준비될 때까지 그 몸이 매개체가 되어야 한다고. 그들이 캐럴라인에게 올가미를 준다. 그리고 물론, 양봉칼도. 그들이 캐럴라인을 방 안에 가두고 문을 잠그자, 캐럴라인은 운다. 그녀는 부모님이 후회하길 바라지만, 그들은 후회하지 않는다. 캐럴라인의 마음은 무력감에 어둠으로 침잠하지만, 그 순간 굴복하려는 그녀를 막는 무언가가 있다. 그녀가 이렇게 가버리면, 다음은 마스의 차례다.

생각을 해, 캐럴라인. 그녀가 되뇐다. 마지막으로 레이스에 연결된 캐럴라인은 자신이 무얼 해야 하는지 레이스에게 묻는다.

"내겐 탈출할 방법이 없었어. 우리 둘 다에게 없었지. 딱 한 가지 방법밖에는."

캐럴라인이 전구를 부수자, 방 안이 어두워진다. 한쪽 벽 위의 판자가 밖에서 스며드는 빛에 두드러진다. 캐럴라인은 양봉칼로 그곳의 보드라운 나무를 공격한다. 손으로 나무를 조각조각 뜯어내다가 결국 판자가 뜯기는 순간, 조그만 창문이 모습을 드러낸다. 창문을 깨기는 쉽지만, 굴을 파서 나가보니 어느덧 밤이다. 그래도 캐럴라인이 해냈다. 긁히고 울면서, 캐럴라인은 탈출한다. 하지만 도망치기 직전, 레이스의 마지막 환영 때문에 캐럴라인은 다시 집으로 돌아선다. 캐럴라인이 베란다를 올려다본다. 우리의 베란다를.

"미안해, 마스."

캐럴라인이 내 침대맡에 선다. 생각들이 탈진한 이성의 골격을 파고든다. 캐럴라인은 오직 그녀 자신의 실패만을, 그리고 그것이 그녀의 자매에게 어떤 의미일지만을 생각할 뿐이다. 원치 않았던 유산의 고통과 그것을 완수할 수 없었던 수치심을 그녀는 너무도 잘 안다. 그것은 무거웠다. 그것이 그녀를 짓눌렀다. 이 세상 그 누구도 그런 고통을 겪게 하고 싶지 않았다.

그녀가 사랑하는 사람이라면 더더욱.

"사랑해, 마스." 그녀가 해시계를 높이 들고 말한다.

어두운 정원에서 캐럴라인이 내 손을 놓는다. 눈물이 그녀의 뺨 위로 흐른다. 파티의 불빛에 눈물이 엷은 황금색으로 반짝인다.

"미안해. 미안해." 그녀가 속삭인다.

"나도 미안해." 그녀를 끌어안으며 나도 속삭인다.

"네가 왜? 내가 널 *다치게* 했는데?"

"하지만 누군가가 먼저 널 다치게 했잖아. 그리고……." 나는 와이엇과 고미다락에 앉아있던 순간을 생각한다. 그가 변하기 전. 마침내 별들에게 진실을 말했을 때 얼마나 홀가분했는지를 떠올린다. 나는 지금 진실을 향해 손을 뻗는다.

"난 널 질투했어. 네가 감사할 줄 모르는 애라고 생각했어. 넌 내가 원하는 삶을 사는 것 같았는데, 정작 넌 그런 삶을 원하지도 않는 것 같았거든. 그래서 널 미워했어. 난 아무것도 몰랐어. 그 시간을 만회할 기회가 얼마든지 있을 줄만 알았어. 그럴 필요가 없었는데, 난 너무 일찍 너한테 작별 인사를 했어."

캐럴라인이 내 손을 꽉 잡는다. "죽음은 끝이 아니야. 죽음은 우리가 다른 무언가가 되는 시간일 뿐이야."

"하지만 난 다른 무언가가 되고 싶지 않아, 캐럴라인. 다른 무언가에겐 사과할 수도 없고, 안을 수도 없잖아. 함께 영화를 볼 수도 없고. 얘기를 할 수도 없고. 널 볼 수가 없잖아. 너의 쌍둥이가 아닌 나는 누구인지 모르겠어."

캐럴라인이 나의 머리를 다독이며 웃는다. "너무 극적이다, 마스. 넌 한 번도 네가 누구인지 표현하기 위해 다른 사람이 필요했던 적이 없었어. 그게 바로 내가 너에 대해 가장 존경하는 점이야. 이 세상 그 어떤 힘도 너의 의지와 견줄 순 없어."

"쌍둥이 중 못된 애의 특권이랄까." 내가 웅얼거린다.

멀리서 익숙한 윙윙거림이 울려 퍼진다. 창문으로 들어오는 빛이 더 밝아지고, 어른들의 목소리가 더 커진다. 나는 잠시 수많은 사람이 빛을 발하는 시신을 태양을 향해 들어 올리려고 서로의 몸을 올라타는 소리를 듣는다.

캐럴라인이 말한다. "이제 끝나가고 있어. 잘 들어, 마스. 넌 강해. 넌 내가 아는 가장 강한 사람이야. 우린 과거를 바꿀 수 없어. 하지만 네가 너의 미래를 만들 수 있어. 벌집은 네가 필요해. 엄마 아빠가 아닌, 다른 어른들이 아닌, 벌집이 널 필요해하는 거야. 여자애들이. 벌집에 연결된 건 바로 우리야. 그 외의 다른 사람은 전부 우릴 중심으로 요새를 만든 기생충들일 뿐이야. 그들은 자기들이 책임자라고 생각하지만, 우리가 없으면 이 체제 전체가 무너져. 이제 네가 우리의 여왕이야. 벌집은 다음 여왕으로 널 선택했어. 무슨 뜻인지 알겠어?"

"알 것 같아."

"알아야만 해." 캐럴라인이 단호하게 말한다.

이제 창문은 눈이 부실 정도로 환하고, 파티는 뒤쪽에서 들려오는 하나의 함성이 된다. 캐럴라인과 나는 자연스럽게 빛을 향해 손을 들어 서로의 눈에 그늘을 드리운다. 떠오르는 태양의 광채 속에서 우리는 하나로 용해되지만, 우리는 함께 찰나를 더 머문다.

그녀가 사라지기 전에, 나는 생각한다. *사랑해. 사랑해. 사랑해, 캐럴라인.*

곧 캐럴라인의 눈만 보이고, 그 눈에 비친 내 모습만이 보인다. 우리는 점점 더 뒤로, 뒤로 돌아가서 별을 지나고, 땅을 가르고, 우리를 지켜보는 숲을 지난다. 호수를 건넌다. 초원을 가로지른다. 집으로 들어간다. 나의 보금자리로.

벌집으로. 어린 여왕이 이제 막 깨어난 그곳으로.

제35장

◇

나는 땅으로 떨어진다.

하늘에서 떨어지는 나를 받으려고 팔을 벌리고 있던 허니들의 품에 안착한다. 그들이 애정, 감사, 안도의 섬세한 매듭으로 나를 감싼다. 나는 울고 있는 그들의 얼굴 위로 교회의 부서진 천장을 바라보며 빛나는 황금빛 육체의 흔적이 남아있는지 확인해보지만, 남은 것이라고는 반짝이는 꽃가루와 그 사이를 오가는 한 무리의 벌들뿐이다. 나는 달라졌다. 이제 내 안에 무언가가 살고 있다. 그것이 나를 통해 세상을 바라본다. 벌을 보면, 그들이 허공에 그리는 희미한 경로가 보인다. 마치 별빛이 그리는 유령의 실처럼.

여자애들이 나를 일으켜 세운다. 교회에서 눈을 뜬 이후 처음으로, 나는 혼자 힘으로 움직일 수 있다. 나는 반투명의 묵직한 흰 드레스를 입었다. 드레스는 풍성하고 거추장스럽고, 사방으로 뻗어있다. 상쾌한 아침 햇살 속에서 옷의 황금빛 자수가 반짝인다. 내가 돌아서자, 드레스가 이끼 낀 제단을 쓸어내린다. 위엄 있는 드레스다. 여왕의 대관식에 완벽하게 어울리는.

"그 애를 도와줘." 카일이 내 팔을 꽉 쥐며 속삭인다.

여자애들이 물러서자 나는 신도들을 본다. 그들은 여전히 뒤엉킨 상태에서 빠져나오려 애쓰고 있다. 내가 일어서자 신도들이 자세를 가다듬고 베일을 바로 쓰고 무릎을 꿇는다. 햇빛은 여전히 사선으로 흐르고, 이제 막 태양이 떠올랐다. 그러니까 내가 녹을 듯한 빛 속으로 끌려갔던 건 일 분 전이다. 내가 캐럴라인과 그 세계에서 보낸 시간이, 그곳이 어디든 그곳이 무엇이든, 몇 초에 불과했다는 뜻이다.

그 시간은 충분하지 않았다. 나는 다시 하늘로, 캐럴라인에게로 돌아가고 싶지만 캐럴라인과의 연결은 거의 사라졌다. 단지 환한 심연으로 뻗어있는 반짝이는 실 한 가닥이 내 머릿속에서 윙윙거릴 뿐이다. 하지만 나는 캐럴라인을 느낀다. 캐럴라인은 사라지지 않았다. 어디에나 있다.

"벌집이 더 높다." 누군가가 말한다.

벌집이 더 높다.

모두가 일어선다. 그들은 베일을 걷지 않는다. 그러나 나는 베일 속을, 그들의 얇은 피부와 두개골 속을, 그들 모두의 마음속을 들여다볼 수 있다. 음지의 꿀을 마실 때와 비슷한 느낌이다. 너무 많은 사람의 눈으로, 너무 많은 삶을 바라보는 것 같았던 그때와 비슷하다. 차이가 있다면, 전에는 모두가 내 안에 있는 것 같았는데, 지금은 내가 모두의 안에 있는 것 같다. 내가 경건한 자세를 취하고 있는 신도들의 마음을 들여다보면 그들에게 투영된 내 모습이 보인다.

벌집이 더 높다. 그리고 이제 내가 그 벌집이다.

나는 나를 둘러싼 여자애들에게 돌아선다. 그들은 조용하지만 절박하게 나를 쳐다본다. 내가 무언가를 깨닫기를 원한다. 그게 무엇인지 알기 위해 그들의 마음을 뒤져본다. 우리는 모두 다 함께 그 애를 도와 줘라고 생각하고 있지만, 나는 결정적인 단서를 놓치고 있고, 그들은 내가 그 단서를 알아차리기 바란다.

"환영합니다, 마셜 마티아스 삼세."

엄마의 목소리가 신도들을 혼미한 상태에서 깨어나게 한다. 그들이 날 위해 박수를 친다. 베일로 얼굴을 가린 채 앞으로 나오지만, 난 그녀가 엄마라는 걸 안다. 나는 모두의 마음을 들여다볼 수 있지만, 관리단 고위층 인사들의 마음에는 닿지 못한다. 그들의 마음은 소용돌이치는 그물이 만들어내는 얼룩 같다. 경계가 심하고, 내 통제권 밖이다.

엄마가 나에게 평평하고 기다란 물건을 건넨다. 양봉칼. 평범한 양봉칼보다 훨씬 길고, 펜싱 칼처럼 날카롭다. 엄마가 뒤로 물러서자, 신도들도 뒤로 물러선다. 그들이 나를 중심으로 새로운 대형을 이루며 교회 가장자리로 물러난다. 이제야 그녀가 보인다. 바닥에 웅크리고 있는 여자애.

그 애를 도와줘.

브리아다.

"여왕으로서, 당신의 첫 번째 임무는 모든 형태의 반역으로부터 법을 지켜내는 것입니다. 벌집의 연결이 거기 달려있어요. 이 일을 처리하는 순간 즉위가 완료됩니다." 엄마가 말한다.

브리아를 죽이라는 뜻이다.

나는 양봉칼을 높이 든다. 브리아의 목과 수평을 이룰 때까지. 브리아는 움찔하지 않는다. 강인함 외에 다른 것을 드러내기에, 브리아는 자존심이 너무 강하다. 나는 브리아의 마음에서 강철과도 같은 권위를 느낀다. 그 마음이 그녀의 몸을 꼿꼿하게 유지하는 엄청난 위업을 달성한다. 그런 권위는 이제 벌집에서 용납되지 않는다. 벌집에는 오직 하나의 의지가 존재할 뿐이고, 이제 그 의지는 나를 통해 나아간다. 의지가 하나보다 많아지면, 엄마의 말대로, 벌집의 연결은 깨지고 나의 규칙은 파괴될 것이다.

엄마가 신도들 틈에서 외친다. "어서 하세요. 여왕이 되세요."

나는 칼을 들어 올린다. 미끄러지듯 허공을 가른 칼은 너무도 날카로워서, 브리아의 목을 단번에 벨 수 있을 것이다. 나는 브리아의 목에 집중하고 브리아의 목을 관찰한다. 깊은숨 중에, 숨결 하나하나 중에, 어느 숨이 마지막 숨이 될지 브리아는 알지 못한다.

그 애를 도와줘. 여자애들 사이에서 나를 향한 조용한 항의의 목소리가 울려 퍼진다. 그러나 상관없다. 나는 누구의 동의도 없이 여기까지 왔다. 숲에서 와이엇이 내게 뭐라고 했던가? *자연의 모든 생물은 생존을 원할 뿐이야. 그건 전혀 악랄한 게 아니야.* 그때는 그 말을 믿지 않았지만, 지금은 믿는다. 나는 쌍둥이 중 악랄한 애가 아니다. 나는 전혀 악랄하지 않다. 나는 단지 내가 해야 하는 일, 혹은 내가 원하는 일을 할 뿐이다.

여왕에겐 그 둘이 다를 수 있지만.

나는 바람처럼 빠르게 칼을 던진다. 아침 햇살 속에서 빨간 핏방울이 튀어 이끼 낀 바닥에 떨어진다.

그 뒤로 비명이 울려 퍼진다.

베일을 쓴 신도 한 명이 쓰러지는 순간, 내 뒤에서 여자애들이 기쁨의 비명을 지르고, 내 앞의 신도들은 충격의 비명을 지른다. 그가 바닥으로 쓰러지는 순간 베일이 벗겨진다. 웬디. 양봉칼이 그녀의 어깨에 비스듬히 꽂혀있다.

젠장. 온갖 자연의 신비를 내 마음대로 부릴 수 있는데도 나의 조준은 형편없었다.

어른들이 웬디에게 달려갈 때, 나는 브리아를 일으킨다. 허니들이 나를 도와 브리아를 묶은 줄을 풀고 브리아를 내 뒤로 데려간다. 우리는 제단 위에 서로에게 바짝 붙어 서서, 성난 신도들을 바라본다.

"감히 어떻게!" 누군가가 소리친다. 눈동자 색이 서로 다른 여자 노인이다.

나의 부모가 맨 앞줄로 나오더니 베일을 벗어 던진다. "마셜 마티아스 삼세, 이게 대체 무슨 짓이야?"

"가세요." 내가 말한다.

아빠가 제단으로 다가온다. 허니들은 뒤로 물러설 수 있지만 나는 그럴 수가 없다. 이 드레스를 입고는 그럴 수가 없다. 예전에 수도 없이 그랬던 것처럼, 아빠가 내 앞에 서고, 나는 아빠의 분노에 찬 눈의 흰자위를 본다. 그 눈빛 속에 언제나 유독 나에게로 향했던 증오가 보인다. 아빠는 이제 굳이 그 증오를 감추려고 하지 않는다.

그가 말한다. "네가 지금 대체 무슨 짓을 하는 건지 모르겠지만. 이건 네가 그동안 해온 사소한 반항들과는 달라. 훨씬 큰 사안이야. 이제 철 좀 들어. 넌 우리 가족의 일원이고 그에 걸맞게 행동해야 해. 캐럴라인은 네가 우아하고 품위 있게 이 역할을 받아들이길 원할 거야."

내가 말한다. "캐럴라인은…… 살기를 원했어요."

엄마가 말한다. "아, 아가, 물론이지. 우리 모두 그걸 원했어. 하지만 때로 인생은 우리의 계획과 다르게 흘러간단다. 세상 모든 일에는 다 이유가 있어. 이젠 너도 그 이유를 알잖아. 안 그래?"

내가 아는 것은 캐럴라인을 죽인 악마의 설계뿐이다. 독과도 같은 침묵의 문화. 어린 여자애들의 삶을 갈취하는 조직. 자식들을 아무 때나 대체할 수 있는 체스의 말쯤으로 여기고 그들을 조종하는 부모들. 그리고 나. 나는 캐럴라인에게 도움이 필요하다는 걸 알면서도 주지 않았다. 어둑어둑한 황혼의 마지막 순간까지 날 구하려 했던 캐럴라인. 캐럴라인은 나를 붙잡으려 했지만 나는 캐럴라인을 으스러뜨렸다.

분노가 끓어오른다. "세상 모든 일의 이유는 바로 우리예요. 우리 모두가 캐럴라인을 저버렸어요. 하지만 캐럴라인을 죽인 건 *당신들*이에요. 그러고는 이제 와서 마치 캐럴라인이 죽음을, 아니, 이 모든 것을 원했던 것처럼 말하네요. 하지만 아니잖아요! 캐럴라인은 당신들을 기쁘게 하려고 자기 자신을 부서뜨렸는데도, 당신들에겐 충분하지 않았어요. 이제 캐럴라인은 없는데, 당신들은 여전히 캐럴라인을 이용하고 있어요."

아빠가 말한다. "마스, 캐럴라인은 무척 괴로워했어. 네가 무슨 생각을 하는지 모르겠지만, 캐럴라인은 오직 벌집을 최우선으로 생각했어. 캐럴라인은 우리가⋯⋯."

내가 소리친다. "그만! 캐럴라인을 더 이상 건드리지 마."

부서진 교회로 열기가 훅 들이친다. 햇빛은 잦아들고, 조그만 점들이 하늘에서 쏟아진다. 그것들이 마치 살아있는 행성들처럼 궤도를 돌 듯 교회를 돈다.

"그만." 내가 다시 말한다.

아빠가 엄마를 돌아본다. 그들은 마치 비가 올지 살피기라도 하듯 하늘을 살핀다. 내가 어떤 위협을 가하고 있는지 실감하지 못하는 것이다. 신도들이 빠져나가면서 웬디를 끌고 나간다. 나는 그들을 내버려둔다.

"더는 용납 못 해." 아빠가 명령한다.

내가 벌 떼를 낮춘다. 소용돌이를 바짝 조인다.

아빠가 내 드레스의 앞자락을 잡고 격하게 흔든다.

"더는 용납 못 한다, 마스." 그가 씩씩거리더니 한 손으로 내 목을 감는다. 살짝. 일종의 경고다. 그 순간 나는 와이엇이 연못 속으로 나를 밀어 넣을 때, 하마터면 내가 굴복할 뻔했던 탁한 공허를 떠올린다. 다른 모든 것처럼, 나는 이 상황도 되짚어본다. 꼭두각시 와이엇의 폭력, 분노에 찬 미미의 배신, 우리 가족을 향한 웬디의 경멸, 관리단의 권력 다툼, 강요된 나의 즉위, 내 목을 조르는 손.

내가 겪은 모든 일이 이 순간부터 거꾸로 거슬러 올라간다. 아빠의 탈을 쓴 이것으로부터. 탐욕으로부터. 탐욕. 이 세상 모든 것을 소모품으로 여기는 이 게걸스러운 허기.

사람, 삶, 사랑. 그 모든 것이 꿀이다. 원하면 누구든 가질 수 있다.

이것은 생존을 위한 것이 아니다. 지구상 그 어떤 동물도 이토록 잔인하게 많이 먹지 않는다. 이것은 인간의 해악이다. 그리고 지금, 나의 존엄성이 훼손되는 지경에 이르니, 도저히 참을 수 없다.

벌 한 마리가 아빠의 엄지에, 또 한 마리가 아빠의 손목에 앉는다. 그가 나를 놓아주고 벌들을 쫓으며 제단에서 내려간다. 더 많은 벌이 제단 아래로 내려가 나의 부모 주위를 어지럽게 맴돈다.

아니, 캐럴라인을 살해한 자들의 주위를.

엄마가 외친다. "얘들아, 너희 여왕을 좀 말려."

허니들과 내가 하나가 되어 대답한다.

우린 당신의 아이들이 아니에요.

나는 떨리는 손으로 드레스를 움켜쥔다. 그리고 우리는 함께 제단 아래로 행진한다. 우리가 사시나무숲으로 나아갈 수 있도록 벌 떼가 커튼처럼 양쪽으로 갈라지며 길을 터준다. 아침 안개 때문일 수도 있고, 온 세상을 뒤덮은, 진동하는 아침 이슬 때문일 수도 있지만, 사시나무의 눈동자들이 강렬한 깨달음으로 반짝인다.

임박한 태풍의 위력에 은빛 나무들이 몸을 떤다. 여름의 열기는 한 번의 거대한 호흡으로 우리를 지나 불타는 교회의 뱃속으로 빨려 들어간다.

비명이 울려 퍼졌어도 새로운 비상을 시작한 벌 떼의 윙윙 소리에 파묻혔을 것이다. 새로운 왕국이 탄생하고 있다.

제36장

⬠

숲속에 호수가 있다. 호수 건너에 초원이 있다. 초원 위에는 오두막이 있고, 오두막 안에는 값진 평화가 있다. 그것은 갑자기 방치된 공간에 깃드는 편안한 공허함이다. 사람의 흔적이 곳곳에 남아있다. 싱크대로 떨어지는 물방울, 열어젖힌 문, 내팽개친 보드게임의 흐트러진 말과 그것을 갖고 노는 여름 바람. 그러나 사람은 없다.

오두막 밖의 초원에는 웃음소리가 있다. 여자애들은 얼마 전에 지나간 태풍이 남긴 물웅덩이를 건너, 연잎들 사이, 간신히 균형을 잡고 있는 낡은 카누에 올라탄다. 그들이 카누를 뭍에서 밀어내고, 호수 한가운데로, 우리가 설치해놓은 수상 부두로 향한다. 그들은 여전히 웃고 있다.

"아, 드디어!" 카일이 부두 위에서 우리가 내미는 바구니를 받아 들며 말한다. 바구니 안에는 헝겊이 깔려있다. 브리아와 나는 여자애들이 부탁한 것들을 조심스럽게 내려놓는다. 우리 둘은 카누가 뒤집히지 않도록 노를 저을 수 있는 유일한 한 쌍이고, 그래서 배달은 우리의 몫이다. 브리아는 우리가 무슨 의식이라도 치르듯이 오후만 되면 드러누워서 빈둥거리는 것을 싫어한다.

"바보들처럼 말이야." 브리아가 덧붙인다.

"*따분한* 바보들이지." 내가 보탠다.

우리는 카누를 고정하고 수상 부두 위로 올라간다. 우리가 가져온 것들을 나누어주는 동안 다른 여자애들이 간격을 벌려 우리가 앉을 자리를 만든다. 우리는 수박과 딸기를 가져왔고, 크래커와 냄새가 지독하고 딱딱한 치즈 한 덩이도 가져왔다. 숙소H에 애초에 그런 게 있는지 모르겠지만 플라스틱 컵을 도무지 찾을 수 없어서, 찬장에서 크리스털 잔을 꺼내왔다. 브리아가 성에 낀 유리병에 담긴 라벤더 레모네이드를 잔에 따른다.

"와, 이거지." 한 모금을 마신 뒤 씨제이가 말한다. 피제이가 잔을 빼앗아 마셔보더니, 예상대로 너무 시큼하다고 말한다. 나는 바구니 밑에 숨겨둔 조그만 꿀병을 꺼낸다.

"오, 고마워." 피제이가 꿀병을 가져가며 말한다.

나는 잔을 가슴 위에 올려놓고 도로 눕는다. 잔에 차가운 물방울이 맺히며 나의 크롭 티를 적신다. 나는 환상적인 파란색으로 새로 칠한 손톱으로 물방울들을 문지른다.

"왔어." 잠시 후 브리아가 말한다.

"알아." 내가 말한다. 그들이 환영 센터에 도착하는 것을 나도 느꼈다. 도너번이 그들을 맞이하고 있다. 그는 웬디가 쇠갈퀴 위로 넘어진 뒤로 (쇠갈퀴라니! 어쩌다 그런 일이!) 에스펜의 점심시간마다 그녀의 소식을 전해준다. 지난 며칠간의 소식은 매번, 웬디는 회복 중이고, 하루속히 돌아오고 싶어 한다는 것이었다.

내 생각에 웬디는 하루속히 에스펜으로 돌아오고 싶을 것 같지 않다.

우리가 여기 이렇게 누워서 기다리고 있다는 걸 알면, 영영 돌아오지 않는다고 해도 그리 놀라운 일은 아니다.

"돌아올 거야." 내 생각에 대답하며 카일이 말한다.

카일의 말이 옳다. 내가 너무 확대해석 하고 있다.

"오고 있어." 마리솔이 속삭인다.

우리는 완벽히 고요하게, 완벽히 무심하게 누워있다. 도너번이 내 이름을 부르는 소리로 호수의 정적이 깨질 때까지. 도너번이 호숫가에서 손을 흔든다. 낯선 어른 둘이 그의 뒤에 서있다. 그들은 확신이 없어 보이고, 이곳에 어울리지 않는 검은 정장 차림이다.

"카누 타고 갈래?" 브리아가 묻는다.

"아니." 내가 말한다. 나는 잔을 내려놓고 물속으로 뛰어든다. 호수는 전보다 따뜻하다. 태양이 더 환하고, 하늘이 더 파랗고, 나무가 더 푸른 것처럼. 나는 아직 이 정도로 민감한 상태에 익숙하지 않다. 내 생각들이 자연으로 파문처럼 번져나갔다가 메아리가 되어 돌아오는 것도. 내가 이렇게 예민하지 않으면 좋겠다. 이렇게 예민하다 보니 세상 모든 일이, 심지어 호숫가로 천천히 발장구를 치는 것마저도 중요하게 느껴지기 때문이다.

호숫가에 다다르자 내가 물 밖으로 나간다. 보트 창고에서 실브가 카약을 끌어내는 밴딧 아이들을 돕고 있다. 나는 실브에게 손을 흔든다. 바닷가에서 배구를 하는 베어헛 남자애들 몇 명이 인사를 하고, 나는 엄숙한 경례로 답한다. 나는 풀밭을 가로지르고 언덕길을 올라가 도너번이 기다리는 아치형 구조물로 향한다.

도너번이 나에게 고갯짓을 한 뒤, 옆으로 물러서자, 우리의 손님이 모습을 드러낸다. 남자 한 명, 여자 한 명. 모르는 얼굴들이다. 더운 날씨에도 빳빳한 정장 차림이고, 공직을 상징하는 배지를 달고 있다. 어젯밤 우리는 그들이 언제 나타날지, 누구일지 예측했다. 나는 그들이 오늘 나타날 것이고, 아마 형사들일 거라고 정확하게 맞혔다.

나는 그들과 함께 야외 테이블에 앉는다.

"마셜." 여자가 내 이름을 사과하듯 발음한다.

"마스예요."

"마스." 그녀가 다시 부른다. "네가 좀 힘들어할 소식을 전하러 왔어. 혹시 몸을 좀 말리고 옷을 갈아입고 싶니?"

"아뇨, 감사하지만 괜찮아요. 무슨 일인데요?"

형사들이 눈빛을 교환한다. 나는 숨을 크게 들이마신다. 이제 연기를 할 시간이다.

"마스, 화재가 있었어." 그녀가 말한다.

그들은 대체로 정확하게 알고 있지만, 화재가 어디서 시작되었는지는 아직 모른다. (지하실의 숨겨진 방의 배선이 원인인 것 같고, 전부 나무로 되어있어서 성냥갑처럼 불이 붙은 것 같다!) 나는 이 정도의 시적 허용은 감당할 수 있다. 그 외 나머지 중요한 사실들은 모두 확인할 수 있었다. 화재 당시 태풍이 있었고, 진입로에 나무가 쓰러져 있었고, 소방차가 제때 들어가지 못했고, 그래서 그 안에 있던 사람들은 재만 남았고, 심지어 유골조차 없다.

그들이 설명을 마쳤을 때, 그리고 내가 다시 평정을 되찾았을 때, 여자가 몸을 숙여 내 손을 잡는다. 그녀는 감정 표현이 없는 사람이지만, 직업적 가면의 경계로 연민이 배어나는 것이 보인다. 그들을 속이는 게

찜찜하지만, 나의 연기가 잘 먹힌다는 사실은 뿌듯하다.

"같이 지낼 가족이 있니?" 그녀가 묻는다.

나는 캐럴라인의 장례식 때 주방에서 마지막으로 보았던 숙모들을 떠올린다. 나의 할머니도 아직 살아있다. 웬디의 비밀 장부에 의하면, 그들 역시 에스펜의 후손들이다. 나는 그들에게 질문할 것들이 엄청 많다. 너무너무 많다. 그러나 지금 알게 된 대답들로도 일단은 충분하다. 남은 여름 동안 더 이상 아무것도 필요하지 않다.

그러나 여름은 영원하지 않다. 여름은 끝날 것이고, 관리단의 새 우두머리가 선출될 것이다. 만약 꿀이 넘치지 않으면, 피가 넘칠 것이다.

여자애들과 나는 그 싸움을 할 준비가 되었다. 오직 우리만이 벌집이고, 우리는 그들의 감시에 지쳤다.

나는 형사들의 마음속으로 들어가 그들의 의심을 흐리고는 턱을 치켜든다.

"전 여기 있을래요."

그들은 알았다고, 그렇게 하라고 한다.

*

다시 호수로 간다. 호수로 뛰어들기 전에 나를 지켜보는 익숙한 존재가 느껴진다. 보트 창고 쪽을 돌아보니, 데크의 그늘 속에 그가 있다.

와이엇.

내가 손을 흔든다.

그는 내게 손을 흔들지 않는다.

그를 탓할 수 없다. 와이엇은 전부 다 기억하고 있으니까.

"어때?" 내가 묻는다. 나는 계속 묻는다. 그는 아직 대답이 없다. 그래도 전에는 도망쳤지만, 이번에는 자리를 지킨다. 그리고 마침내 그가 대답한다.

"고쳐보려고 노력했어."

나는 그가 들고 있는 물건을 알아보지 못한다. 테이프를 감은 묵직한 무생물이다. 와이엇의 커다란 손에도 무거워 보인다.

"네 계산기 말이야." 그가 서글픈 목소리로 말한다.

"아."

얼마나 이상하고 한심한 물건인가. 그 계산기 속에서 나 자신을 보던 시절이 있었다. 하지만 왜일까? 저 단순한 기계가 뭘 안다고? 내 머릿속에서 윙윙거리는, 계산이 불가능한 것들과 비교하면, 계산기는 아무것도 아니다. 그런 비교 자체가 불쾌하게 느껴진다.

그러나 캐럴라인이 그 계산기를 집어 들었다. 캐럴라인은 수많은 물건 중에 하필 그것을 집었고, 나는 여전히 그 이유를 모른다. 이제야 비로소 수많은 비밀들을 이해하게 되었지만, 이것만큼은 여전히 불가사의로 남아있다. 어쩌면 아무 의미 없는 물건일지도 모른다. 그러나 더이상은 그 어떤 것도 의미 없게 느껴지지 않는다. 이제 와서 생각해보면, 캐럴라인의 모든 행동은 에스펜으로 향하는 길이 아닌, 에스펜을 관통하는 길을 만들었다. 이곳으로 오는 길이었다. 이 찬란한 현재로 오는 길.

그런데도 계산기는 여전히 당혹스럽다. 그것을 보고 있기가 영 불편하다.

"가져. 나는 더 이상 필요 없어." 내가 와이엇에게 말한다.

와이엇이 더 심하게 인상을 쓴다. 여자애들이 수상 부두 위에서 나를 부른다. 나는 그들에게 손을 흔들지만, 아직 물에 들어가진 않는다. 나는 머뭇거리며 다시 와이엇을 쳐다본다. 그가 도망칠 순간을 기다리며.

그가 불쑥 내뱉은 말에 나는 놀란다. "전부 지울 거야? 넌 지울 수 있잖아. 이제 너도 저들 중 한 명이니까."

허니들은 놀라운 일들을 할 수 있다. 자연과 자연의 아이들을 교활하고도 아름답게 조종할 수 있다. 그러나 너무도 깊이 뿌리박혀 있어서, 사람을 근본적으로 바꾸지 않고는, 메스로 도려낼 수 없는 것들이 있다. 캐럴라인에 대한 나의 기억처럼. 시에라가 남긴 짙은 멍처럼. 트라우마는 우리 일부가 된다. 그렇게 우리의 벌집이 지닌 섬세한 구조를 일그러뜨린다. 우리는 예의상 그런 것들은 건드리지 않는다.

"그래 주길 바라?" 내가 묻는다.

와이엇이 그제야 한 발짝 뒤로 물러선다, 마치 내가 그를 향해 이를 드러내기라도 한 듯이.

나는 본능적으로 지금 당장 해버릴까 생각하지만 아쉬움이 나를 멈춘다. 나는 와이엇의 마음속에서 이 끔찍한 여름의 기억을 소각할 수 있다. 나는 그에게 다시 아름다운 존재가 될 수 있다. 나는 모든 규칙을 위반할 수 있다. 벌집은 깔끔하지 않은 결말을 정리할 기회라며 나에게 기분 좋은 압력을 가한다.

그러나 나는 계산기를 생각한다. 망가지고 우아하지 않은, 와이엇의 손안에 있는 계산기. 그리고 나는 멈춘다. 벌집의 본능을 무시한다. 그것을 무시하기는 쉽다. 마음이 살짝 따끔할 뿐이다. 캐럴라인의 마지막도 이런 식으로 시작되었을지 궁금하긴 하다.

"안 할 거야. 약속해." 내가 와이엇에게 말한다.

옛날 옛적, 별빛 아래 무너져가는 헛간에서, 와이엇은 마치 나를 제대로 보는 것처럼 바라보았다. 추상적인 개념이 아닌, 연기하는 내가 아닌, 실제의 나를. 마스를. 그 사람을. 지금 그가 나를 본다. 마치 자신이 보고 있는 것이 무엇인지 확실하지 않다는 듯이.

나는 그 표정을 잘 안다. 그것은 내 평생 온 세상이 나를 보아왔던 방식이고, 이제 그런 시선을 못 견딜 것도 없다. 다만 그런 시선이 그의 것은 아니길 바란다.

나는 와이엇에게서 돌아서서 물로 뛰어든다. 최대한 깊이, 빛을 가린 흙탕물에서 서늘하고 가벼운 어둠 속을 떠다닐 수 있도록. 그곳에서는 끊임없이 내 머릿속에 울리는 윙윙거리는 소리가 둔탁한 천둥소리가 되고, 오직 나의 생각들만이 내 곁에 있다.

와이엇의 눈에 무엇이 보일지 궁금하다. 그가 나를 보지 못한다는 걸 안다. 우연히 거울에 비친 내 모습을 볼 때, 설거지를 하면서 굴곡진 수도꼭지에 비친 일그러진 내 얼굴을 볼 때, 나 역시 나를 보지 못한다. 내 눈에 보이는 사람이 누구이건, 그는 행복해 보인다. 심지어, 제집에 온 듯 편안해 보인다. 그러나 그 사람은 내가 아니다.

벌집은 어디에서 끝날까?

나는 어디에서 시작할까?

오늘의 내가 되기 위해 나는 무엇을 버렸던가?

상관없다고, 나는 말한다.

왜냐하면 지금 나는 행복하니까.

폐가 숨을 갈구한다.

나는 위로 떠오른다.

위로, 위로, 빛이 있는 저 위로.

더 허니스

1판 1쇄 인쇄 2024년 6월 14일
1판 1쇄 발행 2024년 6월 27일

지은이 라이언 라 살라
옮긴이 이진
펴낸이 김영곤

융합1본부장 문영 **책임편집** 오경은 **디자인** 박아형 **융합1팀** 정유나 이해인
아동마케팅영업본부장 변유경
아동마케팅1팀 김영남 손용우 최윤아 송혜수 **아동마케팅2팀** 황혜선 이규림 이주은
아동영업팀 강경남 김규희 최유성 **e-커머스팀** 장철용 양슬기 황성진 전연우
해외기획실 최연순 소은선 **제작** 이영민 권경민

펴낸곳 (주)북이십일
출판등록 2000년 5월 6일 제406-2003-061호
주소 (10881) 경기도 파주시 회동길 201(문발동)
대표전화 031-955-2100 **팩스** 031-955-2177
홈페이지 www.book21.com

© Ryan La Sala, 2022

아르테는 (주)북이십일의 문학 브랜드입니다.

ISBN 979-11-7117-568-0 03840